Uni-Taschenbücher 259

H-I - 36-a

S. Aufl.

D1672035

UTB
FÜR WISSEN
SCHAFT

Eine Arbeitsgemeinschaft der Verlage

Wilhelm Fink Verlag München
Gustav Fischer Verlag Jena und Stuttgart
Francke Verlag Tübingen und Basel
Paul Haupt Verlag Bern · Stuttgart · Wien
Hüthig Verlagsgemeinschaft
Decker & Müller GmbH Heidelberg
Leske Verlag + Budrich GmbH Opladen
J. C. B. Mohr (Paul Siebeck) Tübingen
Quelle & Meyer Heidelberg · Wiesbaden
Ernst Reinhardt Verlag München und Basel
F. K. Schattauer Verlag Stuttgart · New York
Ferdinand Schöningh Verlag Paderborn · München · Wien · Zürich
Eugen Ulmer Verlag Stuttgart
Vandenhoeck & Ruprecht in Göttingen und Zürich

Wilhelm Hill
Raymond Fehlbaum
Peter Ulrich

Organisationslehre 1

Ziele, Instrumente und Bedingungen
der Organisation sozialer Systeme

Fünfte, überarbeitete Auflage

Verlag Paul Haupt Bern · Stuttgart · Wien

WILHELM HILL ist Ordinarius am Betriebswirtschaftlichen Institut der
Universität Basel.

RAYMOND FEHLBAUM, zur Zeit der Entstehung dieses Buches wissenschaftlicher Assistent am Betriebswirtschaftlichen Institut der Universität
Basel, ist heute in geschäftsleitender Position in der Wirtschaft tätig.

PETER ULRICH, seinerzeit ebenfalls wissenschaftlicher Assistent am Betriebswirtschaftlichen Institut der Universität Basel, ist heute Ordinarius
und Direktor des Instituts für Wirtschaftsethik an der Hochschule St.
Gallen.

CIP-Titelaufnahme der Deutschen Bibliothek

Hill, Wilhelm:
Organisationslehre 1. Ziele, Instrumente u. Bedingungen
d. Organisation sozialer Systeme /
Wilhelm Hill; Raymond Fehlbaum; Peter Ulrich. –
Bern; Stuttgart; Wien: Haupt.
NE: Fehlbaum, Raymond:; Ulrich, Peter:
1.–5., überarbeitete Aufl. – 1994
(Uni-Taschenbücher; 259)
ISBN 3-8252-0259-3 (UTB) kart.
ISBN 3-258-04734-0 (Haupt) kart.
NE: GT

ISBN 3-8252-0259-3 (UTB-Bestellnummer)

Vorwort

Dieses Buch will einen Beitrag zur Überbrückung der Spaltung zwischen der verhaltenswissenschaftlichen Organisationsforschung und der betriebswirtschaftlichen Organisationslehre leisten: Die Erkenntnisse der empirischen Organisationsforschung sollen modellmäßig systematisiert und damit der praktischen organisatorischen Gestaltungtätigkeit zugänglich gemacht werden. Diesem Vorhaben entspricht ein Konzept, das auf folgende Anforderungen ausgerichtet ist:

– *Verhaltenswissenschaftliche Fundierung:* Die Organisationslehre soll ihre Empfehlungen auf explizite Annahmen über menschliches Verhalten in sozialen Systemen stützen, die durch wissenschaftliche Disziplinen wie Soziologie, Sozialpsychologie und Psychologie ein ausreichendes Maß an empirischer Bestätigung gefunden haben.

– *Gestaltungsorientierung:* Die Organisationslehre soll nicht bei einer deskriptiven Aufzählung der für die organisatorische Gestaltung sozialer Systeme relevanten Erkenntnisse stehen bleiben, sondern diese anwendungsgerecht formulieren. Dazu werden die organisatorischen Variablen als Kategorien eines Entscheidungsproblems verstanden. Zur praktischen Auswertung der so gewonnenen Aussagen wird eine konkretisierbare Methodik des Organisierens entworfen.

– *Situative Relativierung:* Die Organisationslehre soll nicht Organisationsprinzipien mit dem Anspruch auf Allgemeingültigkeit aufstellen, denn die Wirkungen organisatorischer Maßnahmen fallen je nach den gegebenen Bedingungen unterschiedlich aus. Dementsprechend können nur an die spezifische Situation angepaßte Gestaltungsempfehlungen praxisrelevant sein, was die Bereitstellung alternativer Organisationsmöglichkeiten und situativ relativierter Aussagen über ihre Wirkungen erfordert.

Das hier vorgestellte Konzept der Organisationslehre, mit dem versucht wird, diesen Anforderungen zu genügen, entwickelt sich in folgenden, logisch verknüpften Schritten:

- *Grundlegung:* Definition des Objektbereichs und der Problemstellung, Klärung der wissenschaftslogischen Position, Darstellung der verhaltenswissenschaftlichen Grundlagen und Definition von Grundbegriffen der formalen Organisation
- *Konzeptualisierung der Determinanten des Organisationsproblems:* Ziel-, Instrumental- und Situationsvariablen
- *Analyse der Zusammenhänge zwischen den Determinanten des Organisationsproblems:* einerseits systematisch mittels der Konstruktion eines situativen Modells der Zielwirkungen von Instrumenten, andererseits historisch durch die vergleichende Darstellung der Zusammenhänge in anderen organisationstheoretischen Ansätzen
- *Entwicklung einer Methodik des Organisierens:* Analyse des Organisationsprozesses und Entwurf einer Vorgehensweise zur Reorganisation sozialer Systeme.

Jedem der vier Hauptschritte entspricht einer der vier Teile der Arbeit. Die Aufteilung in zwei Bände erfolgt lediglich aus drucktechnischen Gründen. Band 1 enthält Teil I und II, Band 2 die Teile III und IV.

Basel, im Februar 1974   Die Verfasser

Vorwort zur fünften Auflage

Manche Leitideen und Überlegungen, die in der vorliegenden Organisationslehre vor bald 20 Jahren auf theoretischer Grundlage entfaltet worden sind, haben in jüngster Zeit eine ungeahnte Aktualität in der Organisationspraxis erlangt. Von der Entwicklung bestätigt wurden u. a. die Bedeutung, die im Buch (unter den Stichworten «Gruppenkultur» und «Systemkultur») von Anfang an den organisationskulturellen Zusammenhängen beigemessen wurde, die dualistische Zielkonzeption, die Erfassung der «Partizipation» als einer eigenständigen und wesentlichen organisatorischen Gestaltungsvariablen und vor allem die – damals teilweise erst *denkbaren* – gesamten Merkmalsausprägungen der «Typ-B»-Organisation, denen die Organisationsleitbilder der Praxis heute erheblich näher kommen als seinerzeit.
Aktuelle Konzepte und Stichworte – wie z. B. neue gruppenorientierte Organisationsformen, «Lean Production» und «Just-in-

6

Time» – konnten deshalb anläßlich der Neuauflage ohne Veränderung der Grundkonzeption eingearbeitet werden. Nachdem Band 2 («Theoretische Ansätze und praktische Methoden der Organisation sozialer Systeme») bereits in der 4. Auflage wesentlich ergänzt und bearbeitet worden ist, hat nun auch Band 1 zum ersten Mal seit der Erstauflage eine umfassende und gründliche, jedoch «sanfte» Überarbeitung erfahren. Ausgewählte größere und zahllose kleinere Ergänzungen und Verbesserungen wurden realisiert. Mit Rücksicht auf das kürzlich neuerstellte Sachregister im 2. Band wurde der Seitenumbruch trotz vollständigem Neusatz so weit wie möglich beibehalten; kleinere Textverschiebungen in einzelnen Passagen waren jedoch nicht zu vermeiden. Die gesamte Überarbeitung ist von Peter Ulrich vorgenommen worden.

St. Gallen und Basel, im Oktober 1993

Inhaltsübersicht

Band 1

I   Grundlagen

1	Das Organisationsproblem	17
2	Organisationsforschung, -theorie und -lehre	31
3	Grundannahmen über menschliches Verhalten in sozialen Systemen	56
4	Formale Elemente	122

II   Determinanten des Organisationsproblems

1	Ziele	141
2	Instrumente	170
3	Bedingungen	319

Band 2

III   Beziehungen zwischen organisatorischen Zielen, Instrumenten und Bedingungen

1	Situative Konzepte der Zielwirkungen organisatorischer Instrumente	369
2	Entwicklungsstufen der Organisationstheorie	405

IV   Methodik des Organisierens

1	Übersicht	463
2	Auslösung einer Reorganisation und Bestimmung des Vorgehens	495
3	Durchführung der Reorganisation	508

Literaturverzeichnis	580
Sachregister	627

Inhaltsverzeichnis

Band 1

I Grundlagen

1 Das Organisationsproblem 17
  11 Entwicklung eines generellen Ansatzes 17
  12 Soziale Systeme als organisatorischer Objektbereich 20
  13 Definition des Organisationsproblems 27
  14 Zum Aufbau des Buches 29

2 Organisationsforschung, -theorie und -lehre 31
  21 Die kognitive Problematik 31
  22 Wissenschaftstheoretische Grundlagen 34
    221 Zur Wissenschaftskonzeption der
       Sozialwissenschaften 34
    222 Zur Forschungslogik der Sozialwissenschaften . 38
  23 Forschungsmethoden 46
    231 Zum modelltheoretischen Aspekt 46
    232 Zu den Methoden der empirischen
       Sozialforschung 49
  24 Praxeologische Aspekte 51
    241 Das Konzept der befriedigenden Lösung 51
    242 Die Organisationslehre als praxeologisches
       Aussagensystem 54

**3 Grundannahmen über menschliches Verhalten
in sozialen Systemen** 56
  31 Individuelles Verhalten 57
    311 Das Grundmodell 57
    312 Kognitive Prozesse 61
    313 Motivation 67
    314 Lernprozesse 71
    315 Status- und Rollenkonzepte 73
  32 Interpersonelle Beziehungen 76
    321 Einflußprozesse zwischen zwei Individuen 76
    322 Gruppenverhalten 85
    323 Führung 104
  33 Interaktion und Konflikt zwischen Gruppen 115

4 Formale Elemente 122
  41 Aufgaben und Aktivitäten 122
  42 Kompetenzen und Verantwortung 124
  43 Stellen und Stellengruppen 130
     431 Ein-Personen-Stellen 131
     432 Kollegien 132
          4321 Kollegialinstanzen (Pluralinstanzen) 133
          4322 Komitees 133
     433 Mensch-Maschine-Einheiten 134
     434 Stellengruppen 135
  44 Verbindungswege zwischen Stellen 136

II Determinanten des Organisationsproblems

1 Ziele 141
  11 Ziele als Bewertungskriterien organisatorischer
     Gestaltungsmöglichkeiten 141
  12 Zielbildungsprozesse in sozialen Systemen 145
  13 Organisatorische Ziele 158
     131 Produktivität I und II als Komponenten der
        instrumentalen Rationalität einer Organisation . 162
     132 Sicherheit und Selbständigkeit als Komponenten
        der sozio-emotionalen Rationalität einer
        Organisation 166
     133 Beziehungen zwischen organisatorischen Zielen 168

2 Instrumente 170
  21 Problemstellung 170
  22 Zentralisation und Dezentralisation
     (Aufgabengliederung) 174
     221 Zentralisationsarten 174
          2211 Die funktionale Gliederung 177
          2212 Die divisionale Gliederung 178
          2213 Die regionale Gliederung 182
          2214 Die Phasengliederung 183
          2215 Die Kombination mehrerer
              Gliederungskriterien 183
     222 Unmittelbare Auswirkungen 186
     223 Der Dezentralisationsgrad 186

23 Funktionalisierung (Strukturtypen) 191
   231 Strukturtypen 191
      2311 Die Linienorganisation 191
      2312 Die funktionale Organisation 193
      2313 Die Stab-Linien-Organisation 196
      2314 Projekt- und Matrixorganisation 201
      2315 Kollegien als Ergänzung der Strukturtypen 208
   232 Unmittelbare Auswirkungen 209
   233 Der Funktionalisierungsgrad 211
   234 Exkurs: Die Leitungsspanne 219
24 Delegation 224
   241 Delegationsmöglichkeiten 224
   242 Unmittelbare Auswirkungen 229
   243 Der Delegationsgrad 232
25 Partizipation 235
   251 Konzept und Stufen der Partizipation 235
      2511 Konzeptualisierung der Instrumental-
            variablen «Partizipation» 235
      2512 Stufen der Partizipation 239
   252 Unmittelbare Auswirkungen 251
   253 Der Partizipationsgrad 259
   254 Exkurs: Repräsentative Partizipation in
      Leitungsorganen 263
26 Standardisierung 266
   261 Konzept und Arten der Standardisierung 266
      2611 Konzeptualisierung der Instrumental-
            variablen «Standardisierung» 266
      2612 Formen der Programmierung 270
      2613 Anwendungsbereiche 279
   262 Unmittelbare Auswirkungen 284
   263 Der Standardisierungsgrad 293
27 Arbeitszerlegung 298
   271 Konzept und Formen der Arbeitszerlegung 298
      2711 Konzeptualisierung der Instrumental-
            variablen «Arbeitszerlegung» 298
      2712 Stufen der Arbeitszerlegung 302
   272 Unmittelbare Auswirkungen 308
   273 Der Grad der Arbeitszerlegung 317

3 Bedingungen 319
  31 Die Notwendigkeit eines situativen Ansatzes und
     die Konzeption der Situation 319
  32 Eigenschaften von Aufgaben und Systemmitgliedern
     als organisatorische Constraints 323
    321 Aufgabenconstraints 325
    322 Personenconstraints 328
    323 Beziehungen zwischen Aufgaben- und
       Personenconstraints 331
  33 Komponenten der Organisationssituation:
     Determinanten der organisationsrelevanten
     Eigenschaften von Aufgaben und Systemmitgliedern . 333
    331 Umwelt 336
    332 Technologie 342
    333 Systemgröße 349
    334 Berufscharakteristika 354
    335 Sozio-kultureller Hintergrund 360
  34 Zusammenfassung: Der Bedingungsrahmen des
     Organisierens 365

Band 2

III Beziehungen zwischen organisatorischen Zielen,
    Instrumenten und Bedingungen

1 Situative Konzepte der Zielwirkungen
organisatorischer Instrumente 369
  11 Ein axiomatisches Modell 369
    111 Der verwendete Ansatz 369
    112 Die Ableitung der Beziehungen zwischen den
       organisatorischen Variablen 372
    113 Organisatorische Charakteristika von Systemen
       unter extremen Constraintskonstellationen
       (organisatorische Idealtypen) 387
    114 Relativierung der axiomatisch gewonnenen
       Aussagen 398
  12 Situative Modelle in der Organisationsliteratur 401

2 Entwicklungsstufen der Organisationstheorie 405
  21 Vorbemerkungen und Überblick 405
  22 Der physiologisch-technische Ansatz 408
  23 Der bürokratisch-administrative Ansatz 413
    231 Bürokratische Variante 414
    232 Administrative Variante 417
  24 Der motivationsorientierte Ansatz 419
    241 Human-Relations-Variante 420
    242 Human-Resources-Variante 423
  25 Der entscheidungsorientierte Ansatz 427
    251 Formal-entscheidungstheoretische Variante . . . 428
    252 Verhaltenswissenschaftliche Variante 432
  26 Der systemorientierte Ansatz 434
    261 Organisationssoziologische Variante 436
    262 Systemtheoretisch-kybernetische Variante 439
    263 Soziotechnische Variante 443
  27 Der interaktionsorientierte Ansatz 445
    271 Organisationskulturelle Variante 447
    272 Mikropolitische Variante 452
    273 Transaktionskostenökonomische Variante 455

IV Methodik des Organisierens

1 Übersicht 463
  11 Problemstellung 463
  12 Ansätze und Methoden des Organisierens 467
    121 Methodik der Reorganisation der
        Gebildestruktur 468
    122 Prozeßtechnologische Methoden 471
    123 Methodik zur Beeinflussung sozialer Prozesse . . 472
  13 Vorschlag eines integrierten, situativen Vorgehens . . 482
    131 Das Konzept 484
    132 Ablaufphasen von Reorganisationsprojekten . . 486
    133 Widerstand gegen organisatorische Änderungen? 490

**2 Auslösung einer Reorganisation und Bestimmung
des Vorgehens** 495
  21 Feststellung der Notwendigkeit einer Reorgani-
    sation und vorläufige Projektumschreibung 496

22 Die Bestimmung des Organisators und seiner Rolle . . 500
23 Problemerfassung durch den Organisator 506

3 Durchführung der Reorganisation 508
31 Aufnahme des Istzustandes 508
  311 Übersicht 508
  312 Die Gebildetruktur 509
  313 Führungsstil und Partizipation 518
  314 Leitungsprozesse 522
  315 Operative Arbeitsabläufe 524
  316 Der Bedingungsrahmen 527
  317 Zusammenfassung 529
32 Überprüfung und Änderung der Gebildestruktur . . . 531
  321 Entwurf der Grobstruktur 532
  322 Erarbeitung der Feinstruktur 639
  323 Bildung von Komitees und Projektgruppen 540
  324 Die Ausgestaltung der Leitungsspitze 542
  325 Realisierung und Fixierung der geänderten
      Gebildestruktur 548
33 Überprüfung und Änderung des Partizipationsgrades 553
  331 Die Aufstellung von Führungsrichtlinien 555
  332 Situationsspezifische Bestimmung des
      Partizipationsgrades 558
34 Überprüfung und Änderung von Leitungsprozessen . 561
  341 Entscheidungsprozesse 562
  342 Informations-, Planungs- und Kontrollsysteme . 564
  343 Führungstechniken 567
35 Überprüfung und Änderung operativer
  Arbeitsabläufe 570
36 Ergänzende Maßnahmen 574
37 Erfolgskontrolle 576

Literaturverzeichnis 580

Sachregister 627

Teil I

Grundlagen

1 Das Organisationsproblem

11 Entwicklung eines generellen Ansatzes

Unter *Organisation* soll hier die Gesamtheit der auf die Erreichung von Zwecken und Zielen gerichteten Maßnahmen verstanden werden, durch die
- ein soziales System arbeitsteilig strukturiert wird und
- die Aktivitäten der zum System gehörenden Menschen, der Einsatz von Mitteln und die Verarbeitung von Informationen geordnet werden.

Der Begriff der Organisation wird hier also *instrumental* verstanden, d. h. als Mittel zur Erreichung der Ziele sozialer Systeme. Demgegenüber wird, vor allem in der angelsächsischen Literatur, oft auch ein *institutionaler Organisationsbegriff* verwendet. Die Organisation wird dort als soziales Gebilde verstanden, also als Oberbegriff für Institutionen wie Unternehmungen, öffentliche Dienstleistungsbetriebe, Verwaltungen, Spitäler, Schulen, Gefängnisse, Kirchen, politische Parteien, Verbände, usw.

Aus der Wahl des instrumentalen Organisationsbegriffs ergeben sich sofort zwei Fragen:
1. Worin liegt das Gemeinsame aller sozialen Systeme, d. h. welches ist der *Objektbereich* der Organisationslehre?
2. Welche Rolle spielt die (instrumental verstandene) Organisation in diesen sozialen Systemen, d. h. welches ist die spezifische *Problemstellung,* mit der die Organisationslehre an ihren Objektbereich herangeht?

Die Antworten auf die beiden Fragen werden üblicherweise als Wahl eines «Ansatzes» der Organisationslehre (bzw. -theorie) bezeichnet. Diese Wahl stellt eine vorwissenschaftliche Entscheidung dar, die nicht im Rahmen des Aussagensystems einer Disziplin selbst begründet werden kann.

Generell haben in den Wirtschafts- und Sozialwissenschaften zwei interdisziplinäre Ansätze besondere Bedeutung erlangt: der systemtheoretische und der entscheidungstheoretische Ansatz.[1]

---

1 Auf diese Ansätze der Organisationstheorie wird im geschichtlichen Teil (III/2) in Band 2 näher eingegangen.

Diese beiden Ansätze sind jedoch keine echten Alternativen:[2] Der *systemtheoretische Ansatz* liefert Grundbegriffe und Grundmodelle, welche aus der allgemeinen Systemtheorie und der Kybernetik stammen. Er bietet einen allgemeinen, abstrakten Bezugsrahmen, der für die Organisationslehre primär folgende Funktionen erfüllt:

1. *terminologische Funktion:* der Systemansatz stellt ein abstraktes, weitgehend formales Begriffssystem zur Verfügung, das «nicht durch inhaltliche Vor-Urteile oder a-priori-Annahmen über die Wirklichkeit belastet»[3] ist;

2. *heuristische Funktion:* der Systemansatz stellt Strukturmodelle zur Verfügung, welche die Entdeckung bisher vernachlässigter Aspekte und Zusammenhänge erleichtern (z. B. Offenheit eines Systems gegenüber seiner Umwelt) und neue Perspektiven eröffnen (z. B. stärkere Betonung von dynamischen gegenüber statischen Aspekten, dezentrale Komplexitätsbeherrschung, Selbstorganisation);[4]

3. *Integrationsfunktion:* der Systemansatz erlaubt eine interdisziplinäre Betrachtungsweise. Er führt zur gleichzeitigen Beachtung verschiedenster Einflußfaktoren und Variablen, hier vor allem von psychologischen, soziologischen, ökonomischen und technologischen Aspekten. Er wirkt damit einem monokausalen Denken entgegen und erleichtert die Integration der Organisationstheorie und -lehre in die modernen Sozialwissenschaften.

Der *entscheidungstheoretische Ansatz* liefert demgegenüber Konzepte der Problemlösungs- und Entscheidungslogik. Für die Organisationslehre erfüllt er primär folgende Funktionen:

1. *entscheidungslogische Funktion:* der entscheidungstheoretische Ansatz liefert allgemeingültige logische Kategorien der rationalen Gestaltung des Problemlösungs- und Entschei-

---

2 Vgl. Meffert (1971: 206).
3 H. Ulrich (1970: 135). Dieser These kann jedoch aus erkenntnistheoretischer Sicht entgegengehalten werden, daß systemtheoretische Kategorien soziale Zusammenhänge einseitig unter einer funktionalistischen Rationalitätsperspektive erfassen. Vgl. dazu P. Ulrich (1984).
4 Gestaltpsychologisch gesehen, liefern die Systemmodelle neue ‹Gestalten› (Makrostrukturen), welche das Auffinden entsprechender Erscheinungen an einem Objekt erleichtern. Zum Systemansatz vgl. auch Abschn. III/262 in Band 2.

dungsprozesses und damit vorwiegend ein methodisches Konzept;

2. *pragmatische Funktion:* der entscheidungstheoretische Ansatz verschiebt gegenüber anderen Ansätzen das wissenschaftliche Hauptinteresse von der Erklärung von Ursache-Wirkungszusammenhängen auf die Analyse möglicher Handlungsweisen und Problemlösungsverfahren;[5]

3. *verhaltenserklärende Funktion:* in seiner empirisch-deskriptiven, verhaltenswissenschaftlichen Richtung bietet der entscheidungstheoretische Ansatz Modelle und Erkenntnisse zum menschlichen Informationsverarbeitungs-, Problemlösungs- und Entscheidungsverhalten, die für die sozialwissenschaftliche Organisationstheorie grundlegend sind.

Die Verknüpfung von Elementen beider Ansätze erweist sich als besonders vorteilhaft, wenn wir das *Lehrziel* dieser Einführung in die Organisationslehre formulieren: Unser Anliegen ist es, die Fähigkeit zur praktischen organisatorischen Tätigkeit mit Hilfe problemgerecht zusammengestellter theoretischer Erkenntnisse zu fördern.

Diese Formulierung impliziert,

a. daß die Organisationslehre nicht auf Unternehmungen eingeschränkt wird, sondern auf die gemeinsame Organisationsproblematik aller organisierten sozialen Systeme anwendbar ist;

b. daß sämtliche wesentlichen Determinanten tatsächlicher organisatorischer Entscheidungssituationen berücksichtigt werden, daß also eine integrierte sozialwissenschaftliche Analyse und keine bloße, deduktiv gewonnene «Strukturtechnik»[6] geboten wird;

c. daß die Organisationslehre entscheidungs- und handlungsorientiert ist (praktische Ausrichtung);

d. daß organisationstheoretische Richtungen, welche keinen Bezug auf reale Organisationsprobleme aufweisen,[7] dagegen in den Hintergrund treten.

---

5 Diese Funktion erfüllt auch der systemtheoretische Ansatz. Beide Ansätze können einer operationsanalytischen (handlungsorientierten) Wissenschaftskonzeption zugerechnet werden. – Vgl. dazu Abschn. I/221.

6 Kosiol (1962: 18).

7 Bendixen (1969: 601 ff.) nennt dafür folgende Beispiele: Teamtheorie, modellanalytische Ansätze zur mathematischen Lösung von Stellenbesetzungsproblemen usw. – Vgl. zu diesen Richtungen Wild (1967).

Die Punkte a. und b. legen einen systemtheoretischen Ansatz nahe, die Punkte c. und d. dagegen lassen sich mit einem entscheidungstheoretischen Ansatz am besten erfüllen. Daraus ergibt sich als Konsequenz: Für die Analyse und Abgrenzung des *Objektbereiches* der Organisationslehre und ebenso für die Analyse der Determinanten organisatorischer Probleme wird vom Systemansatz ausgegangen; als methodisches Gesamtkonzept, das die *Problemstellung* und deren begriffliche Kategorien sowie das Vorgehen festlegt, wird dagegen der entscheidungsorientierte Ansatz gewählt. Es entsteht so für die vorliegende Arbeit *ein primär entscheidungsorientierter Ansatz, der aber auf einem systemorientierten Grundmodell* aufbaut.

12 Soziale Systeme als organisatorischer Objektbereich

Die Organisationslehre befaßt sich mit Strukturierungsproblemen einer bestimmten Klasse von sozialen Systemen, die hier (weil der institutionelle Organisationsbegriff nicht verwendet werden soll) als «organisierte soziale Systeme» umschrieben seien. Zu ihnen gehören, wie eingangs erwähnt, Unternehmungen, Verwaltungen, öffentliche Dienstleistungsbetriebe, usw.

Wie schon die Umschreibung ausdrückt, läßt sich der organisatorische Objektbereich als spezielle Systemklasse beschreiben, deren Systeme

a. bestimmte grundlegende Systemeigenschaften aufweisen,

b. dem sozialen Bereich angehören,

c. zweck- und zielorientiert sind,

d. einen spezifisch organisatorischen Charakter aufweisen.

a. Grundlegende Systemeigenschaften

Die hauptsächlich durch Ludwig van Bertalanffy[8] begründete Systemtheorie versucht allgemeingültige Gesetze über das Verhalten von Systemen zu formulieren.[9] Ausgehend von biologischen und natürlichen physikalischen Systemen hat sie eine ganze Reihe von Systemeigenschaften aufgedeckt, die auch für andere, z. B. technische und soziale Systeme, gelten.

Unter einem *System* kann ganz allgemein eine geordnete Ge-

---

8 Bertalanffy (1950) und Bertalanffy (1951).

9 Zum Wissenschaftscharakter der Systemtheorie vgl. Kosiol u. a. (1965) sowie Maser (1968). – Zur geschichtlichen Entwicklung der Allgemeinen Systemtheorie vgl. Bertalanffy (1950) und H. Ulrich (1968: 102–104).

samtheit von Elementen mit Beziehungen zwischen diesen Elementen verstanden werden.[10] Im Zentrum der Betrachtung stehen dabei weniger die Elemente selbst als die funktionalen Beziehungen im System, denn als *Ganzes* kann ein System nicht durch die bloße Summierung der Kenntnisse über seine Elemente erfaßt werden («Das Ganze ist mehr als die Summe seiner Teile»). *Ordnung* heißt: die Beziehungen zwischen den Elementen des Systems sind in einer bestimmten Weise (nach bestimmten Regeln) strukturiert, d. h. sie weisen bestimmte Regelmäßigkeiten auf. Für die Definition der *Systemgrenzen* ist die Intensität der Beziehungen zwischen den Elementen maßgebend: als Kriterium gilt, daß die Intensität der internen Beziehungen größer ist als jene der externen Beziehungen, d. h. von systeminternen mit systemfremden Elementen. Wenn nun innerhalb bestimmter Teilgesamtheiten von Systemelementen die Beziehungsintensität ebenfalls merklich größer ist als mit den übrigen Systemelementen, so spricht man von einem *Subsystem*. Das Gesamtsystem läßt sich damit zuerst in mehrere Subsysteme gliedern, welche gegenseitig relativ autonom sind. Innerhalb dieser Subsysteme lassen sich vielleicht wiederum Teilsysteme unterscheiden usf., bis man bei der letzten Einheit, den *Elementen,* angelangt ist.

Es besteht damit eine logische *Systemhierarchie,* die vom «Supersystem» (Umwelt des Systems plus System selbst) über das System und verschiedene Ebenen von Subsystemen bis zu den Elementen hinuntergeht. Die hierarchischen Beziehungen ‹Supersystem – System – Subsystem› sind dabei *relativ*: es hängt vom Betrachtungsstandpunkt ab, welche Ebene jeweils als System, als Subsystem und als Umwelt aufgefaßt wird. Ein System kann demnach wie in Abb. I/1–1 dargestellt werden.

Über die allgemeinsten Charakteristika «Ganzheit», «Ordnung» und «Systemhierarchie»[11] hinaus weist nun die Klasse der «organisierten sozialen Systeme» folgende weiteren grundlegenden Systemeigenschaften auf:

10 Vgl. zu Systemdefinition und Systemeigenschaften Ackoff (1971). Gegenüber dem hier verwendeten, «naiven» Systembegriff unterscheidet die neuere Systemtheorie mehrere verschiedene Systembegriffe.

11 Die Systemhierarchie ist hier als bloße logische Untergliederung zu verstehen; die Ableitung der Notwendigkeit einer sozialen Hierarchie im Sinne einer Statusdifferenzierung der Menschen in sozialen Systemen ist aus dieser funktionalen Hierarchie nicht möglich.

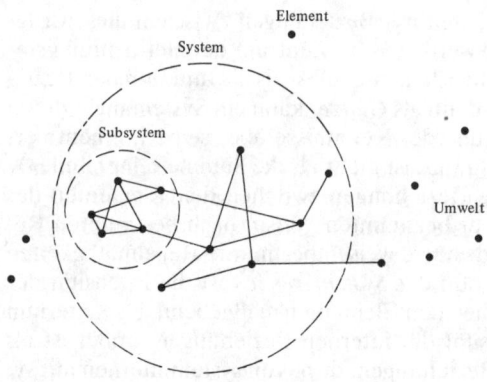

Abb. I/1–1: Allgemeine Darstellung eines Systems

aa. *Offenheit:* Zum Supersystem, in das ein organisiertes System eingebettet ist, bestehen wechselseitige Beziehungen (z. B. zu Leistungsabnehmern) und Beeinflussungen (z. B. durch den Stand der Technologie). Organisierte Systeme sind deshalb immer offene Systeme. So selbstverständlich die Offenheit in dieser Betrachtungsweise auch etwa für Unternehmungen gilt, ist sie gerade von der Organisationslehre lange Zeit vernachlässigt worden, indem sie sich auf das Studium der internen Beziehungen im System beschränkte, ohne Bezug auf die Umwelt zu nehmen.[12] Will die Organisationslehre der Offenheit ihrer Objekte gerecht werden, so muß sie die Umweltbedingungen als *«Constraints»* des Organisationsproblems berücksichtigen.

bb. *Komplexität:* Komplexität bezieht sich auf den Reichtum an Beziehungen innerhalb des Systems sowie zwischen dem System und seiner Umwelt. In sozialen Systemen drückt sich die Komplexität vor allem in der Intensität der Kommunikationsbeziehungen und im Grad der Arbeitsteilung (Spezialisierung) aus. Je komplexer die Systemumwelt ist, um so komplexer muß im allgemeinen auch das System selbst sein. Je of-

12 Vgl. Kast/Rosenzweig (1970: 111).

fener das System ist, desto enger ist die Beziehung zwischen der Komplexität der Umwelt und der Komplexität des Systems.[13]

cc. *Dynamik:* Dynamik bezieht sich auf die Änderung des Systemzustands in der Zeitdimension: hohe Dynamik bedeutet eine hohe Änderungsrate. Für das Verständnis der Dynamik ist die Offenheit des Systems bedeutsam: das Ausmaß der Dynamik der Systemprozesse hängt zu einem großen Teil von der Dynamik der Umwelt sowie von der Offenheit des Systems gegenüber dieser Umwelt ab.

b. Der soziale Charakter

Im Unterschied zu technischen und biologischen Systemen ist in organisierten Systemen der Mensch das wesentliche und zentrale Element. Das Verhalten des Individuums in einem sozialen System weist bestimmte systembedingte Regelmäßigkeiten auf: einerseits steht das Individuum in relativ stabilen Interaktionsbeziehungen zu andern Systemmitgliedern *(Systemstruktur)*, anderseits teilt es mit diesen gewisse Wertorientierungen, die sein Verhalten beeinflussen *(Systemkultur)*.[14] Diese Beziehungen und Wertvorstellungen implizieren bestimmte Verhaltenserwartungen (Rollen) an die Systemmitglieder.

Organisierte soziale Systeme unterscheiden sich nun von anderen sozialen Systemen dadurch, daß bestimmten Verhaltenserwartungen eine spezifische organisatorische Qualität zukommt (s. lit. d). Auch für diese speziellen Verhaltenserwartungen gilt, daß sie in den spontan gewachsenen sozialen Ordnungsformen der Systemkultur fundiert sein und diese weiterführen (also nicht in einem Widerspruch zu ihnen stehen) sollten. Eine Organisationsform, welche dieser Forderung nicht entspricht, kann zu einem Verhalten der Systemmitglieder führen, das von der geplanten Verhaltensweise erheblich abweicht.

Die Organisationslehre muß sich folglich eingehend mit den Aussagen der Organisationssoziologie und -psychologie befassen. In der vorliegenden Arbeit wird dieser Anforderung in Abschnitt I/3 Rechnung getragen. Berücksichtigt man über den sozialen Cha-

13 Vgl. z. B. Kast/Rosenzweig (1970: 17).
14 Zur Unterscheidung von Systemstruktur und Systemkultur vgl. Blau/ Scott (1963: 2). Zur System- oder Organisationskultur vgl. die Ausführungen in Band 2, Abschnitt III/271, S. 447ff.

rakter hinaus, daß die Menschen in organisierten sozialen Systemen unter Einsatz sachtechnischer Mittel kooperieren, so kann man präziser von *soziotechnischen Systemen*[15] sprechen.

c. Zweck- und Zielorientiertheit

Das Zusammenwirken von Menschen in den hier betrachteten Systemen ist dadurch gekennzeichnet[16],

– daß es der Erstellung einer Leistung für die Umwelt dient. Beispiele: in Unternehmungen werden Güter hergestellt oder Dienstleistungen erbracht, in Universitäten werden Akademiker ausgebildet, in Spitälern werden Kranke geheilt, usw. Diese Leistung für die Umwelt – sie bildet die Grundvoraussetzung für die Existenz des Systems – wird häufig als der ‹primäre› Zweck des sozialen Systems bezeichnet.[17] Er wird ergänzt durch weitere, ‹sekundäre› Zwecke: Beispiele: Einkommenserzielung für Mitarbeiter, Anlagemöglichkeiten für Kapitaleigentümer, Steueraufkommen für den Staat, usw. Systemzweck sind somit Beiträge, die ein soziales System für Personen oder Personengruppen im System selbst und in seiner Umwelt erbringt;

– daß dieses Zusammenwirken nicht willkürlich erfolgt, sondern sich an *Zielen* orientiert, d. h. an künftigen erstrebenswerten Zuständen irgendwelcher Variablen ausgerichtet ist. Beispiele: Gewinn in Unternehmungen, Absolventenzahlen in Universitäten, Heilungserfolge in Spitälern, usw. Durch die Orientierung der Zusammenarbeit der Systemmitglieder an solchen Systemzielen wird erst die Erfüllung von Systemzwecken möglich.

d. Der organisatorische Charakter

Aus der Klasse der soziotechnischen Systeme greift die Organisationslehre jene Systeme heraus, die nicht ausschließlich durch

---

15 Emery/Trist (1960). Zum soziotechnischen Ansatz vgl. Band 2, Abschn. III/263, S. 443 f.

16 Vgl. dazu Abschnitt II/12.

17 Das System kann auch mehrere primäre Zwecke haben, wie z. B. eine Universitätsklinik, die für die Umwelt gleichzeitig die Leistung ‹Heilung von Patienten›, ‹Ausbildung von Ärzten› und ‹medizinische Forschung› erbringt: vgl. Etzoni (1967: 29 ff.).

spontan gewachsene, als «quasi-natürlich» empfundene Verhaltenserwartungen geordnet sind (wie z. B. Familien), sondern in einem bewußten, aktiven Gestaltungsprozeß[18] durch dazu legitimierte Personen zur Erreichung bestimmter Zwecke und Ziele (gemäß lit. c) strukturiert worden sind.[19] Als solche Personen kommen Individuen in Frage, die entweder direkt als Gründer des Systems auftreten oder als Leitungsspitze eines bestehenden Systems dazu ermächtigt bzw. durch die Leitungsspitze dazu beauftragt sind.

Durch diesen Gestaltungsprozeß werden bestimmte Verhaltenserwartungen aufgestellt, deren spezifische Qualität in folgenden Merkmalen besteht:

- sie sind aktiv gesetzt[20]
- sie sind im Hinblick auf die Erreichung bestimmter Ziele gestaltet[21]
- sie sind unpersönlich, d. h. unabhängig von bestimmten Individuen gültig[22]
- sie sind meist schriftlich fixiert[23]
- sie sind durch die Systemleitung als gültig erklärt[24]
- ihre Anerkennung ist die grundlegende Mitgliedschaftsbedingung des Systems[25].

Derartig gekennzeichnete Verhaltenserwartungen werden als *formale* bzw. *formalisierte Verhaltenserwartungen* bezeichnet.

Organisierte Systeme unterscheiden sich also von andern sozialen Systemen dadurch, daß bestimmte Verhaltenserwartungen for-

---

18 Blau/Scott (1963: 7) sprechen von «explicit design».
19 Zum Begriff der Legitimierung vgl. Abschn. I/321.
20 Vgl. Blau/Scott (1963: 7).
21 Vgl. Blau/Scott (1963: 5).
22 Vgl. Selznick (1948: 25) und Merton (1957: 202 ff.), nach Luhmann (1972: 32). Das Merkmal geht auf das Bürokratiemerkmal der «formalistischen Unpersönlichkeit» von Weber (1956: 166) zurück.
23 Vgl. Pfiffner/Sherwood (1960: 209) und Pugh et al. (1968: 79 ff.): im allgemeinen erfolgt die Festlegung schriftlich. Möglich ist aber auch eine rein traditionalistische Fixierung (durch die «Heiligkeit der Tradition»).
24 Voraussetzung für die Anerkennung dieser Geltungserklärung ist, daß die Systemleitung als dazu legitimiert betrachtet wird. – Vgl. Abschn. I/321.
25 Vgl. Luhmann (1972: 39 ff.). – Das impliziert, daß die Mitgliedschaft in organisierten Systemen wählbar ist, d. h. durch Eintritt erworben und durch Austritt aufgegeben werden kann.

malisiert sind.[26] Vollständig formalisierte soziale Systeme sind allerdings aus sozialwissenschaftlicher Sicht nicht denkbar.[27] Formalisierung ist nur eine mögliche Form der Erwartungsstabilisierung neben andern (gruppendynamische Verhaltensregelung, individuelle Verhaltenssteuerung durch einen Führer, traditionales Verhalten).

Während die Systemkultur (Werte, Einstellungen) vorwiegend durch diese anderen Formen der Erwartungsstabilisierung gefestigt wird, kann Formalisierung vor allem für die Regelung der Systemstruktur eingesetzt werden. Strukturelle Ansatzpunkte zur Formalisierung sind:

– die *Gebildestruktur* (Anordnung der Systemelemente und ihre dauerhaften Beziehungen untereinander)
– *Prozeßstrukturen* (Gliederung der Aktivitäten und Abläufe, die innerhalb der Gebildestruktur stattfinden), und zwar
  1. operative Prozesse (Arbeitsabläufe)
  2. Leitungsprozesse (Planung und Kontrolle von Zielen und Maßnahmen, Menschenführung, Organisieren).

Sowohl operative wie Leitungsprozesse beziehen sich auf
  aa. Transformationen von physischen Objekten
  bb. Austausch und Verarbeitung von Informationen (Kommunikation und Informationsverarbeitung).

Auf das Wesen der Formalisierung von Gebilde- und Prozeßstrukturen wird in Abschn. I/4 weiter eingegangen.

Zusammenfassend läßt sich jetzt definieren:
1. Den Objektbereich der Organisationslehre bilden gemäß der vorangegangenen Charakterisierung alle ziel- und zweckorientierten, formale Regelungen aufweisenden soziotechnischen Systeme.
2. Formale Regelungen weist ein soziales System auf, wenn bestimmte Verhaltenserwartungen in einem bewußten Gestaltungsakt geschaffen und unabhängig von bestimmten Personen durch die Systemleitung als gültig erklärt sind.

---

26 Unter Verwendung des institutionellen Organisationsbegriffs sprechen Blau/Scott (1963: 2ff.) von ‹formal organizations› als Teilklasse der ‹social organizations›.
27 Vgl. Luhmann (1972: 27). In diesem Kontext ist auch die jüngere Entdeckung der Funktionsrelevanz der Organisationskultur zu verstehen; vgl. dazu P. Ulrich (1984: 309ff.).

13   Definition des Organisationsproblems

Im Unterschied zum oben definierten Organisations*begriff* soll vom Organisations*problem* gesprochen werden, wenn nach der Entscheidungslogik beim Suchen organisatorischer Lösungen gefragt wird.

Das Organisationsproblem, das somit die pragmatische Fragestellung der Organisationslehre darstellt, umfaßt nach dem allgemeinen entscheidungstheoretischen Ansatz drei logische Kategorien von Determinanten und damit drei Teilprobleme:

a. Nach welchen *Kriterien* muß organisiert werden (Ziele des Organisierens)?
b. Welche *Mittel* können eingesetzt werden, d. h. welche Variablen stehen zur Verfügung (organisatorische Instrumentalvariablen)?
c. Unter welchen im Rahmen des Organisierens nicht beeinflußbaren *Bedingungen* muß organisiert werden («Constraints» der Organisation)?

Zu a: Ziele
Die Wahl zwischen alternativen Organisationsmöglichkeiten verlangt eine «good-bad evaluation».[28] Es stellt sich also ein *Bewertungsproblem*.

Die Beurteilung der Organisation und der organisatorischen Maßnahmen hat an ihrem Beitrag zur Zielerreichung und Zweckerfüllung des Systems zu erfolgen.

Da die Erreichung der Systemziele und die Erfüllung der Systemzwecke von zahlreichen endogenen und exogenen Faktoren abhängt, läßt sich aufgrund der Erreichung bzw. Nicht-Erreichung der Ziele und der Erfüllung bzw. Nichterfüllung der Zwecke noch nicht aussagen, welchen positiven oder negativen Beitrag die Organisation geliefert hat. Es müssen deshalb meßbare Kriterien gefunden werden, anhand derer der spezifische Beitrag der Organisation bzw. die Wirkung organisatorischer Maßnahmen beurteilt werden können. Diese Kriterien bilden die organisatorischen Ziele. Jedem organisatorischen Ziel sind geeignete Maßstäbe für die operationale Vorgabe von Zielwerten und die Messung der Zielerreichung zuzuordnen.

---

28   Seiler (1967: 17).

Zu b: Instrumente
Instrumente sind Variablen, die von den Organisatoren so manipuliert werden können, daß die Erreichung der organisatorischen Ziele gewährleistet ist. Solche Instrumente müssen, generell gesagt, zwei organisatorische Teilprobleme bewältigen, welche als Differenzierung und Koordination bezeichnet werden können:
– Die durch das System zu erfüllenden Aufgaben müssen in Teilaufgaben zerlegt und diese verschiedenen Aufgabenträgern zugeordnet werden: *Differenzierung;*
– die Teilaufgaben bzw. deren Träger müssen aufeinander abgestimmt und die durch die einzelnen Aufgabenträger vollzogenen Teilleistungen zur Gesamtleistung zusammengefaßt werden: *Koordination.*
Differenzierung und Koordination bedingen sich gegenseitig und stellen lediglich zwei analytische Aspekte organisatorischen Gestaltens dar.
Während die Organisationsliteratur eine Vielzahl von Variablen nennt, mit denen sich Organisationen beschreiben lassen, macht sie relativ wenig Aussagen darüber, inwieweit diese Variablen instrumental verwendbar sind. Es gilt daher aus der Vielzahl der in der Organisationsliteratur genannten Variablen anhand von bestimmten Kriterien ein «Set» von instrumental verwendbaren Variablen herauszukristallisieren.

Zu c: Bedingungen bzw. Constraints
Unter dem Begriff «Bedingungen» werden wesentliche Einflußfaktoren verstanden, welche die organisatorischen Lösungsmöglichkeiten einschränken und im Rahmen des Organisierens nicht verändert (manipuliert) werden können; sie definieren also die *Organisationssituation.*
Indem sie die Wirkungszusammenhänge zwischen den Instrumental- und Zielvariablen beeinflussen, bestimmen sie mit, welche Instrumente in welchem Ausmaß zur Lösung organisatorischer Probleme eingesetzt werden können. Aussagen zum organisatorischen Ziel-Mittel-Problem sind daher ohne Bezug auf eine bestimmte Situation *(situative Relativierung)* wertlos. Zur Systematisierung der Einflüsse organisatorischer Bedingungen auf die Zielwirkungen von Instrumentalvariablen wird die Organisationssituation mittels weniger, abstrakter «Constraints» erfaßt.

Genau genommen beeinflussen die Constraints nicht nur die Zielwirkungen von Instrumentalvariablen, sondern schon die Wahl (bzw. Gewichtung) der Ziele selbst, wie es Abb. I/1–2 symbolisiert.

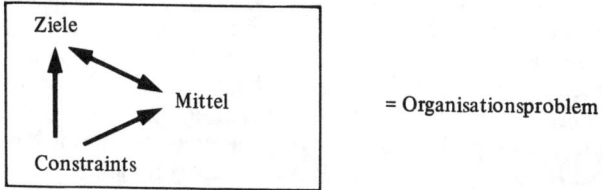

Abb. I/1–2: Determinierende Variablen des Organisationsproblems

Zusammenfassend kann jetzt das *Organisationsproblem* charakterisiert werden als die Strukturierung eines sozialen Systems (Gebilde- und Prozeßstrukturierung)
1. in bezug auf organisatorische Ziele
2. unter Berücksichtigung gegebener Constraints
3. mittels geeigneter Instrumentalvariablen.

14 Zum Aufbau des Buches

In den weiteren Abschnitten des *I. Teils* werden zunächst methodologische Grundlagen der Organisationsforschung, -theorie und -lehre behandelt, anschließend werden Grundbegriffe, Grundprobleme und Grundannahmen zum menschlichen Verhalten in sozialen Systemen und Grundbegriffe der formalen Organisation dargestellt.
Im *II. Teil* werden die Determinanten des Organisationsproblems, nämlich die Zielvariablen, die Instrumentalvariablen und die Situationsvariablen bzw. Constraints, behandelt. Umfangmäßig liegt dabei das Schwergewicht auf der Darstellung eines Sets von sechs Instrumentalvariablen.
Der *III. Teil* befaßt sich mit eigenen und fremden Modell- und Theoriebildungsversuchen. Einerseits wird ein axiomatisches Modell über die Beziehungen zwischen Zielen, Instrumenten und

29

zwei als (Ideal-)Typen definierten Constraints-Konstellationen aufgestellt; die Basishypothesen werden durch Plausibilitätsüberlegungen aus den empirischen Ergebnissen der Literatur gewonnen und soweit wie möglich durch solche belegt. Andererseits wird in einem geschichtlichen Überblick die Entwicklung des organisationstheoretischen Denkens auf dem Hintergrund des jeweiligen zeitgebundenen Bedingungsrahmens dargestellt.

Der *IV. Teil* schließlich behandelt als pragmatisch-methodischer Teil Fragen des praktischen Vorgehens bei der organisatorischen Gestaltung von Gebilde- und Prozeßstrukturen. Hier geht es also vorwiegend um die Methodik der Anwendung der vorher erarbeiteten Einsichten auf reale organisatorische Probleme.

2 Organisationsforschung, -theorie und -lehre

21 Die kognitive Problematik

Das Organisationsproblem wurde charakterisiert als Problem der Strukturierung eines sozialen Systems

1. in bezug auf organisatorische Ziele
2. unter Berücksichtigung gegebener Constraints
3. mittels geeigneter Instrumentalvariablen.

Sofern dieses Problem Gegenstand wissenschaftlicher Untersuchungen sein soll, stellen sich Fragen folgender Art:

- Welches Wissenschaftsziel können solche Untersuchungen haben?
- Welche Forschungsmethodik[1] ist anzuwenden?
- Welche Erwartungen können überhaupt an die Ergebnisse solcher Forschung gestellt werden?

Solche und ähnliche Fragen müssen beantwortet werden, bevor eine systematische Organisationsforschung beginnen kann; der gesunde Menschenverstand reicht hier nicht aus, um intuitiv das richtige wissenschaftliche Vorgehen zu wählen. Erst dieses Ungenügen des gesunden Menschenverstandes im Bereich der Forschung läßt überhaupt die Organisationsforschung zum *kognitiven Problem* werden.

Dieses kognitive Problem ist in den Sozialwissenschaften durch eine beinahe paradoxe Situation charakterisiert: in ihnen ist der Mensch nicht nur Forschungs*subjekt,* sondern in irgendeiner Form gleichzeitig Forschungs*objekt.*

Als dem Forschungssubjekt sind dem Menschen bestimmte *kognitive Grenzen,* d. h. Grenzen der Erkenntnisfähigkeit, gesetzt. Damit ist die Gesamtheit der subjektiven kognitiven Beschränkungen des einzelnen Forschers gemeint.[2]

---

1 Unter *Forschung* soll im weiteren Sinn der gesamte wissenschaftliche Prozeß, der auf die Gewinnung oder neuartige Verknüpfung von Erkenntnissen über einen Objektbereich der Realität ausgerichtet ist, verstanden werden. Die *empirische Forschung* ist nur ein – allerdings zentraler – Ausschnitt aus dem gesamten Forschungsprozeß.
2 Vgl. dazu Kirsch (1970: 26f. und 62ff.). – Auf die kognitiven Prozesse und ihre Determinanten wird in Abschn. I/312 eingegangen.

Diesen kognitiven Grenzen stehen nun die *kognitiven Anforderungen* des Forschungsobjektes gegenüber.

In allgemeiner Weise können folgende kognitiven Anforderungen eines Forschungsobjektes unterschieden werden:

– *Komplexität:*
  Je mehr Elemente und Variablen vorhanden sind, und je größer der Beziehungsreichtum ist, um so höher sind die kognitiven Anforderungen.

– *Dynamik:*
  Wenn sich der Forschungsgegenstand laufend verändert, wird es schwierig, Aussagen zu gewinnen, die nicht im Moment ihrer empirischen Überprüfung oder Anwendung bereits wieder fraglich sind. Zudem wird die Anpassung der Organisation an die Umweltdynamik (organisatorischer Wandel) selbst zu einem schwierigen Problem.

– *Anzahl möglicher Konstellationen*[3]:
  Mit der Komplexität und Dynamik des einzelnen Forschungsobjektes wächst auch die Anzahl möglicher Konstellationen. So sind in der Realität praktisch beliebig viele organisatorische Konstellationen von Zielen, Constraints und eingesetzten Instrumenten anzutreffen. Dadurch steigt der notwendige Forschungsaufwand beträchtlich, wenn eine einigermaßen repräsentative Erfassung angestrebt wird.

Die Qualität möglicher Erkenntnisse hängt vom Verhältnis der kognitiven Grenzen des Forschenden zu den kognitiven Anforderungen des Forschungsobjektes ab.

Da nun der Mensch selbst das wohl komplexeste Forschungsobjekt ist, haben die Sozialwissenschaften mit einem besonders ungünstigen Verhältnis zwischen kognitiven Grenzen und Anforderungen fertig zu werden.[4]

Daraus ergeben sich für die Sozialwissenschaften im allgemeinen und für die Organisationsforschung im besonderen folgende Konsequenzen:

3 Vgl. Miller/Starr (1960: 51).
4 Aus dieser Sicht läßt sich der frühe Entwicklungsvorsprung von Astronomie und Physik gegenüber den Sozialwissenschaften verstehen: die Zusammenhänge waren relativ «einfach», weil der Mensch ausgeklammert werden konnte. Heute allerdings, da die Physik in die Grenzbereiche vorstößt, gerät sie zunehmend an die Problematik der kognitiven Prozesse des Menschen.

1. Der spezifische Forschungsgegenstand macht die Versuche, analog den Naturwissenschaften die sozialen Zusammenhänge bis auf ihre letzten, originären Determinanten zu analysieren, fragwürdig.[5] Der szientistische Versuch, Sozialwissenschaft als Quasi-Naturwissenschaft zu betreiben, verkennt die *Subjekt*qualität ihrer Forschungsobjekte. Menschliches Tun ist in der Regel nicht einfach als restlos von außen determiniertes Verhalten, sondern als «eigenwilliges», intentionales Handeln zu begreifen.[6] Es gilt daher, eine dieser besonderen Problematik der Sozialwissenschaften angepaßte Wissenschaftskonzeption zu entwickeln (Abschn. I/221).

2. Um die kognitiven Möglichkeiten auszuschöpfen, wird eine sozialwissenschaftlich interpretierte Forschungslogik benötigt. (Abschn. I/222).

3. Besonders bedeutsam ist der modelltheoretische Aspekt in den Sozialwissenschaften, denn nur durch modellmäßige Abbildung lassen sich die kognitiven Anforderungen auf ein analysierbares Maß reduzieren. Voraussetzung ist, daß bei der Modellbildung eine bestimmte Methodik angewendet wird (Abschn. I/231).

4. Ebenso wird eine Konzeption und Methodik der empirischen Forschung benötigt, welche es erlaubt, den realen Informationsgehalt der zu entwickelnden Modelle so hoch wie möglich zu treiben (Abschn. I/232).

5. Aus einer gegenüber der Realität stark vereinfachenden Modellanalyse können jedoch nur Aussagen mit begrenztem empirischen Gehalt gewonnen werden.[7] An den praktischen Bedürfnissen gemessen, können diese Aussagen u. U. trotzdem befriedigen (Abschn. I/241).

6. Wenn die Organisationsforschung auf diese praktischen Bedürfnisse ausgerichtet werden soll, heißt das nichts anderes, als daß schon die «Theorie» im Hinblick auf die «Lehre» zu konzipieren ist. Dazu muß Klarheit herrschen, was unter einer Lehre (im speziellen einer Organisationslehre) zu verstehen ist (Abschn. I/242).

---

5 Vgl. Strobel (1968: 134f.).
6 Vgl. dazu auch Fußnote 8 auf der folgenden Seite.
7 Vgl. Popper (1962: 327).

22   Wissenschaftstheoretische Grundlagen

Die Wissenschaftstheorie untersucht die mit den vorwissen-
schaftlichen Entscheidungen über die zu erforschenden Probleme und die anzuwendende Methodologie verbundenen Zusammenhänge. Die Entscheidung für eine bestimmte Methodologie ist gleichbedeutend mit der Entscheidung für eine bestimmte Wissenschaftsauffassung einerseits und für eine geeignete Forschungslogik (Logik des Forschungsprozesses) andererseits.

221   Zur Wissenschaftskonzeption der Sozialwissenschaften

Die Wissenschaftstheorie unterscheidet im allgemeinen zwei verschiedene *Wissenschaftsziele:* ein theoretisches und ein pragmatisches.
Das *theoretische* Wissenschaftsziel besteht in der Erklärung und
Prognose des Verhaltens der Forschungsobjekte.[8] Auf das Forschungsobjekt «Organisation» übertragen, besteht das Ziel in der
Entwicklung einer Organisationstheorie, welche
– den Aufbau und das Verhalten formal strukturierter Systeme
  beschreibt,
– mittels gesetzesähnlicher Aussagen ihre Funktionsweisen erklärt
– und aufgrund der erkannten Zusammenhänge Verhaltens-
  prognosen aufstellen kann.[9]
Das *pragmatische* Wissenschaftsziel besteht dagegen weniger in
der Wirklichkeitserkenntnis selbst als in deren Nutzbarmachung
für die Wirklichkeitsgestaltung, nämlich in der Ableitung praktisch verwendbarer Handlungsanweisungen. Solche pragmatisch
ausgerichteten Aussagensysteme nennt man auch *praxeologische*

8   Vgl. Albert (1965: 126). Es handelt sich hierbei, genauer gesagt, um eine
    *verhaltens*theoretische Wissenschaftskonzeption im Sinne des Kritischen
    Rationalismus. Dagegen zielen *handlungs*theoretische Ansätze auf Er-
    klärung durch das *Verstehen* der subjektiven *Sinn*zusammenhänge
    (Gründe) menschlichen Tuns. Vgl. zu dieser Unterscheidung Weber
    (1972: 1 ff.); bezüglich ihrer wissenschaftstheoretischen Konsequenzen
    für einen nicht nur sozialtechnischen, sondern umfassenden Praxisbezug
    von Sozialwissenschaft vgl. P. Ulrich (1987: 332 ff.).
9   Eine Präzisierung des Theoriebegriffs erfolgt in Abschn. I/222.

Systeme. Gegenüber dem theoretischen Wissenschaftsziel tritt hier eine «Verschiebung der kognitiven Perspektive»[10] auf: das Erkenntnisobjekt der Theorie wird zum Gestaltungsobjekt. Es werden Handlungsweisen gesucht, um bestimmte Gestaltungsziele zu verwirklichen. Dem theoretischen Wissenschaftsziel entspricht eine *realanalytische,* dem pragmatischen eher eine *operationsanalytische* Wissenschaftskonzeption.[11]

Im Zentrum der *realanalytischen* Konzeption[12] steht die Frage nach den *Ursachen* (Determinanten) und Wirkungszusammenhängen von Erscheinungen (Kausalanalyse). Über die Zusammenhänge dieser Ursachen und ihrer Wirkungen werden gesetzmäßige Aussagen angestrebt.

Im Zentrum der *operationsanalytischen* Konzeption steht hingegen nicht die Erklärung bestehender Zustände, sondern die Bestimmung situationsadäquater, sinn- und zweckvoller *Handlungsweisen.* Diese Fragestellung ergibt sich natürlich nur in Wissenschaften, die sich überhaupt mit dem menschlichen Handeln befassen (Ingenieurwissenschaften und Sozialwissenschaften). Die situativen Wirkungszusammenhänge werden nur soweit studiert, als sie zur Ableitung praktischer Handlungs- bzw. Gestaltungsempfehlungen bekannt sein müssen. Diese handlungsorientierte Konzeption läßt sich in drei Varianten aufteilen:[13]

a. Die *normative Auffassung* (als heute im Rahmen der Unternehmensethik vertretene Variante) ist als *ethisch-normative* Betrachtungsweise auf eine kritische Reflexion und Bewertung von Handlungen anhand ethischer Prinzipien und als *praktisch-normative* Betrachtungsweise auf die Bestimmung von pragmatischen Handlungsgrundsätzen gerichtet (z. B. Organisationsprinzipien).

b. Die *systemtheoretische Auffassung* bemüht sich darum, auf Systemanalysen (Funktionsanalysen) aufbauend, allgemein formulierte Konditionalaussagen über Gestaltungs- und Lenkungsmöglichkeiten in bezug auf komplexe dynamische Systeme zu gewinnen.

10 Wild (1966: 25).
11 Vgl. Strobel (1968: 131ff.) sowie Krieg (1971: 32ff.).
12 Die realanalytische Konzeption entspricht dem Wissenschaftsprogramm des v. a. von Popper (1966) begründeten «Kritischen Rationalismus». Vgl. dazu als leicht verständliche Einführung: Prim/Tilmann (1973).
13 Diese Aufteilung lehnt sich an jene von Strobel (1968: 133f.) an.

c. Die *entscheidungstheoretische Auffassung* geht von einer vorgegebenen Zielsetzung bzw. Präferenzordnung aus und versucht, ziel- und situationsadäquate Handlungsweisen zu bestimmen. Dabei wird schon das Begriffssystem handlungsorientiert aufgebaut[14], und die Modelle werden als Entscheidungsmodelle formuliert.

Wesentlich erscheint nun, daß im Bereich der Sozialwissenschaften realanalytische und operationsanalytische Konzeptionen nicht als Gegensätze bzw. Alternativen, sondern vielmehr als sich ergänzende Aspekte verstanden werden.[15] Die Realanalyse vermittelt empirisch fundiertes Grundwissen über Ursachen und Randbedingungen, welche eine konkrete Situation determinieren. Die operationsanalytische Betrachtungsweise klärt die logischen Zusammenhänge zwischen Zielen, Handlungsalternativen und Bedingungen (Constraints), die das gestellte Problem konstituieren.[16]

Während nun in den Naturwissenschaften und in jenen Sozialwissenschaften, die sich um die empirisch-analytische Erklärung von Verhaltensregelmäßigkeiten bemühen[17], sinngemäß die realanalytische Fragestellung nach den Ursachen der Wirklichkeit im Vordergrund steht, kann bei jenen Sozialwissenschaften, deren Wissenschaftsziel eine unmittelbar pragmatische Orientierung aufweist, der operationsanalytischen Fragestellung der Vorrang gegeben werden. Sofern eine systemorientierte oder entscheidungsorientierte Variante gemeint ist, kann einer Operations-

---

14 Beispielsweise wird dies deutlich, wenn im hier verwendeten Ansatz die Kategorie «Instrumentalvariablen» geschaffen wird. Eine rein systemtheoretische Konzeption würde wohl nicht «Instrumentalvariablen» sondern mehr deskriptive Strukturvariablen definieren und untersuchen. Dies ist in der Literatur tatsächlich meistens der Fall. Trotzdem muß betont werden, daß die systemtheoretische und die entscheidungstheoretische Konzeption insofern konvergieren, als auch entscheidungsorientierte Ansätze immer mehr systemtheoretische Begriffe und Denkweisen verwenden.

15 Vgl. Krieg (1971: 34).

16 Vgl. Wild (1966: 25f.).

17 Diese sozialwissenschaftlichen Basisdisziplinen (Psychologie, Sozialpsychologie, Soziologie, Anthropologie) werden zusammenfassend als *Verhaltenswissenschaften* (behavioral sciences) bezeichnet, soweit sie auf dem Boden des Kritischen Rationalismus betrieben werden.

analyse der Wissenschaftscharakter nicht abgesprochen werden.[18]

Für die vorliegende Arbeit ergeben sich folgende Schlüsse:

1. Die Kernfrage der Organisationslehre (das Organisationsproblem) ist operationsanalytisch ausgerichtet.
2. Soweit die Organisationslehre die Erkenntnisse der Verhaltenswissenschaften über Verhaltensdeterminanten auswerten will – und dies ist nötig, wenn sie realistischen Gehalt beansprucht – muß sie auf die realanalytische Fragestellung der Verhaltenswissenschaften zurückkommen.
3. Die realanalytische und die operationsanalytische Konzeption überlagern sich damit im gewählten Ansatz: der Gesamtansatz ist operationsanalytisch; die Untersuchung der einzelnen Kategorien (Elemente, Ziele, Mittel, Constraints) baut auf realanalytischen Forschungsergebnissen auf. Die Auswahl und Gruppierung dieser Erkenntnisse hat aber operationsanalytischen Kriterien zu genügen.[19]

Wenn hier die keineswegs scharfe, sondern mehr auf Gewichtungsunterschieden beruhende Unterscheidung zwischen realanalytischer und operationsanalytischer Konzeption verwendet wird, so soll damit vor allem der Unterschied des hier verwendeten Ansatzes zu der in der angelsächsischen Organisationsforschung vorherrschenden, auf Beschreibung und Erklärung der empirisch beobachtbaren Systeme ausgerichteten Realanalyse verdeutlicht werden. Erst in jüngerer Zeit beginnen einige amerikanische Autoren ganz im Sinne der Operationsanalyse nach einer stärkeren «Design-Orientation» der Organisationsforschung anstelle bloßer Beobachtung des Vorhandenen zu verlangen.[20]

---

18 Vgl. Strobel (1968: 136). Der wissenschaftliche Gehalt eines ethisch-normativen Ansatzes ist demgegenüber umstritten; darauf kann hier nicht eingegangen werden.

19 Das wird am deutlichsten bei den Instrumentalvariablen, deren Auswahl und Definition aus realanalytischer Perspektive oft etwas kompliziert erscheinen mag, weil operationsanalytischen Gesichtspunkten der Vorzug gegeben wird.

20 Vgl. als frühe Stimmen Pondy (1972) und Lorsch (1973), ebenso Leavitt (1972: 309). Als herausragender Vertreter der gestaltungsorientierten Organisationslehre in den USA sei Henry Mintzberg mit seinem Werk «Structure in Fives: Designing Effective Organizations» (1983) genannt.

222 Zur Forschungslogik der Sozialwissenschaften

Unter Forschungslogik wird hier die Logik des gesamten empirisch-analytischen Forschungsablaufs verstanden.[21] Dieser Forschungsprozeß umfaßt eine Reihe von unterscheidbaren Forschungsaktivitäten, die jeweils einer terminologisch-deskriptiven, empirisch-induktiven oder analytisch-deduktiven Aufgabenstellung zugerechnet werden können:[22]

Terminologisch-deskriptive Studien befassen sich mit der Schaffung eines Begriffssystems und dessen Anwendung für die Beschreibung der Forschungsobjekte, was bereits empirische (deskriptive) Aktivitäten impliziert. *Empirisch-induktive Aktivitäten* befassen sich mit der empirisch-statistischen Untersuchung beobachtbarer oder befragbarer Zusammenhänge und der induktiven Ableitung von Hypothesen durch Generalisierung von Einzelbeobachtungen bzw. Einzelaussagen sowie mit deren empirischer Überprüfung. *Analytisch-deduktive Aktivitäten* sind alle logischen (oder tautologischen) Schritte, die ohne zusätzliche Induktionsschlüsse auskommen, also insbesondere die deduktive Konstruktion von Modellen und ihre analytische Auswertung.

Die folgende Abb. I/2–1 enthält eine Aktivitätenliste, die für die Organisationsforschung besonders geeignet erscheint.[23] Eine solche Liste kann allerdings nur als äußerst schematische Darstellung verstanden werden; letztlich handelt es sich beim Forschungsprozeß immer um einen komplexen heuristischen Prozeß, der sich einer logisch zwingenden analytischen Beschreibung entzieht.

21 Die vorgestellte Forschungskonzeption ist auf die verhaltenswissenschaftliche Organisationsforschung ausgerichtet; auf Ansätze interpretativer Sozial- bzw. Organisationsforschung, die auf das Deuten (Verstehen) von subjektiven Sinnzusammenhängen und Handlungsintentionen von Organisationsmitgliedern zielen, ist sie nicht oder nur teilweise übertragbar.

22 Die von Wild (1967: 23 f.) und Kosiol (1969c: 1239) getroffene Unterscheidung einer terminologisch-deskriptiven, einer empirisch-kognitiven und einer praxeologischen Aufgabenstellung ist in der operationsanalytischen Konzeption nicht zweckmäßig, da der gesamte Forschungsprozeß primär praxeologisch ausgerichtet ist.

23 Die Aktivitätenliste basiert teilweise auf Kieser (1971), wurde jedoch für die hier zugrundegelegte, operationsanalytische Konzeption modifiziert und umgestellt.

Abb. I/2–1: Operationsanalytische Konzeption des sozialwissenschaftlichen Forschungsprozesses (in schematischer Darstellung)

Aufgabenstellung	Aktivität
A. terminologisch-deskriptiv	(1) Definition von Begriffen (2) Operationalisierung von Begriffen (3) Deskriptive Studien (4) Isolierung relevanter Dimensionen (5) Typenbildung
B. empirisch-induktiv	(6) Erkunden korrelationaler Beziehungen zwischen den Variablen (7) Hypothesenformulierung
C. analytisch-deduktiv	(8) Modellkonstruktion (9) Ableitung von Prognosen (10) Transformation in situationsspezifische Handlungsanweisungen
D. empirisch-induktiv	(11) Empirische Realisierungsversuche (12) Vorläufige Annahme des Modells als Theorie

Im folgenden wird kurz auf die einzelnen Aktivitäten eingegangen.

1. *Definition von Begriffen*

   Das erste Bemühen eines Forschungsprogramms zielt in der Regel auf die Schaffung eines Begriffssystems, das die sprachliche Erfassung der relevanten Aspekte – zunächst in abstrakter Form – erlaubt.

2. *Operationalisierung von Begriffen*

   Damit die abstrakten Begriffe empirisch verwendbar werden, müssen sie operationalisiert, d. h. mit Hilfe von Skalen und Indikatoren meßbar[24] gemacht werden. Dazu ist eine *dimensionale Erfassung* aller zu messenden Variablen geeignet. Unter einer Dimension wird – im Unterschied zu einer

---

24 Meßbarkeit umfaßt im weiteren Sinne nicht nur das kardinale Quantifizieren, sondern auch das ordinale Messen (‹größer als›) und weitere, noch ‹schwächere› Meßarten. – Vgl. Adam (1959: 13 ff.).

Dichotomie[25] – eine stetig (stufenlos) veränderliche Größe, ein Kontinuum verstanden. Dieses Kontinuum läßt sich als *Grad* auf einer Skala messen und abstufen. Die *Indikatoren* sind Hilfsgrößen, welche typische Symptome erfassen, anhand derer der Ausprägungsgrad einer Variablen abgelesen werden kann. Die Qualität eines Indikators wird bestimmt durch seine Gültigkeit (Validität) – d. h. ob er tatsächlich mißt, was er zu messen vorgibt – und seine Zuverlässigkeit (Reliability) – d. h. die Sicherheit, mit der er im Wiederholungsfall bei gleichen Bedingungen die gleichen Werte anzeigt.

3. *Deskriptive Studien*
   Anhand empirischer Vorstudien lassen sich nun die Begriffe und ihre Indikatoren auf ihre Brauchbarkeit hin überprüfen, d. h. daraufhin, ob sich mit ihnen unterschiedliche Werte diskriminieren lassen. Deskriptive Sätze beschreiben (im Unterschied zu Hypothesen) nicht allgemeine, sondern singuläre Beziehungen in einer konkreten Situation.[26]

4. *Isolierung relevanter Dimensionen*
   Die deskriptive Studie erlaubt nun auch die Isolierung relevanter Dimensionen, die von den anfänglich gewählten Definitionen abweichen können. Mit «Dimensionen» sind hier die empirisch zu erfassenden Aspekte der Wirklichkeit gemeint.[27] In der gegenwärtigen sozialwissenschaftlichen Forschung liegt der Schwerpunkt noch auf explorativen Studien zur Isolierung relevanter Dimensionen (‹dimensionale Analyse›[28]). Mit der Faktorenanalyse wird versucht, unabhängige Dimensionen zu finden.

---

25 Eine Dichotomie ist eine nicht-kontinuierliche Variable mit alternativen Ausprägungen, z. B.: ja – nein.
26 Vgl. Prim/Tilmann (1973: 66).
27 Dem Dimensionsbegriff wird über die Definition unter Punkt 2 hinaus eine zusätzliche Bedeutung gegeben: analog zur dreidimensionalen Erfassung des geometrischen Raumes sollen die organisatorischen Dimensionen sozusagen ein «Koordinatensystem» darstellen, in dem eine Organisation bestimmt und beschrieben werden kann. Diese Intention wird besonders in den Versuchen von Pugh et al. (1968: 85) und anderen deutlich, mit Hilfe von Faktorenanalysen die «basic dimensions» (Pugh) einer Organisation zu finden.
28 Vgl. Zetterberg (1967: 65).

5. *Typenbildung*

Wird in den deskriptiven Studien festgestellt, daß mehrere Variablen (Dimensionen) häufig gemeinsam in ganz bestimmten Ausprägungen auftreten, so lassen sich Typen definieren. Ein Typ ist eine Gruppe von Eigenschaften, die entweder modellmäßig als zusammengehörig definiert (Idealtyp) oder als tatsächlich auftretende Kombination (Realtyp) festgestellt werden. Typen sind also Kurzformeln für beschreibende Aussagen. Mit ihnen lassen sich z. B. die Bedingungen, unter denen Hypothesen gelten, sehr einfach durch die Angabe des Typs der Constraint-Konstellation spezifizieren.

6. *Erkunden korrelationaler Beziehungen zwischen den Variablen*

Diese Aktivität besteht in der statistisch-empirischen Untersuchung der Korrelationen zwischen verschiedenen Variablen, um damit die Formulierung von Hypothesen zu erleichtern. Soweit (v. a. in den USA) empirische Organisationsforschung betrieben wird, ist sie zu einem großen Teil dieser Aktivität 6. zuzurechnen.

7. *Hypothesenformulierung*

Im Rahmen realanalytischer Konzeptionen wird unter einer Hypothese eine empirisch noch nicht hinreichend bestätigte Aussage über eine Beziehung zwischen einer unabhängigen Variablen (kausaler Faktor, Determinante) und einer abhängigen Variablen (Resultante) von der Art «Wenn X, dann Y» verstanden, welche[29]

– allgemeinen Charakter hat, also nicht nur eine Einzelsituation betrifft,

– widerspruchsfrei ist,

– empirisch überprüfbar[30] ist, also keine tautologische oder historische Relativierung beinhaltet[31], und

– einen neuen Erklärungsaspekt realer Zusammenhänge beinhaltet.

29 Vgl. Atteslander (1969: 10 ff.).
30 Vgl. dazu Popper (1966: 15): «Ein empirisch-wissenschaftliches System muß an der Erfahrung scheitern können».
31 Zu den Problemen und Formen der Relativierung vgl. Albert (1965: 131 ff.).

Die Hypothese kann reversibel (Wenn Y, dann X) oder irreversibel, deterministisch oder stochastisch, bedingt (Wenn X, dann Y, falls Z) oder unbedingt sein.[32] Kausalität ist nun an sich nicht beobachtbar, sondern stellt eine *Interpretation* korrelationaler Beziehungen dar. Da im Rahmen der operationsanalytischen Konzeption aber nicht die kausale Erklärung beobachtbarer Beziehungen im Vordergrund steht, sondern primär die Kenntnis von Input-Output-Relationen angestrebt wird, kann auf Kausalität als Definitionsmerkmal von Hypothesen verzichtet werden.[33] Die für unseren Ansatz bedeutsamen Hypothesen sind somit grundsätzlich stochastisch und reversibel.

8. *Modellkonstruktion*

Hypothesen, die den genannten Anforderungen genügen, werden als Basissätze für die Konstruktion von Modellen benötigt.[34] Während in der realanalytischen Konzeption Modelle primär als Erklärungsmodelle (Theorien) konstruiert werden, werden in der operationsanalytischen Konzeption *Entscheidungsmodelle* benötigt. Als Entscheidungsmodell kann jedes Modell bezeichnet werden, das eine Zielfunktion mit Handlungsalternativen so in Beziehung setzt, daß für eine bestimmte (typische oder einzelne) Entscheidungssituation die Zielwirkungen deduktiv ermittelt werden können.[35] Die Modellkonstruktion kann erfolgen

– durch mathematische Funktionsanalyse
  (Beispiele: Operations Research, System Dynamics)
– durch axiomatisch-deduktive Ableitung von Folgesätzen aus den logischen Beziehungen zwischen mehreren Basishypothesen.

---

32 Vgl. Zetterberg (1967: 83ff).
33 Dies entspricht auch dem tatsächlichen empirischen Überprüfungsvorgang von Hypothesen: eine Hypothese wird als gestützt (bestätigt) betrachtet, sobald eine entsprechende korrelationale Beziehung festgestellt wird.
34 Zum Modellbegriff vgl. den anschließenden Abschn. I/231.
35 Vgl. die ähnliche Definition bei Wild (1966: 27). – Die Definition schließt nicht aus, daß ein Entscheidungsmodell sekundär auch als Erklärungsmodell (Theorie) interpretiert werden kann.

Für die Organisationslehre ist der zweite Weg bedeutsamer: durch systematische Kombination werden aus mehreren Basishypothesen (Axiome, Postulate) weitere Hypothesen (Folgesätze) deduktiv abgeleitet.[36]
Die formale Richtigkeit eines axiomatischen Systems kann analytisch durch Gedankenexperimente überprüft werden. Die inhaltliche Richtigkeit zeigt sich dagegen erst bei empirischen Realisierungsversuchen (Aktivität 11).

9. *Ableitung von Prognosen*
Durch Analyse oder Simulation des Entscheidungsmodells lassen sich Prognosen für alle im Modell abbildbaren Entscheidungssituationen gewinnen. Durch Anwendung der generellen Aussagen auf eine konkrete Einzelsituation kann eine spezifische Prognose abgeleitet werden. Ihr empirischer Gehalt ist durch die Unvollständigkeit der abgebildeten situativen Einflußfaktoren begrenzt.
Im Unterschied zu Erklärungsmodellen wird bei Entscheidungsmodellen direkt die Prognose abgeleitet, während bei jenen eine Prognose lediglich eine tautologische Umkehrung einer Erklärung ist.[37]

10. *Transformation in situationsspezifische Handlungsanweisungen*
Handlungsanweisungen bestimmen durch Umkehrung von bedingten Prognosen die einzusetzenden Instrumente, um in einer spezifischen Situation vorgegebene Zielwirkungen zu realisieren («Damit Y in der Situation Z, ist X notwendig»).
Man bezeichnet derartige Sätze auch als «Entscheidungsprognosen».

11. *Empirische Realisierungsversuche*
Die abgeleiteten situationsspezifischen Handlungsanweisungen erlauben durch ihre praktische Realisierung die empirische Überprüfung der prognostizierten Zielwirkungen. Von der üblichen realanalytischen Forschungskonzeption unterscheidet sich diese Überprüfung dadurch, daß sie nicht durch vergleichende Beobachtung mehrerer bereits bestehender Organisationen, sondern durch die aktive Mitwirkung des Forschers bei der Gestaltung und Realisierung einer Organi-

---

36 Vgl. Albert (1965: 128).
37 Vgl. Albert (1965: 136).

sation erfolgt. In der Kooperation von Praktikern und Wissenschaftlern fallen praktisches Handeln und wissenschaftliches Forschen zusammen; die Ergebnisse dieser *Aktionsforschung* dienen nach Möglichkeit noch der Steuerung des laufenden Reorganisationsprozesses (Prozeßberatung). Daneben sind aus der intensiven empirischen Erfahrung, die der Forscher dabei von praktischen Wirkungszusammenhängen gewinnt, verallgemeinerbare Einsichten zu erwarten, die der Theoriebildung nützlich sein können. Der Realitätsbezug des Wissenschaftlers verschiebt sich grundlegend: er begreift die Wirklichkeit von organisierten Systemen nicht mehr bloß als Objekt des «Entdeckens» im naturwissenschaftlichen Sinn, sondern als soziokulturelle Konstrukte.[38] Über die wissenschaftliche Gültigkeit des Modells entscheidet der Grat seiner *Realisierbarkeit.*[39]

12. *Vorläufige Annahme des Modells als Theorie*
Der Theoriebegriff kann – je nach wissenschaftlichem Anspruchsniveau – unterschiedlich streng gefaßt werden. Er beinhaltet ein *als empirisch hinreichend bestätigt betrachtetes Erklärungsmodell,* das allgemeine Aussagen enthält und somit eine größere Anzahl von Fällen erklären kann.[40] Meistens wird mit dem Theoriebegriff zusätzlich die Vorstellung

38 Vgl. zur konstruktivistischen Konzeption des empirischen Forschungsprozesses Holzkamp (1972: 89 ff., 277 ff.). Eine umfassende Wissenschaftstheorie des Konstruktivismus hat die sogenannte «Erlanger Schule» von Paul Lorenzen entwickelt. Vgl. dazu Lorenzen/Schwemmer (1975). Schließlich erweist sich in jüngster Zeit eine dritte wissenschaftstheoretische Richtung, der *radikale Konstruktivismus*, als kultur- und sozialwissenschaftlich bedeutsam; vgl. dazu Glasersfeld (1981).
39 Gelingt es nicht, die dem Modell entsprechende Realität herzustellen, so wird das Modell nicht ohne weiteres als falsifiziert betrachtet, sondern angenommen, daß der Realisierungsversuch ungenügend war, weil störende Bedingungen nicht eliminiert waren. Sofern der Rückgriff auf die Annahme störender Bedingungen begründbar erscheint, gilt es dann, die Effekte der Modellvariablen von denen der störenden Bedingungen empirisch zu isolieren. Gelingt dies, so kann das Modell beibehalten werden, wobei ihm allerdings ein reduzierter Realisierbarkeitsgrad «belastet» werden muß (Exhaustion). Vgl. dazu Holzkamp (1972: 93 ff.).
40 Vgl. Zetterberg (1967: 84).

eines konsistenten Systems einer größeren Menge von Hypothesen verbunden. Was unter «hinreichend» verstanden wird, bleibt mehr oder weniger subjektiv; eine endgültige Bestätigung (Verifizierung) ist aufgrund des induktiven Charakters der empirischen Überprüfung ausgeschlossen. Der «Kritische Rationalismus» (Popper) verwendet daher das Falsifikationskriterium. Aber auch eine endgültige Falsifikation ist ausgeschlossen, weil der falsifizierende Satz selbst nicht endgültig verifiziert werden kann.[41] Die hier vorgeschlagene Beschränkung auf das *Realisierungskriterium* bedeutet daher gegenüber der Popper'schen Konzeption keine grundsätzliche Verringerung des Anspruchsniveaus des Theoriebegriffs, sofern ebenfalls ein von verschiedenen Forschern wiederholter, statistisch als signifikant zu betrachtender Realisierungserfolg verlangt wird.[42]

Entsprechend der weiter oben vorgeschlagenen geringen Gewichtung des Kausalitätsproblems wird mit dem Realisierungskriterium ein *operationsanalytischer Theoriebegriff* eingeführt, der ein Modell dann als Theorie akzeptiert, wenn dieses (primär) einen hinreichend bestätigten praxeologischen Wert (Realisationsgrad) trotz (sekundär) beschränktem Erklärungswert aufweist (Extremfall: black-box-Modell).

In der vorliegenden Arbeit werden die Aktivitäten 1. bis 8. weitgehend durchgeführt, mit der Einschränkung, daß auf deskriptive Studien (3.) verzichtet werden muß und die benötigten empirischen Korrelationsstudien (6.) soweit wie möglich durch plausible Übertragung der Ergebnisse empirischer Studien in der Literatur ersetzt werden. Dieses Vorgehen ist für die zusammenfassende Modell- und Theoriekonstruktion kaum zu vermeiden und durchaus zweckmäßig, solange ein Modell so generell formuliert wird, daß es die verschiedenen Entscheidungssituationen ohnehin nur grob typologisierend erfaßt.

41 Vgl. dazu Prim/Tilmann (1973: 85ff.). – In der Sozialforschung ist das Problem besonders groß wegen der weitgehenden Unmöglichkeit der wiederholten Beobachtung identischer Situationen.
42 Bei stochastischen Hypothesen wird faktisch seit jeher von der Forschungspraxis das Realisierungskriterium verwendet.

Für die verschiedenen Phasen und Aktivitäten im oben skizzierten Forschungsprozeß steht eine ausgebaute Methodenlehre zur Verfügung. Vor allem zwei Methodengruppen spielen in mehreren Aktivitäten eine Rolle: einerseits die Modellkonstruktion, anderseits die Methodik und Technik der empirischen Sozialforschung.

231 Zum modelltheoretischen Aspekt

Der Gebrauch von Modellen in der Wissenschaft ist so alt wie die Wissenschaft selbst. Jede Entwicklungsphase einer Wissenschaft ist gekennzeichnet durch bestimmte Denkmodelle, von denen sie ausgeht. Während jedoch früher viele Denkmodelle mehr oder weniger unbewußt von einem Gegenstand der unmittelbaren Erfahrung, der dem jeweiligen technologischen und sozialen Stand entsprach, abgeleitet und für recht simple Analogien verwendet wurden,[43] steht heute eine Modelltheorie zur Verfügung, welche die bewußte und kritische Arbeit mit Modellen erlaubt.

Die modernen Wissenschaften sind so sehr auf Modellbildung ausgerichtet, daß heute die Begriffe ‹Modell› und ‹Theorie› oft

---

43 Beispiele für solche auf Analogien aufbauende Denkmodelle sind nach Deutsch (1969: 63ff.):
   – die Pyramide als Modell der Gesellschafts- (und Organisations-!)hierarchie;
   – das klassische Modell des Mechanismus: Uhrwerk als Modell der Himmelsmechanik. Es ist grundlegend für das streng deterministische Kausaldenken, das sich Ende des Mittelalters herausbildete;
   – das klassische Modell des Organismus: Es führte zur Zeit der Entwicklung der biologischen Wissenschaften (19. Jh.) zur Betonung von Ganzheit, Wechselbeziehungen und Evolution. Beispiele: die naiven Organismusmodelle in den Sozialphilosophien und -wissenschaften (Vitalismus);
   – aus der Geschichte abgeleitete Modelle (Historismus): ausgelöst durch den Darwinismus, entstanden diverse Stufentheorien, die auf der Vorstellung des determinierten, irreversiblen Zeitablaufs aufbauen;
   – kybernetische Modelle: abstrakte, auf regelungstechnischen und biologischen Erkenntnissen aufbauende, dynamische Modelle zur Beschreibung der Selbstregelungs-, Selbstorganisations- und «Überlebensfähigkeiten» komplexer Systeme aller Art (vgl. dazu Abschn. III/262 in Band 2).

fast synonym verwendet werden können: jede Theorie kann als Modell verstanden werden (jedoch nicht jedes Modell als Theorie).

Ein realwissenschaftliches Modell kann definiert werden als *homomorphe Abbildung* eines realen Systems, d. h. als eine Transformation des Forschungsgegenstandes in eine vereinfachte Form, im Unterschied zu einer isomorphen Abbildung, welche eine Umsetzung ohne Informationsverlust bedeutet.[44]

Die homomorphe Abbildung eines realen Systems bringt zwar einen Informationsverlust mit sich, erlaubt aber wegen der erzielten Vereinfachung der strukturellen Zusammenhänge eine Reduktion der kognitiven Anforderungen des Forschungsobjektes, was – wie weiter oben dargestellt – gerade in den Sozialwissenschaften unumgänglich ist.

Im einzelnen werden bei der homomorphen Modellbildung folgende Techniken angewandt:

– Um die *Komplexität* zu verringern:
  – *isolierende Abstraktion:* nur die für das Systemverhalten wesentlichsten Variablen werden isoliert und ins Modell in abstrakter, möglichst einfacher Form eingeführt;
  – ‹ceteris paribus›-Ansatz oder ‹one-thing-at-a-time›-Approach[45]: es wird jeweils nur eine Variable variiert und die übrigen konstant gehalten, um den Einfluß dieser Variablen zu bestimmen;
  – *korrelationaler Ansatz:* es werden bloß Korrelationen anstatt Kausalbeziehungen aufgestellt. Die entstehenden Aussagen beschreiben dann statistische Zusammenhänge, ohne die komplexen Ursachen, die dahinter stehen, zu erklären. Auch die Methode der black-box-Analyse kann hierzu gerechnet werden.
– Um die *Dynamik* zu bewältigen:
  – *statische Abbildung:* man macht eine ‹Momentaufnahme› von einigen Variablen, beispielsweise betrachtet man das organisatorische Zielsystem als konstant;
  – *statistische Darstellung:* man arbeitet mit statistischen Durchschnitten, um Schwankungen von Variablen zu eliminieren.

44 Vgl. Ashby (1956: 102), Beer (1963: 60), Mirow (1969: 109).
45 March/Simon (1958: 169 f.). – Zur Problematik des ‹ceteris paribus›-Ansatzes vgl. Köhler (1966: 52 ff.).

- Um die *Anzahl möglicher Konstellationen* in den Griff zu bekommen:
  - *Bildung von Idealtypen:* es werden einige wenige, mehr oder weniger idealtypische Konstellationen definiert, auf welche die Untersuchung dann beschränkt wird. Dies erfolgt bei den weiter unten folgenden organisationstheoretischen Aussagen etwa in der Beschränkung auf zwei Constraints-Konstellationen (A und B);
  - *Eingrenzung des Gültigkeitsbereiches von Aussagen:* die dargestellten Zusammenhänge zwischen jeweils zwei Variablen werden auf solche Bereiche beschränkt, die eindeutige Aussagen erlauben[46].

Mit solchen Methoden gelingt es, die organisationstheoretischen Fragestellungen derart zu vereinfachen, daß sie den gegebenen kognitiven Möglichkeiten angepaßt sind. Modelle können in der Organisationsforschung nun für verschiedene Zwecke verwendet werden.

Im Rahmen terminologisch-deskriptiver Studien dienen sie der Beschreibung und Charakterisierung bestimmter idealtypischer Organisationsformen (z. B. Strukturtypen wie Linien- und Matrixorganisation, kybernetische Strukturmodelle, usw.), sind also *Beschreibungsmodelle.*

Im Rahmen realanalytischer Theoriebildungsbemühungen lassen sich heuristische Modelle, Simulationsmodelle und Erklärungsmodelle unterscheiden. – *Heuristische Modelle* haben die Funktion, mit Hilfe des Verfremdungseffektes eines Analogmodells die Aufdeckung struktureller Zusammenhänge zu erleichtern.[47] Beispielsweise können kybernetische Strukturmodelle die «Entdeckung» von Regelungsmechanismen erleichtern. – *Simulationsmodelle* dienen als Ersatz oder Ergänzung von empirischen Experimenten, wobei vorwiegend an die Computersimulation mathematischer Modelle zu denken ist. Durch Simulation lassen sich die logischen und quantitativen Zusammenhänge zwischen den in das Modell eingegangenen Hypothesen deduktiv ableiten.

---

46 Diese Methode wird bei der Darstellung des axiomatischen Ansatzes in Abschn. III/1 genauer erklärt.

47 Es handelt sich hier um ein echtes Forschungsprinzip, welches das gestaltpsychologische Phänomen ausnützt, daß sich der menschliche Denkprozeß in gestalthaften Makrostrukturen vollzieht. – Vgl. dazu Beer (1962: 33 ff.).

Eine besonders weit entwickelte Simulationsmethode ist das von Forrester entwickelte «System Dynamics», das nacheinander als «Industrial Dynamics»[48], «Urban Dynamics» und «World Dynamics»[49] angewandt worden ist. – *Erklärungsmodelle* schließlich haben (unter den oben behandelten Voraussetzungen) die Funktion einer Theorie, d. h. sie versuchen kausale Zusammenhänge modellhaft zu erklären.

Im Rahmen der praxeologischen Aufgabenstellung haben Modelle eine besonders große Bedeutung, ist doch der operationsanalytische Ansatz besonders für vereinfachende Abbildungen geeignet. Als *Entscheidungsmodelle* dienen sie unmittelbar der (mathematischen oder logischen) Ableitung optimaler oder befriedigender Handlungsweisen. Die Qualität der abgeleiteten Entscheidungen hängt davon ab, ob das Modell die relevanten Variablen und Daten abbildet. Auch Simulationsmodelle lassen sich als Entscheidungsmodelle verwenden, wenn keine optimale Lösung verlangt ist.

232   Zu den Methoden der empirischen Sozialforschung

Die inhaltliche Richtigkeit eines realwissenschaftlichen Aussagensystems kann niemals durch bloße Gedankenexperimente, sondern nur durch empirische Forschung – und auch dann niemals endgültig, wie weiter oben begründet wurde[50] – festgestellt werden.[51] Aber auch schon vor der Überprüfung von Hypothesen werden empirische Fakten mehrfach benötigt, nämlich für die Isolierung grundlegender Dimensionen, für die Typenbildung, für Korrelationsanalysen und als Grundlage der Hypothesenformulierung.

48 Forrester (1961).
49 Die Methode wurde in der MIT-Studie «The Limits to Growth» erstmals auf globale Zusammenhänge angewandt; sie zeigt hier besonders deutlich die Möglichkeiten sowohl einer konsequenten homomorphen Vereinfachung wie auch der Simulation, aber auch die damit verbundenen Gefahren.
50 Vgl. Abschn. I/222.
51 Vgl. Albert (1965: 128). – Wiederum wird im folgenden auf die Darstellung der besonderen methodischen Probleme *interpretativer* (qualitativer) Sozialforschung verzichtet, da sie im Rahmen des vorliegenden Ansatzes keine wesentliche Rolle spielen. Vgl. dazu die Ausführungen in Band 2, Abschn. III/27, speziell S. 449f.

Bei den empirischen Methoden im engeren Sinn (Methoden der Daten*erhebung*) lassen sich drei Kategorien unterscheiden:
– die «passiven» Feldstudien (Beobachtung, Befragung)
– die «aktiven» Feldstudien (Feldexperimente bzw. Realisierungsversuche)
– Laborexperimente.

Die *«passiven Feldstudien»* (Beobachung und Befragung) sind die weitaus am häufigsten verwendeten Methoden der Organisationsforschung. Sie lassen sich anwenden auf Individuen, Gruppen oder Gesamtorganisationen, lassen sich als einmalige oder wiederholte Studien durchführen und können als Einzeluntersuchung oder als vergleichende Untersuchung betrieben werden.

Die *«aktiven» Methoden,* nämlich Feldexperimente und Laborexperimente, haben ihre größte Bedeutung in der verhaltenswissenschaftlichen Grundlagenforschung. Vor allem in der Form von Laborexperimenten hat die Kleingruppenforschung (Gruppendynamik) einen beachtlichen Umfang erreicht. Auf gesamtorganisatorischer Ebene kann wohl von «aktiven» Studien bei wissenschaftlich verfolgten Reorganisationen gesprochen werden (Realisierungsversuche); Experimente sind hier hingegen kaum denkbar.

Von den Datenerhebungsmethoden zu unterscheiden sind die Methoden der (quantitativen) Daten*auswertung*. Zu ihnen gehören unter anderem[52]
– Skalierungsverfahren (Polaritätsprofile)
– mathematisch-statistische Verfahren:
    – Häufigkeitsverteilung
    – Korrelationsanalysen
    – Regressionsanalysen
    – Faktorenanalysen
    – Varianzanalysen
– Soziometrie[53]
– Simulation[54].

---

52   Auf diese Verfahren wird nicht weiter eingegangen. Vgl. dazu Atteslander (1969; 7. Aufl. 1992) und König (1967a).
53   Die Soziometrie ist ein von L. Moreno in den dreißiger Jahren entwickeltes Verfahren zur Messung, Darstellung und Analyse sozialer Beziehungen in kleinen Gruppen.
54   Vgl. dazu Abschn. I/231.

Als relativ junge Methode hat die vergleichende Untersuchung von Gesamtorganisationen, genannt *vergleichende Organisationsforschung* («comparative analysis of organization»), rasche Verbreitung gefunden[55], erlaubt sie doch die Feststellung statistischer Regelmäßigkeiten in den «Makrostrukturen» sozialer Systeme, im Unterschied zu den sonst vorherrschenden «mikroanalytischen» Untersuchungen an kleinen Gruppen.[56]

24 Praxeologische Aspekte

Wenn nun schließlich die Frage beantwortet werden soll, welche pragmatische Bedeutung die Ergebnisse der Organisationsforschung haben, so lassen sich auch hier zwei Teilaspekte unterscheiden: einerseits die Frage, welchen Beitrag theoretische Erkenntnisse grundsätzlich für die Organisationspraxis leisten können (optimale oder befriedigende Lösungen), andererseits die Frage, wie aus der Theorie eine praxisrelevante Lehre wird.

241 Das Konzept der befriedigenden Lösung

Der mögliche Beitrag der Organisationstheorie für die Praxis läßt sich zurückführen auf die Frage, ob die Möglichkeiten der Theorie zur Aufstellung von situationsspezifischen Handlungsanweisungen den Anforderungen beim praktischen organisatorischen Gestalten genügen.

Diese *Qualitätsanforderungen* an eine Gestaltungslösung können nun aber sehr verschieden sein. Grundsätzlich sind zwei Fälle möglich: Streben nach der optimalen Lösung oder Streben nach einer befriedigenden Lösung. Der Unterschied ist der folgende:[57]

– Eine Alternative ist *optimal,* wenn
1. eine Anzahl von Kriterien[58] vorhanden ist, die einen Vergleich aller Alternativen ermöglichen, und
2. diese Alternative nach den Kriterien allen anderen Alternativen vorzuziehen ist.

---

55 Ausführliche Darstellungen der vergleichenden Organisationsforschung bieten Udy (1965) und Burns (1967).
56 Vgl. Vroom (1967: XI).
57 March/Simon (1958: 140f.).
58 Beim Organisationsproblem sind dies die organisatorischen Ziele.

- Eine Alternative ist *befriedigend,* wenn
  1. eine Anzahl von Kriterien vorhanden ist, welche die minimal befriedigenden Alternativen bestimmen, und
  2. diese Alternative allen Kriterien genügt.

Neben der Aufgabe des klassischen Rationalitätsprinzips[59] war die Aufgabe des Optimierungs- bzw. Maximierungsprinzips die zweite grundlegende Änderung, die Simon aufgrund seiner verhaltenswissenschaftlichen Erkenntnisse in die Entscheidungstheorie einführte[60]. Durch diese Verhaltensweise erreicht der Mensch eine zweite radikale Vereinfachung seiner Entscheidungsprobleme.

Wie hoch die minimal befriedigenden Zielwerte sind, wird durch das *Anspruchsniveau* (Aspiration level) bestimmt. Dieser psychologische Begriff läßt sich ohne weiteres auf die organisatorische Zielsetzung sozialer Systeme übertragen[61]. Es stellt sich dann die Frage, welche Faktoren in organisierten sozialen Systemen das organisatorische Anspruchsniveau determinieren. Dabei soll davon ausgegangen werden, daß das Anspruchsniveau primär von der Kerngruppe des Systems bestimmt und sekundär von jener Stelle, die den eigentlichen Organisationsauftrag formuliert, interpretiert wird[62].

Folgende Determinanten bestimmen das gewählte organisatorische Anspruchsniveau:
- *Kenntnisse*
  - erkannte organisatorische Möglichkeiten
  - traditionelles Anspruchsniveau (status quo)
  - traditionelles ‹Level of attainment› (Ausmaß der Erfüllung des Anspruchsniveaus)[63]

---

59 Vgl. dazu die Ausführungen in Abschn. I/312.
60 Vgl. Simon (1967: 204).
61 Vgl. March/Simon (1958: 182).
62 Entsprechend der Unterordnung der organisatorischen Ziele unter die Systemziele muß die Kerngruppe die wechselseitige Anpassung von Systemzielen und organisatorischem Anspruchsniveau herstellen. – Zum Begriff der Kerngruppe vgl. Abschn. II/12.
63 Vgl. Simon (1967: 182).

- Referenzorganisation[64]
- *Einstellungen:*
  - erwartetes oder erhofftes ‹Level of attainment›
  - allgemeine Zukunftserwartungen (Optimismus/Pessimismus)
  - Wertsystem
- *Motivationsstruktur:*
  - Motivation durch Systemziele (Identifikation)
  - Motivation durch organisatorische Erfolgserlebnisse (Erfahrungs-Feedback)
  - psychologischer Trend: wenn eine Situation längere Zeit konstant bleibt, steigt das Anspruchsniveau im allgemeinen langsam an[65].

Der häufigste Fall ist der, daß sich das Anspruchsniveau im Laufe der Zeit dem ‹Erfüllungsniveau› (Level of attainment) der organisatorischen Ziele angleicht[66].

Welche *praxeologischen Aussagemöglichkeiten* der Theorie stehen nun diesen Ansprüchen gegenüber? Die Qualität der möglichen organisatorischen Zielwirkungsprognosen und Handlungsanweisungen ist begrenzt durch den tatsächlichen empirischen Gehalt, den die homomorphen Modelle der Theorie aufweisen. Neben dieser prinzipiellen Grenze kommt die weitere Einschränkung hinzu, daß die gegenwärtigen Ergebnisse der Organisationsforschung das Theoriestadium noch gar nicht – oder nur in Ansätzen – erreicht haben[67].

Der praxeologische Aussagewert der Organisationstheorie muß also in jedem Falle dahingehend relativiert werden, daß ihre modellmäßig gewonnenen Aussagen einer konkreten Entscheidungssituation nie genau entsprechen können und damit die Optimierung einer Organisation aufgrund theoretischer Zielwirkungsprognosen nicht möglich ist.

---

64 Analog zum Begriff der ‹Referenzgruppe› (Bezugsgruppe) soll unter ‹Referenzorganisation› die Organisation eines sozialen Systems verstanden werden, auf die man sich ausrichtet, d. h. die man zum Vorbild nimmt. – Vgl. March/Simon (1958: 183).
65 Vgl. March/Simon (1958: 183).
66 Vgl. March/Simon (1958: 182).
67 Vgl. Wild (1972: 42). – Dies gilt auch im Sinne einer «operationsanalytischen Theorie» (vgl. Abschn. I/222, Aktivität 12).

Wieweit die Organisationstheorie die organisatorische Gestaltung verbessern helfen kann, hängt auch von ihrem Verhältnis zum Anspruchsniveau bei dieser Gestaltung ab. Dazu läßt sich folgendes sagen:

1. Eine situationsgerechte Optimierung der Organisation aufgrund theoretischer Zielwirkungsaussagen ist zwar nicht möglich, wird aber in der Realität (wie oben erläutert) auch kaum angestrebt. Die tatsächliche organisatorische Zielsetzung ist die Befriedigung eines bestimmten Anspruchsniveaus. Der mögliche Beitrag der Theorie ist am tatsächlich angewandten Kriterium ‹befriedigende Lösung› zu messen. Allerdings dürfte die Tendenz bestehen, daß das organisatorische Anspruchsniveau in der Praxis parallel zur Entwicklung der theoretischen Erkenntnisse mitsteigt.

2. Für befriedigende Lösungen hat die Organisationstheorie sicher schon manche genügend zutreffenden Zielwirkungsprognosen geliefert; mit ihrer weiteren Entwicklung wird sie bei immer anspruchsvolleren Organisationsproblemen herangezogen werden können. Schon heute darf die Organisationstheorie für sich in Anspruch nehmen, der Praxis wertvolles Orientierungswissen für die Bestimmung problemgerechter Gestaltungskonzepte zu liefern.[68]

242   Die Organisationslehre als praxeologisches Aussagensystem

Zwischen Theorie und Praxis steht als Bindeglied in jeder Wissenschaft mit einem pragmatischen Wissenschaftsziel die *Lehre*. Generell gilt, daß die Lehre die Erkenntnisse der Theorie übernimmt, sie aber nach eigenen Kriterien umformt:[69]

---

68 Für die Praxis am bedeutungsvollsten dürften dabei grundsätzliche, in sich konsistente Organisationskonzepte vom Typus der Modelle A und B sein, wie sie im vorliegenden Ansatz entwickelt werden (vgl. Kap. III in Band 2). Die zunächst nur theoretisch postulierten Merkmale einer Organisation vom Typus B setzen sich heute aufgrund entsprechender Rahmenbedingungen in der Praxis zunehmend durch.

69 Ähnlich verlangt H. Ulrich (1968: 28) von der Lehre, daß sie problemorientiert, pädagogisch zweckmäßig aufgebaut und wissenschaftlich einwandfrei sein soll.

a. nach dem *pädagogisch-didaktischen Kriterium* (Aufbereitung des Lehrstoffes nach Gesichtspunkten und Bedürfnissen der Lehrstoffvermittlung);
b. nach dem *Anwendungs-Kriterium* (problemgerechte, anwendungsorientierte Zusammenstellung).

In einer operationsanalytisch ausgerichteten Theorie fällt das Anwendungskriterium als neuer Aspekt der Lehre weg, weil schon der theoretische Ansatz handlungsorientiert ist. Theorie und Lehre lassen sich dann nur noch durch ihre unterschiedliche Verwendung derselben Aussagensysteme unterscheiden: Während die Theorie auf die systematische Verknüpfung der vorhandenen Erkenntnisse nach ausschließlich theoretischen Gesichtspunkten ausgerichtet ist, muß die Lehre die Weitergabe oder *Vermittlung* dieser Erkenntnisse bewältigen und dazu Kompromisse zwischen theoretischen und pädagogisch-didaktischen Gesichtspunkten eingehen.

Zudem wird die Lehre üblicherweise gegenüber der Theorie mit einigen *Ergänzungen* versehen:

1. Die Lehre ist gezwungen, die *Lücken* im theoretischen Erkenntnisstand irgendwie aufzufüllen, sei dies mit empirisch nicht geprüften Hypothesen, mit Erfahrungsregeln von Praktikern oder anderen normativen Empfehlungen.[70]
2. Schließlich wird die Lehre im allgemeinen ergänzt durch Anweisungen zum *praktischen Vorgehen*. Im Rahmen der Organisationslehre handelt es sich einerseits um sozialpsychologische Einsichten, wie bei organisatorischen Änderungen vorzugehen ist, und andererseits um praktische Methoden, Techniken und Hilfsmittel des Organisierens.[71] Die zuletzt genannten Methoden sind nur insofern Gegenstand wissenschaftlicher Überlegungen, als sie auf ihre formallogische Geschlossenheit und Widerspruchslosigkeit einerseits und auf ihre praktische Anwendbarkeit andererseits überprüft werden.

---

70 Allerdings sind diese vor- oder unwissenschaftlichen Aussagen als solche einwandfrei zu kennzeichnen. – Vgl. H. Ulrich (1968: 16).
71 Dieser Aspekt der Organisationslehre ist in der vorliegenden Arbeit Gegenstand des IV. Teils.

3 Grundannahmen über menschliches Verhalten in sozialen Systemen

Das Verhalten der Menschen als der Elemente des sozialen Systems bestimmt das Verhalten des sozialen Systems als Ganzes in seiner Umwelt. Organisation, als Summe der Maßnahmen zur Gestaltung der Gebilde- und Prozeßstrukturen dieses Systems, muß immer von bestimmten Annahmen über das Verhalten der Systemmitglieder ausgehen. Die Summe dieser Annahmen macht das *Menschenbild des Organisators* aus. Im Rahmen eines solchen Menschenbildes können die Systemmitglieder etwa verstanden werden:[1]

- als ‹Werkzeuge›: sie erbringen Leistungen als Beiträge zur Erreichung von Systemzielen und führen dabei die von der Leitung des sozialen Systems gegebenen Anweisungen aus;
- als *Bedürfnisträger:* das Verhalten der in einem sozialen System tätigen Menschen wird von den individuellen Bedürfnissen geprägt; zwischen den sich aus diesen Bedürfnissen ergebenden Verhaltens- bzw. Handlungszielen und den Systemzielen herrscht nicht notwendigerweise Übereinstimmung;
- als *Problemlöser:* das individuelle Verhalten in sozialen Systemen ist auf die Lösung von Problemen gerichtet; Problemlösungen und damit Entscheidungen sind das Resultat mehr oder weniger rationaler Denkprozesse.

Die Annahmen über diese drei Aspekte des menschlichen Verhaltens schließen sich offenbar keineswegs aus;[2] in den folgenden Ausführungen wird deshalb versucht, jeweils alle drei Aspekte, also den Menschen als Leistungsträger, den Menschen als Bedürfnisträger und den Menschen als Entscheidungsträger, zu berücksichtigen.

Die hier vorgebrachten Annahmen über menschliches Verhalten sind auf eine Anwendung bei organisatorischen Fragestellungen

---

1 Vgl. dazu March/Simon (1958: 6); die hier unterschiedenen Aspekte lassen sich verschiedenen Entwicklungstufen der Organisationstheorie zuordnen (vgl. dazu Abschn. III/2).

2 Widersprüchlich sind jedoch meist zusätzliche Wertungen, die mit den verschiedenen Aspekten verbunden werden, etwa wenn mit dem instrumentalen Menschenbild die Ansicht vertreten wird, daß der Mensch grundsätzlich böse, faul, verantwortungslos, usw. ist; vgl. dazu z. B. McGregor (1960).

zugeschnitten. Zunächst wird in Abschn. 31 der Ablauf des individuellen Verhaltens beschrieben; dann wird in Abschn. 32 auf die Beziehungen zwischen Individuen eingegangen, wobei zunächst Einflußprozesse zwischen zwei Individuen und daran anschließend in Gruppen ablaufende Prozesse sowie Probleme der Führung behandelt werden. Schließlich werden in Abschn. 33 einige Aspekte der Interaktion zwischen ganzen Gruppen dargestellt.

31 Individuelles Verhalten

311 Das Grundmodell

In Abb. I/3–1 wird ein Modell dargestellt, das einige für organisatorische Fragestellungen relevante Aspekte des individuellen Verhaltens aufzeigen soll, wobei vorläufig noch nicht auf die Beziehungen zwischen den Individuen im sozialen System eingegangen wird[3].

Verhalten wird hier verstanden als Reaktion auf *Stimuli* (Anreize), die auf das Individuum einwirken. Die Einwirkung von Stimuli auf das Individuum löst als erste Verhaltensreaktion eine Reihe *kognitiver Prozesse* aus, die der Verarbeitung des Stimulus dienen und mit denen über weitere Verhaltensreaktionen entschieden wird. Zu diesen kognitiven Prozessen gehören:

– *Wahrnehmen*, d. h. einen Stimulus aufnehmen
– *Interpretieren*, d. h. dem Stimulus eine bestimmte Bedeutung zuordnen
– *Suchen nach Alternativen*, d. h. mögliche Verhaltensweisen ermitteln, mit denen auf den Stimulus reagiert werden kann
– *Bewerten der Alternativen*, d. h. die Vor- und Nachteile der verschiedenen möglichen Verhaltensweisen gegeneinander abwägen
– *Entscheiden*, d. h. eine bestimmte Verhaltensweise wählen.

Die Realisierung der Verhaltensweise, für die sich das Individuum entschieden hat, bildet das Resultat der kognitiven Prozesse; dieses *Verhalten* kann entweder für die Umwelt des Indivi-

---

3 Vgl. zu diesem Modell: Leavitt (1964: 7 ff.), Scott (1967: 63 ff.) und Athos/Coffey (1968: 65).

Abb. I/3-1: Modell des individuellen Verhaltens

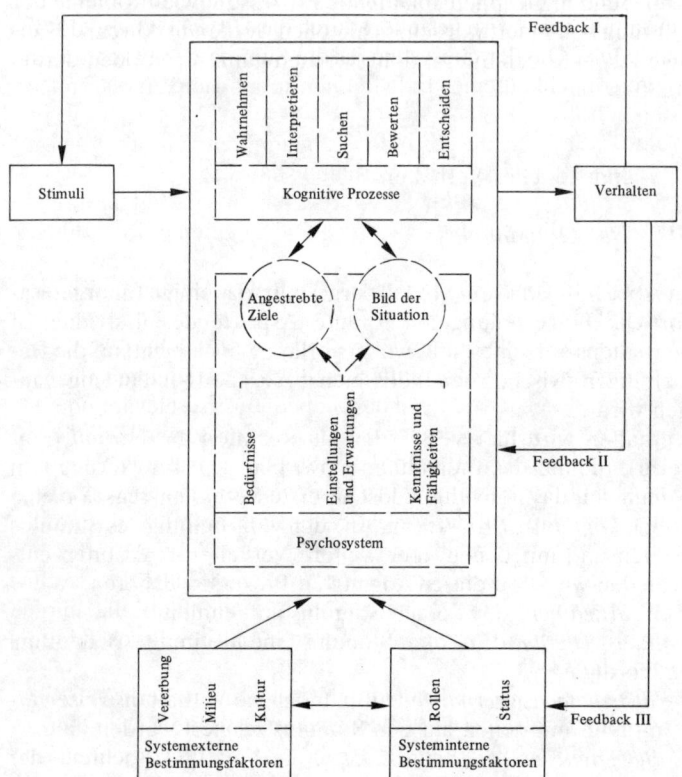

58

duums erkennbar sein (dann nämlich, wenn es in einer an die Umwelt gerichteten Handlung besteht), oder es kann für die Umwelt nicht erkennbar sein (dann nämlich, wenn es in einer Änderung des Inhalts des Psychosystems des Individuums besteht).
Der Ablauf der kognitiven Prozesse und damit die realisierte Verhaltensweise wird gesteuert durch das ‹Psychosystem› des Individuums. Das Psychosystem ist die Summe der Faktoren, die die Persönlichkeit eines Individuums ausmachen; zu diesen Faktoren gehören:
- die *Bedürfnisse*, die das Individuum mit seinen Reaktionen auf Stimuli befriedigen will (Verhaltensmotive)
- *Einstellungen* (persönliches Wertsystem und darauf basierende Überzeugungen) und *Erwartungen* (Annahmen über zukünftige Ereignisse)
- *Kenntnisse* und *Fähigkeiten* (Wissen und Beherrschung von Methoden).
Zwischen diesen Elementen des Psychosystems bestehen enge Zusammenhänge; so beeinflussen etwa Einstellungen die Bedürfnisse, die zu befriedigen das Individuum als relevant oder als zulässig erachtet; und ähnlich prägen Kenntnisse und Fähigkeiten die Einstellungen, aufgrund derer Stimuli beurteilt werden.
Der Ablauf der kognitiven Prozesse wird jeweils nur von einem kleinen aktiven Teil des Psychosystems bestimmt, während der größere Teil passiv bleibt und damit keinen direkten Einfluß auf das resultierende Verhalten ausübt.[4] Welche Inhalte des Psychosystems aktiviert werden, hängt von den Stimuli ab, die auf das Individuum einwirken.[5] Der aktivierte Teil des Psychosystems manifestiert sich in:
- den *Zielen,* die das Individuum mit seinem Verhalten bzw. Handeln erreichen will. Ziele sind angestrebte Zustände (des Individuums selbst und/oder seiner Umwelt), von denen sich das Individuum eine Befriedigung seiner Bedürfnisse oder die Erfüllung seiner Intentionen erhofft, ohne daß seine Einstellungen und Grundüberzeugungen verletzt werden; das individuelle Verhalten ist also in der Regel zugleich erfolgs- *und* wertorientiert.

4 Vgl. dazu March/Simon (1958: 10 f.).
5 Andererseits hängt die Wahrnehmung von Stimuli davon ab, welche Inhalte des Psychosystems aktiviert sind; vgl. dazu die Ausführungen über kognitive Prozesse in Abschn. I/312.

– den Annahmen über die *Situation* (Umwelt), in der das Individuum diese Ziele mit seinem Verhalten anstrebt; solche Annahmen beziehen sich vor allem auf Ursache/Wirkungs-Beziehungen in der Umwelt. Dabei ist weniger die objektiv gegebene Situation von Bedeutung, als vielmehr das *Bild,* das sich das Individuum von dieser Situation macht. Dieses subjektive Bild der Situation erfaßt nicht die ganze Komplexität der Wirklichkeit, sondern akzentuiert bestimmte Grundzüge und vereinfacht so die Wirklichkeit.[6] Es wird geprägt vom persönlichen ‹Weltbild› (Weltanschauung), von den Kenntnissen über die relevanten, d. h. die Zielerreichung beeinflussenden Faktoren der Umwelt, von den Erwartungen über die Reaktionen der Umwelt auf das eigene Verhalten und von den Fähigkeiten, diese Umwelt zu beeinflussen.[7] Das individuelle Verhalten wird also begrenzt durch Eigenschaften der Situation, in der das Individuum lebt, bzw. durch das Bild, das sich das Individuum von diesen Eigenschaften macht.

Die Elemente des Psychosystems und damit die Determinanten des individuellen Verhaltens werden ihrerseits bestimmt durch:[8]
– *vom sozialen System aus gesehen externe Faktoren,* wie:
  – *Vererbung* (vorgegebene Grundlagen)
  – *Milieu,* in dem ein Individuum aufgewachsen ist (Familie, ‹Klasse›, Schulen), und in dem es lebt (Referenzgruppen)
  – *Kultur* (gesellschaftliches Wertsystem)
– *vom sozialen System aus gesehen interne Faktoren,* wie:
  – *Status,* den das Individuum im sozialen System generell und in den Gruppen, denen es innerhalb des Systems angehört, einnimmt
  – *Rollen,* die das Individuum im sozialen System generell und in den Gruppen, denen es innerhalb des Systems angehört, erfüllen soll.

---

6 Vgl. dazu Kirsch (1970: 76 ff.).
7 Das individuelle Bild der Situation wird zuweilen im Verlauf der kognitiven Prozesse ergänzt; vgl. die Ausführungen über kognitive Prozesse in Abschn. I/312.
8 Diese Bestimmungsfaktoren werden, bzw. wurden, – mit Ausnahme der Vererbung – ihrerseits vom Individuum als Stimuli verarbeitet und nahmen ihren Einfluß auf das Psychosystem über den Feedback II (vgl. unten).

Zwischen diesen systemexternen und systeminternen Bestimmungsfaktoren bestehen selbstverständlich wiederum Beziehungen; so beeinflußt etwa der systeminterne Status auch den Status, den ein Individuum in externen Referenzgruppen einnimmt und umgekehrt.

Das Verhaltensmodell wird in sich geschlossen durch drei Feedbackschlaufen:

- *Feedback I:* das Verhalten des Individuums, etwa eine an die Umwelt gerichtete Handlung, wirkt direkt auf den Stimulus zurück, bzw. löst einen neuen Stimulus aus.
- *Feedback II:* die Erfahrung der Zielwirkungen des eigenen Verhaltens wirkt sich in einer Veränderung des Inhalts des Psychosystems aus; solche Veränderungen des Psychosystems stellen Lernprozesse dar. Durch Lernprozesse werden die zukünftigen Reaktionen auf Stimuli mitbestimmt.
- *Feedback III:* das Verhalten wirkt sich in einer Veränderung der systeminternen Bestimmungsfaktoren ‹Rollen› und ‹Status› aus.

Diese drei Rückkoppelungen können jeweils einzeln oder alle gleichzeitig wirksam sein; sie sollen verdeutlichen, daß das Verhalten eines Individuums zu jedem Zeitpunkt von seinem Verhalten zu früheren Zeitpunkten mitbestimmt wird.

Im folgenden werden einige Aspekte dieses Verhaltensmodells etwas ausführlicher behandelt, nämlich:

- die der Stimulusverarbeitung dienenden kognitiven Prozesse (Abschn. 312)
- die Motivation als primäre Verhaltensdeterminante (Abschn. 313)
- Veränderungen im Inhalt des Psychosystems durch Lernprozesse (Abschn. 314)
- Status und Rollen als systeminterne Beeinflussungsfaktoren des Verhaltens (Abschn. 315).

312 Kognitive Prozesse

Kognitive Prozesse sind jene Prozesse, die als Reaktion auf einwirkende Stimuli im Individuum ablaufen: die in einem Stimulus enthaltene Information wird zu einer Entscheidung über die zu verwirklichende Verhaltensweise verarbeitet. Kognitive Prozesse sind also Informationsverarbeitungsprozesse; sie werden gesteuert vom individuellen Psychosystem. Damit Stimuli ein bestimmtes Verhalten auslösen können, müssen sie zunächst überhaupt wahrgenommen werden. Diese *Wahrnehmung* erfolgt selektiv, wobei die Selektion gesteuert wird durch die Inhalte des Psychosystems, insbesondere durch Bedürfnisse[9]:

- Individuen nehmen das wahr, wovon sie glauben, daß es eine Möglichkeit bietet, Bedürfnisse zu befriedigen;
- sie ignorieren Stimuli, die sie stören (d. h. im Widerspruch zu den zu befriedigenden Bedürfnissen stehen);
- sie nehmen jedoch störende Stimuli, die eine bestimmte Störungsintensität überschreiten (etwa indem sie die weitere Befriedigung schon erfüllter Bedürfnisse intensiv gefährden), wiederum wahr.

Ähnlich beeinflussen Einstellungen und Erwartungen sowie Kenntnisse und Fähigkeiten die Selektion der wahrgenommenen Stimuli.[10]

Der in einem Stimulus enthaltenen Information mißt das Individuum eine bestimmte Bedeutung zu. Diese *Interpretation* erfolgt aufgrund der aktivierten Inhalte des Psychosystems, wobei hier abgestellt werden kann

- auf die angestrebten Ziele: Stimuli werden im Lichte der Möglichkeiten beurteilt, Ziele zu erreichen,
- auf das Bild der Situation: Stimuli werden aufgrund der vorhandenen Kenntnisse und Erwartungen über das Verhalten der Umwelt beurteilt.[11]

Das Verhalten des Individuums wird also nicht von der in einem Stimulus ‹objektiv› enthaltenen Information gesteuert, sondern von der – aufgrund der Konstellation des Psychosystems – ‹hineingedeuteten› Information.

---

9 Vgl. zum folgenden Leavitt (1964: 33); diese Bedürfnisse äußern sich in den angestrebten Zielen, wie sie im aktivierten Teil des Psychosystems zum Ausdruck kommen.
10 So wird etwa der Wahrnehmung von Tabuverletzungen Widerstand entgegengesetzt. Vgl. Alexis/Wilson (1967: 69).
11 So stellen etwa Dearborn/Simon (1958) fest, daß Probleme der Gesamtunternehmung von Verkaufsmanagern mit einem ‹Verkaufsbias›, von Produktionsmanagern mit einem ‹Produktionsbias› und von Finanzmanagern mit einem ‹Finanzbias› gesehen werden.

Von der Interpretation des Stimulus hängt der weitere Ablauf der kognitiven Prozesse ab, insbesondere ob die Reaktion auf den Stimulus ‹routinisiert› oder ‹problemlösend› ausfällt:[12]

– Die Antwort auf einen Stimulus erfolgt *routinisiert*, wenn ohne vorherige Suche nach alternativen Verhaltensmöglichkeiten und ohne deren Bewertung unmittelbar eine früher entwikkelte und/oder erlernte Reaktion vollzogen wird; eine solche routinisierte Reaktion setzt voraus, daß ein Stimulus als ‹bekannt› beurteilt wird, d. h.

– daß Kenntnisse darüber bestehen, wie auf diesen Stimulus reagiert werden kann (solche Kenntnisse können etwa aus früheren Erfahrungen mit Reaktionen auf ähnliche Stimuli stammen);

– daß sich weder die mit der Reaktion auf den Stimulus angestrebten Ziele noch das der Reaktion zugrundegelegte Bild der Situation geändert haben (verglichen mit den angestrebten Zielen und dem Bild der Situation, wie sie im Zeitpunkt der Entwicklung der Verhaltensweise relevant waren).

– Die Antwort auf einen Stimulus erfolgt *problemlösend*, wenn nicht auf früher entwickelte und/oder erlernte Verhaltensweisen zurückgegriffen werden kann, wenn also eine Reaktion erst nach vorheriger Suche nach alternativen Verhaltensmöglichkeiten und nach Bewertung dieser Verhaltensmöglichkeiten vollzogen wird. Die Reaktion auf einen Stimulus fällt immer dann problemlösend aus, wenn ein Stimulus als – zumindest relativ – ‹unbekannt› beurteilt wird, d. h.

– wenn keine Kenntnisse darüber bestehen, wie auf diesen Stimulus reagiert werden kann (dies ist etwa dann der Fall, wenn der Stimulus seiner Art nach völlig neu ist);

– und/oder wenn sich entweder die Ziele, die das Individuum mit seiner Reaktion anstrebt oder das Bild der Situation, das er seinen Reaktionen zugrundelegt, geändert haben.

Bei routinisierter Reaktion auf einen Stimulus überspringt das Individuum also die Schritte ‹Suche nach Alternativen› und ‹Be-

---

12 Vgl. zum folgenden March/Simon (1958: 139f.): ‹routinisierte› und ‹problemlösende› Reaktion sind zwei Extreme; normalerweise enthält jede reale Reaktion auf Stimuli – in unterschiedlichen Relationen – sowohl ‹routinisierte› wie ‹problemlösende› Elemente.

wertung dieser Alternativen› und entscheidet sich direkt für eine früher erlernte und/oder erprobte Verhaltensweise; es realisiert also spontan ein vorgezeichnetes Verhaltensprogramm.[13] Dagegen muß ein Individuum bei problemlösender Reaktion nach alternativen Verhaltensweisen suchen und diese bewerten, bevor es sich für eine Alternative entscheidet.

Vom Ablauf der *Such- und Bewertungsprozesse* hängt es ab, inwieweit problemlösendes Verhalten, und damit eine Entscheidung für eine Alternative, als *rational* betrachtet werden kann. Die Entscheidung für eine bestimmte aus einer Reihe von möglichen Verhaltensweisen muß anhand bestimmter Kriterien oder Prämissen erfolgen. Dabei können zwei Arten von Prämissen unterschieden werden:[14]

– *Wertprämissen* ergeben sich aus den Zielen, die das Individuum mit seinem Verhalten anstrebt, sowie aus seinen grundlegenden Überzeugungen.

– *Tatsachenprämissen* ergeben sich aus dem Bild, das sich das Individuum von der Situation, in der es handelt, macht. Dieses Bild der Situation kann im Laufe der Suchprozesse ergänzt und modifiziert werden, wenn das Individuum – vor oder gleichzeitig mit der Suche nach Verhaltensalternativen – weitere Informationen, insbesondere über Ursache/Wirkungs-Beziehungen, aus seiner Umwelt aufnimmt.

Eine *vollkommen rationale Entscheidung* für eine bestimmte Verhaltensweise wäre nur dann möglich, wenn alle möglichen Alternativen anhand konsistenter Wertprämissen sowie umfassender und der Wirklichkeit entsprechender Tatsachenprämissen untersucht würden. Das würde voraussetzen, daß[15]

– dem Individuum sämtliche möglichen Verhaltensweisen bekannt sind;

– das zugrundegelegte Bild der Situation die Wirklichkeit vollständig und richtig wiedergibt (dazu müßten sämtliche mögli-

---

13 Neben routinisierten Reaktionen sind Affekthandlungen eine weitere Form von spontanem Verhalten; auf sie wird hier nicht weiter eingegangen. Vgl. dazu Weber (1972: 12).

14 Vgl. dazu Simon (1955b: 3f.); Wertprämissen bezeichnen ein ‹Soll›, Tatsachenprämissen ein – wenn auch mutmaßliches und subjektiv empfundenes – ‹Ist›.

15 Vgl. zum folgenden March/Simon (1958: 137ff.).

chen Konsequenzen jeder möglichen Verhaltensalternative bekannt sein[16]);

– das Individuum über eine vollständige Ordnung der angestrebten Ziele und Grundsätze verfügt, mit deren Hilfe es die Konsequenzen aller Verhaltensalternativen eindeutig bewerten kann.

Sind diese Voraussetzungen erfüllt, so kann jede mögliche Verhaltensweise anhand ihrer Konsequenzen (Zielwirkungen sowie Nebenwirkungen) bewertet werden, und das Individuum entscheidet sich dann für jene Verhaltensalternative, die ein Höchstmaß an Zielerreichung unter vertretbaren Nebenwirkungen verspricht. Eine solche Verhaltensalternative ist *optimal,* denn es gibt bei den bestehenden Wert- und Tatsachenprämissen keine Alternative, die die angestrebten Ziele besser zu erreichen verspricht.

Die oben genannten Voraussetzungen einer vollkommen rationalen Entscheidung sind normalerweise jedoch nicht erfüllt:

– nicht alle möglichen Verhaltensalternativen sind bekannt;
– das individuelle Bild der Situation gibt die Wirklichkeit unvollständig und subjektiv gefärbt wieder (nicht alle möglichen Konsequenzen der bekannten Alternativen sind bekannt; großenteils sind nur subjektive Wahrscheinlichkeiten über das Eintreten möglicher Konsequenzen vorhanden);[17]
– die Ordnung der angestrebten Ziele ist unvollständig und unter Umständen widerspruchsvoll; die Konsequenzen der einzelnen Verhaltensalternativen können deshalb nicht eindeutig bewertet werden.

In den meisten Fällen ist menschliches Verhalten aus diesen Gründen nicht vollkommen (zweck-)rational, und es ist deshalb

16 Dabei können Informationen über das Eintreten der möglichen Konsequenzen in Form von Sicherheit oder von Risiko (mit objektiven Wahrscheinlichkeiten) vorliegen.

17 Bei Vorhandensein objektiver Wahrscheinlichkeiten über das Eintreten von möglichen Konsequenzen (kalkulierbares Risiko) kann das Individuum zwar nicht die Zielerreichung selbst, aber immerhin den Erwartungswert der Zielerreichung maximieren. Im Fall von wirklicher Ungewißheit (nur subjektive Wahrscheinlichkeiten schätzbar) kann das Individuum z. B. auf die bekannten Entscheidungsregeln, wie Minimaxregel, Hurwicz-Regel, Savage-Niehans-Regel, zurückgreifen (vgl. dazu Bühlmann et al. (1969: 105f.)); die Wahl einer bestimmten Regel hängt dabei selbst wieder von den Zielen und Einstellungen ab (z. B. Risikopräferenz, optimistische vs. pessimistische Einstellung, usw.).

auch nicht durch die Wahl optimaler Alternativen gekennzeichnet.[18] Statt dessen kann davon ausgegangen werden, daß sich individuelles Verhalten in sozialen Systemen wirklichkeitsnäher mit dem Konzept der ‹beschränkten Rationalität› beschreiben läßt.[19]

Dieses Konzept postuliert, daß die Such- und Bewertungsprozesse nicht mit der Wahl einer optimalen Verhaltensalternative, sondern mit der Wahl einer *zufriedenstellenden* Verhaltensalternative abgeschlossen werden.[20] Dies setzt voraus, daß das Individuum sich Anspruchsniveaus für die Ziele setzt, die es erreichen will.[21] Eine Alternative ist dann zufriedenstellend, wenn sie diese Anspruchsniveaus mindestens zu erreichen verspricht; dabei wird also nicht ausgeschlossen, daß es noch unbekannte Verhaltensalternativen gibt, mit denen sich die angestrebten Ziele besser erreichen ließen.

Bei der Wahl von zufriedenstellenden Alternativen werden Such- und Bewertungsprozesse notwendigerweise simultan vollzogen; es wird solange nach Verhaltensalternativen gesucht, bis eine Alternative gefunden wird, die den definierten Anspruchsniveaus in bezug auf die Zielerreichung und Nebenbedingungen genügt. Die Intensität der Suchprozesse hängt also selbst vom Anspruchsniveau ab.

Neben der Art der zugrundegelegten Rationalität lassen sich Such- und Bewertungsprozesse auch durch die verwendete Problemlösungsmethodik (den «Denkstil») charakterisieren:[21a]

– Komplexe Probleme werden in logisch verknüpfte Teilkomponenten zerlegt und systematisch wieder zusammengesetzt: *analytisch-synthetischer Denkstil.*

– Lösungen zu komplexen Problemen werden ‹intuitiv› generiert und mittels ‹trial-and-error›-Verfahren getestet: *imaginativer Denkstil.*

Problemlösungen erfolgen normalerweise nicht rein analytisch-synthetisch bzw. imaginativ, sondern aufgrund einer Mischung der beiden Denkstile; diese Mischung hängt ab von:

18 Vgl. dazu March/Simon (1958: 140f.).
19 Vgl. zum folgenden Simon (1957: 196ff.) und March/Simon (1958: 173ff.).
20 Vgl. dazu March/Simon (1958: 140f.).
21 Vgl. dazu Lewin (1963: 319f.).
21a Vgl. dazu Leavitt (1972: 74f.).

- der Ausprägung des Psychosystems (Beispiel: Akademiker mit technisch-naturwissenschaftlicher Ausbildung verwenden tendenziell eher einen analytisch-synthetischen Denkstil);
- der Art des zu lösenden Problems (Beispiel: ein imaginativer Denkstil eignet sich tendenziell eher für schlecht strukturierte Probleme, bei denen Ursache/Wirkungs-Beziehungen nur wenig bekannt und damit beschränkt «objektivierbar» sind).

313 Motivation

Bei den Ausführungen über die kognitiven Prozesse wurde davon ausgegangen, daß menschliches Verhalten zielgerichtet ist und die Individuen mit der Erreichung von Zielen bestimmte Bedürfnisse befriedigen wollen; den mit dem Verhalten angestrebten Zielen kommt also lediglich instrumentale Bedeutung zu. Bei der Wahl einer bestimmten Verhaltensalternative sind oft nur jeweils eines oder einige wenige Bedürfnisse wirksam; die Bedürfnisse, die den Ablauf der kognitiven Prozesse steuern, werden als Verhaltensmotive bezeichnet. Das Zusammenspiel oder Aufeinanderfolgen von verschiedenen Motiven stellt die Motivation des individuellen Verhaltens dar.

Die Motivationstheorie macht Aussagen über die Struktur der ‹letzten› Beweggründe des menschlichen Verhaltens. Hier wird nur auf die Maslow'sche Motivationstheorie und einige ihrer Weiterentwicklungen eingegangen, da diese einen unmittelbaren Einfluß auf organisatorische Fragestellungen gehabt haben.[22] Nach Maslow (1954: 80ff.) lassen sich die Bedürfnisse in fünf Kategorien einteilen:

1. *physiologische Bedürfnisse* (Bsp. Hunger, Durst, Wärme)
2. *Sicherheitsbedürfnisse* (Bsp. Schutz vor Gefahr, Unrecht, Arbeitslosigkeit)
3. *soziale Bedürfnisse* (Bsp. Zugehörigkeit, Liebe, Freundschaft)
4. *Ego-Bedürfnisse* (Bsp. Selbstwertgefühl, Prestige, Anerkennung, Macht)
5. *Selbstverwirklichung* (Bsp. Realisierung persönlicher Fähigkeiten, Kreativität).

---

[22] Vernachlässigt werden also z. B. alle ‹psychoanalytischen› Motivationstheorien.

Darauf baut Maslow seine Motivationstheorie auf:

– Das Verhalten wird bestimmt durch die unbefriedigten Bedürfnisse: die Möglichkeit, bisher unbefriedigte Bedürfnisse
zu befriedigen, bildet den ‹Motivator› menschlichen Verhaltens;[23]

– die fünf Bedürfniskategorien stehen zueinander in hierarchischer Beziehung: die Befriedigung niedrigerer Bedürfnisse
bildet jeweils die Voraussetzung für die Befriedigung höherer
Bedürfnisse (also: zuerst werden die physiologischen Bedürfnisse befriedigt, dann erst die Sicherheitsbedürfnisse, usw.[24]);

– entsprechend der angegebenen Bedürfnishierarchie ist immer
dasjenige Bedürfnis am stärksten wirksam, das unmittelbar
auf das letzte, gerade noch befriedigte Bedürfnis folgt; dieses
Bedürfnis stellt das dominante Handlungsmotiv dar;

– immer wenn ein Bedürfnis in einem bestimmten Ausmaß[25] befriedigt ist, hört es auf, dominantes Handlungsmotiv zu sein;
an seine Stelle als dominantes Handlungsmotiv tritt ein neues,
in der Regel höheres Bedürfnis.[26]

Verschiedene Versuche wurden unternommen, diese Motivationstheorie durch empirische Untersuchungen zu belegen.[27] Eine
Hierarchie im Sinne der Maslow'schen fünf Bedürfniskategorien
konnte dabei nicht nachgewiesen werden. Statt dessen lassen die
meisten empirischen Untersuchungen eher eine zweistufige Hierarchie vermuten:[28]

23 Übertragen auf das in Abb. I/3–1 dargestellte Modell bedeutet das, daß
bei der Formulierung der angestrebten Ziele auf die unbefriedigten Bedürfnisse abgestellt wird.

24 Die Reihenfolge der ‹Dringlichkeit› der zu befriedigenden Bedürfnisse
kann dabei von der hier angegebenen abweichen.

25 Das ‹kritische› Ausmaß in dem ein Bedürfnis befriedigt sein muß, damit
ein höheres Bedürfnis zum dominanten Motiv wird, wird dabei bestimmt
von den für ein Individuum charakteristischen Einstellungen.

26 Es beeinflussen aber dennoch meistens mehrere Bedürfnisse gleichzeitig
das Verhalten, denn: zwar ist das Verhalten auf Ziele ausgerichtet, mit
denen sich dominante Bedürfnisse befriedigen lassen aber durch das Verhalten darf auch nicht die weitere Befriedigung schon befriedigter Bedürfnisse gefährdet werden. Zwischen den verschiedenen gleichzeitig
wirksamen Bedürfnissen können Widersprüche bestehen (Motivations-
konflikte), die ihren Ausdruck in einer mangelnden Konsistenz der angestrebten Ziele finden.

27 Eine Übersicht über die Ergebnisse dieser Untersuchungen bieten Law-
ler/Suttle (1972).

28 Vgl. zum folgenden Lawler/Suttle (1972: 282 ff.).

- *1. Stufe:* biologisch und sozial bestimmte Grundbedürfnisse[29].
  Sie umfassen die erste und zweite Bedürfnisstufe von Maslow
  sowie die dritte und vierte Bedürfnisstufe, soweit die Befriedigung dieser Bedürfnisse zur Erhaltung der menschlichen psychischen ‹Gesundheit› notwendig sind.[30] Für diese existentiel-
  len Bedürfnisse trifft das Grundprinzip der Maslow'schen Motivationstheorie zu: sie hören mit zunehmender Befriedigung
  auf, dominantes Handlungsmotiv zu sein.
- *2. Stufe:* ‹höhere› Bedürfnisse[31]. Sie umfassen die fünfte Bedürfnisstufe von Maslow sowie die dritte und vierte Bedürfnisstufe, soweit die Befriedigung dieser Bedürfnisse nicht die unmittelbare Voraussetzung für die Erhaltung der psychischen
  ‹Gesundheit› darstellt. Diese ‹höheren› Bedürfnisse können
  erst dann zum dominanten Handlungsmotiv werden, wenn die
  biologisch bestimmten Bedürfnisse befriedigt sind; aber für sie
  trifft das Grundprinzip der Maslow'schen Motivationstheorie
  nicht zu: sie bleiben auch bei zunehmender Befriedigung dominantes Handlungsmotiv.

Aus diesen empirischen Ergebnissen folgt, daß die fünfstufige
Maslow'sche ‹Bedürfnispyramide› in mehrerer Hinsicht zu kritisieren ist (empirisch problematische Bedürfnisabgrenzungen und
Motivhierarchie; fehlende kulturelle und situative Relativierung). Dennoch liefert die Motivationstheorie von Maslow
grundsätzlich richtige Einsichten für Maßnahmen, mit denen sich
das Verhalten und insbesondere die Arbeitsleistung von Menschen in sozialen Systemen beeinflussen läßt. Die in diesen sozialen Systemen tätigen Menschen wollen durch ihre Arbeit Bedürfnisse befriedigen; die zu erfüllenden Aufgaben müssen deshalb so
gestaltet werden, daß sie Möglichkeiten bieten, dominante Bedürfnisse zu befriedigen.

29 In Maslows (1968) Terminologie: ‹*deficiency motivation*›; bei der Befrie-
    digung dieser Bedürfnisse ist das Individuum auf andere Personen ange-
    wiesen.
30 Dieses Ausmaß der für die Erhaltung der ‹Gesundheit› notwendigen Be-
    friedigung der sozialen und Ego-Bedürfnisse ist von Individuum zu Indi-
    viduum stark verschieden; es hängt ab von Faktoren wie Kindheitserfah-
    rungen, gesellschaftliche Wertungen, usw.
31 In Maslows (1968) Terminologie: ‹*growth motivation*›; bei der Befrie-
    gung dieser Bedürfnisse ist das Individuum nicht auf andere Personen an-
    gewiesen.

Verschiedene Versuche wurden unternommen, das Maslow'sche Motivationskonzept im Hinblick auf solche Anwendungen zu konkretisieren und zu modifizieren. Beispiele[32]:
- McClelland et al. (1953) kamen aufgrund von Laboratoriumsexperimenten zum Ergebnis, daß bei bestimmten Personen ein besonderes *Leistungsbedürfnis*, das sich von anderen Bedürfnissen isolieren läßt, das Verhalten, insbesondere das Arbeitsverhalten in sozialen Systemen, prägt. Charakteristisch für leistungsmotivierte Menschen sind folgende Eigenschaften:[33]
  - die Freude an der Übernahme persönlicher Verantwortung für Problemlösungen und Entscheidungen,
  - die Tendenz, sich anspruchsvolle aber realistische Ziele zu setzen und kalkulierte Risiken einzugehen,
  - der Wunsch, konkrete Feedbacks über die Auswirkungen ihrer Handlungen zu erhalten.
- Herzberg[34] untersuchte, welche Faktoren die Zufriedenheit, bzw. Unzufriedenheit von Menschen mit ihrer Arbeit bestimmen; er entdeckte dabei, daß die Faktoren, die Unzufriedenheit mit der Arbeit verursachten, ihrer Art nach von denen verschieden waren, die zu Zufriedenheit führten:
  - Für *Unzufriedenheit mit der Arbeit* sind Faktoren wie Arbeitsbedingungen, Überwachung, Arbeitsentgelt, zwischenmenschliche Beziehungen, usw. verantwortlich; gemeinsam ist diesen Faktoren, daß sie sich nicht auf die Arbeit selbst, sondern auf die Arbeitssituation beziehen. Herzberg nennt sie deshalb ‹*Hygiene*›*-Faktoren*. Empfindet ein Individuum keine Mängel in den Hygiene-Faktoren, so erbringt es eine durchschnittliche Leistung; dagegen verursachen Mängel in den Hygiene-Faktoren ein starkes Absinken der Leistung unter das Normalmaß.
  - Für *Zufriedenheit mit der Arbeit* sind Faktoren wie anspruchsvolle Arbeit, Möglichkeit etwas zu leisten, Verantwortung, usw. bestimmend; diesen Faktoren ist gemeinsam, daß sie sich auf den Arbeitsinhalt selbst beziehen. Herzberg

32 Zu weiteren Modifikationen des Motivationskonzepts vgl. Hersey/Blanchard (1972: 27ff).
33 Vgl. McClelland (1964: 130ff.).
34 Vgl. zum folgenden Herzberg et al. (1959: 113ff.) und Herzberg (1966: 71ff.).

nennt sie ‹*Motivatoren*›, denn es sind diese Faktoren, die ein
Individuum dazu bringen, Leistungen über das Normalmaß
hinaus zu erbringen.[35]
Zwischen der Unterscheidung von ‹Hygiene-Faktoren› und ‹Motivatoren› einerseits und den zwei wesentlichen Bedürfnisstufen
nach Maslow sind Parallelen erkennbar: ‹höhere› Bedürfnisse
lassen sich in der Arbeitswelt nur über die Qualität des Arbeitsinhalts befriedigen; der entsprechende Motivationseffekt setzt jedoch die Elimination negativer Hygiene-Faktoren (Frustratoren)
voraus.

314   Lernprozesse

Menschliches Verhalten wurde als Reaktion auf Stimuli aufgefaßt, wobei diese Reaktion auf die Erreichung angestrebter Ziele
ausgerichtet ist. Die angestrebten Ziele werden durch das ver-
wirklichte Verhalten entweder tatsächlich erreicht oder sie werden nicht erreicht. In beiden Fällen wirkt das Verhalten – in Form
von neuen Stimuli – auf das Individuum zurück und verändert das
Psychosystem.[36]
Die Veränderung kann darin bestehen,
– daß neue Inhalte ins Psychosystem aufgenommen werden,
  oder daß alte Inhalte modifiziert werden,
– daß die Beziehungen zwischen den einzelnen Elementen des
  Psychosystems (insbesondere die Aufgliederung in aktivierte
  und passive Teile) geändert werden.
Solche Veränderungen in den Inhalten und der Struktur des Psychosystems werden als *Lernen* bezeichnet.[37] Sie bewirken, daß

35 Auf die daraus ableitbare eigentliche Motivationstheorie von Herzberg
    (zweidimensionale Bedürfnisstruktur: 1. Dimension: Vermeidung von
    ‹Schmerzen› aus der Umwelt, 2. Dimension: Erfüllung von Aufgaben)
    wird hier nicht eingegangen.
36 In Abb. I/3–1 wurde Feedback II (der die Lernprozesse umfaßt) vereinfa-
    chend direkt zum Psychosystem zurückgeführt. Das Individuum erfährt
    jedoch von den Resultaten seines eigenen Verhaltens über neue Stimuli,
    die es im Verlauf der kognitiven Prozesse ins Psychosystem überführt.
37 Vgl. zu dieser Definition: Shull et al. (1970: 72). Auf Unterschiede in den
    Ansichten verschiedener lerntheoretischer Schulen – insbesondere ‹sti-
    mulus-response›-Theorien und ‹kognitive› Theorien – kann hier nicht
    eingegangen werden; vgl. dazu Hilgard/Bower (1966: 8ff.).

ein Individuum ähnliche Stimuli auf neue Weise verarbeitet und unter Umständen mit veränderten Verhaltensweisen reagiert. Jedes menschliche Verhalten ist abhängig vom gesamten vergangenen Verhalten, da dieses sich jeweils in einer Veränderung des Psychosystems ausgewirkt hat (Erfahrung).

Lernprozesse schlagen sich in einer Veränderung der angestrebten Ziele und/oder in einer Veränderung des individuellen Bilds der Situation nieder und nehmen so Einfluß auf den Ablauf der kognitiven Prozesse.[38] Normalerweise erfolgen diese Änderungen nicht sprunghaft, sondern inkremental, d. h. angestrebte Ziele und das Bild der Situation ändern sich jeweils nur ‹in kleinen Schritten›[39]; entsprechend ändert sich im Normalfall auch die Reaktion auf ähnliche Stimuli nicht sprunghaft, sondern inkremental.

Die angestrebten Ziele und das individuelle Bild der Situation ändern sich in unterschiedlicher Weise, je nachdem, ob mit dem verwirklichten Verhalten die angestrebten Ziele erreicht werden oder nicht. Werden *die angestrebten Ziele erreicht,* so werden dadurch dominante Bedürfnisse befriedigt, womit sie ihren motivierenden Charakter möglicherweise verlieren; gleichzeitig wird das vorhandene individuelle Bild der Situation bestätigt. In Zukunft wird auf ähnliche Stimuli mit der Wahl einer ähnlichen Verhaltensweise reagiert werden (Tendenz zu routinisierter Reaktion), wobei aber die Anspruchsniveaus der Zielerreichung erhöht werden können.[40]

Werden die *angestrebten Ziele* durch eine realisierte Verhaltensweise hingegen *nicht erreicht,* so werden dominante Bedürfnisse nicht befriedigt; das Verhalten resultiert somit in *Frustration*[41]. Zugleich wird das individuelle Bild der Situation nicht bestätigt. Charakteristisch für solche frustrierenden Erfahrungen ist die Entwicklung von – in das individuelle Bild der Situation eingehenden – emotional geladenen Einstellungen gegenüber der Umwelt und gegenüber sich selbst, wie etwa *Aggressionen* gegen echte oder vermeintliche Ursachen der Frustration oder Scham-

---

38 Lernprozesse können sich etwa auch dahingehend auswirken, daß Stimuli als bekannt beurteilt werden, und daß deshalb mit routinisierter statt mit problemlösender Reaktion auf sie geantwortet wird.
39 Zum Inkrementalismus vgl. Kirsch (1970: 89 ff.).
40 Vgl. March/Simon (1958: 182).
41 Vgl. dazu Leavitt (1964: 41 ff.).

gefühle wegen Mißerfolgen.[42] Frustrationen können sich sehr verschieden auf das zukünftige Verhalten auswirken; typische Reaktionen sind etwa:

– *Methodenwechsel:* das Individuum hält an seinen Zielvorstellungen mit gleichbleibenden Anspruchsniveaus fest, es modifiziert jedoch sein Bild der Situation (indem es z. B. andere Faktoren in Betracht zieht) und sucht bei Auftreten ähnlicher Stimuli mit erhöhter Intensität nach wirksameren Verhaltensweisen;

– *Zielveränderung:* das Individuum sucht dieselben Bedürfnisse mittels der Erreichung anderer Ziele zu befriedigen; dies ist z. B. der Fall, wenn ein Individuum seine Mitgliedschaft in einem sozialen System aufgrund frustrierender Erfahrungen aufgibt und in ein anderes soziales System eintritt;

– *Resignation:* das Individuum strebt auch in Zukunft dieselben Ziele an, senkt jedoch die Anspruchsniveaus der Zielerreichung; es gibt sich dann mit einem reduzierten Ausmaß an Bedürfnisbefriedigung zufrieden.

Inwieweit sich frustrierende Erfahrungen in der Entwicklung von emotional geladenen Einstellungen auswirken, und wie sie das weitere Verhalten beeinflussen, hängt stark von früheren Erfahrungen mit frustrierenden Erlebnissen ab[43]: je häufiger es einem Individuum gelungen ist, trotz Hindernissen doch noch seine angestrebten Ziele zu erreichen, desto mehr *Selbstvertrauen* besitzt es und um so eher wird es deshalb mit emotionaler Gelassenheit auf Frustrationen reagieren, an seinen Zielen festhalten und sie mit anderen Verhaltensalternativen zu erreichen versuchen (‹Frustrationstoleranz›).

315   Status- und Rollenkonzepte

Die Individuen in einem sozialen System erwarten von anderen Individuen dieses Systems bestimmte Verhaltensweisen; solche Verhaltenserwartungen werden als *Rollen* bezeichnet. Für die Erfüllung, bzw. Nicht-Erfüllung der Verhaltenserwartungen werden *Sanktionen* in Aussicht gestellt, also Belohnungen und/

---

42   Vgl. dazu Leavitt (1964: 41ff.) und Hersey/Blanchard (1972: 12ff.).
43   Vgl. dazu Leavitt (1964: 44f.).

oder Bestrafungen, die den Verhaltenserwartungen Nachdruck verleihen sollen. Sanktionen sind um so wirksamer, je stärker durch sie die Befriedigung dominanter Bedürfnisse getroffen wird.[44] Den Individuen werden zudem von anderen Individuen auch bestimmte Wertschätzungen entgegengebracht; solche Wertschätzungen machen den *Status,* den ein Individuum in einem sozialen System innehat, aus. Dieser Status kann äußerlich durch Statussymbole manifestiert werden.

Rollen und Status sind untrennbar miteinander verbunden: zu jedem Status gehört eine Rolle und jede Rolle impliziert einen bestimmten Status[45]. Beide wirken sich auf das individuelle Psychosystem und damit auf das Verhalten eines Individuums aus, indem sie Prämissen liefern, anhand derer Verhaltensalternativen abgewogen werden.[46]

So können Rollen und Status sich etwa niederschlagen in:[47]
- den angestrebten Zielen (Bsp. von der Erfüllung von Verhaltenserwartungen kann sich ein Individuum die Befriedigung dominanter sozialer Bedürfnisse versprechen);
- dem individuellen Bild der Situation (Bsp. ein hoher Status erhöht die Chance, Umweltfaktoren zu beeinflussen).

Zwischen Status und Rolle, die ein Individuum innerhalb des sozialen Systems, und solchen, die es in anderen sozialen Systemen innehat, besteht eine enge Beziehung. Hier werden jedoch nur systeminterne Rollen und Status betrachtet; dabei ist es nützlich – im Hinblick auf organisatorische Fragestellungen – jeweils drei Arten von Rollen und Status zu unterscheiden:[48]
- *positionsspezifische Rollen:* Verhaltenserwartungen können einem Individuum aufgrund seiner Stellung in der organisatorischen Hierarchie entgegengebracht werden (vom Top-Management wird z. B. erwartet, daß es langfristige Strategien festlegt);
- *aufgabenspezifische Rollen:* Verhaltenserwartungen können auf den Aufgaben, die ein Individuum in einem sozialen Sy-

---

44 Vgl. Abschn. I/321 über Einflußprozesse.
45 Vgl. dazu Scott (1967: 182).
46 Vgl. dazu Simon (1957: 201).
47 Ähnlich wie bei den Lernprozessen gilt auch hier, daß Status und Rollen sich nicht direkt auf das Psychosystem auswirken sondern in Form von Stimuli, die durch kognitive Prozesse verarbeitet werden.
48 Vgl. zum folgenden Barnard (1946) und Scott (1967: 57).

stem erfüllt, basieren (von einem Arzt wird z. B. erwartet, daß
er sein Verhalten am hippokratischen Eid ausrichtet);
– *personenspezifische Rollen:* unabhängig von seiner Stellung in
der organisatorischen Hierarchie und von der Aufgabe, die es
im sozialen System erfüllt, können einem Individuum auch aufgrund seiner ‹Persönlichkeit› Verhaltenserwartungen entgegengebracht werden (so wird z. B. von einem Individuum, das
sich durch seine Fähigkeit, besonnen zu handeln, ausgezeich-
net hat, auch in Krisensituationen ein überlegtes Verhalten erwartet).

Verschiedene Rollen können in Konflikt zueinander stehen,
wenn die an ein Individuum gestellten Verhaltenserwartungen inkompatibel sind; solche Rollenkonflikte sind vergleichbar mit Situationen, in denen ein Individuum gleichzeitig inkonsistente
Ziele anstreben will.[50]

Analog unterscheiden sich die entsprechenden Statuskonzepte:
– *positionsspezifischer Status:* die von anderen Individuen vorgebrachten Wertschätzungen können sich auf die Stellung, die
ein Individuum in der organisatorischen Hierarchie einnimmt,
beziehen[49] (ein Offizier genießt z. B. einen höheren positionsspezifischen Status als ein Soldat);
– *aufgabenspezifischer Status:* der Status eines Individuums kann
auf der Aufgabe, die es erfüllt, beruhen; einem Aufgabenträger kann generell – d. h. unabhängig vom jeweiligen sozialen
System – ein bestimmter Status zukommen (Chemiker, Dol-
metscher), der Status kann jedoch auch auf der besonderen Bedeutung, die die Aufgabe in einem bestimmten sozialen System
besitzt, beruhen (Feuerwehrmann in einer Sprengstoff-Fa-
brik);
– *personenspezifischer Status:* die von anderen Individuen vorgebrachten Wertschätzungen können – unabhängig von hierarchischer Position und zu erfüllender Aufgabe – auf besonderen
Persönlichkeitseigenschaften eines Individuums beruhen (so
kann z. B. einem Individuum aufgrund seiner Ausstrahlung
oder seines Charismas ein hoher Status zugeordnet werden).

---

49 Statussymbole in sozialen Systemen sollen meistens diesen positionsspe-
    zifischen Status unterstreichen.
50 Vgl. dazu die Ausführungen über kognitive Prozesse.

Die in sozialen Systemen tätigen Individuen stehen in ständiger Interaktion miteinander. Diese Interaktionsbeziehungen können immer als Kommunikationsprozesse aufgefaßt werden: ein Individuum A (Sender) überträgt Informationen an ein Individuum B (Empfänger)[51]. Für organisatorische Fragestellungen sind zunächst jene Kommunikationsprozesse wesentlich, die der Erreichung der Ziele und Erfüllung der Zwecke des sozialen Systems dienen[52], die also in bezug auf diese Ziele und Zwecke ‹instrumentale› Bedeutung besitzen. Da aber die Mitglieder dieser sozialen Systeme nicht nur ‹Werkzeuge› zur Zielerreichung und Zweckerfüllung sind, sondern auch persönliche Ziele und Bedürfnisse in das System mitbringen und dort durch Kontakte mit anderen Individuen ihre Ziele erreichen und ihre Bedürfnisse befriedigen wollen, wird ein Teil der Kommunikationsprozesse auch unmittelbar um dieser Ziele und Bedürfnisse willen vollzogen; diese Interaktionsbeziehungen tragen deshalb nicht instrumentalen, sondern ‹sozio-emotionalen› Charakter.[53]
Die meisten Interaktionsprozesse in sozialen Systemen weisen jedoch sowohl instrumentale wie sozio-emotionale Aspekte auf. In den Ausführungen dieses Abschnitts wird zunächst auf die sich – im Rahmen der Interaktion zwischen zwei Individuen – abspielenden Einflußprozesse eingegangen. Dann werden die in Gruppen ablaufenden Interaktionsprozesse untersucht, und schließlich wird Führung als eine besondere Art von Einflußprozeß behandelt.

321   Einflußprozesse zwischen zwei Individuen

Ein großer Teil der in sozialen Systemen ablaufenden Interaktionsprozesse dient der Beeinflussung des Verhaltens von minde-

---

51 Die Erfassung von Interaktionsbeziehungen als Kommunikationsprozesse ist z. B. auch dann möglich, wenn die Interaktion im Austausch von Material besteht, denn die Übertragung von Materie und Energie kann auch als Informationsübertragung verstanden werden; vgl. dazu Miller (1965: 193 ff.).
52 Vgl. dazu Abschn. II/1.
53 Vgl. zu dieser Unterscheidung Bales (1953).

Abb. I/3–2: Modell der Einflußnahme in einer interpersonellen Beziehung

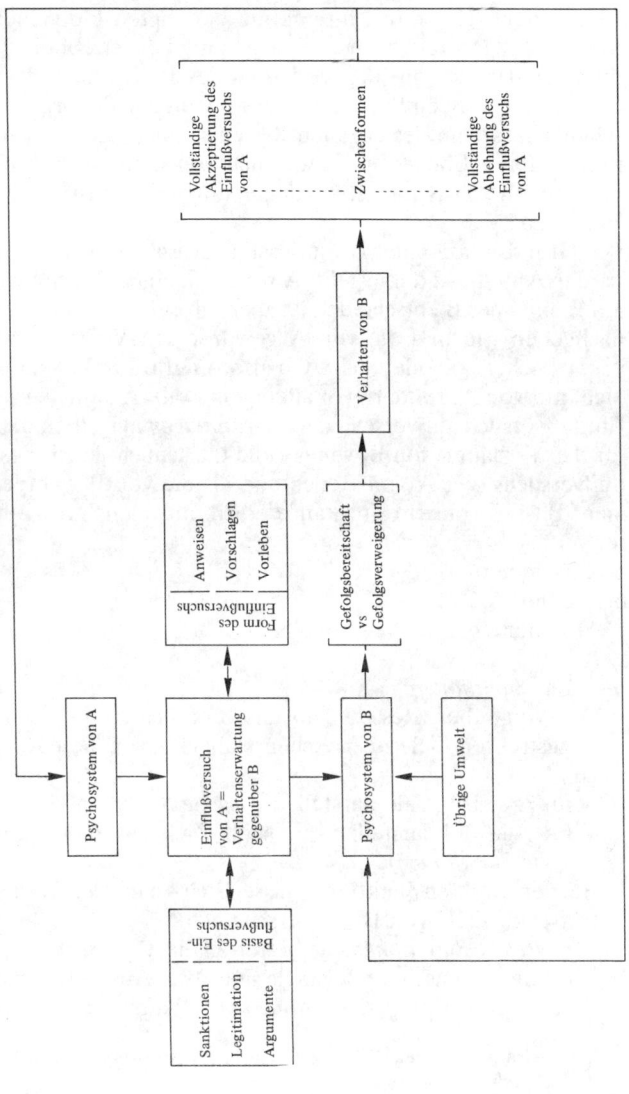

77

stens einem der an der Interaktion beteiligten Individuen: bei zwei an der Interaktion beteiligten Individuen strebt das Individuum A das Ziel an, das Verhalten des Individuums B zu ändern.[54] Solche Beeinflussungsprozesse laufen in der organisatorischen Hierarchie des sozialen Systems[55] nicht nur von oberen nach unteren Ebenen, sondern auch von unteren nach oberen Ebenen und zwischen Individuen auf gleicher hierarchischer Ebene ab.

Die Grundsituation der Beeinflussung zwischen zwei Individuen wird in Abb. I/3–2 dargestellt: A wirkt mit einem Einflußversuch auf B ein, aber B entscheidet darüber, ob er dem Einflußversuch nachgeben will und die von A gewünschten Verhaltensweisen verwirklichen soll oder nicht. Ob also A auf B Einfluß hat, hängt nicht nur von A, sondern vor allem von B ab. A kann bei seinem Einflußversuch auf verschiedene *Grundlagen* abstellen; dabei ist für das Verhalten von B weniger die tatsächliche Basis des Einflußversuchs von A von Bedeutung als die von B wahrgenommene Basis. In diesem Sinn kann der Einflußversuch von A basieren auf[56]

a. Sanktionen
b. Legitimation
c. Argumenten.

Zu a. Sanktionen:
A verfügt über ‹Ressourcen›, die B braucht, um die von ihm angestrebten Ziele zu erreichen; dabei können diese Ressourcen

– für B selbst Ziele darstellen *(direkte Sanktionen)*
– für B Mittel darstellen, um seine Ziele zu erreichen *(indirekte Sanktionen)*.

Bei den direkten Sanktionen lassen sich – nach der Art der betroffenen Ziele von B – unterscheiden:[57]

– *physische Sanktionen:* sie betreffen die körperliche Integrität eines Menschen; Beispiele sind etwa: Aussperrungsmaßnahmen bei Streiks, Gebrauch von Waffen, usw.

---

54 Hier wird nur auf beabsichtigte Beeinflussungsprozesse eingegangen.
55 Vgl. Abschn. I/434.
56 Vgl. Zur Basis des Einflußversuchs French/Raven (1960: 612 ff.), Mechanic (1962), Cartwright (1965: 5 ff.) und Irle (1969: 584 ff.).
57 Vgl. zum folgenden Etzioni (1967: 96 ff.).

- *materielle Sanktionen:* sie betreffen die Ausstattung mit Gütern und Diensten, bzw. mit Geld, um diese Güter und Dienste zu erwerben; Beispiele sind etwa: Gehaltserhöhungen, Einkaufsvergünstigungen, usw.
- *symbolische Sanktionen:* sie betreffen jene Maßnahmen, die A ergreifen kann, um die Befriedigung ‹höherer› Bedürfnisse von B zu beeinflussen[58]; Beispiele sind etwa: Zuneigung, Anerkennung, Verleihung von Statussymbolen, usw.

Diese Sanktionen können entweder positiv oder negativ eingesetzt werden. Bei *positiven Sanktionen* wird – für den Fall, daß dem Einflußversuch nachgegeben wird – ein Beitrag zur Erreichung eines angestrebten Ziels in Aussicht gestellt: *Belohnung* (‹rewards›). Bei *negativen Sanktionen* wird – für den Fall, daß dem Einflußversuch nicht nachgegeben wird – die Gefährdung eines angestrebten Ziels in Aussicht gestellt: *Bestrafung.* Für negative Sanktionen ist charakteristisch, daß sie allein durch Androhung der Sanktionen wirken sollen, während bei positiven Sanktionen eine wirksame Beeinflussung – zumindestens auf Dauer – nur erwartet werden kann, wenn die Sanktionen auch realisiert werden.

Bei den indirekten Sanktionen lassen sich – nach Art der Mittel, die B zur Erreichung seiner Ziele benötigt – unterscheiden:[59]

- *Informationen:* A kann den Zugang zu Informationen steuern, die B für die Erfüllung seiner Aufgaben (vor allem für die Lösung von Problemen) benötigt. Solche Informationen können sich z. B. auf Eigenschaften des sozialen Systems und seiner Umwelt, auf Verfahren, Techniken, usw. beziehen.
- *Personen:* A kann den Zugang zu Personen steuern, auf die B für die Erfüllung seiner Aufgaben angewiesen ist. Solche Personen können sich innerhalb oder außerhalb des sozialen Systems befinden.
- *Materielle Inputs:* A kann den Zugang zu materiellen Inputs

---

58 Soweit diese Maßnahmen nicht in materiellen Sanktionen zum Ausdruck kommen.

59 Vgl. zum folgenden Mechanic (1962); die hier genannten Sanktionen beziehen sich vor allem auf Mittel, die B zur Erfüllung seiner Aufgaben im sozialen System benötigt.

steuern, die B zur Erfüllung seiner Aufgaben benötigt. Solche materielle Inputs können etwa in Anlagen, Rohstoffen, Geld, usw. bestehen.

Auch diese indirekten Sanktionen können positiv und negativ eingesetzt werden: Informationen, Personen und materielle Inputs können dem B entweder in Aussicht gestellt werden, wenn er dem Einflußversuch von A nachgibt, oder A kann mit der Verweigerung des Zugangs zu Informationen, Personen und materiellen Inputs drohen, wenn B dem Einflußversuch nicht nachgibt.

Die Verfügung über – direkte und/oder indirekte – Sanktionen durch A ist in einem sozialen System gebunden:

- entweder an die *Position,* die A im sozialen System einnimmt, insbesondere an seine Stellung in der organisatorischen Hierarchie;
- oder an die *Aufgabe,* die A im sozialen System ausführt, insbesondere wenn A dazu über spezialisierte Kenntnisse und Fähigkeiten verfügen muß;
- oder an die *Person* von A selbst, unabhängig von seiner Position und Aufgabe im sozialen System.

Zu b. Legitimation:

A kann sich beim Einflußversuch auf seinen legitimen, d. h. rechtmäßigen Anspruch, B zu beeinflussen, berufen. Voraussetzung eines Gelingens des Einflußversuchs ist jedoch, daß B die Rechtmäßigkeit der Einflußnahme anerkennt[60].

Läßt sich B von A beeinflussen, weil er diese Einflußnahme für legitim hält, so besitzt A *Autorität* gegenüber B; Beeinflussung aufgrund von Autorität ist dadurch charakterisiert, daß[61]

---

60 Eine solche Anerkennung der Legitimität der Einflußnahme durch A kann immer nur in einem Gruppenkontext erfolgen, denn sie setzt eine Wertorientierung in Form von Einstellungen voraus, die von andern Individuen als ‹richtig› bestätigt wird. Dennoch kann Einflußnahme auch in einer isolierten interpersonellen Beziehung auf Legitimität beruhen, wenn diese Legitimität in irgendeiner Form – z. B. in kulturell definierten Rollen – institutionalisiert ist. Vgl. dazu Blau/Scott (1963: 29).

61 Vgl. zum folgenden Blau/Scott (1963: 27 ff.). Die hier verwendete Definition und vor allem die folgende Klassifikation von Autorität ist nicht identisch mit den ursprünglich von Weber (1956: 157 ff.) entwickelten Begriffen der charismatischen, traditionalen und rationalen Legitimität.

– B den Beeinflussungsbemühungen von A *freiwillig* folgt (d. h. nicht aufgrund von Sanktionen, die A in Aussicht stellt).

– B den Beeinflussungsbemühungen von A *spontan* folgt (d. h. nicht aufgrund der Argumente, die für oder gegen die Verwirklichung der von A gewünschten Verhaltensweise sprechen); B suspendiert also die Entscheidung über seine Gefolgsbereitschaft im Einzelfall.

Die Anerkennung der Legitimität der Einflußnahme und damit die Beeinflussung aufgrund von Autorität kann gebunden sein:

– an die *Position,* die A im sozialen System einnimmt: *positionsspezifische Autorität.*
  Beispiel: Ein Soldat anerkennt die Legitimität der Beeinflussung durch Offiziere.
  Positionsspezifische Autorität beruht ihrerseits auf den von der Leitung des sozialen Systems (der Spitze der organisatorischen Hierarchie) übertragenen Rechten und Pflichten. B anerkennt also zunächst die Legitimität der Beeinflussung durch die Leitungsspitze des sozialen Systems und erst in zweiter Linie die Legitimität der Beeinflussung durch jene, die von dieser Leitungsspitze zur Einflußnahme ermächtigt worden sind.

– an die *Aufgabe,* die A im sozialen System erfüllt: *aufgabenspezifische Autorität.*
  Beispiel: Ein Bereichsleiter anerkennt die Legitimität der Beeinflussung durch den Sicherheitsingenieur.
  Aufgabenspezifische Autorität beruht ihrerseits auf besonderen Kenntnissen und Fähigkeiten, die sich oft aus einer spezialisierten Ausbildung ergeben.

– an die *Person* von A selbst (unabhängig von der Position und Aufgabe von A): *personenspezifische Autorität.*
  Beispiel: Anhänger anerkennen die Legitimität der Beeinflussung durch ihr Idol.
  Personenspezifische Autorität beruht ihrerseits auf besonderen Eigenschaften, insbesondere der persönlichen Ausstrahlung (Charisma).

Vielfach lassen sich positionsspezifische, aufgabenspezifische und personenspezifische Autorität nicht trennen. Einflußnahme aufgrund von Legitimation tritt zudem selten in reiner

Form auf; sie wird vielmehr meist unterstützt durch die Inaussichtstellung von positiven und/oder negativen Sanktionen.[62] Die Anerkennung der Legitimität der Einflußnahme von A durch B erfolgt nicht für jeden beliebigen Einflußversuch, sondern jeweils nur für bestimmte Klassen von Einflußversuchen. Beispielsweise kann ein Bereichsleiter die Einflußnahme des Sicherheitsingenieurs in Fragen der Sicherheit von maschinellen Anlagen als rechtmäßig anerkennen, ohne damit auch dessen Einflußnahme in Fragen der Finanzierung dieser Anlagen zu legitimieren. Die vorbehaltlose Anerkennung der Legitimität der Beeinflussung ist also auf einen bestimmten Bereich, hier *Legitimierungsbereich* genannt, beschränkt.[63] Für das Gelingen eines – auf Legitimation basierenden – Einflußversuchs von A ist es also nicht nur notwendig, daß A gebenüber B Autorität besitzt, sondern auch, daß der Einflußversuch seiner Art nach in den Legitimierungsbereich von B fällt.

Zu c. Argumente:
A kann – ohne über Sanktionen zu verfügen oder Autorität gegenüber B zu besitzen – B die Konsequenzen darstellen, die B's Verhalten in bezug auf die Erreichung der von ihm (B) angestrebten Ziele oder auch auf andere Personen (inkl. A) hat. Im ersten Fall (Argumentation zu den Zielwirkungen) appelliert A an die *Klugheit* von B bezüglich der wirksamen Verfolgung seiner Eigeninteressen, im anderen Fall (Argumentation zu Folgen für andere Personen) an die *Verantwortung* oder *Solidarität* von B.
A basiert seinen Einflußversuch also auf Argumente, die B von der Richtigkeit der von A gewünschten Verhaltensweise überzeugen sollen. Im Unterschied zur Beeinflussung aufgrund aufgabenspezifischer Autorität suspendiert B nicht seine Entscheidung, ob er dem Einflußversuch folgen soll, sondern er wägt fallweise die Vor- und Nachteile der von A gewünschten Verhaltensweise ab.

---

62 Allgemein läßt sich Einfluß aufgrund von Legitimation nur schwer von Einfluß aufgrund von Sanktionen und Argumenten trennen, denn: Legitimation entwickelt sich häufig erst aus Sanktionen und Argumenten. Vgl. dazu Blau/Scott (1963: 28f.).
63 Vgl. dazu Barnard (1938: 168f.) und Simon (1955a: 87).

Einflußprozesse in sozialen Systemen beruhen meist nicht nur auf einer einzigen Basis (also entweder auf Sanktionen oder Legitimation oder Argumenten), sondern auf einem Zusammenspiel dieser verschiedenen Einflußbasen. Außerdem kann A bei seinem Einflußversuch nicht nur auf verschiedene Basen abstellen, sondern er kann den Einflußversuch – immer aus der Sicht von B – auch auf verschiedene Arten vorbringen. Als solche *Formen des Einflußversuchs* lassen sich etwa unterscheiden:[64]

– *Anweisen:* A verlangt von B imperativ, eine bestimmte Verhaltensweise zu verwirklichen.

– *Vorschlagen:* A gibt B die Anregung, eine bestimmte Verhaltensweise zu verwirklichen.

– *Vorleben:* A verwirklicht bestimmte Verhaltensweisen mit der Erwartung, daß B diese Verhaltensweisen imitiert.[65]

Statt dem Anweisen und Vorschlagen von Verhaltens*weisen* können auch nur Verhaltens*ziele* angewiesen oder vorgeschlagen werden: z. B. kann ein Vorgesetzter den ihm Unterstellten entweder den detaillierten Vollzug ihrer Arbeiten oder lediglich die zu erreichenden Arbeitsergebnisse vorschreiben.[66]

Basis und Form des Einflußversuchs sind nicht unabhängig voneinander; so kann etwa ein Einflußversuch, der auf Argumenten gründet, nicht in Form einer Anweisung vorgebracht werden und ähnlich ist Vorleben als Form des Einflußversuchs nur dann von Bedeutung, wenn der Beeinflussende gegenüber dem Beeinflußten Autorität besitzt. Basis und Form des Einflußversuchs bestimmen zusammen die von B wahrgenommene *Intensität* des Enflußversuchs von A; tendenziell gilt, daß B den Einflußversuch von A um so intensiver empfindet,

– je stärker er auf Sanktionen beruht und

– je mehr er in Form einer Anweisung von zu verwirklichenden Verhaltensweisen vorgebracht wird.

Der so durch Inhalt, Basis und Form bestimmte Einflußversuch von A stößt in Form von Stimuli auf das *Psychosystem von B*. B entscheidet sich dann aufgrund der von ihm angestrebten Ziele und seines individuellen Bilds der Situation (bzw. im Falle einer

64 Vgl. dazu Kast/Rosenzweig (1970: 309).
65 In sozialen Systemen kann z. B. das Verhalten von Vorgesetzten oder von ‹Helden der Arbeit› zum Modell werden, das von anderen Individuen nachgeahmt wird.
66 Vgl. Abschn. IV/3.

Beeinflussung mit Hilfe von Autorität aufgrund seines Legitimierungsbereichs), ob er den Beeinflussungsbemühungen von A
nachgeben soll oder nicht. Dabei versucht B unter Umständen
aus der Umwelt weitere Informationen zu erhalten über
- die möglichen Konsequenzen, wenn dem Einflußversuch nachgegeben wird; beispielsweise mögliche Reaktionen anderer Individuen, wenn B deren Verhaltenserwartungen verletzt (Rol-
  lenkonflikt);
- die möglichen alternativen Verhaltensweisen, wenn dem Einflußversuch nicht nachgegeben wird, und ihren Konsequenzen
  in bezug auf die durch den Einflußversuch von A betroffenen
  Ziele.
Aufgrund einer Bewertung der möglichen Verhaltensalternativen (bzw. einer Analyse des Legitimierungsbereichs) entscheidet
sich B schließlich, ob er auf den Einflußversuch mit *Gefolgschaft*
oder mit *Gefolgsverweigerung* reagieren soll. Gefolgschaft ist um
so wahrscheinlicher,
- je höher die Bedeutung ist, die B den vom Einflußversuch betroffenen Zielen zumißt,
- je weniger attraktive Alternativen B erkennt, diese Ziele zu erreichen, ohne dem Einflußversuch von A nachzugeben,
- je stärker der Einflußversuch in den Legitimierungsbereich
  von B fällt.
Reagiert B mit Gefolgschaft, so realisiert er die von A gewünschte Verhaltensweise[67], d. h. er akzeptiert den Einflußversuch von A, und damit hat A Macht über B[68]. Reagiert B mit Gefolgsverweigerung, so realisiert er die von A gewünschte Verhaltensweise nicht, d. h. er lehnt den Einflußversuch von A ab, und
damit hat A keine Macht über B. Zwischen den beiden Extremen
‹vollständige Akzeptierung› und ‹vollständige Ablehnung› des
Einflußversuchs liegt ein Kontinuum weiterer Verhaltensmöglichkeiten, die sich dadurch charakterisieren lassen, daß dem Einflußversuch mehr oder weniger stark nachgegeben wird. Ein Beispiel für eine solche Zwischenform stellt das ‹*minimum acceptable behavior*› dar[69]: B realisiert das von A gewünschte Verhal-

---

67 Wenn A statt zu verwirklichenden Verhaltensweisen anzustrebende Ver-
    haltensziele vorschreibt oder vorschlägt, gilt entsprechend, daß B in
    Richtung auf eine Erreichung dieser Ziele aktiv wird.
68 Auf die Möglichkeit, daß B zwar Gefolgsbereitschaft zeigt, aber den Ein-
    flußversuch von A inhaltlich falsch versteht, wird hier nicht eingegangen.

ten gerade soweit, daß er eine Anwendung von negativen Sanktionen (insbesondere physische und materielle Sanktionen) verhindern kann.

Das Verhalten von B, bzw. die Konsequenzen dieses Verhaltens, wirken auf A zurück (Feedback); wenn A seinen Einflußversuch auf Sanktionen basiert hat, wird er – je nach dem Verhalten von B – die in Aussicht gestellten Sanktionen realisieren[70] und – falls B den Einflußversuch abgelehnt hat – unter Umständen erneut versuchen, auf B einen Einfluß auszuüben (ev. indem er auf eine andere Einflußbasis abstellt).

Das Verhalten von B wirkt selbstverständlich auch auf ihn selbst zurück: er erfährt von den Konsequenzen, die die Akzeptierung bzw. Ablehnung des Einflußversuchs von A in bezug auf die Erreichung der von ihm angestrebten Ziele gehabt hat, und wird daraus möglicherweise etwas lernen.

322   Gruppenverhalten

Die sich in sozialen Systemen stellenden Aufgaben werden häufig durch Zusammenarbeit von mehr als jeweils zwei Individuen erfüllt. (Beispiele: der Vorgesetzte eines organisatorischen Bereiches führt gemeinsam mit seinen Untergebenen übertragene Arbeiten aus; ein Komitee, dem Personen aus verschiedenen Bereichen der organisatorischen Hierarchie angehören, löst gemeinsam Probleme). Hier werden mehrere Individuen,
– die über einen längeren Zeitraum[71] hinweg in persönlicher Interaktion miteinander stehen, und
– die gemeinsam, d. h. interdependent, eine von der Leitung des sozialen Systems übertragene Aufgabe erfüllen,
als Gruppe definiert.[72] Gruppen stellen also Subsysteme im sozia-

69 Vgl. dazu Blau/Scott (1962: 140f.) und Gouldner (1963: 393).
70 Voraussetzung einer tatsächlichen Realisierung der Sanktionen ist selbstverständlich, daß B die Einflußbasis von A, aufgrund der er sich für Gefolgschaft oder Gefolgsverweigerung entschieden hat, ‹richtig› wahrgenommen hat.
71 Der Zeitraum muß mindestens so lang sein, daß sich zwischen den Individuen ein Konsensus über gemeinsame Interessen herausbilden kann. Vgl. dazu die Ausführungen über die ‹Gruppenkultur› weiter unten in diesem Abschnitt.
72 Vgl. zu dieser Definition Scott (1967: 82).

len System dar, wobei sich diese Subsysteme oft nur vorübergehend und nur periodisch konstituieren (z. B. Projektteams); ein
Individuum kann deshalb auch gleichzeitig Mitglied von mehreren Gruppen sein.

Der zunehmende Einsatz von Gruppen- oder Teamarbeit dient
zum einen dazu, spezialisierte Funktionen innerhalb des sozialen
Systems zu koordinieren. Zum anderen bringt jedoch der Einsatz
von Gruppen häufig auch bei Aufgaben, die von einem Individuum allein bzw. arbeitsteilig erfüllt werden könnten (insbesondere bei Problemlösungen), Vorteile im Sinne einer wirksameren
Aufgabenerfüllung:[73]

- die Interaktion innerhalb von Gruppen wirkt als *Irrtumsaus-*
  gleichsmechanismus: jedes Gruppenmitglied geht von seinem
  besonderen Rahmen von Motiven, Einstellungen und Erwartungen sowie Kenntnissen und Fähigkeiten aus; in einer
  Gruppe sind deshalb mehr Informationen und Problemlö-
  sungsansätze gespeichert als in einem einzelnen Individuum,
  wodurch Fehl- und Vorurteile einzelner Gruppenmitglieder
  leichter erkennbar werden;
- die Interaktion stellt für das einzelne Gruppenmitglied eine
  Quelle *sozialer Unterstützung* dar (z. B. Zustimmung von anderen Gruppenmitgliedern), was die beim Problemlösen entstehenden Ängste (wie sie sich durch frühere negative Erfahrungen ergeben) mildern kann;
- die Interaktion fördert die *Konkurrenz* zwischen den Gruppenmitgliedern um die Anerkennung durch die Gruppe; die einzelnen Gruppenmitglieder versuchen, durch die besondere Qualität ihrer Beiträge einen hohen Status innerhalb der Gruppe zu
  erreichen;
- die Interaktion fördert die *Akzeptierung von Entscheidungen*
  durch die Gruppenmitglieder: indem sich die Gruppenmitglieder an Entscheidungen beteiligen, identifizieren sie sich mit
  diesen Entscheidungen und setzen sich für ihre Verwirklichung
  ein; damit sinkt die Wahrscheinlichkeit, daß Entscheidungen
  wissentlich Widerstand entgegengesetzt wird[74].

73 Vgl. dazu Blau/Scott (1963: 118ff.) und Maier (1967). Einzelne der hier
    genannten Vorteile von Gruppen gegenüber isoliert entscheidenden In-
    dividuen können jedoch auch in Gegensatz zueinander stehen, so z. B.
    soziale Unterstützung und Konkurrenz zwischen den Gruppenmitglie-
    dern.
74 Vgl. dazu auch Abschn. I/323 über Führung.

Hier soll nun dargestellt werden, wie sich Gruppen als ganze Einheiten verhalten, welche Faktoren dieses Verhalten bestimmen, und wie sich dieses Verhalten nach außen (also der spezifischen Umwelt der Gruppe) und nach innen (also gegenüber den einzelnen Gruppenmitgliedern) auswirkt. Dabei haben sich jedoch trotz umfangreicher empirischer Untersuchungen noch keine einheitlichen Konzepte, mit denen sich das Gruppenverhalten analysieren ließe, herauskristallisiert.[75] Dennoch wird in Abb. I/3–3 versucht, einige für organisatorische Probleme relevante Gruppenkonzepte sowie die zwischen ihnen herrschenden Beziehungen darzustellen.[76]

Ausgegangen wird von einer *Gruppe mit n Mitgliedern*; das Gruppenverhalten entsteht aus der Interaktion zwischen diesen n Mitgliedern, d. h. aus dem Zusammenwirken eines individuellen *Verhaltens*.[77] Das individuelle Verhalten jedes Gruppenmitglieds kann mit Hilfe des in Abb. I/3–1 dargestellten Modells untersucht werden: es wird also bestimmt durch die *individuellen Psychosysteme,* auf die Stimuli einwirken.

In sozialen Systemen sind unter den Determinanten des individuellen Verhaltens vor allem die Beeinflussungsbemühungen, wie sie von anderen Individuen vorgebracht werden, von Bedeutung[78]. Diese Beeinflussungsbemühungen nehmen die Form von Verhaltenserwartungen (Rollen) an das einzelne Gruppenmitglied an; mit diesen Rollen ist jeweils ein bestimmter Status verbunden.[79] Dabei werden hier unterschieden:

75 Vgl. dazu Golembiewski (1965: 85f.).
76 Die in Abb. I/3–3 dargestellten Beziehungen sollen *simultan* ablaufende Prozesse veranschaulichen und keine zeitliche Folge von Gruppenverhaltensaspekten angeben; das Modell hat somit weder einen «Anfang» noch ein «Einde».
77 ‹Gruppenverhalten› ist also eine Konstruktion, denn nur Individuen können sich verhalten; diese Konstruktion soll verdeutlichen, daß das Verhalten der Individuen in Gruppen anders abläuft als das Verhalten von isolierten Individuen: ‹das Gruppenverhalten ist mehr als die Summe des Verhaltens der einzelnen Mitglieder›.
78 Solche Beeinflussungsbemühungen können auf der Basis von Sanktionen, von Legitimation und von Argumenten erfolgen: vgl. dazu Abschn. I/321.
79 Zu Status- und Rollenkonzepten vgl. Abschnitt I/31.

Abb. I/3–3: Modell des Gruppenverhaltens

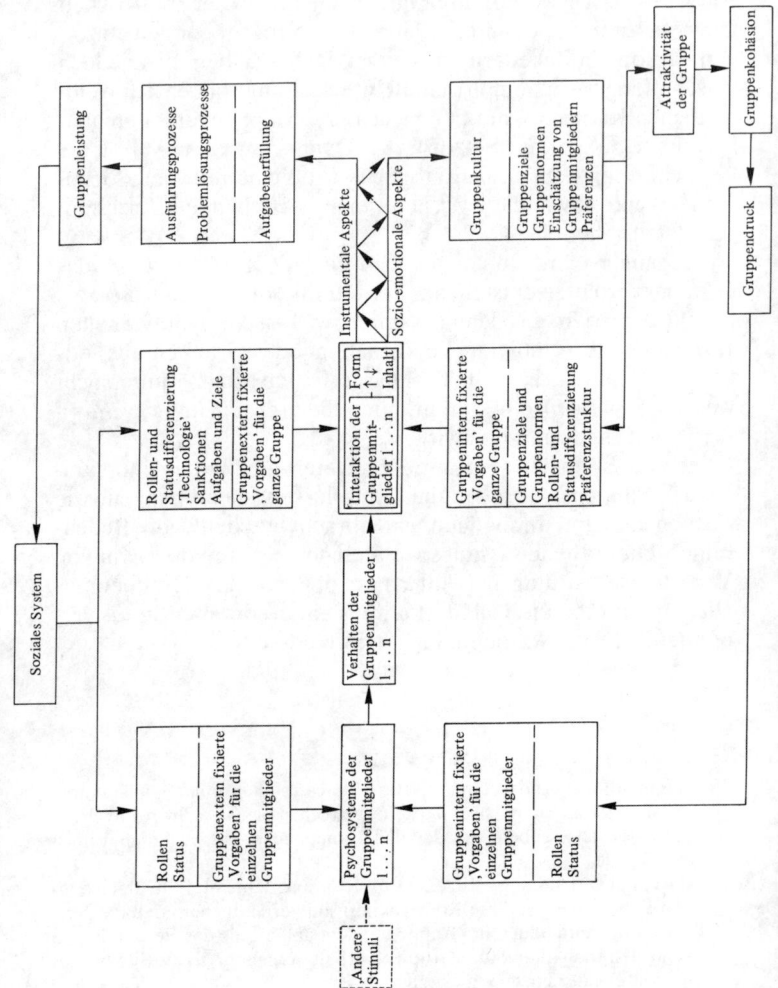

– *gruppenextern definierte Rollen und Status,* also die von der Leitung des sozialen Systems und anderen Gruppen im System formulierten Verhaltenserwartungen gegenüber einzelnen Gruppenmitgliedern, sowie der diesen Verhaltenserwartungen zugeordnete Status.

Die Verhaltenserwartungen des übergeordneten Systems können in Form von Stellenbeschreibungen, von Zielvorgaben, von Verhaltensgrundsätzen, usw. formuliert werden; sie beziehen sich meistens auf das Verhalten, das bei der Erfüllung der übertragenen Aufgaben verwirklicht werden soll. Um den Verhaltenserwartungen Nachdruck zu verleihen, werden sie häufig mit Sanktionen belegt.

– *gruppenintern definierte Rollen und Status,* also jene Verhaltenserwartungen, die einem Gruppenmitglied von den übrigen Mitgliedern der Gruppe entgegengebracht werden, und der Status, der diesen Rollen von der Gruppe zugeordnet wird.

Gruppenintern definierte Rollen und Status entstehen im Verlauf der Interaktion zwischen den Gruppenmitgliedern; auf sie wird deshalb weiter unten eingegangen.

Ein Individuum in einer Gruppe lebt also in zwei ‹Umwelten›, die beide Anforderungen an sein Verhalten stellen: einer gruppenexternen Umwelt (dem sozialen System) und einer gruppeninternen Umwelt (den übrigen Gruppenmitgliedern).

Die so durch gruppenexterne und gruppeninterne Faktoren (‹Vorgaben›) bestimmten individuellen Verhaltensweisen der Gruppenmitglieder werden durch die *Interaktion* in der Gruppe zueinander in Beziehung gesetzt; dabei wird diese Interaktion wiederum beeinflußt durch gruppeninterne und -externe Bestimmungsfaktoren (‹Vorgaben›), die sich jedoch nicht auf die einzelnen Gruppenmitglieder, sondern auf die Gruppe als Ganzes beziehen:

– *die gruppenexternen Bestimmungsfaktoren* beziehen sich auf die ‹Vorgaben›, die der Gruppe als Ganzes von der Leitung des sozialen Systems, bzw. von anderen Gruppen, gemacht werden; dazu gehören etwa:

– die von der Gruppe zu erfüllenden *Aufgaben* und die dabei zu *erreichenden Ziele;*

– die *Sanktionen,* die der ganzen Gruppe für die Erfüllung dieser Aufgabe und die (Nicht-)Erreichung dieser Ziele in Aussicht gestellt werden;

- die ‹*Technologie*›, auf die die Gruppe bei der Erfüllung der vorgegebenen Aufgaben zurückgreifen muß, also z. B. die mechanischen Hilfsmittel, der Ort und die Anordnung der Arbeitsplätze, aber auch institutionalisierte Problemlösungsmethoden (etwa EDV, Netzplantechniken, usw.);
- die vor allem positions- und aufgabenspezifisch begründete *Rollen- und Statusdifferenzierung* zwischen den Gruppenmitgliedern (Bsp. Vorgesetzte – Untergebene; Fachspezialisten).
- zu den *gruppeninternen Bestimmungsfaktoren* der Interaktion gehören die von der Gruppe selbst entwickelten Zielsetzungen des Gruppenverhaltens und grundsätzliche Vorstellungen über die Wege, die zur Zielerreichung führen sollen (Verhaltensnormen), sowie das Netz zwischenmenschlicher Präferenzen (Sympathien und Antipathien zwischen den Gruppenmitgliedern) und die gruppeninterne Rollen- und Statusstruktur. Auf die Entstehung dieser Bestimmungsfaktoren wird weiter unten eingegangen.

Neben diesen Faktoren hat auch die *Größe der Gruppe* (also die Anzahl n ihrer Mitglieder) einen Einfluß auf die Interaktion in der Gruppe. Mit zunehmender Größe der Gruppe nimmt die Anzahl der möglichen Beziehungen zwischen den Gruppenmitgliedern geometrisch zu[80]: dem einzelnen Gruppenmitglied fällt es folglich immer schwerer, zwischen den Gruppenmitgliedern zu differenzieren. Daraus ergibt sich, daß große Gruppen in Subgruppen (‹Fraktionen›) zu zerfallen tendieren, die für das einzelne Gruppenmitglied wieder eindeutig unterscheidbar sind[81].

Die so durch gruppenexterne und gruppeninterne Faktoren, durch die Gruppengröße, vor allem aber durch die individuellen Charakteristika im Verhalten der einzelnen Gruppenmitglieder bestimmte Interaktion zwischen den Gruppenmitgliedern besteht im gegenseitigen Austausch von Mitteilungen, in wechselseitigen Einflußbemühungen, in gemeinsamen Ausführungshandlungen, im gegenseitigen Vorbringen von Affektionen, usw.[82] Solche Interaktionsprozesse können als Kommunikationsprozesse aufgefaßt werden und nach ihrer Form und nach ihrem

---

80 Vgl. dazu die Ausführungen über die Leitungsspanne in Abschn. II/234.
81 Vgl. dazu Shull et al. (1970: 144ff.).
82 Vgl. zu verschiedenen Interaktionskategorien Bales (1951: 59).

Inhalt analysiert werden[83]; dabei besteht jedoch immer eine wechselseitige Abhängigkeit von Form und Inhalt der Interaktion.

In bezug auf die *Form der Interaktion* lassen sich unterscheiden:
- die *Kommunikationsstruktur,* also das Muster der zwischen den Gruppenmitgliedern bestehenden Kommunikationskanäle, über die Informationen ausgetauscht werden;
- die *Interaktionsrate,* also die relative Häufigkeit der Beiträge (Informationsabgaben) der einzelnen Gruppenmitglieder gewichtet mit ihrer Dauer.

Kommunikationsstruktur und Interaktionsrate ergeben zusammen die Kommunikationsintensität der Gruppe: je mehr Kommunikationskanäle zwischen den Gruppenmitgliedern bestehen und je häufiger jedes Beiträge liefert, desto höher die Kommunikationsintensität.

In bezug auf den *Inhalt der Interaktion* lassen sich unterscheiden:[84]

a. *sozio-emotionale Aspekte:*
   der Inhalt der Interaktion bezieht sich auf Probleme, die ihren Ursprung in den individuellen Bedürfnissen der Gruppenmitglieder, insbesondere in den sozialen und Ego-Bedürfnissen[85], haben. Solche Probleme manifestieren sich in der Art der Beziehungen zwischen den Gruppenmitgliedern.

b. *instrumentale Aspekte:*
   der Inhalt der Interaktion bezieht sich auf Probleme, die bei der Erfüllung der der Gruppe vorgegebenen Aufgaben auftreten. Solche Probleme manifestieren sich in der Notwendigkeit, nach ‹außen› (ins soziale System) Leistungen (in Form von Entscheidungen und Ausführungen) zu erbringen, um als Gruppe überleben zu können.

Die meisten Interaktionsprozesse beziehen sich sowohl auf instrumentale wie auf sozio-emotionale Probleme, und die instrumentalen und sozio-emotionalen Inhalte der Interaktion beeinflussen sich gegenseitig.

---

83 Vgl. dazu Hare (1962: 11 f.).
84 Vgl. zur Unterscheidung von sozioemotionalen und instrumentalen Aspekten Bales (1953).
85 Vgl. dazu Abschn. I/313.

Zu a: sozio-emotionale Aspekte der Interaktion

Die Interaktionsprozesse resultieren in der Bildung einer *Gruppenkultur*, d. h. in der Entwicklung von Wertungen, die allen Gruppenmitgliedern oder einer irgendwie definierten Mehrheit von ihnen gemeinsam sind, über die also eine ‹einheitliche› Meinung herrscht. Voraussetzung der Bildung einer Gruppenkultur sind Ähnlichkeiten zwischen den Gruppenmitgliedern, also das Vorhandensein geteilter Denkmuster, Grundüberzeugungen und Interessen der Gruppenmitglieder, über die sich überhaupt eine gemeinsame Meinung bilden kann.[86] Verbindende Interessen sind meist schon durch die Vorgabe einer gemeinsam zu erfüllenden Aufgabe gegeben. Die gemeinsamen Wertungen können sich u. a. beziehen:

– auf die von der Gruppe anzustrebenden Zustände, also auf zu erreichende *Gruppenziele*; diese Ziele können entweder im Gegensatz oder im Einklang mit den vom übergeordneten System vorgegebenen Aufgabenzielen stehen;

– auf die Mittel und Maßnahmen, die zur Erreichung der Gruppenziele zu ergreifen sind; diese Wertungen bestehen vor allem aus gemeinsamen Ansichten darüber, wie die Gruppe als Ganzes und wie jedes einzelne Gruppenmitglied sich verhalten soll: *Gruppennormen*;

– auf die einzelnen Gruppenmitglieder selbst; die Wertungen bestehen dann in der *Einschätzung* des einzelnen Gruppenmitglieds, aus der sich Verhaltenserwartungen gegenüber diesem Mitglied ableiten lassen, und aus den *Präferenzen* (positive und negative Affektionen), die einzelnen Gruppenmitgliedern entgegengebracht werden. Die Einschätzung eines Gruppenmitglieds leitet sich aus der Auffassung der Gruppe über dessen Fähigkeiten, Beiträge zur Erreichung von Gruppenzielen zu leisten, ab. Sie ist damit das Resultat der Erfahrungen, die die Gruppe mit dem Verhalten dieses Gruppenmitglieds gemacht hat.

Die in der Gruppenkultur enthaltenen Wertungen fordern von den einzelnen Gruppenmitgliedern und von der Gruppe

---

86 Mit zunehmender Größe einer Gruppe wird es immer schwieriger einen Konsensus über gemeinsame Wertungen zu erreichen; in großen Gruppen bilden sich deshalb oft innerhalb von Subgruppen spezifische ‹Subgruppenkulturen› heraus.

als Ganzes bestimmte Verhaltensweisen; aus der Gruppenkultur lassen sich deshalb ableiten:

– *gruppeninterne Bestimmungsfaktoren des individuellen Verhaltens der einzelnen Gruppenmitglieder;* dazu gehören – wie oben erwähnt – die Rollen, die zu erfüllen die Gruppe von jedem einzelnen ihrer Mitglieder erwartet, sowie der mit diesen Rollen verbundene *Status.* Die Rollen ergeben sich einerseits aus den Gruppenzielen (auf deren Erreichung das Verhalten des einzelnen Gruppenmitglieds ausgerichtet sein soll) sowie aus den Gruppennormen (durch die bestimmte individuelle Verhaltensweisen gefordert und andere ausgeschlossen werden sollen) und andererseits aus der Einschätzung dieses Gruppenmitglieds. Mit wachsender Einschätzung eines Gruppenmitglieds wird sich eine Gruppe immer mehr durch dieses Gruppenmitglied beeinflussen lassen und ihm damit tendenziell eine Führerrolle zugestehen[87]; einer solchen Führerrolle wird gleichzeitig ein hoher Status zugeordnet. Umgekehrt wird ein Gruppenmitglied niedriger eingeschätzt, wenn von ihm keine besonderen Beiträge zur Erreichung von Gruppenzielen erwartet werden; die Gruppe wird sich von ihm auch nur in geringerem Ausmaß beeinflussen lassen. Statt dessen wird ein solches Gruppenmitglied entweder die Rolle eines Geführten (wenn es sich an die Gruppennormen hält) oder eines ‹Abweichlers› (wenn es sich nicht an Gruppennormen hält) übernehmen[88]; der Rolle eines Geführten wird von der Gruppe tendenziell ein mittlerer, der eines Abweichlers ein niedriger Status zugeordnet.

– *gruppeninterne Bestimmungsfaktoren der Interaktion* (also Faktoren, die sich auf die Gruppe als Ganzes und nicht auf einzelne Gruppenmitglieder beziehen); dazu gehören die *Gruppenziele und -normen* (auf deren Erreichung bzw. Einhaltung die Interaktion der Gruppe gerichtet ist), die *Präferenzstruktur* (wie sie sich aus den wechselseitigen positiven und negativen Affektionen der Gruppenmitglieder ergibt) und die *Rollen- und Statusdifferenzierung* als Struktur der

87 Vgl. zu Führung Abschn. I/323.
88 Vgl. dazu Hare (1962: 25). Denkbar ist auch – besonders in größeren Gruppen –, daß sich die Gruppe in eine konforme Majorität und eine abweichende Minorität spaltet.

jeweils dem einzelnen Gruppenmitglied zugeordneten Rollen und Status. Präferenzstruktur und Rollen- und Statusdifferenzierung beeinflussen vor allem auch die Form der Interaktion (Beispiel: Gruppenmitglieder mit hohem Status und Gruppenmitglieder, denen starke Präferenzen entgegengebracht werden, bringen häufiger Beiträge zur Interaktion).

Die Ausprägung der Gruppenkultur bestimmt auch, in welchem Ausmaß die Mitgliedschaft in der Gruppe für die einzelnen Individuen erstrebenswert ist, und damit die *Attraktivität der Gruppe* für jedes einzelne Mitglied; sie ist offenbar um so höher, je mehr die in der Gruppenkultur enthaltenen Wertungen und die von einem Gruppenmitglied angestrebten individuellen Ziele einander entsprechen.[89] Die Attraktivität der Gruppe für die Mitglieder ist demnach um so höher, je stärker die Zielsetzungen der einzelnen Gruppenmitglieder untereinander vereinbar sind, denn damit steigt die Wahrscheinlichkeit, daß die die Gruppenkultur kennzeichnenden Wertungen von allen Gruppenmitgliedern (oder zumindest einer überwiegenden Mehrheit) anerkannt werden.

Je größer aber die Attraktivität der Gruppe, desto stärker das Bedürfnis ihrer Mitglieder, die Mitgliedschaft in der Gruppe nicht zu verlieren, und desto stärker damit die *Gruppenkohäsion*, d. h. der Zusammenhalt der Gruppe. Hoch kohäsive Gruppen zeichnen sich im allgemeinen durch eine hohe Gruppenmoral aus (denn die einzelnen Mitglieder identifizieren sich stark mit den Wertungen der Gruppenkultur) und versuchen, jeder Bedrohung ihrer Gruppenkultur entgegenzuwirken.[90]

Daraus können Konflikte zwischen einer ‹starken› Gruppenkultur und der übergeordneten, sich wandelnden *Systemkultur* erwachsen; jene nimmt dann dieser gegenüber den Charakter einer (abweichenden) *Subkultur* an.[90a] Dies äußert sich zum Beispiel durch Widerstand gegen – von der Leitung des sozialen Systems initiierte – organisatorische Änderungen, die eine

---

89 Je stärker sich – mit zunehmender Gruppengröße – Subgruppen mit eigenen Wertungen bilden, desto geringer ist cet. par. die Attraktivität der Gesamtgruppe für das einzelne Mitglied.

90 Vgl. dazu Hare (1962: 146ff.).

90a Vgl. dazu Gregory, K. L.: Native-View Paradigms: Multiple Cultures and Culture Conflicts in Organizations, in: ASQ 28 (1983), S. 359–376.

echte oder vermeintliche Änderung der gemeinsamen Wertungen oder sogar der Gruppenmitgliedschaft bedingen.[91]
Die Gruppenkohäsion stellt auch eine wesentliche Determinante des *Gruppendrucks* nach innen dar, d. h. der Intensität, mit der die Gruppe ein mit den Gruppenzielen und -normen konformes Verhalten ihrer Mitglieder (wie es in Form von Rollen formuliert wird) zu erzwingen versucht. Denn je stärker die Gruppe zusammenhält, desto schwieriger wird es für ein einzelnes Gruppenmitglied, sich entgegen den in der Gruppenkultur definierten Wertungen zu verhalten. Die Stärke des Gruppendrucks wird zudem erhöht, wenn der Gruppe Sanktionen für die Bestrafung von nicht-konformen Mitgliedern zur Verfügung stehen; solche Sanktionen sind jedoch nur unter der Voraussetzung wirksam, daß sie dominante Bedürfnisse nicht-konformer Mitglieder treffen, die nicht anderweitig befriedigt werden können.[92]

Zu b: instrumentale Aspekte der Interaktion
Die Interaktion zwischen den Gruppenmitgliedern soll in einer kollektiven Erfüllung der der Gruppe vom übergeordneten sozialen System übertragenen Aufgabe resultieren. Der Auftrag zur kollektiven Aufgabenerfüllung kann sich auf Entscheidfindung (Problemlösung) und/oder auf Ausführung (Realisation der Problemlösungen) beziehen. Dabei soll die Entscheidfindung bzw. die Ausführung im Sinne eines wirksamen Beitrages zur Erreichung der Ziele des übergeordneten sozialen Systems erfolgen.
Hier werden lediglich *kollektive Problemlösungsprozesse* behandelt (denn die sich aus den Problemlösungsprozessen ergebenden Entscheidungen bestimmen weitgehend den Ablauf der Ausführungsprozesse)[93]; kollektive Problemlösungsprozesse sollen in einer gemeinsamen Entscheidung (oder Lö-

---

91 Vgl. dazu die Ausführungen über ‹Resistance to Change› in Abschn. IV/1.
92 Einen weiteren Faktor, der den Gruppendruck auf das einzelne Gruppenmitglied verstärkt, kann die Bedrohung der Gruppe durch Gefahren von außerhalb der Gruppe darstellen (Beispiel: Bewegung einer militärischen Gruppe in feindlichem Gebiet).
93 Auch die Bildung der Gruppenkultur kann jedoch als – i.d.R. weniger bewußter – Problemlösungsprozeß verstanden werden.

sung) resultieren. Dabei lassen sich verschiedene Fälle unterscheiden:[94]

- Die Problemsituation ist grundsätzlich unbekannt und Lösungsansätze existieren nicht (unstrukturierte, nicht-programmierte Entscheidungen); die von den einzelnen Gruppenmitgliedern jeweils zugrundegelegten Wert- und Tatsachenprämissen[95] widersprechen einander nicht, d. h. sie sind kompatibel.[96] In diesem Fall kann durch reine Problemlösungsprozesse eine kollektive Entscheidung herbeigeführt werden, die den gemeinsamen Kriterien genügt. Durch solche reine Problemlösung kann eine Entscheidung auch dann herbeigeführt werden, wenn anfänglich widersprüchliche Tatsachen- und/oder Wertprämissen durch gegenseitiges «Überzeugen» mit Argumenten einander so angepaßt werden können, daß sie kompatibel sind (Einigung durch argumentative *Konsensfindung*).
- Die Problemsituation ist grundsätzlich bekannt und es existieren Lösungsansätze (strukturierte, programmierte Entscheidungen); die von den einzelnen Gruppenmitgliedern zugrundegelegten Wert- und Tatsachenprämissen widersprechen einander nicht. In diesem Fall kann durch *routinisierte Prozesse* (z. B. durch bloße Koordination der von den Gruppenmitgliedern eingebrachten Informationen) eine kollektive Entscheidung herbeigeführt werden, die den gemeinsamen Kriterien genügt.
- Die von den Gruppenmitgliedern zugrundegelegten Wert- und/oder Tatsachenprämissen widersprechen sich (wobei die Problemsituation entweder strukturiert oder unstrukturiert sein kann) und können nicht mit Hilfe von ‹Überzeugungen› kompatibel gemacht werden. In diesem Fall kann keine konsensuelle Entscheidung herbeigeführt werden,

---

94 Vgl. zum folgenden March/Simon (1958: 119f.), Thompson/Tuden (1964) und Shull et al. (1970: 157ff.).
95 Zu Wert- und Tatsachenprämissen vgl. Abschn. I/131.
96 Grundsätzlich werden die Wertprämissen durch die mit der Aufgabe vorgegebenen Zielsetzungen definiert; aber: a. die einzelnen Gruppenmitglieder verfolgen neben diesen ‹offiziellen› auch eigene individuelle Ziele (sozio-emotionale und instrumentale Aspekte lassen sich nicht trennen); und b. die Definition der ‹offiziellen› Ziele ist oft weder vollständig noch eindeutig.

die gemeinsamen Kriterien genügt; statt dessen müssen die Gruppenmitglieder entweder durch

- *Aushandeln* (‹bargaining›), d. h. durch wechselseitige Zugeständnisse (verbunden mit Drohungen und Versprechungen)[97] und/oder
- *Abstimmen*, d. h. durch einen irgendwie definierten Mehrheitsentschluß (wobei dieses Abstimmen nicht im Rahmen eines formalen Procedere erfolgen muß)

zu einer gemeinsamen Entscheidung kommen.[98]

Die mittels dieser Verfahren gefundene Problemlösung und eine ihr unter Umständen nachfolgende Lösungsrealisation (Ausführung) stellt die *Leistung* dar, die die Gruppe für das übergeordnete System erbringt. Je nachdem, ob die Gruppenleistung den Vorstellungen des übergeordneten Systems von einer adäquaten Erfüllung der vorgegebenen Aufgabe und einer zumindest befriedigenden Erreichung der vorgegebenen Ziele entspricht, werden die für die Gruppe als Ganzes und für die einzelnen Gruppenmitglieder (im Rahmen der Rollendefinition) in Aussicht gestellten – positiven und/oder negativen – Sanktionen verwirklicht oder nicht. Darüber hinaus kann das übergeordnete System mit Änderungen der gruppenexternen ‹Vorgaben› für die einzelnen Gruppenmitglieder und für die Gruppe als Ganzes reagieren, also etwa

- mit Änderungen der Verhaltenserwartungen gegenüber einzelnen Gruppenmitgliedern
- mit der Zuweisung von anderen Aufgaben
- mit Änderungen des zu erreichenden Zielniveaus oder der bei der Zielerreichung zu beachtenden Nebenbedingungen (Restriktionen).

Schließlich kann das übergeordnete System – z. B. dann, wenn die der Gruppe übertragene Aufgabe einmaligen Charakter hatte, oder wenn die Leistungen der Gruppe völlig ungenügend sind – die Gruppe selbst auflösen oder auch nur ei-

---

97 Bargaining ist offenbar bei bloßen Differenzen in den Tatsachenprämissen zwischen den Gruppenmitgliedern nicht sinnvoll.
98 Solche Bargaining- und Abstimmungsprozesse sind vor allem für große Gruppen, in denen Subgruppen mit eigenen Wertungen bestehen, charakteristisch. Zu verschiedenen Abstimmungsmodi vgl. Abschn. I/42, lit. c.

nem Teil der Gruppenmitglieder die künftige Mitgliedschaft absprechen.

Damit ist das in Abb. I/3–3 dargestellte Modell in sich geschlossen: das Gruppenverhalten wird einerseits bestimmt durch die individuellen Verhaltensweisen der Mitglieder und durch gruppeninterne und -externe ‹Vorgaben›, die die einzelnen Mitglieder und die Gruppe als Ganzes beeinflussen; es resultiert aber andererseits wieder in einer Änderung (bzw. Bildung) dieser Bestimmungsfaktoren und evtl. in einer Änderung der Mitgliedschaft der Gruppe. Das Modell zeigt nur einige ausgewählte Gruppenkonzepte, und es läßt in den meisten Fällen die Beziehungen zwischen diesen Konzepten unspezifiziert.

Im Hinblick auf organisatorische Fragestellungen ist vor allem die Beziehung zwischen der Ausprägung verschiedener Gruppenkonzepte und der *Gruppenleistung* von Bedeutung. Bevor hier einige wenige solche Beziehungen näher erläutert werden, soll zunächst der Frage nachgegangen werden, bei welcher Art von Problemen die von Gruppen entwickelten Problemlösungen den von einem isoliert entscheidenden Individuum entwickelten Problemlösungen generell überlegen sind.[99] Kelley und Thibaut (1969) stellen aufgrund einer Analyse der zu dieser Frage bestehenden Literatur fest:

– Gruppenlösungen sind der vom begabtesten einzelnen Gruppenmitglied isoliert gefundenen Lösung *überlegen,* wenn das Problem aus mehreren Teilen besteht, und wenn die Gruppenmitglieder über unkorrelierte (komplementäre) Kenntnisse und Fähigkeiten verfügen.

– Gruppenlösungen sind der vom begabtesten einzelnen Gruppenmitglied isoliert gefundenen Lösung *ebenbürtig,* wenn das Problem einfach ist (d. h. sehr wenige Lösungsschritte benötigt werden), und wenn die Lösung anhand vorhandener Tatsachen leicht verifizierbar ist.

– Gruppenlösungen sind der vom begabtesten einzelnen Grup-

---

99 Die folgenden Aussagen beziehen sich also zunächst nicht auf gemeinsam vollzogene Ausführungsaufgaben, sondern auf Problemlösungsaufgaben. In dem Maße, wie neuere Organisationskonzepte jedoch die Trennung von planender und ausführender Arbeit durch integrierte, tendenziell ganzheitliche Arbeitsformen (vgl. Abschn. II/2712, lit. C) überwinden, lassen sich die dargelegten Zusammenhänge verallgemeinern.

penmitglied isoliert gefundenen Lösung *unterlegen,* wenn die Lösung des Problems es erfordert, eine Reihe von interdependenten Schritten durchzudenken, wobei bei jedem Schritt – unter Berücksichtigung der bei den vorhergehenden Schritten gefundenen Resultate – eine Reihe von Entscheidungsregeln zur Anwendung gebracht werden muß.

An folgenden – beispielhaft ausgewählten – Beziehungen wird der *Zusammenhang zwischen einzelnen Gruppenkonzepten und der Gruppenleistung* näher ausgeführt:
a. Gruppenkultur und Gruppenleistung
b. Kommunikationsstruktur und Gruppenleistung
c. Statusdifferenzierung und Gruppenleistung.

Zu a: Der Zusammenhang zwischen der Ausprägung der Gruppenkultur und der Gruppenleistung
Die große Bedeutung gruppenkultureller Momente für die Leistungsfähigkeit komplex-arbeitsteilig organisierter sozialer Systeme ist in jüngster Zeit vor allem durch die Produktivitäts- und Qualitätserfolge der japanischen Industrie belegt worden.[99a] Die Klärung der Frage, wieweit entsprechende Konzepte der Gruppenarbeit auch unter den anderen kulturellen Voraussetzungen westlicher Länder anwendbar sind, erfordert eine genaue Analyse der grundlegenden Wirkungszusammenhänge.
Die im Rahmen der Gruppenkultur definierten Wertungen und die vom übergeordneten System aufgestellten Ziele der Aufgabenerfüllung können in komplementärer (d. h. durch die Erreichung der Gruppenziele und Einhaltung der Gruppennormen wird auch die Erreichung der Aufgabenziele gesteigert), in konkurrierender (d. h. durch die Erreichung der Gruppenziele und Einhaltung der Gruppennormen wird die Erreichung der Aufgabenziele gemindert) oder in indifferenter Beziehung (d. h. die Erreichung der Gruppenziele und Einhaltung der Gruppennormen ist von der Erreichung der Aufgabenziele unabhängig) stehen.[100] Tendenziell gilt, daß die Leistung einer Gruppe um so höher ist, je stärker sich die Gruppenziele und die vorgegebenen Aufgabenziele entsprechen; denn: die Gruppenmitglieder folgen

---

99a Vgl. dazu Abschn. II/25. lit. C sowie Abschn. III/271 in Band 2.
100 Vgl. zu den Beziehungstypen zwischen Zielen Heinen (1966: 94f.).

im Falle einer konkurrierenden Beziehung eher den von ihnen selbst gesetzten als den von außen vorgegebenen Zielen, weil sie sich mit selbst gesetzten Zielen auch identifizieren.[101] Der Gruppendruck, der abweichende Mitglieder zu einer Einhaltung der Gruppennormen zu zwingen versucht, kann sich entsprechend auch nur bei komplementärer Beziehung zwischen Gruppen- und vorgegebenen Aufgabenzielen positiv auf die Gruppenleistung auswirken.

Nicht immer ist jedoch die vom Gruppendruck ausgelöste Konformität im Verhalten der Gruppenmitglieder erwünscht[102]: der am Anfang dieses Abschnitts beschriebene Irrtumsausgleichsmechanismus kann gestört werden[103], was sich vor allem bei der Lösung von unbekannten Problemen, bei denen keine Lösungsansätze bestehen, negativ auswirkt. Dagegen kann sich die durch den Gruppendruck erzwungene Konformität im Verhalten der Gruppenmitglieder positiv auf die Erreichung der Aufgabenziele auswirken, wenn der Gruppe vor allem Ausführungsaufgaben zugeordnet sind (Beispiel: Druck auf einzelne Gruppenmitglieder, hohe Produktionsstandards einzuhalten).

Zu b: Der Zusammenhang zwischen der Ausprägung der Kommunikationsstruktur und der Gruppenleistung[104]
Die in einer Gruppe vorhandene Kommunikationsstruktur wird durch das Muster der Kommunikationskanäle zwischen den Gruppenmitgliedern gebildet. Bei fünf Gruppenmitgliedern sind u. a. die in Abb. I/3–4 charakterisierten Kommunikationsstrukturen möglich.[105]

---

101 Bewußte Outputrestriktionen sind ein Beispiel dafür, daß Gruppenzielen und -normen eher gefolgt wird als von der Systemleitung vorgegebenen Zielen.
102 Vgl. dazu Maier (1967).
103 Vgl. dazu etwa die Experimente von Asch (1964).
104 Vgl. zu diesem Abschnitt Bavelas (1950), Guetzkow/Simon (1955), Dubin (1959), Cohen (1962) und die Übersichten in Blau/Scott (1963: 116ff.) und Leavitt (1964: 228ff.).
105 Die dargestellten Kommunikationsstrukturen sind in reiner Form selten verwirklicht (ein Beispiel für eine Sternstruktur wäre etwa ein Vorgesetzter, dessen Unterstellte in verschiedenen geographischen Regionen arbeiten); dennoch können aus den Leistungsunterschieden der Strukturen auch Folgerungen für Gruppen gezogen werden, in denen sich die Kommunikationsstruktur nur tendenziell einer der hier dargestellten Formen annähert.

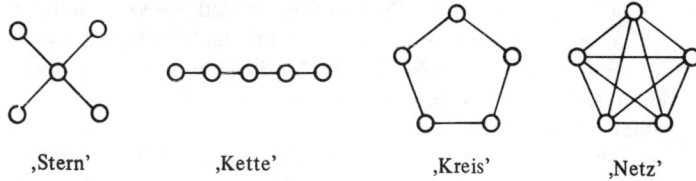

,Stern'   ,Kette'   ,Kreis'   ,Netz'

Abb. I/3–4: Kommunikationsstrukturen in Gruppen

Die hier dargestellten Kommunikationsstrukturen unterscheiden sich

– durch die Zahl der Kommunikationskanäle (Beispiel: Sternstrukturen weisen vier, Netzstrukturen dagegen zehn Kanäle auf);

– durch ‹hierarchische› bzw. durch ‹egalitäre› Kommunikation (Beispiel: in Sternstrukturen verfügt ein Gruppenmitglied über den Zugang zu vier Kommunikationskanälen und die übrigen vier Gruppenmitglieder über den Zugang zu je einem Kommunikationskanal; dagegen verfügen in Netzstrukturen alle Gruppenmitglieder über den Zugang zu je vier Kommunikationskanälen).

Verschiedene Kommunikationsstrukturen führen zu verschiedener Gruppenleistung, wobei die Art der zu erbringenden Leistung (d. h. hier: des zu lösenden Problems) bestimmt, welche Kommunikationsstruktur überlegen ist:

– einfache Aufgaben, bei denen Probleme der Koordination zwischen den Gruppenmitgliedern vorwiegen, werden in hierarchischen Kommunikationsstrukturen (Beispiel: Stern- und in geringerem Ausmaß auch Kettenstruktur) rascher gelöst; denn: wegen der beschränkten Anzahl Kommunikationskanäle kann das ‹zentrale› Gruppenmitglied rascher Informationen von den übrigen Gruppenmitgliedern erhalten, als wenn jedes Gruppenmitglied mit jedem anderen Informationen austauscht.

– Gruppen mit egalitären Kommunikationsstrukturen (Beispiel: Kreis- und Netzstruktur) weisen auch bei einfachen Aufgaben nach einer gewissen Einarbeitungszeit eine ähnliche hohe Leistung (d. h. hier: rasche Problemlösung) auf wie Gruppen mit hierarchischen Strukturen; Gruppen mit egalitären Strukturen können sich aber insbesondere an Modifikationen dieser einfachen Aufgaben rascher anpassen als Gruppen mit hierarchischen Strukturen.

– bei komplexen Aufgaben, die nur durch analytische Problemlösungsprozesse erfüllt werden können, sind Netzstrukturen überlegen; denn: wegen der unbeschränkten Anzahl Kommunikationskanäle, über die jedes Gruppenmitglied mit jedem andern Informationen austauschen kann, kommt der – oben erwähnte – Irrtumsausgleichsmechanismus voll zur Geltung.

Neben der Leistung beeinflußt die Kommunikationsstruktur auch sozio-emotionale Aspekte des Gruppenverhaltens. Beispiel: Gruppen mit egalitärer Kommunikationsstruktur weisen tendenziell eine hohe Gruppenkohäsion auf und zeichnen sich durch höhere Gruppenmoral aus als Gruppen mit hierarchischer Kommunikationsstruktur.

Zu c: Der Zusammenhang zwischen der Statusdifferenzierung in einer Gruppe und der Gruppenleistung[106]
Statusunterschiede zwischen Gruppenmitgliedern können gruppenintern und gruppenextern (vor allem: Unterschiede im positionsspezifischen Status) bedingt sein. Dabei wird allgemein angenommen, daß gruppenextern vorgegebene Statusunterschiede (etwa durch die Ernennung eines Vorgesetzten der Gruppe) sich auf die Gruppenleistung negativ auswirken, wenn die Gruppenaufgabe in der Lösung eines komplexen Problems besteht; denn die Statusdifferenzierung läßt die – oben erwähnten – Vorteile von Gruppen nicht voll zur Geltung kommen[107]:

– der Irrtumsausgleichsmechanismus wird gestört: Gruppenmitglieder mit niedrigem Status sind gegenüber den Beiträgen von Gruppenmitgliedern mit hohem Status weniger kritisch, bzw. sie wagen es nicht, ihre Kritik zu äußern;

---

106 Vgl. zu diesem Abschnitt Blau/Scott (1963: 121 ff.), Bridges et al. (1968) und Doyle (1971).
107 Diese Auswirkungen konnten in vermindertem Ausmaß auch bei Gruppen mit gruppenintern fixierter Statusdifferenzierung beobachtet werden.

- die soziale Unterstützung des einzelnen Gruppenmitglieds durch die Gruppe wird verringert; Gruppenmitglieder mit niedrigem Status scheuen sich, ihre Unsicherheit vor einem Gruppenmitglied mit hohem Status zu offenbaren;
- die Konkurrenz zwischen den Gruppenmitgliedern um Anerkennung durch die Gruppe wird gemindert: für Gruppenmitglieder mit niedrigem Status besteht ein reduzierter Anreiz, sich um Anerkennung in der Gruppe zu bemühen, wenn der Status von außen vorgegeben wird;
- Entscheidungen werden in verringertem Ausmaß akzeptiert: da Gruppenmitglieder mit niedrigem Status tendenziell seltener an Entscheidungen beteiligt werden, sinkt auch ihre Identifikation mit diesen Entscheidungen.

Irrtumsausgleich, soziale Unterstützung, Konkurrenz zwischen den Gruppenmitgliedern und Identifikation mit Entscheidungen haben jedoch einen geringeren Einfluß auf die Gruppenleistung, wenn die Gruppenaufgabe in der Lösung eines einfachen Problems, bei dem Koordinationsaspekte vorwiegen, besteht. Bei solchen Problemen können denn auch Gruppen mit gruppenextern vorgegebener Statusdifferenzierung leistungsfähiger sein.[108]
Gruppen mit starker extern vorgegebener Statusdifferenzierung sind möglicherweise auch bei komplexen Problemlösungsaufgaben überlegen, wenn die Gruppe sich in zwei Subgruppen spaltet und die Mehrheit durch Unterdrückung von richtigen Beiträgen der Minderheit den freien Fluß der Informationen hindert: ein Gruppenmitglied mit hohem extern definiertem Status – etwa ein offizieller Vorgesetzter – kann unter Umständen in einem solchen Fall die Blockierung aufheben.

---

108 In ähnlichem Sinn können auch empirische Untersuchungen verstanden werden, in denen sich Gruppen ohne Statusdifferenzierung in der Analysephase einer Problemlösung (Identifikation verschiedener Teilaspekte des Problems und der Beziehungen zwischen diesen Aspekten), Gruppen mit Statusdifferenzierung dagegen in der Synthesephase (Zusammenfügen der verschiedenen Teilaspekte) überlegen gezeigt haben.

In diesem Abschnitt wird Führung als eine besondere Art von Einflußprozessen in Gruppen behandelt; dabei wird in zwei Schritten vorgegangen:

– zunächst werden Gruppen betrachtet, denen kein offiziell designierter, d. h. von der Leitung des sozialen Systems bestimmter, Vorgesetzter vorsteht; es wird untersucht, warum in solchen Gruppen ohne positionsspezifische Status- und Rollendifferenzierung[109] Führer bestehen können;

– dann werden Gruppen betrachtet, denen ein offiziell designierter Vorgesetzter vorsteht, und es wird untersucht, wann ein solcher Vorgesetzter auch Führer der Gruppe ist.

Gruppen wurden charakterisiert als Subsysteme im Rahmen des organisierten sozialen Systems, deren Mitglieder sich interdependent für die Erfüllung von gemeinsamen Aufgaben einsetzen. Bei der Aufgabenerfüllung werden Ziele verfolgt; diese können von außen (etwa von der Systemleitung) vorgegeben sein und/oder sie können von den Gruppenmitgliedern selbst gesetzt werden. Die selbstgesetzten Ziele können sich entweder auf instrumentale (die Erfüllung der Gruppenaufgabe betreffende) oder auf sozioemotionale (die Beziehungen zwischen den Gruppenmitgliedern betreffende) Aspekte beziehen.

Während der Interaktion zwischen den Gruppenmitgliedern finden Einflußprozesse statt, die sich grundsätzlich mit dem in Abb. I/3–2 dargestellten Modell analysieren lassen. Dabei kann

– *in einer bestimmten Situation*[110] (d. h. etwa bei Auftreten eines spezifischen Problemtyps) und

– *bezogen auf einen bestimmten Aspekt des Gruppenlebens* (d. h. hier entweder den instrumentalen oder den sozio-emotionalen Aspekt)

– *der Einfluß eines Gruppenmitglieds dominant werden* (d. h. die Einflußversuche dieses Gruppenmitglieds erhalten eher und stärkere Gefolgschaft als die Einflußversuche anderer Grup-

---

109 Vgl. dazu in Abschn. I/315 die Ausführungen über Status- und Rollenkonzepte.

110 In diesem Abschnitt über Führung als interpersonellen Einflußprozeß wird – im Anschluß an die Verwendung in der Führungsliteratur – der Begriff ‹Situation› enger gefaßt als in Abschn. II/32 der Begriff ‹Organisationssituation›.

penmitglieder, wenn diese überhaupt Einflußversuche unternehmen).

Als *Führung* kann diese – nach Situation und betroffenem Aspekt spezifizierte – dominante Einflußnahme eines Gruppenmitglieds (des Führers) auf die übrigen Gruppenmitglieder (die Geführten) bezeichnet werden,[111]

– wenn die dominante Einflußnahme dieses Gruppenmitglieds *auf die Bildung und die Erreichung von Zielen gerichtet ist, die* die übrigen Gruppenmitglieder[112] teilen, mit denen sie sich also identifizieren, und

– wenn sich die übrigen Gruppenmitglieder von dem – durch die dominante Einflußnahme dieses Gruppenmitglieds – bewirkten Gruppenverhalten einen starken *positiven Beitrag zur Erreichung der gemeinsamen Ziele* versprechen.[113]

Sind diese beiden Kriterien erfüllt, so ‹wählt› die Gruppe dieses Gruppenmitglied zum Führer und anerkennt damit die Rechtmäßigkeit seiner dominanten Einflußnahme[114]; aufgrund dieser *Anerkennung* sind dann die Gruppenmitglieder motiviert (weil angestrebte Ziele betroffen sind) und fühlen sich emotional verpflichtet (weil die Einflußnahme als ‹richtig› empfunden wird), den – nach Situation und betroffenem Aspekt festgelegten – Einflußbemühungen des Führers zu folgen.[115]

Führung wird hier also verstanden als Resultat von in Gruppen ablaufenden Interaktionsprozessen[116], aber auch als Determinante dieser Prozesse: sie hängt damit einerseits von den charakteristischen Eigenschaften der Gruppe ab, andererseits prägt sie diese Eigenschaften auch. So ist Führung insbesondere verbunden mit der Bildung einer bestimmten Status- und Rollenvertei-

---

111 Vgl. zur folgenden Umschreibung des Führungsbegriffs Gibb (1969).
112 Bzw. eine irgendwie definierte Mehrheit der Gruppenmitglieder.
113 Bzw. einen stärkeren positiven Beitrag als sich die Gruppe von der Einflußnahme durch ein anderes Gruppenmitglied verspricht.
114 Das gewählte Gruppenmitglied – der Führer – besitzt dann personenspezifische und/oder aufgabenspezifische Autorität.
115 Dient dagegen die dominante Einflußnahme eines Gruppenmitglieds der Erreichung von Zielen, die die anderen Gruppenmitglieder nicht teilen, und baut diese Einflußnahme auf die Androhung von negativen Sanktionen, so wird hier nicht von Führung gesprochen.
116 Dennoch kann auch in einer isolierten Zweierbeziehung Einfluß in Form von Führung ausgeübt werden, wenn diese Einflußnahme im Rahmen eines Gruppenprozesses legitimiert worden ist.

lung zwischen den Gruppenmitgliedern (etwa die Differenzierung – von Status und Rollen – in Führer, Geführte und ‹Ab-
weichler› (‹Deviants›)).

Die dominante Einflußnahme des Führers kann sich auf die zwei
unterschiedenen Aspekte des Gruppenlebens beziehen; entsprechend kann differenziert werden zwischen[117]

– *instrumentaler Führung:* der dominante Einfluß bezieht sich
  auf Probleme, die bei der Erfüllung der Gruppenaufgabe auftreten; der instrumentalen Führung entspricht ein *‹aufgabenstrukturierendes› Verhalten* des Führers: er definiert die Gruppenaufgabe, setzt Ziele fest, verteilt die Rollen der einzelnen
  Gruppenmitglieder in bezug auf die Aufgabenerfüllung, plant
  und ergreift Maßnahmen zur Erreichung der Ziele und treibt
  die Gruppe zu Leistung an.

– *sozio-emotionaler Führung:* der dominante Einfluß bezieht
  sich auf Probleme, die durch die Beziehungen zwischen den
  Gruppenmitgliedern entstehen; der sozio-emotionalen Führung entspricht ein *‹gruppen-integrierendes› Verhalten* des Führers: er berücksichtigt die Bedürfnisse der Gruppenmitglieder
  und bemüht sich, die Beziehungen zwischen den Gruppenmitgliedern zu intensivieren, eine Atmosphäre des Vertrauens zu
  schaffen, und die Gruppenkohäsion zu erhalten.[118]

Instrumentale Führung und sozio-emotionale Führung kann von
verschiedenen Gruppenmitgliedern ausgeübt werden. In einer
Gruppe können also gleichzeitig mehrere Führer bestehen. Im
Konfliktfall zwischen instrumentalem und sozio-emotionalem
Führer setzt sich je nachdem, ob in einer Gruppe instrumentale
oder sozio-emotionale Zielsetzungen situativ überwiegen, der
entsprechende Führer durch.[119]

117 Vgl. zur Unterscheidung von instrumentaler und sozio-emotionaler
    Führung Bales (1953).
118 Die Unterscheidung zwischen aufgabenstrukturierendem und gruppen-
    integrierendem Verhalten soll in etwa jener zwischen ‹initiating struc-
    ture› und ‹consideration› entsprechen; vgl. zu diesen beiden Verhaltens-
    dimensionen Hemphill/Coons (1957) und Halpin/Winer (1957). Die
    – z. B. von Fleishman/Harris (1962) behauptete – Unabhängigkeit (Or-
    thogonalität) der beiden Verhaltensdimensionen ist umstritten: teil-
    weise wird argumentiert, daß «initiating structure» und «consideration»
    sich gegenseitig ausschließende Extreme einer einzigen Verhaltensdi-
    mension darstellen; vgl. dazu Kavangh (1972).
119 Vgl. dazu Gibb (1958).

Selbstverständlich können aber auch instrumentale und sozio-emotionale Führung in einer Person vereint sein.[120]
Neben der gleichzeitigen Existenz von mehreren Führern ist es auch möglich, daß sich verschiedene Personen in der Führung einer Gruppe ablösen; denn: je nach der veränderten *Situation* kann jeweils ein anderes Gruppenmitglied – aufgrund der besonderen Eigenschaften seines Psychosystems – den stärksten positiven Beitrag zur Erreichung der gemeinsamen Ziele erbringen.
Dabei können hier mindestens zwei bestimmende Komponenten der Situation unterschieden werden:
- die von der Gruppe *zu erfüllende Aufgabe*; sie läßt sich charakterisieren durch den Grad an Komplexität (also die Vielfalt von Bestimmungsfaktoren), durch die Strukturiertheit, bzw. durch die Strukturierbarkeit (also das Vorhandensein von eindeutigen Kriterien, nach denen sich Probleme und Lösungswege ordnen lassen), durch den Zeitdruck, unter dem die Aufgabe erfüllt werden muß, usw.
- *die Umwelt,* in der das Gruppenverhalten stattfindet, also *das übergeordnete soziale System*; dabei müssen Faktoren, wie die Erwartungen, die das soziale System gegenüber dem Verhalten der Gruppe hegt, und die Sanktionen, mit denen es diesen Erwartungen Nachdruck verleiht, berücksichtigt werden.
Je stärker nun die von der Gruppe zu erfüllende Aufgabe und ihre Umwelt sich ändern, desto wahrscheinlicher ist es, daß jeweils ein anderes Gruppenmitglied die Führung der Gruppe übernimmt.[121]
Leitet man Führung aus der Gruppe ab und versteht man sie situationsgebunden, so hängt es offenbar von folgenden Faktoren ab, ob ein bestimmes Gruppenmitglied in einer Gruppe instrumentaler und/oder sozio-emotionaler Führer wird:[122]
- *von diesem Gruppenmitglied* (d. h. von seinem Verhalten, wie es durch sein Psychosystem, also durch seine Motivation, seine

---

120 Das Konzept der ‹dual leadership› postuliert jedoch, daß sich eine Trennung von instrumentaler und sozio-emotionaler Führung sowohl auf die Erfüllung der vorgegebenen Aufgaben wie auf die Befriedigung der Bedürfnisse der einzelnen Gruppenmitglieder positiv auswirkt; vgl. dazu Bales/Slater (1955).
121 Vgl. dazu Carter/Nixon (1949).
122 Diese Bestimmungsfaktoren entsprechen den Kernvariablen der ‹Interaktionstheorie› der Führung; vgl. dazu Gibb (1954: 915) und auch Tannenbaum/Schmidt (1958).

Einstellungen und Erwartungen und seine Kenntnisse und Fähigkeiten, bestimmt wird);
- *von den anderen Gruppenmitgliedern* als Individuen (d. h. von ihrem Verhalten) und als ganze Gruppe (d. h. vor allem von der Gruppenkultur, der Gruppenkohäsion und dem Gruppendruck);
- *von der Situation* (d. h. von der zu erfüllenden Aufgabe und dem der Gruppe übergeordneten sozialen System).

Dabei können diese Bestimmungsfaktoren nicht isoliert, sondern nur durch ihr *Zusammenwirken* das Auftreten von Führern erklären. Führung kann also weder allein aus der Person des Führers, noch allein aus der Gruppe der Geführten, noch allein aus der Situation, in der sich diese Gruppe befindet, abgeleitet werden; statt dessen ergibt sich Führung daraus, daß der Führer den Erwartungen der Gruppe und den Anforderungen der Situation entspricht.[123]

In den hier betrachteten organisierten sozialen Systemen wird nun die Behandlung des Führungsphänomens dadurch kompliziert, daß in den meisten Fällen den Gruppen ein offiziell designierter (d. h. von der Leitung des sozialen Systems bestimmter)

---

123 Vgl. dazu Gibb (1954: 914f.); im Gegensatz zu dieser ‹Interaktionstheorie› hat die Führungstheorie lange versucht, das Auftreten von Führern einem isolierten Faktor zuzurechnen:
- der *personalistische* Ansatz erklärt Führung aus den Persönlichkeitseigenschaften des Führers (entweder aus einer einzelnen Eigenschaft, etwa ‹Entschlußkraft›, oder aus einem ganzen Set von Eigenschaften);
- der *gruppendynamische* Ansatz erklärt Führung aus dem positiven Respons, den eine Gruppe ihrem Führer entgegenbringt;
- der *situative Ansatz* erklärt Führung aus den Anforderungen, die die Situation an die Gruppe stellt (und aus der Fähigkeit einzelner Gruppenmitglieder, diesen Anforderungen eher gerecht zu werden als andere Gruppenmitglieder).

Während der gruppendynamische und der situative Ansatz schon auf die jeweilige Beziehung zwischen Gruppe bzw. Situation *und* Führer abstellen, weisen die Erklärungsversuche des personalistischen Ansatzes keinen Bezug zu Eigenschaften der Gruppe und/oder der Situation auf. Entsprechend ist auch der Versuch mißlungen, im Rahmen des personalistischen Ansatzes ein konsistentes Set von Persönlichkeitseigenschaften zu entwickeln, deren Besitz ein Individuum – unabhängig von Gruppe und Situation – zum Führer machen würde; vgl. dazu Stogdill (1948).

Vorgesetzter vorsteht, der dazu verpflichtet ist, seine Untergebenen zu leiten und zu kontrollieren.[124] In solchen Gruppen ist also eine positionsspezifische Rollen- und Statusverteilung vorgegeben. Der offiziell designierte Vorgesetzte stellt das ‹Bindeglied› zwischen dem übergeordneten sozialen System und der Gruppe dar; seine Funktion ist es, für eine den Anforderungen des übergeordneten Systems entsprechende Aufgabenerfüllung zu sorgen. Dazu muß er einen Einfluß auf das Verhalten seiner Untergebenen ausüben, indem er ihnen Ziele setzt, Entscheidungen trifft und sich um eine Ausführung dieser Entscheidungen kümmert.

Der offiziell designierte Vorgesetzte kann versuchen, aufgrund der formellen, d. h. von der Leitung des sozialen System übertragenen[125] Sanktionen und/oder aufgrund der positionsspezifischen Autorität[126], über die er bei seinen Untergebenen verfügt, einen dominanten Einfluß auf die Gruppe auszuüben. Selbst wenn ihm das gelingt – etwa dann, wenn die in Aussicht gestellten Sanktionen dominante Bedürfnisse treffen, die nicht anderweitig befriedigt werden können, oder wenn der Legitimierungsbereich der positionsspezifischen Autorität bei den Gruppenmitgliedern relativ breit ist –, kann eine so charakterisierte Einflußnahme doch nicht als Führung im oben umschriebenen Sinn bezeichnet werden. Denn: die Einflußnahme erfolgt nicht aufgrund einer ‹Wahl› durch die Gruppe, die im Verhalten des Vorgesetzten einen positiven Beitrag zur Erreichung von als gemeinsam empfundenen Zielen erkennt, sondern sie erfolgt aufgrund einer von außen (d. h. vom übergeordneten System) verliehenen Basis, nämlich aufgrund der hierarchischen Position und der damit verknüpften Sanktionen.[127] Der Einflußnahme eines Vorgesetzten, der sich

---

124 Auf die Möglichkeit, daß einer Gruppe mehr als ein offizieller Vorgesetzter vorsteht, wird hier nicht eingegangen; vgl. dazu Abschn. II/23.
125 Vgl. dazu Abschn. I/42.
126 Zur Definition des Autoritätsbegriffs (im hier verwendeten Sinn) vgl. Abschn. I/321.
127 Die Abgrenzung dieser Einflußformen zu Führung ist jedoch fließend, denn: a. auch formelle Sanktionen treffen die Zielerreichungen der Gruppenmitglieder (aber sie leisten keinen positiven aufgabenstrukturierenden oder gruppenintegrierenden Beitrag); b. auch positionsspezifische Autorität bedingt eine Gruppenlegitimation (aber sie beruht auf einem von außen verliehenen Kennzeichen und nicht auf einem positiven Beitrag zur Erreichung von gemeinsamen Zielen).

nur auf formale Sanktionen und auf seine positionsspezifische Autorität abstützt, folgen die Unterstellten deshalb auch weder motiviert noch emotional verpflichtet.[128]

Dennoch kann auch ein offiziell designierter Vorgesetzter gleichzeitig Führer einer Gruppe sein, nämlich dann, wenn ihn die Gruppe – aufgrund seines Verhaltens – zum Führer macht (‹wählt›).

Die ‹Wahl› des offiziellen Vorgesetzten zum Führer der Gruppe hängt offenbar davon ab,

a. ob er positive Beiträge zu Gruppenzielen leisten kann, und
b. ob die Unterstelltengruppe die vom Vorgesetzten vertretenen Zielsetzungen in bezug auf die zu erfüllende Aufgabe als ihre eigenen Ziele anerkennt und sich damit identifiziert.

Zu a:
Positive Beiträge zu Gruppenzielen kann der Vorgesetzte durch aufgabenstrukturierendes und/oder gruppenintegrierendes Verhalten leisten.[129] Die Ausprägung seiner aufgabenstrukturierenden und gruppenintegrierenden Verhaltensweisen und damit das Ausmaß, in dem er der Gruppe hilft, instrumentale oder sozio-emotionale Zielsetzungen zu erreichen, hängt von seiner Motivation, seinen Einstellungen und Erwartungen sowie seinen Kenntnissen und Fähigkeiten ab. Für sein Verhalten gegenüber seinen Unterstellten ist vor allem sein *Menschenbild* von diesen Unterstellten maßgebend; dabei lassen sich nach McGregor (1960) zwei extreme Menschenbilder einander gegenüberstellen:

– *‹Theorie X›:* die Unterstellten werden als grundsätzlich arbeits- und verantwortungsscheu betrachtet; nur die Anwendung von formellen Sanktionen und enge Kontrolle bringt sie dazu, Leistungen zu erbringen.

128 Statt dessen können die Unterstellten z. B. mit ‹minimum acceptable behavior› reagieren (vgl. dazu Abschn. I/321).
129 Hier werden – im Gegensatz etwa zu Fiedler (1967: 36ff.) – Aufgabenstrukturierung und Gruppenintegration nicht als sich gegenseitig ausschließende, sondern – wie etwa bei Blake/Mouton (1964) – als sich ergänzende oder zumindest nicht unvereinbare Verhaltensweisen betrachtet. Vgl. dazu auch Fn. 118.

– ⟨*Theorie Y*⟩: die Unterstellten werden als grundsätzlich arbeits- und verantwortungsfreudig betrachtet; für Ziele, mit denen sie sich identifizieren, erbringen sie ohne Anwendung von formellen Sanktionen und ohne enge Kontrolle Leistungen.

Es scheint fraglich, ob Führung im hier umschriebenen Sinn bei einem ⟨Theorie X⟩-Menschenbild überhaupt möglich ist. ⟨Theorie X⟩ geht von einer grundsätzlichen Diskrepanz zwischen den Zielsetzungen des Vorgesetzten (wirksame Aufgabenerfüllung) und den Zielsetzungen des Unterstellten (Vermeidung von Arbeit und Verantwortung) aus, womit die Möglichkeit, daß sich der Einfluß des Vorgesetzten auf gemeinsame Ziele richtet, zumindestens aus der Sicht des Vorgesetzten ausgeschlossen wird.

Zu b:
Die Identifikation mit den vom Vorgesetzten vertretenen Zielen, wie sie sich aus den Anforderungen des übergeordneten sozialen Systems an eine wirksame Aufgabenerfüllung ableiten lassen, hängt wiederum weitgehend vom Verhalten des Vorgesetzten ab. Er kann versuchen, statt Zielsetzungen vorzugeben und Maßnahmen selbst zu bestimmen, seine Unterstellten an Entscheiden über Zielsetzungen und zu treffende Maßnahmen zu beteiligen. Das Ausmaß der Beteiligung von Unterstellten an Entscheidungen, für die der Vorgesetzte die Verantwortung trägt, wird hier als *Partizipation* bezeichnet.[130] Das Ausmaß der Partizipation gibt die Art und Weise an, in der ein Vorgesetzter seine aufgabenstrukturierenden (und evtl. auch gruppenintegrierenden) Tätigkeiten ausübt. Grundsätzlich wird argumentiert, daß durch die Mitwirkung der Unterstellten an Entscheiden die Anerkennung der bei der Entscheidung verfolgten Ziele und damit die Identifikation mit diesen Zielen gefördert wird. Dadurch steigt die Wahrscheinlichkeit, daß die Untergebenen den Einflußbemü-

---

130 Neben ⟨Aufgabenstrukturierung⟩ und ⟨Gruppenintegration⟩ stellt also das Ausmaß der Partizipation eine dritte relevante Dimension im Führungsverhalten dar; vgl. dazu Yukl (1971). Zu den verschiedenen Ausprägungen der Partizipation – nach Lewin et al. (1939) autokratische, demokratische und Laissez-faire Führung – vgl. Abschn. II/2511.

hungen des Vorgesetzten, die auf eine Erreichung dieser Ziele gerichtet sind, motiviert und emotional verpflichtet folgen. Damit ergeben sich zwei – sich nicht gegenseitig ausschließende – Möglichkeiten, einen dominanten Einfluß in einer Gruppe auszuüben:

– ein Gruppenmitglied kann von der Leitung des sozialen Systems zum offiziellen Vorgesetzten der Gruppe *designiert* werden, und/oder
– ein Gruppenmitglied kann von den übrigen Mitgliedern der Gruppe zum Führer ‹gewählt› werden.

Stellt man diese beiden Möglichkeiten einander gegenüber, so ergibt sich folgende Vier-Felder-Tafel:

Tab. I/3–1: Designierte Vorgesetzte und gewählte Führer[131]

		von der Systemleitung designiert	
		ja	nein
von der Gruppe ‚gewählt'	ja	designierter Führer	nicht-designierter Führer
	nein	nur designierter Vorgesetzter (‚head')	Geführter (oder ‚Deviant')

Dabei gilt tendenziell:

– ein offiziell designierter Führer kann auf eine Gruppe einen stärkeren Einfluß ausüben als ein nur designierter Vorgesetzter (denn seinen Einflußversuchen folgt die Gruppe motiviert und aufgrund einer emotionalen Verpflichtung);
– nicht-designierte Führer verhalten sich gegenüber dem übergeordneten sozialen System weniger loyal als designierte Führer (d. h. das übergeordnete System kann von offiziell designier-

---

131 Vgl. Etzioni (1965) und zur Unterscheidung von ‹head› und ‹leader› Gibb (1954: 882f.); auf die einzelnen Konstellationen und ihre Konsequenzen – etwa das gleichzeitige Existieren eines nur designierten Vorgesetzten und eines nicht-designierten Führers in einer Gruppe – wird hier nicht eingegangen.

ten Führern eher eine seinen Anforderungen entsprechende Aufgabenerfüllung erwarten).

Die Leitung des übergeordneten sozialen Systems wird also darum bemüht sein, daß die offiziell designierten Vorgesetzten von der Gruppe ihrer Untergebenen auch zum Führer gemacht werden. Dabei soll hier nicht auf die Frage eingegangen werden, ob der designierte Vorgesetzte die Gruppe nur in instrumentalen Aspekten oder auch in sozio-emotionalen Aspekten führen soll.[132] Zumindestens in instrumentalen Aspekten wird die Übernahme von Führung durch den Vorgesetzten – verglichen mit irgendeinem Unterstellten – dadurch begünstigt, daß er aufgrund seiner höheren hierarchischen Position

– über Autorität bei seinen Unterstellten verfügt (wodurch seine Einflußbemühungen im voraus eine höhere Chance haben, akzeptiert zu werden);
– über Informationen und materielle Inputs verfügt, zu denen seine Untergebenen keinen Zugang haben (womit er größere Chancen hat, positive Beiträge zur Erreichung von instrumentalen Zielsetzungen zu leisten);
– oft über eine bessere Ausbildung und größere Erfahrungen als seine Untergebenen verfügt (womit er größere Chancen hat, aufgabestrukturierende Beiträge zu leisten).

Zusammenfassend zeigt sich aus diesen Ausführungen, daß es von den oben genannten Bestimmungsfaktoren abhängt, ob ein offiziell designierter Vorgesetzter auch Führer einer Gruppe wird, nämlich:

– von ihm selbst, d. h. von seinem führungsrelevanten Verhalten (insbesondere: seinen Beiträgen zur Aufgabenstrukturierung und Gruppenintegration sowie dem von ihm dabei verwendeten Ausmaß an Partizipation);
– von seinen Unterstellten, einzeln und als Gruppe;
– von der Situation (der zu erfüllenden Aufgabe und der Umwelt der Gruppe).

Dabei gilt wiederum, daß diese Bestimmungsfaktoren nicht isoliert betrachtet werden dürfen, sondern daß die gegenseitige Ent-

---

132 Vgl. dazu Etzioni (1965).

sprechung von Vorgesetztem, Untergebenen und Situation den designierten Vorgesetzten auch zum Führer macht.[133] Im Rahmen organisatorischer Gestaltungsbemühungen steht dann die Frage im Mittelpunkt, welche Maßnahmen ergriffen werden können, um eine solche gegenseitige Entsprechung zu erreichen. Dabei bestehen zwei grundsätzliche Ansatzpunkte:
– Anpassung der Situation und der Unterstellten an das gegebene Verhalten des Vorgesetzten;
– Anpassung des Verhaltens des Vorgesetzten an die gegebenen Anforderungen von Situation und Unterstellten.
Unter den ersten Ansatzpunkt fallen z. B. Maßnahmen bei der Auswahl von Vorgesetzten und bei der Zuweisung von zu erfüllenden Aufgaben, dagegen unter den zweiten Ansatzpunkt Maßnahmen zur Änderung des aufgabenstrukturierenden und gruppenintegrierenden Verhaltens des Vorgesetzten, sowie des von ihm dabei verwendeten Ausmaßes an Partizipation. Bei solchen Maßnahmen, die auf eine Verhaltensänderung abzielen, wird vorausgesetzt, daß sich das Verhalten des Vorgesetzten überhaupt ändern läßt; die Möglichkeiten, solche Verhaltensveränderungen zu bewirken sind jedoch sehr umstritten.[134] Insbesondere scheinen ‹Aufgabenstrukturierung› und ‹Gruppenintegration› im wesentlichen persönlichkeitsbedingte Merkmale und damit nur langfristig änderbar zu sein; hingegen kann das Ausmaß an Partizipation eher als relativ kurzfristig änderbare Variable betrachtet werden. Es wird deshalb in das in Abschn. II/2 vorgestellte Set von organisatorischen Instrumentalvariablen aufgenommen.

133 Oben wurde angenommen, daß sich verschiedene Personen je nach Situation in der Führung einer Gruppe ablösen können; demnach wäre also auch der offiziell designierte Führer von Situationsänderungen in seiner Stellung als Führer bedroht. Dieser Bedrohung des Führers wirkt jedoch, zumindest in instrumentalen Aspekten, entgegen, daß die ihm vom übergeordneten System übertragenen Aufgaben tendenziell gleichartig sind, und daß ihm seine Position als offiziell designierter Vorgesetzter gegenüber anderen Gruppenmitgliedern einen relativen ‹Vorteil› verschafft.

134 Vgl. dazu etwa die gegensätzlichen Positionen, die Likert (1961) und Fiedler (1967) in dieser Frage einnehmen.

Nachdem wir uns im vorhergehenden Abschnitt mit Prozessen innerhalb einzelner Gruppen befaßt haben, wenden wir uns nun der Interaktion solcher Gruppen im Rahmen organisierter sozialer Systeme zu.

Diese Gruppen sind jeweils durch bestimmte Charakteristiken definiert (z. B. durch ihre Aufgaben, Ziele und Normen, durch ihre Größe, Zusammensetzung, Struktur und den Grad der Gruppenkohäsion und des Gruppendruckes, aber auch durch ihren Status als Gruppe im Gesamtsystem).

Die Intensität der gegenseitigen Interaktion solcher Gruppen dürfte vor allem von der Komplexität des Gesamtsystems und seiner Umweltbeziehungen sowie von der Ausgestaltung der einzelnen organisatorischen Instrumentalvariablen abhängen.[135] Mit steigender Komplexität werden besonders laterale Beziehungen zwischen Gruppen immer wichtiger.[136]

Die gegenseitige Interaktion solcher Gruppen kann instrumental bedingt (d. h. zur Aufgabenerfüllung erforderlich) oder sozioemotional bedingt (d. h. durch soziale Bedürfnisse verursacht) sein. Und zwar können nun drei wesentliche instrumental bedingte *Interaktionssituationen* unterschieden werden:

1. Zwei (oder mehr) Gruppen haben *gemeinsame Entscheide* über Ziele und/oder Maßnahmen zu treffen. Dabei kann die Entscheidsituation gekennzeichnet sein als

    a. Nicht-Nullsummensituation, d. h. es können Problemlösungen gefunden werden, durch die beide Gruppen ihre eigenen Ziele erreichen und ihre Normen einhalten können (Bsp.: in einer Unternehmung vereinbaren Verkaufs- und Produktionsabteilung Lieferprioritäten für verschiedene Kundenkategorien, so daß trotz knapper Kapazitäten alle wichtigen Kunden ohne Überstunden pünktlich beliefert werden können).

    b. Nullsummensituation, d. h. es können nur Lösungsalternativen gefunden werden, bei denen der Vorteil einer Gruppe den Nachteil der andern Gruppe bedeutet, bei denen also die Ziele beider Gruppen inkompatibel sind

---

135 Vgl. dazu Abschn II/2
136 Vgl. Walton (1966: 411).

(Bsp.: Soll das von der Gruppe A oder das von der Gruppe B entwickelte Verfahren angewendet werden?)[137]

2. Zwei Gruppen bemühen sich um die Erlangung *knapper Ressourcen* (z. B. Investitionsmittel, Material, Computerzeit, Arbeitsplätze, Prämien und Belohnungen). Auch hier können wieder vorliegen:

   a. Nicht-Nullsummen-Situation, d. h. es können Lösungen gefunden werden, bei denen beide Gruppen ihre Ziele erreichen (z. B. durch Bildung einer Koalition gegen Dritte, gemeinsame Unterstützung).

   b. Nullsummen-Situation, d. h. die Ressourcen sind limitiert und reichen nicht aus, die Ansprüche beider Gruppen zu befriedigen (auch hier sind also die Ziele der Gruppen inkompatibel).

3. Die Gruppen *beliefern sich gegenseitig mit Informationen und Sachen,* die die empfangende Gruppe braucht, um ihre Leistungen zu erbringen und ihre Ziele zu erreichen (z. B. Verkaufsprognose als Basis der Produktionsplanung, Verbrauchsmeldungen als Basis der Betriebsabrechnung). Auch hier können zwei Situationen (mit weiteren Zwischenstufen) unterschieden werden:

   a. Die Lieferverpflichtung wird vom System aus geregelt, und die Erfüllung der Verpflichtung ist Gegenstand der Leistungsbeurteilung und entsprechender (positiver oder negativer) Sanktionen.

   b. Die Lieferverpflichtung ist vom System nicht geregelt und weitgehend dem Entscheid der liefernden Gruppe überlassen. Für die liefernde Gruppe stellt die Lieferung eher eine Behinderung in der Erreichung eigener Ziele dar.

In bezug auf die *Relation der Gruppen* zueinander können zwei wichtige Fälle unterschieden werden:

A. Keine Gruppe strebt eine Änderung ihres relativen Status und ihrer Rollen an (dieser Fall entspricht eher einer positiven oder mindestens «neutralen» Einstellung gegenüber der andern Gruppe).

---

137 Zu beachten ist, daß es sich um objektive Nullsummen – oder Nicht-Nullsummen-Situationen handeln kann, daß eine Situation aber auch lediglich subjektiv von den beteiligten Gruppen als der einen oder andern Klasse zugehörend wahrgenommen werden kann. Vgl. Walton (1966: 413).

116

B. Eine oder beide Gruppen wollen ihren relativen Status ändern (dieser Fall ist oft begleitet von negativen Einstellungen, Mißtrauen, Zurückhaltung gegenüber der andern Gruppe).

Es ist nun anzunehmen, daß tendenziell die Gruppen je nach Situation und Relation eher friedlich zusammenarbeiten, also nach beidseitig akzeptierbaren Lösungen streben, oder aber eher in Konflikt[138] geraten, d. h. um die Verbesserung ihrer relativen Position mit allen möglichen Mitteln kämpfen.

Dies wird zusammenfassend in der folgenden Tabelle I/3–2 dargestellt. Danach sind die Situationen (1a), (2a) und (3a) tendenziell konfliktfrei, während die Situationen (1b), (2b) und (3b) eher Anlaß zu Konflikten geben können. Ebenso wird dort, wo keine Gruppe eine relative Statusänderung anstrebt (Relation A), eher ein Klima der Kooperationsbereitschaft und Toleranz vorherrschen, als wenn eine Gruppe eine Statusänderung anstrebt (Relation B).[139] Am konfliktträchtigsten sind natürlich jene Felder, in denen sich situationsbedingte und gruppenbedingte Konflikttendenzen überlagern (B/1b, B/2b, B/3b).[140]

---

138 Die sog. Konfliktforschung beschäftigt sich mit Konflikten zwischen Individuen, Gruppen und Systemen mit gleichen oder unterschiedlichen Machtpositionen. Sie befaßt sich insbesondere mit den Faktoren, die Konflikte verursachen, auslösen oder begünstigen, mit den Verhaltensmustern der Beteiligten bei der Konfliktaustragung, mit dem Ablauf und den Wirkungen von Konflikten und schließlich mit den Möglichkeiten zur Vermeidung, Steuerung oder Beilegung von Konflikten. Die Ausführungen dieses Abschnitts beziehen sich auf Konflikte zwischen interagierenden lateralen Gruppen innerhalb eines sozialen Systems.

139 Vgl. Strauss (1962), Dalton (1959), Landsberger (1961), White (1961), Argyris (1964), Walton (1966).

140 Die Konfliktforschung hat zahlreiche weitere potentielle Konfliktursachen untersucht, ohne jedoch in allen Fällen zu eindeutigen Resultaten zu gelangen, so z. B.
    – den Grad der gegenseitigen Aufgabenabhängigkeit und den Grad der Arbeitsüberlastung (Dutton/Walton (1966))
    – asymmetrische Abhängigkeit einer Gruppe von der andern sowie Rang- und Statusdifferenzen zwischen Gruppen (Walton/Dutton (1969))
    – Unterschiede in bezug auf Organisationsstruktur (Formalisierung der Gruppen, ihre relevante Umwelt, Zeithorizont und interpersonale Beziehungen (Lawrence/Lorsch (1967))
    – Statusunterschiede der Repräsentanten der interagierenden Gruppen (Dutton/Walton (1966)).

Tab. I/3–2: Konfliktträchtigkeit von Beziehungen zwischen Gruppen

| | | Status- und Rollenverteilung | |
		(A) keine Änderung angestrebt	(B) Änderung angestrebt
(1) Gemeinsamer Entscheid über Ziele und/oder Mittel	a) $\Sigma \neq 0$		(gruppenbedingt)
	b) $\Sigma = 0$	(situationsbedingt)	(situations- und gruppenbedingt)
(2) Erlangung knapper Ressourcen	a) $\Sigma \neq 0$		(gruppenbedingt)
	b) $\Sigma = 0$	(situationsbedingt)	(situations- und gruppenbedingt)
(3) Lieferung von Informationen oder Sachen	a) geregelt		(gruppenbedingt)
	b) nicht geregelt	(situationsbedingt)	(situations- und gruppenbedingt)

Legende:

☐ weder gruppen- noch situationsbedingte Konflikttendenz

▨ situationsbedingte Konflikttendenz

▨ gruppenbedingte Konflikttendenz

▨ situations- und gruppenbedingte Konflikttendenz

Wir sprechen hier zunächst bewußt nur von Konflikttendenzen, da durchaus offen und in der Literatur unklar geblieben ist, was man genau unter Konflikt verstehen will.[141] Versteht man generell unter Konflikt eine Auseinandersetzung, so kann man als Konflikt an sich schon jede Entscheidungssituation bezeich-

---

141 Fink (1968: 416): «... the study of social conflict has produced a state of conceptual and terminological confusion, which impedes both comparisons between distinct classes of conflict phenomena and the process of theoretical integration.» – Vgl. zum folgenden auch Schmidt/Kochan (1972).

nen[142], besonders dann, wenn es sich um Nullsummen-Situationen handelt.[143] Eigentliche Konfliktsituationen liegen aber ganz sicher dort vor, wo zum Entscheidungsdilemma emotionale Differenzen hinzutreten und zu Verhaltensweisen führen, die mehr auf die Unterwerfung des Gegners als auf die sachliche Problemlösung ausgerichtet sind[144] oder mindestens von einer Partei so empfunden werden.[145]

Da anzunehmen ist, daß von den Feldern (Aa) über (Ab) und (Ba) zu (Bb) sowohl die Tendenz zum Entstehen von Konflikten wie auch zur emotionalen Aversion der Parteien und damit zur Wahl schärferer Austragungsarten zunimmt, darf vermutet werden, daß den einzelnen Feldern dieses Schemas folgende mögliche bzw. wahrscheinilch vorherrschende Verhaltensweisen entsprechen:

(A/1a), (A/2a), (A/3a)
– gemeinsame Problemlösung
– gegenseitige Unterstützung
– Eingehen auf Argumente und Wünsche
– offener Informationsaustausch

(A/1b), (A/2b), (A/3b)
– Bargaining, Anstreben von Kompromissen
– fairer Wettkampf
– Entwicklung von Normen (Spielregeln)
– Einschaltung von Schiedsrichtern

142 Leavitt (1964: 53): «Conflict situations are choice situations, decision making situations.»
143 Boulding (1962: 4): «Conflict may be defined as a situation of competition in which the parties are aware of the incompatability of potential future positions and in which each party wishes to occupy a position that is incompatible with the wishes of the other.»
144 Coser (1956: 8): «Conflict may be taken to mean a struggle over values and claims to scarce status, power and resources in which the aims of the opponents are to neutralize, injure, eliminate their rivals.» Walton (1969: 2): «Interpersonal conflict is broadly defined to include both (a) interpersonal disagreements over substantive issues, ..., and (b) interpersonal antagonisms, that is, the more personal and emotional differences which arise between interdependent human beings.»
145 Goldman (1966: 355): «A conflict situation may be defined as referring a social relationship between two or more parties... in which at least one of the parties perceives the other as an adversary engaging in behaviours designed to destroy, injure, swart, or gain scarce resources at the expense of the perceiver.»

(B/1a), (B/2a), (B/3a)
- Minimierung der Kooperation und des Entgegenkommens
- Nachweis von Schwächen der andern Partei wichtiger als sachliche Problemlösung
- Statusverbesserung oder -wahrung als vorherrschende Zielfunktion

(B/1b), (B/2b), (B/3b)
- Wie (B/1a), (B/2a), (B/3a), zusätzlich
- verhärtetes Bargaining
- Lösungen angestrebt, die zur Elimination oder Unterwerfung des Gegners führen
- Verstärkung der eigenen Position durch Suche nach externen Koalitionspartnern.

Damit wird jedoch nichts über die Wirkungen von Kooperation und Konflikt ausgesagt. Stellt man zur Beurteilung dieser Wirkungen auf den produktiven Beitrag der interagierenden Gruppen an die Gesamtleistung des sozialen Systems ab, so können wir grundsätzlich vier Fälle unterscheiden:

Tab. I/3–3: Interaktionswirkungen auf die Gesamtleistung

Interaktion führt zu	produktiver Leistung	Leistungseinbußen
Kooperation	1	2
Konflikt	3	4

1. Zunächst wird man zur Annahme verführt, Kooperation führe immer zu produktiver Leistung, Konflikt jedoch wirke dysfunktional und habe zwangsläufig Reibungsverluste und damit Leistungseinbußen zur Folge.[146] Das kann – besonders auf einzelne Interaktionsfälle bezogen – durchaus zutreffen.
2. Zu bedenken ist jedoch, daß interagierende Gruppen auch deshalb kooperieren können, weil sie ihren produktiven Beitrag

---

146 Die einseitig dysfunktionale Interpretation von Konflikten war u. a. eine wesentliche Schwäche der ‹Human Relations›-Lehre. Vgl. dazu Abschn. III/241.

an die Leistung des Gesamtsystems möglichst niedrig halten, weil sie ihre gegenwärtige Stellung im System, ihre Ziele und ihre Arbeitsmethoden möglichst nicht ändern wollen oder Koalitionen gegen Dritte bilden. Insbesondere läßt sich argumentieren, daß jeder Kompromiß mindestens tendenziell zu – aus der Sicht des Gesamtsystems – suboptimalen Lösungen führen müsse. Die Kooperations- oder Kompromißbereitschaft kann sogar soweit gehen, daß die interne Konfliktvermeidung zum vorherrschenden Ziel des Gesamtsystems wird, so daß das System mit der Zeit seine Anpassungs- und Leistungsfähigkeit einbüßt.

3. Andererseits können auch harte Konflikte eine schöpferische Funktion erfüllen, sei es, weil sich die Gruppen gegenseitig durch bessere Argumente oder Alternativen übertreffen wollen und im Zuge dieses «Wettkampfes» bessere Problemlösungen entwickelt werden, oder sei es, weil mit dem «Sieg» einer Gruppe über die andere ein dauernd schwelender Konfliktherd definitiv beseitigt und klare Regelungen gefunden werden.

4. Leistungseinbußen als Folge von Konflikten sind deshalb vor allem dann zu erwarten, wenn konfliktträchtige situative und gruppenbedingte Gegebenheiten nicht geregelt werden. Dies gilt insbesondere für strukturelle oder strategische Konflikte im Sinne eines fortdauernden Zustandes (im Gegensatz zu sporadisch auftauchenden Friktionen).

Aus der Einsicht, daß Konflikte weder zwangsläufig dysfunktional wirken noch von vornherein ganz vermeidbar sind, ergibt sich der Schluß, daß im Hinblick auf eine produktive Interaktion zwischen Gruppen die Entwicklung von Mechanismen zur Aufdeckung von Konfliktursachen und zur integrativen Konfliktaustragung wirksamer sein wird als die Verdeckung solcher Konflikte oder das Anstreben von Kompromißlösungen um jeden Preis.

4   Formale Elemente

Als formal wurden Tatbestände definiert, die in einem bewußten Gestaltungsakt von der Systemleitung in unpersönlichen (d. h. unabhängig von bestimmten Personen gültigen) Regeln festgelegt und in Kraft gesetzt worden sind.[1] Als Ansatzpunkte zur Formalisierung wurden in erster Linie Gebilde- und Prozeßstrukturen genannt. Diese Strukturen lassen sich aus einigen «Bausteinen» aufbauen, die als *formale Elemente* bezeichnet werden können.

Zu den formalen Elementen gehören Aufgaben und Aktivitäten, Kompetenzen und Verantwortlichkeiten, Stellen und Stellengruppen sowie Verbindungswege zwischen Stellen.

Mithilfe dieser Elemente lassen sich Verhaltenserwartungen (Rollen) in doppelter Hinsicht formalisieren:

- sie lassen sich *spezifizieren,* d. h. detailliert und eindeutig beschreiben (präzisieren)[2];
- sie lassen sich *generalisieren,* d. h. unabhängig von Einzelpersonen und Einzelereignissen als Dauerregelungen festlegen, so daß sie einzelne Abweichungen, Störungen und Situationswechsel, ja selbst einen Wechsel des Rollenträgers überdauern[3].

Der Einsatz formaler Elemente erfolgt mithilfe der organisatorischen Instrumente. Jedes Instrument befaßt sich mit einem bestimmten Element oder einer bestimmten Kombination von Elementen.

41   Aufgaben und Aktivitäten

Die Organisation ist auf die Verwirklichung der Systemzwecke und -ziele ausgerichtet. Aus dem primären Systemzweck leiten sich die Aufgaben und Teilaufgaben ab, die dazu erfüllt werden müssen. Die *Aufgabe* wurde so zum Grundbegriff der betriebswirtschaftlichen Organisationslehre.[4] Unter einer Aufgabe ist in

1 Vgl. oben, Abschn. 1/12.
2 Vgl. Hickson (1966: 224 ff.).
3 Vgl. Luhmann (1972: 55 f.).
4 Diesen Grundbegriff, der von Nordsieck (1931) ins Zentrum der Organisationslehre gerückt worden ist, hat die angelsächsische Literatur als «Task» übernommen.

statischer Betrachtung eine *Soll-Leistung* zu verstehen. Mehrere Soll-Leistungen zusammen machen im allgemeinen die Gesamtaufgabe einer Stelle (Stellenaufgabe) aus.

In dynamischer Betrachtung beinhaltet eine Aufgabe verschiedene *Aktivitäten,* die zur Erfüllung der Soll-Leistung ergriffen werden müssen. Aktivitäten sind die Elemente von Prozessen jeder Art:

- Bei physischen Transformationsprozessen treten z. B. folgende Aktivitäten auf: Bewegen oder Transportieren von Objekten, Teilen, Zusammenfügen, Sortieren, Drehen, usw.
- Bei Kommunikations- und Informationsverarbeitungsprozessen treten etwa folgende Aktivitäten auf: Aufnehmen (Hören, Sehen, Fühlen), Speichern, Verarbeiten (Denken, Ordnen, Kombinieren), Abgeben (Schreiben, Sprechen) von Informationen.

Aus der Analyse einer Aufgabe lassen sich zwar die notwendigen Aktivitäten ableiten, hingegen läßt sich aus der Analyse der Aktivitäten allein nichts über ihre Funktion und ihren Zweck aussagen.

Eine Aufgabe kann insgesamt nach folgenden Aufgabenmerkmalen bestimmt werden:[5]

- nach dem *Zweckbereich* (Funktionsbereich), in dem eine Aufgabe gelöst wird (z. B. Forschung und Entwicklung, Beschaffung, Produktion, Marketing, usw.)
- nach dem *Objekt,* an dem oder in bezug auf das eine Tätigkeit ausgeübt wird, wobei zwischen Ausgangsobjekten (Rohstoffe, Zwischenfabrikate) und Endobjekten (Produkte bzw. Produktgruppen, Dienstleistungen) unterschieden werden kann
- nach dem *Ort,* an dem sie erfüllt wird, wobei zwischen gesamtbetrieblichen Orten (Absatzgebiete, Produktionsstandorte, usw.) und innerbetrieblichen Standorten zu unterscheiden ist
- nach der *Phase* der Aufgabenerfüllung, d. h. der Phase des Problemlösungsprozesses, in die eine Aufgabe fällt (Planung, Durchführung, Kontrolle)
- nach dem *Häufigkeitscharakter,* mit dem eine Aufgabe anfällt,

---

5 Auf diese Merkmale wird bei der Aufgabengliederung zurückgegriffen (Abschn. II/221).

d. h. nach Normalaufgaben (‹regular business›) und Projektaufgaben (einmalige Aufgaben)[6]
- nach *Leitungs-* oder *Ausführungs*aufgaben
- nach der *Aktivität* (Verrichtung, Tätigkeitsart), die zu vollziehen ist
- nach *Qualität, Quantität* und *Zeit.*

42 Kompetenzen und Verantwortung

Damit eine Stelle ihre Aufgaben erfüllen kann, muß sie das Recht
haben, handelnd tätig zu werden und jene Maßnahmen zu ergreifen, die zur ordnungsgemäßen Aufgabenerfüllung notwendig
sind. Diese Handlungsrechte werden als *Kompetenzen* bezeichnet. Kompetenzen sind die entscheidende formale Grundlage positionsspezifischer Autorität und damit eine wesentliche Basis für
die Einflußnahme des Vorgesetzten auf seine Mitarbeiter[7]. Die
Zuweisung von Kompetenzen wird als *Delegation* bezeichnet.
Mit der Zuweisung von Aufgaben und Kompetenzen wird die
Stelle zugleich verpflichtet, diese Aufgaben und Kompetenzen
richtig zu erfüllen. Diese Verpflichtung ist ihre *Verantwortung.*
Nach einem der bekanntesten Organisationsgrundsätze müssen
sich Aufgabe, Kompetenz und Verantwortung immer entsprechen.[8] Aus der Verantwortung resultiert eine *Verantwortlichkeit,*
d. h. eine Haftung oder Belangbarkeit für fahrlässige und vorsätzliche Fehler, für die Nichtausübung von Kompetenzen und
für Mißerfolge.
Zu beachten ist, daß mit der Übertragung von Aufgaben, Kompetenzen und Verantwortung die entsprechende Verantwortung
des delegierenden Vorgesetzten nicht einfach aufgehoben wird;
vielmehr ändert sich deren Qualität. Zwar wird mit der Delegation einer bestimmten Kompetenz gleichzeitig die Verantwortung für die richtige Ausübung dieser Kompetenz auf den Unterstellten übertragen. Wird also eine Ausführungskompetenz (s.

6 Zum Projektbegriff s. Abschn. II/2314. – Eine verwandte Unterscheidung ist jene zwischen Routineaufgaben und Problemlösungsaufgaben.
Nicht jede Problemlösungsaufgabe hat aber bereits Projektcharakter.
7 Vgl. oben, Abschn. I/321, lit. b.: Legitimation.
8 Vgl. Organisationsbrevier (1968: 8f.).

unten) delegiert, so übernimmt der Unterstellte gleichzeitig die *Ausführungsverantwortung*; wird eine Entscheidungskompetenz delegiert, so folgt ihr die Verantwortung für die betreffenden Entscheidungen usw. Für den Vorgesetzten bleibt aber die Gesamtverantwortlichkeit für die richtige Aufgabenerfüllung in seinem Bereich bestehen. Seine *Führungsverantwortung* hat er wahrgenommmen, wenn er dafür sorgt, daß die Personen, an die er Aufgaben und Kompetenzen überträgt, über die erforderlichen Voraussetzungen verfügen, und daß durch geeignete Zielsetzungs-, Informations- und Kontrollverfahren die Aufgabenerfüllung sichergestellt wird. Nur im Ausnahmefall nicht voraussehbaren fehlerhaften Verhaltens eines Mitarbeiters trotz einwandfreier Führung durch den Vorgesetzten ist der Vorgesetzte nicht verantwortlich (z. B. vorsätzliche Fehlhandlung, Grobfahrlässigkeit, Panik oder Kriminalität des Mitarbeiters).

Man unterscheidet folgende Arten von Kompetenzen:

a. *Ausführungskompetenz:* das Recht, im Rahmen einer übertragenen Aufgabe tätig zu werden und dabei in einem gewissen Ausmaß den eigenen Arbeitsrhythmus und die eigene Arbeitsmethodik zu wählen.[9]

b. *Verfügungskompetenz:* das Recht, über Objekte oder Hilfsmittel zu verfügen, auch wenn sie sich noch nicht im Besitz der Stelle befinden, sondern z. B. in einem Lager. Dazu gehört beispielsweise das Recht, selbständig Werkzeuge und Ersatzteile zu beziehen oder Maschinen zu verwenden. Die Verfügungskompetenz kann sich auch auf Informationen beziehen: sie beinhaltet dann das Recht, Informatiionen von einer andern Stelle zu verlangen.

c. *Antragskompetenz:* das Recht, zu beantragen, daß (1) über einen bestimmten Gegenstand entschieden wird und daß (2) in einer bestimmten Richtung entschieden wird. Das Antragsrecht einer Stelle bedeutet, daß die Initiative und die Entscheidungsvorbereitung mehr oder weniger vollständig an die beantragende Stelle delegiert sind. Die vorgesetzte Stelle wird nur in Ausnahmefällen von sich aus tätig. Wird ein Antrag gestellt, kann die höhere Instanz im Sinne des Antrages entschei-

---

9 Die Delegation von Ausführungskompetenzen wird oft als «Delegation von Aufgaben» bezeichnet, was zwar nicht mißverständlich, aber etwas unpräzis ist.

den, ihn abändern oder ablehnen. Die höhere Instanz tritt praktisch die Aufgabe der Initiative an die untere Stelle ab, behält sich aber die Prüfung vor, ob die beantragten Entscheide im größeren Rahmen richtig sind. Diese Form der Delegation ist besonders bei Stelleninhabern mit expertenähnlichem Spezialwissen, über das die vorgesetzte Instanz nicht im selben Ausmaß verfügt, sinnvoll, d. h. wenn der Untergebene in seinem Spezialgebiet fachlich kompetenter ist, aber nicht den Gesamtüberblick hat.

d. *Entscheidungskompetenz:* das Recht, zwischen Handlungsalternativen zu wählen. Entscheidungskompetenzen sind überall dort notwendig, wo sich Aufgaben nicht restlos programmieren lassen, wo also

– *von außen* die Handlungsbedingungen verändert werden (Unsicherheit über die Umwelt), oder

– die *internen* Bedingungen von einem festgelegten Programm abweichen können.

Die Entscheidungskompetenz kann für das gleiche Sachproblem umfangmäßig abgestuft werden, z. B. nach der Tragweite, nach der zur Verfügung stehenden Zeit, nach Normalfall und Ausnahme (Management by Exception).[10] Drucker[11] nennt folgende Kriterien für die Abstufung der Entscheidungskompetenzen:

1. *«Zukunftsträchtigkeit»:* wie lang legt eine Entscheidung das soziale System fest?

2. *Wirkungsbreite:* welche Wirkungen gehen von einer Entscheidung auf andere Bereiche oder auf das gesamte System aus?

3. *qualitative Faktoren:* Entscheidungen mit menschlichen Auswirkungen sind auf höherer Ebene als rein sachtechnische Entscheidungen zu fällen.

4. *Häufigkeit:* sich ständig wiederholende Fälle verlangen eine allgemeine Regelung, d. h. eine grundsätzliche Entscheidung. Ihre Anwendung kann dann delegiert werden.

Die organisatorische Verteilung der Entscheidungskompetenzen stellt das wichtigste Problem der *Leitungsorganisation* dar.

---

10 Vgl. dazu Harlegard (1971: 16ff.). Zum Management by Exception vgl. Band 2, Abschn. IV/343.
11 Vgl. Drucker (1956: 242ff.).

Die Fälle der Alleinentscheidungs-Kompetenz einer einzigen Person sind dabei nur ein Teilaspekt. Möglich ist auch, daß mehrere Stellen an einer Entscheidung beteiligt werden. Es soll dann von Mitsprachekompetenz gesprochen werden.

e. *Mitsprachekompetenz:* Das Mitspracherecht besagt zunächst nur, daß eine Stelle A in einer Frage nicht völlig unabhängig von einer andern Stelle B entscheiden kann, sondern daß die Stelle B zu *konsultieren* ist. Wie weit dieses Mitspracherecht geht, muß genau bestimmmt werden: es kann sich um ein bloßes *Anhörungsrecht* (Mitberatungsrecht), ein *Vetorecht* oder um ein eigentliches *Mitentscheidungsrecht* handeln. Im Falle des Mitentscheidungsrechts sind wiederum zwei Formen zu unterscheiden:

aa. An die Stelle des Ein-Personen-Entscheids (Alleinentscheid) tritt ein *Kollegialentscheid*. Beispiele für Organe mit Kollegialentscheid sind:[12]

– kollegiale Geschäftsleitung, Direktion in Unternehmungen
– Verwaltunsrat bzw. Vorstand in Aktiengesellschaften
– Sonderkommission für spezielle Probleme (mit Entscheidungskompetenz)

Ein Kollegialentscheid begründet eine gemeinsame Verantwortung der Beteiligten, auch der Überstimmten. Wer überstimmt wird, muß allerdings die Möglichkeit haben, an eine höhere Instanz zwecks Bestätigung oder Revision der Entscheidung zu gelangen.[13]

Auch die Abstimmungsmodalitäten sind eindeutig zu regeln. Mögliche Ausgestaltungen des Abstimmungsmodus sind:

– Einstimmigkeit (es wird beraten oder verhandelt, bis ein Konsens unter allen Beteiligten erzielt ist)
– einfache oder qualifizierte Mehrheit
– Vorsitzender (Gruppenleiter) mit Vetorecht, usw.[14]

---

12 Solche Organe werden als Kollegialinstanzen bezeichnet. Siehe dazu unten, Abschn. I/4321.

13 Wird die ursprüngliche Entscheidung von der Berufungsinstanz bestätigt, so entlastet sie damit den oder die Überstimmten zwar von der Verantwortung für die Richtigkeit der getroffenen Entscheidung, nicht aber von der Verantwortung für deren Realisierung.

14 Vgl. dazu Kosiol (1959 b: 128 ff.).

bb. Für jeden Teilaspekt einer Entscheidung kann jeweils eine andere Stelle zuständig sein. Im Gegensatz zum Kollegialentscheid kann hier ein Entscheid erst zustandekommen, wenn *jede* Stelle einzeln positiv zu ihrem Teilaspekt entschieden hat. Die Mitsprache beschränkt sich auf jene Problemseite, die für die Stelle relevant und für die sie zuständig ist. Beispiele:

– der Sicherheitsingenieur hat ein Mitspracherecht bei der Installation neuer Anlagen, jedoch nur in bezug auf die Einhaltung der Sicherheitsvorschriften;
– die Betriebskommission (Arbeitskommission) hat ein Mitspracherecht in ganz genau abgegrenzten Bereichen;
– für einen längerfristigen Liefervertrag muß die Zustimmung von Produktion, Verkauf und Finanzabteilung eingeholt werden;
– für die Einstellung eines neuen Mitarbeiters müssen sowohl der zuständige Bereichsleiter als auch der Personalchef zustimmen.

Im Unterschied zum Kollegialentscheid kann hier niemand überstimmt werden; jede Stelle verfügt über eine Teil-Entscheidungskompetenz in einem Fragenbereich, auf den sie *spezialisiert* ist.[15]

In der Realität sind die Übergänge zwischen den Typen (aa) und (bb) fließend: die verschiedenen, auf Teilentscheide spezialisierten Stellen im Typ (bb) können sich vorübergehend wie eine Kollegialinstanz besprechen, um eine Einigung zu erzielen.

f. *Anordnungskompetenz:* das Recht, andere Stellen zu einem Tun zu veranlassen, also Anordnungen zu geben. Anordnungen sind nötig, um nach der Willensbildung (Entscheidungen) die Willensdurchsetzung der getroffenen Entscheidungen zu sichern. Die Anordnungskompetenz muß daher jeder Stelle mit Entscheidungskompetenz zukommen, denn eine Entscheidungskompetenz ohne Anordnungsrecht bleibt wirkungslos. Damit eine Anordnungskompetenz abgegrenzt ist,

---

15 Diese Kompetenzform spielt als ‹funktionales Weisungsrecht› in den Strukturtypen mit funktionaler Leitungsorganisation eine zentrale Rolle. Sie wird deshalb bei der Behandlung der Strukturtypen in Abschn. II/23 wieder aufgegriffen.

muß festgelegt werden, wer wem gegenüber in bezug auf welche Angelegenheiten Anordnungen geben darf. Es ist der Fall denkbar, daß eine Stelle mit Entscheidungskompetenzen zwar selbst entscheidet, aber die Anordnungskompetenzen für die Durchsetzung ihrer Entscheidungen delegiert.

Wo nur eine einzige Stelle gegenüber einer andern Stelle Anordnungen in bezug auf alle Aufgaben erteilen darf, entsteht ein vollständiges Unterstellungsverhältnis. Mit der Anordnungskompetenz ist gleichzeitig das Kontrollrecht über die untergeordneten Stellen verbunden: Wer als verantwortlicher Leiter Anordnungen trifft, muß in der Lage sein, die richtige Ausführung seiner Anordnung zu kontrollieren. Dasselbe Kontrollrecht besteht auch bei der Delegation von Entscheidungskompetenzen.

g. *Richtlinienkompetenz:* das Recht, Richtlinien oder Grundsätze zu erlassen, die den Rahmen abgrenzen, innerhalb dessen untergeordnete Stellen Entscheidungen treffen können. Richtlinienkompetenzen sind Entscheidungskompetenzen höherer Ordnung.

h. *Vertretungskompetenz:* das Recht, ein soziales System nach außen zu vertreten. Die Vertretungskompetenz enthält zwei Teilkompetenzen: die Verpflichtungskompetenz und die Forderungskompetenz. Als *Verpflichtungskompetenz* kann man das Recht bezeichnen, das soziale System gegenüber Dritten vertraglich zu verpflichten. Nach außen wird diese Kompetenz unbeschränkt oder eingeschränkt bekanntgegeben (Unterschriftberechtigung, Prokura). Intern wird sie auf den Aufgabenbereich der betreffenden Stelle eingeschränkt. Als *Forderungskompetenz* könnte man das Recht bezeichnen, Rechte gegenüber Dritten wahrzunehmen. Rechte können entstehen aus Vertrag, Irrtum oder unerlaubter Handlung Dritter.

Zur *Kompetenzdurchsetzung* muß es möglich sein, Sanktionen zu ergreifen.[16] Die Anwendung von Sanktionen sollte in einem gewissen Ausmaß formell geregelt sein, um willkürliche Maßnahmen zu verhindern. Gemäß den Einstufungskriterien für Entscheidungen von Drucker[17] muß über den Einsatz von Sanktionen auf relativ hoher Ebene beschlossen werden. Oft kann des-

16 Vgl. Abschn. I/321.
17 Vgl. oben (Kriterium 3).

halb eine Stelle nicht selbst Sanktionen ergreifen, sondern nur eine *Meldung* an eine höhere Instanz machen, die dann über den Einsatz von Sanktionen entscheidet. Als *negative Sanktionen* kommen in Frage: Tadel, Androhung von Maßnahmen im Wiederholungsfall, Aufgaben- und Kompetenzeinschränkung, Versetzung, Geldbuße, Lohnsenkung, Funktionsenthebung, Entlassung, zivilrechtliche oder strafrechtliche Klage. *Positive Sanktionen* sind umgekehrt Lob, Zuweisung von anspruchsvolleren und höher bewerteten Aufgaben, Geldprämien und Lohnerhöhung, Beförderung, Statussymbole, Kompetenzausweitung. Als negative Sanktionen kann auch die Vorenthaltung erwarteter positiver Sanktionen wirken, also etwa ein Ausschluß von Beförderung, Versagen von Lohnerhöhung, Kürzung von Gratifikationen.

43 Stellen und Stellengruppen

Nachdem die Grundbegriffe ‹Aufgabe›, ‹Kompetenz› und ‹Verantwortung› eingeführt sind, kann auch der Stellenbegriff definiert werden.

Größere soziale System bestehen aus *Subsystemen,* die innerhalb des Systems bestimmte Aufgaben erfüllen. Diese Subsysteme lassen sich wiederum zerlegen in ihre kleinsten Einheiten, die *Systemelemente* (Menschen und Mensch-Maschinen-Kombinationen). In der formalen Betrachtungsweise (d. h. als formale Elemente) werden diese kleinsten Einheiten als *Stellen* bezeichnet. Während in der angelsächsischen Literatur lediglich von Abteilungen (departments) gesprochen wird,[18] ist die Stelle ein zentraler Begriff in der deutschsprachigen Organisationslehre.

Als *Stelle* soll jede abstrakt gedachte Einheit von einem oder mehreren Aufgabenträgern bezeichnet werden, der im Rahmen einer Gesamtorganisation ein bestimmter Aufgabenkomplex zur Erfüllung übertragen ist und die mit den dazu notwendigen Kompetenzen, den entsprechenden Verantwortlichkeiten und den für die Koordination benötigten Verbindungswegen zu anderen Stellen ausgestattet ist.[19]

18 Vgl. Kosiol (1962: 89).

Umfaßt der Aufgabenkomplex einer Stelle primär Leitungsaufgaben, so spricht man von Leitungsstellen oder *Instanzen.*[20] Jede Stelle muß durch mindestens eine Person als *Aufgabenträger* besetzt sein, denn nur Menschen können Kompetenzen und Verantwortung haben. Hingegen können weitere Personen oder Maschinen als Aufgabenträger zu einer Stelle gehören. Je nach der Art und Weise, wie Menschen und Maschinen als Aufgabenträger kombiniert werden, entstehen somit verschiedene Typen von Stellen, auf die nachfolgend eingegangen wird.

431 Ein-Personen-Stellen

Die traditionelle Organisationslehre betrachtete ausschließlich den Menschen als Aufgabenträger und engte den Stellenbegriff zudem meist auf den Aufgabenkomplex einer einzigen Person ein.[21] So versteht beispielsweise Acker (1969: 1577) unter einer Stelle «die im Rahmen einer Gesamtorganisation vorgenommene Zusammenfassung von Aufgaben und Funktionen (Teilaufgaben) zum Aufgaben- und Arbeitsbereich einer einzigen, jedoch lediglich gedachten Person, derart, daß sie deren normaler Arbeitskapazität unter der Voraussetzung der erforderlichen Eignung und Übung entspricht.» Kosiol (1962: 89) spricht kurz von einem «personenbezogenen Aufgabenkomplex (Teilaufgabengesamt)... der vom Personenwechsel unabhängig ist.»
Über die Merkmale der generell definierten Stelle hinaus kann damit die Ein-Personen-Stelle durch folgende Merkmale charakterisiert werden:[22]

1. Die Ein-Personen-Stelle ist der Arbeitskapazität einer einzigen Person angepaßt.

---

19 Die Stelle ist also eine abstrakte Struktureinheit und nicht ein konkreter *Arbeitsplatz.* Zwar gehört zu den meisten Stellen ein ganz bestimmter Arbeitsplatz, jedoch ist der Arbeitsplatz kein generelles Definitionsmerkmal der Stelle. Eine Stelle kann mehrere Arbeitsplätze, variable Arbeitsplätze oder einen «diffusen» Arbeitsplatz aufweisen (Beispiele: Bürobote, Fernfahrer, mobiles Reparaturen-Team, Nachtwächter, Chemiearbeiter mit Kontrollaufgaben in den Produktionsanlagen, Monteur, Vertreter).
20 Vgl. Kosiol (1962: 114).
21 Vgl. Acker (1969: 1577ff.).
22 Vgl. auch Acker (1969: 1577ff.).

2. Diese Person ist eine gedachte, abstrakte Person (Aufgaben-träger), nicht ein bestimmter Mitarbeiter. Sie ist definiert durch die Summe der Anforderungen, die sie zu erfüllen hat.
3. Bei der Bestimmung dieser Anforderungen wird dem Aufgabenträger die normale Arbeitskapazität einer geeigneten, richtig ausgebildeten und eingeübten Person zugedacht. Es wird nicht auf besondere Fähigkeiten und Schwächen einzelner Mitarbeiter Rücksicht genommen.[23]
4. Hingegen müssen die Anforderungen auf die Leistungsfähigkeit des vorgesehenen Arbeitsplatzes abgestimmt sein, falls Sachmittel zur Aufgabenerfüllung eingesetzt werden.

432 Kollegien

Ein Kollegium ist die Zusammenfassung mehrerer personaler Aufgabenträger zu einer Aufgaben-, Kompetenz- und Verantwortungseinheit. Das Kollegium tritt nach außen als Einheit auf, eine Differenzierung wird höchstens stellenintern vorgenommen. Grundgedanke der Kollegienbildung ist im allgemeinen die Ausnützung der Vorteile der Gruppenarbeit.[24]
Schon in der traditionellen Organisationslehre ist das Konzept einer nach außen gemeinsam auftretenden Mehr-Personen-Stelle vorgeschlagen worden. So besteht für H. Ulrich (1949: 114) eine Stelle ausdrücklich aus «einem oder mehreren Arbeitsträgern, welche bestimmte Aufgaben zu lösen oder Funktionen zu erfüllen haben und dazu mit Kompetenz und Verantwortung ausgestattet sind.» Dieser Stellenbegriff kennzeichnet nicht den Aufgabenkomplex einer Person, sondern die kleinste Arbeitseinheit in der Unternehmung, der Aufgaben zugewiesen werden.
Kollegien können nun einerseits aus jeder normalen Vorgesetzten-Mitarbeiter-Gruppe gebildet werden, indem diese Gruppe

---

23 Dieses Prinzip wird bei höheren Führungskräften häufig durchbrochen. Dort wird in der Praxis oft die Stelle nicht mit dem geeigneten Mann besetzt, sondern umgekehrt die Stelle auf die Fähigkeiten und Kenntnisse eines qualifizierten Mitarbeiters, den man optimal einsetzen möchte, zugeschnitten.
24 Zur Gruppenarbeit vgl. im einzelnen Abschn. II/25: Partizipation.

formell zu einer einzigen Stelle gemacht wird.[25] Andererseits treten Kollegien in spezifischer Form als höhere Leitungsorgane (Kollegialinstanzen) und als Komitees für Sonderaufgaben auf.

4321 Kollegialinstanzen (Pluralinstanzen)

Eine Kollegialinstanz ist eine Zusammenfassung gleichrangiger Instanzen zu einem Organ, das sämtliche Leitungsaufgaben, welche *alle* direkt unterstellten Bereiche treffen, gemeinsam erfüllt, die Verantwortung gemeinsam übernimmt und im Normalfall nach außen gemeinsam auftritt *(Kollegialprinzip)*.[26] Nur im Ausnahmefall, wenn ein Mitglied eine getroffene Entscheidung aus Gewissensgründen oder andern schwerwiegenden Gründen nicht mittragen kann, wird diesem das Recht zuzubilligen sein, sich nach außen vom Kollegialentscheid zu distanzieren und u. U. sogar eine Gegenposition einzunehmen (Minderheitsvotum).

Dagegen müssen Leitungsaufgaben, welche nur einzelne Bereiche («Ressorts») betreffen, dann nicht gemeinsam behandelt werden, wenn zwischen den Mitgliedern der Kollegialinstanz und den ihr direkt unterstellten Bereichsleitern Personalunion besteht. Häufiges Beispiel für dieses *Ressortprinzip* ist die oberste Leitungsspitze des Systems (Direktion): oft ist jedes Direktionsmitglied gleichzeitig alleiniger Leiter eines Bereiches. Als Kollegialinstanz ist die Direktion dann nur zuständig für Entscheide, die das Gesamtsystem betreffen. Bei Aktiengesellschaften stellen auch der Verwaltungsrat und die Generalversammlung (bzw. Vorstand, Aufsichtsrat und Hauptversammlung) Kollegialinstanzen dar. Auf dieser obersten Ebene von Unternehmungen ist allerdings die Bildung von Kollegialinstanzen weniger von organisatorischen als von juristischen Gesichtspunkten abhängig.

4322 Komitees

Ein Komitee ist eine vorübergehende bzw. periodische Zusammenfassung von Personen, die daneben in einer anderen Stelle eingesetzt sind, zu einem Organ, das für die Erfüllung bestimmter Sonderaufgaben zuständig ist. Die Mitglieder eines Komitees

---

25 Wenn dieses Prinzip generell angewandt wird, erhält man eine gruppenorientierte Struktur. – Vgl. dazu Abschn. II/2512.

26 Vgl. die Ausführungen zum Kollegialentscheid in Abschn. I/42, lit. e.: Mitsprachekompetenz.

üben somit ihre Komitee-Funktion als «Zweit-Stelle» aus (Sekundärorganisation). Die zu erfüllenden Sonderaufgaben können

- einmalige Aufgaben (Projekte, unvorhergesehene Probleme, Konfliktlösung, Expertisen, usw.) oder
- Koordinationsaufgaben

sein. Dem Komitee können unterschiedliche Kompetenzen gegeben werden, je nach dem, ob es darum geht,[27]

- Mitteilungen zwischen den Komiteemitgliedern auszutauschen (Informationskomitee),
- aufgrund ausgetauschter Informationen Vorschläge zu erarbeiten, die andern Stellen als Entscheidungsgrundlage dienen sollen (Beratungskomitee),
- oder aufgrund von ausgetauschten Informationen zur Wahl einer bestimmten Verhaltensweise, d. h. zu einer Entscheidung zu kommen (Entscheidungskomitee).

Mischformen sind möglich, so kann die Aufgabe des Komitees in der Ausarbeitung von Vorschlägen bestehen, über die dann ein offiziell designierter Komitee-Leiter entscheidet.[28]

433   Mensch-Maschine-Einheiten

Als Mensch-Maschine-Einheiten sollen Stellen gelten, welche mehrere Aufgabenträger umfassen, wobei eine bedeutende technische Einheit (Maschine) als Aufgabenträger vorhanden ist.

Die Anerkennung von Sachmitteln (Maschinen, Anlagen) als eigenständige Aufgabenträger anstatt als bloße Hilfsmittel wurde durch Grochla (1966: 73) eingeleitet. Sie ist natürlich nur dort sinnvoll, wo die Maschine einen wesentlichen Anteil an der Aufgabenerfüllung einer Stelle hat, was vor allem auf vollautomatische, integrierte Produktions- und Steuerungssysteme zutrifft. Der Einsatz solcher Maschineneinheiten ersetzt effektiv häufig personale Aufgabenträger.

War in der früheren Auffassung der Organisation als rein interpersonales Problem kein Platz für technologische Aspekte, so er-

27   Nach Kosiol (1969b: 819 ff.).
28   Solche Kooperationsformen werden bei der Darstellung der verschiedenen Führungsstile in Abschn. II/251 erörtert.

laubt es diese erweiterte Betrachtungsweise, dem Charakter moderner soziotechnischer Systeme gerecht zu werden und den immer umfangreicheren realtechnischen Komplex wieder mit der organisatorischen Problemstellung in Beziehung zu setzen: Die Arbeitsteilung und Koordination zwischen Mensch und Maschine wird damit zu einem organisatorischen Optimierungsproblem.[29] Besonders aktuell ist dieses Problem durch die rasche Entwicklung der Computerwissenschaften geworden.

434 Stellengruppen

Das Stellengefüge der Organisation umfaßt einerseits komplementäre, sich ergänzende Stellen, welche verschiedene Teilaufgaben einer größeren Aufgabe erfüllen; andererseits können auch für eine einzelne Teilaufgabe mehrere gleichartige Stellen geschaffen werden. Besonders auf den untersten Ebenen der Hierarchie sind solche *Parallelstellen* (Böhrs 1963) häufig. Da nun lauter gleichgeordnete, nebeneinanderstehende Stellen kaum geeignet sind, eine koordinierte Leistung zu erbringen, müssen jeweils mehrere Stellen, die gemeinsame oder direkt zusammenhängende Aufgaben erfüllen, zu Gruppen zusammengefaßt und einer Leitungsstelle (Instanz) unterstellt werden. Solche Zusammenfassungen von Stellen bezeichnet man als *Stellengruppen,* Stellenbereiche oder *Abteilungen.* Instanzen höheren Grades koordinieren und leiten wiederum die Instanzen tieferer Grade und damit die ihnen unterstellten Stellengruppen. So entsteht eine funktionelle Hierarchie, wie sie für jedes komplexe, zielorientierte System charakteristisch ist.[30] Sie wird üblicherweise folgendermaßen symbolisch dargestellt:

29 Vgl. dazu die Ausführungen zum «Gesetz der komparativen Kosten» im Bereich der Automation von Simon (1960a), dargestellt in Abschn. II/272 (Auswirkungen der Arbeitszerlegung).
30 Es ist zu beachten, daß sich aus dieser funktionellen Hierarchie, wie sie beispielsweise auch für das menschliche Zentralnervensystem zutrifft, nicht die Notwendigkeit der «Pyramidenvorstellung» im Sinne einer Autoritäts-, Prestige- und Anerkennungshierarchie ableiten läßt.

Abb. I/4–1: Die Gebildestruktur organisierter Systeme

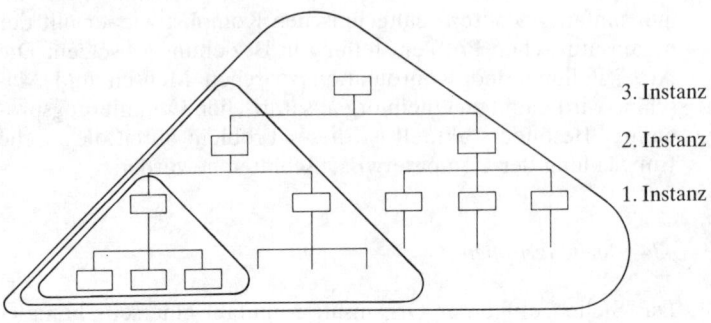

3. Instanz

2. Instanz

1. Instanz

44 Verbindungswege zwischen Stellen

Stellen erfüllen definitionsgemäß immer nur Teilaufgaben. Sie benötigen daher zur Zusammenarbeit und Koordination untereinander gegenseitigen Kontakt. Dazu werden verschiedene Verbindungswege oder Kanäle eingerichtet. Auf diesen Verbindungswegen werden entweder physische Objekte oder Informationen ausgetauscht. Es sind also primär *Transportwege* und *Informationswege* oder Kommunikationskanäle zu unterscheiden. Das Transportproblem umfaßt Probleme des betriebsinternen Layouts, des Material- und Güterflusses und der Lagerhaltung. Dieser gesamte Komplex wird deshalb heute vielfach unter der Bezeichnung «*Logistik*» als Einheit behandelt, wobei Methoden des Operations Research (Lagerhaltungsmodelle, Transportmodelle, usw.) zur Anwendung gelangen.[31] Durch neuere prozeßorganisatorische Konzepte wie «*Just-in-Time*», das auf die Minimierung der Lagerhaltung mittels der «produktionssynchronen» Anlieferung benötigter Teile an den Verwendungsort zielt, steigen die Anforderungen an die betriebliche Logistik ganz erheblich.

Das *Informations- und Kommunikationssystem* hat die wichtige Aufgabe, die einzelnen Stellen mit den von ihnen benötigten Daten in der richtigen Form und zur richtigen Zeit zu versorgen und

31 Vgl. Hill (1971: 197).

die Koordination der Stellen zu ermöglichen. Unter Kommunikation ist der Austausch von Informationen, unter Informationen ein für bestimmte Personen zweckorientiertes und/oder neuartiges Wissen[32] zu verstehen. Durch die neuen Informations- und Kommunikationstechniken ist die genaue Spezifikation der Informationsbedürfnisse jeder Stelle, der Kommunikationskanäle zwischen ihnen und der Art der darin zu übermittelnden Informationen zu einer erstrangigen organisatorischen Gestaltungsaufgabe geworden.

H. Ulrich (1949: 120) unterscheidet drei formale Informationsarten: Befehl, Vorschlag und Mitteilung. Krähe (1957) unterscheidet bereits sieben Formen: Anordnungen, Anweisungen, Vorschläge, Mitteilungen, Rückfragen und Beschwerden.

Hier sollen zwei Gruppen von Informationen unterschieden werden: Informationen mit reinem Mitteilungscharakter und Informationen, die direkt der Willensbildung und Willensdurchsetzung dienen. Dementsprechend lassen sich reine Mitteilungswege und Entscheidungswege unterscheiden, wobei sich diese wiederum in Anrufungs-, Anordnungs- und Mitsprachewege aufteilen lassen (vgl. Abb. I/4–2).

Reine Mitteilungswege gehen sowohl horizontal wie vertikal quer durch das ganze Strukturgefüge. Sie sind meistens zweiseitig, können also in beiden Richtungen benützt werden.

Anrufungswege werden dort notwendig, wo eine Stelle bestimmte Aufgaben auszuführen hat, eine dazu notwendige Entscheidung aber durch eine andere Stelle gefällt werden muß. Die Anrufung muß durch einen Entscheid beantwortet werden. Eine Anrufung kann auch den Charakter eines *Vorschlages* oder eines *Antrages* an eine Entscheidungsinstanz haben. Ein solcher sollte ebenfalls durch einen Entscheid beantwortet werden. Auch *Rückfragen* und *Beschwerden* können den Anrufungen zugerechnet werden. Während die meisten Anrufungswege sowohl horizontal wie vertikal vorkommen können, haben *Beschwerdewege* einen eigenen Charakter: sie sind nur vertikal vorhanden, wobei meist Zwischeninstanzen übersprungen und direkt höhere In-

---

32 Vgl. Kramer (1969: 714). – Die (nicht unangefochtene) Definition der Information als zweckorientiertes Wissen dürfte von Wittmann (1959: 14) stammen.

Abb. I/4-2: Verbindungswege zwischen Stellen

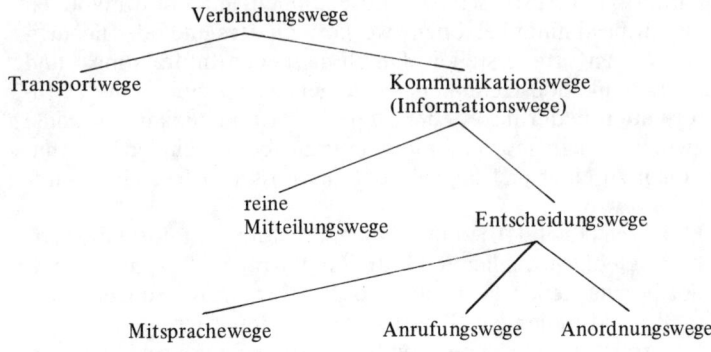

stanzen (z. B. Personalchef, Abteilungschef oder Meister) angerufen werden.

Eine weitere Form der Anrufung ist jene Art innerbetriebliches «Vernehmlassungsverfahren», bei dem ein Entscheidungsantrag mehrere Stellen durchläuft, die dagegen *Einwendungen* erheben können.

Anordnungswege sind vertikal und nur einseitig. Eine Stelle, die gegenüber einer andern Stelle ein Entscheidungsrecht hat, kann dieser Stelle direkte Anordnungen erteilen. Bei einem Anordnungsweg wird primär an die direkte Linienbeziehung vom Vorgesetzten zum Untergebenen gedacht.

Mitsprachewege sind notwendig, wenn sich mehrere Stellen in eine Entscheidungskompetenz teilen und sich gegenseitig abstimmen müssen (kollegiale Leitung). Sie sind zweiseitig benützbar.

Die Gesamtheit der organisatorischen Soll-Verbindungswege stellt zusammen mit den nicht formal geregelten, spontanen Beziehungen die effektive Beziehungsstruktur des sozialen Systems dar.

TEIL II

Determinanten des Organisationsproblems

Durch die Organisation sollen die Gebilde- und Prozeßstrukturen eines sozialen Systems so geordnet werden, daß das System seine Grundaufgabe erfüllen und seine Ziele erreichen kann. Theoretische Aussagen über die möglichen Wirkungen alternativer organisatorischer Regelungen und die Auswahl und Durchführung organisatorischer Maßnahmen im konkreten Einzelfall setzen die Klärung dreier Teilfragen voraus:

1. Mit welchen Kriterien kann der spezifische Beitrag der Organisation an die Erreichung von Systemzielen gemessen bzw. die Wirkung organisatorischer Maßnahmen beurteilt werden (*Ziele* des Organisierens)?

2. Welche Mittel, d. h. welche gestaltbaren Instrumentalvariablen können eingesetzt werden (organisatorische *Instrumente*)?

3. Welches sind Gegebenheiten oder Bedingungen, die durch organisatorische Maßnahmen nicht beeinflußt werden können, die aber ihrerseits die Wirkung der Instrumentalvariablen beeinflussen und daher bei deren Einsatz zu berücksichtigen sind (*Bedingungen* des Organisierens)?

Diese Determinanten jedes Organisationsproblems – Ziele, Instrumente und Bedingungen – sind Gegenstand des II. Teils.

1 Ziele

11 Ziele als Bewertungskriterien organisatorischer Gestaltungsmöglichkeiten

Im Rahmen des hier verwendeten entscheidungsorientierten Ansatzes müssen Kriterien angegeben werden, die eine Wahl zwischen verschiedenen organisatorischen Alternativen ermöglichen. Solche Kriterien sollen Zustände beschreiben, die mit organisatorischen Maßnahmen angestrebt werden; sie sollen also Ziele darstellen.[1] Damit Ziele als eindeutige Leitlinie für die Evaluation von organisatorischen Maßnahmen dienen können, müssen sie (a) operational und (b) konsistent formuliert sein.

Zu a: Operationalität der Ziele

Ein Ziel ist operational formuliert, wenn es durch praktisches Handeln verwirklicht und diese Verwirklichung kontrolliert werden kann[2], d. h. wenn
- der Zielinhalt genau bezeichnet ist;
- dieser Zielinhalt durch eine quantifizierte Skala spezifiziert ist, die die Messung des Zielerreichungsgrads zuläßt;
- auf dieser Skala ein bestimmtes zu erreichendes Zielniveau festgelegt ist;
- die Zeit (ev. auch der Raum), innerhalb der dieses Zielniveau zu erreichen ist, festgesetzt ist;
- die Ziele an den Handlungsträger «angepaßt» sind, d. h. wenn er einen entscheidenden Einfluß auf die Zielerreichung ausüben kann.[3]

1 Neben Zielen (Wertprämissen) stellen Bedingungen (Tatsachenprämissen) eine zweite Art von Kriterien dar, die die Wahl einer Alternative bestimmen (vgl. Abschnitt I/31). Oft lassen sich Ziele und Bedingungen nicht eindeutig trennen; Beispiel: die Einhaltung gesetzlicher Vorschriften kann sowohl als Ziel wie auch als absolute Bedingung aufgefaßt werden. Simon (1964) illustriert die Schwierigkeiten bei der Abgrenzung zwischen Zielen und Bedingungen anhand der mathematischen Programmierung: dort werden sowohl Ziele wie Bedingungen in Form von Restriktionen formuliert.

2 Vgl. dazu March/Simon (1958: 42) und Heinen (1966: 117).

3 Dies ist etwa dann nicht der Fall, wenn ein Arbeiter an der Drehbank angewiesen wird, seine Handlungen an der Gewinnmaximierung auszurichten; vgl. dazu Heinen (1966: 117f.).

Zu b: Konsistenz der Ziele

Zwischen verschiedenen Zielen herrscht Konsistenz, wenn sie sich so ordnen lassen, daß Handlungsalternativen anhand dieser Ziele eindeutig bewertet werden können. Dies ist dann der Fall, wenn sich sämtliche Zielsetzungen in eine hierarchische Ordnung bringen lassen, wobei
- zwischen *vertikal* angeordneten Zielen klare Mittel/Zweck-Beziehungen bestehen[4];
- zwischen *horizontal* angeordneten Zielen Komplementaritäts- oder Indifferenzbeziehungen bestehen oder aber bei Konkurrenzbeziehungen zusätzlich eine Präferenzordnnung (Gewichtung) angegeben wird. Die verschiedenen Beziehungen sind wie folgt definiert:[5]
  - Komplementarität: durch die Erfüllung eines Zieles wird auch die Erfüllung des anderen Zieles gesteigert;
  - Indifferenz: die Erfüllung eines Zieles übt auf die Erfüllung des anderen Zieles keinen Einfluß aus;
  - Konkurrenz: die Erfüllung eines Zieles führt zu einer Minderung des Erfüllungsgrades des anderen Zieles.

Die in diesem Abschnitt vorgeschlagenen organisatorischen Ziele können diesen strengen Anforderungen der Operationalität und Konsistenz nicht gerecht werden, da die Zielformulierung so allgemein gehalten werden soll, daß sie auf jedes organisierte soziale System angewendet werden kann. Immerhin wird in Abschn. 13 versucht, durch Aufstellung von Zielen, auf deren Erreichung durch organisatorische Maßnahmen ein entscheidender Einfluß ausgeübt werden kann, zur Operationalität und durch Untersuchung der Beziehungen zwischen diesen Zielen zur Klärung der Konsistenz beizutragen.

---

4 Je stärker Ziele vertikal nach dem Mittel/Zweck-Prinzip aufgegliedert werden, desto mehr kommt man zu instrumentell beeinflußbaren Größen; vgl. zu dieser Mittel/Zweck-Hierarchie Simon (1955 b: 44 ff.). Neben der in Fn. 1 erwähnten Schwierigkeit, Ziele und Bedingungen eindeutig zu trennen, tritt also auch das Problem, zwischen Mitteln und Zielen präzis zu unterscheiden.

5 Vgl. Heinen (1966: 94 ff.).

Die hier betrachteten sozialen Systeme wurden als ziel- und zweckorientiert definiert. Entsprechend dem instrumentalen Organisationsbegriff liegt es nahe, organisatorische Zielkriterien in diesen Zielen und Zwecken zu sehen.[6] Grundsätzlich wäre dann zu fordern:

Die Organisation soll einen maximalen oder befriedigenden[7] Beitrag zur Erreichung der Ziele und zur Erfüllung der Zwecke des sozialen Systems leisten.

Zunächst soll deshalb der Frage nachgegangen werden, welche Ziele und Zwecke soziale Systeme verfolgen können. Konkrete Aussagen darüber lassen sich in der organisationstheoretischen Literatur nur selten finden.[8] Dies liegt unter anderem an zwei Schwierigkeiten:

1. Die «offiziellen» Ziele von sozialen Systemen, wie sie in Gesetzen, Statuten, Jahresberichten, Führungsrichtlinien, usw. publiziert werden, weichen häufig von den tatsächlich verfolg-

---

6 Eine Reihe von Organisationstypologien beruht auf solchen charakteristischen Ziel- und/oder Zweckkriterien. Beispiele:
 – Blau/Scott (1963: 42ff.) unterscheiden aufgrund des primären Nutznießers eines Systems («cui bono-Kriterium»):
  – «mutual benefit associations» (primärer Nutznießer: Systemmitglieder)
  – «business concerns» (primärer Nutznießer: Eigentümer)
  – «service organizations» (primärer Nutznießer: Klienten)
  – «commonweal organizations» (primärer Nutznießer: Öffentlichkeit)
 – Etzioni (1961: 72f.) unterscheidet:
  – Systeme mit Ordnungszielen
  – Systeme mit ökonomischen Zielen
  – Systeme mit kulturellen Zielen.
 Die Relevanz solcher ziel- bzw. zweckbezogener Typologien ist umstritten; so konnten Hall et al. (1968) keine eindeutigen Beziehungen zwischen den klassifizierten Systemtypen und spezifischen Ausprägungen von organisatorischen Variablen (Formalisierung, Statusdifferenzierung, usw.) finden. (Die Folgerungen von Hall et al. wurden jedoch von Weldon (1972) angezweifelt).
7 In Anlehnung an das Konzept der beschränkten Rationalität (vgl. Abschn. I/312) wird im folgenden nur von befriedigenden Beiträgen der Organisation an die Zielerreichung ausgegangen.
8 Perrow (1970: 133) stellt fest: «The concept of organizational goal,..., has been unusually resistant to precise, unambiguous definition.»

ten «operativen» Zielen ab.[9] Im nächsten Abschnitt soll auf das Zustandekommen beider Zielarten eingegangen werden.

2. Zielsetzung setzt Bewußtsein voraus; deshalb haben zwar Individuen, jedoch nicht soziale Systeme als geordnete Gesamtheiten von Individuen, eigene Ziele, es sei denn, man würde eine Art Systembewußtsein voraussetzen.[10] Die Ziele von Systemen müssen also aus den Zielen von Individuen im System und/oder seiner Umwelt abgeleitet werden.[11] Dabei bestehen grundsätzlich zwei Möglichkeiten[12].

– die Systemziele werden den Zielen eines bestimmten Systemmitglieds (ev. auch Mitglieds der Systemumwelt) gleichgesetzt; Beispiel: Systemziel = Eigentümerziel.

– die Systemziele werden als Resultat eines Zielbildungsprozesses verstanden: verschiedene Individuen innerhalb und außerhalb des Systems versuchen mittels des Systems eigene Zielsetzungen zu verwirklichen; durch Bargainingprozesse werden die individuellen Zielsetzungen zum Ausgleich gebracht.

Im folgenden Abschnitt 12 wird auf die zweite Alternative, also auf die Ableitung von Systemzielen aus Zielbildungsprozessen, näher eingegangen. Die erste Alternative – vertreten vor allem von der klassischen Unternehmungstheorie: Unternehmungsziele = Ziele des Unternehmers = Gewinnmaximierung – wird hier nicht weiter verfolgt, denn sie vermag das Zustandekommen

---

9   Vgl. zur Unterscheidung zwischen «official goals» und «operative goals»: Perrow (1961).
10 Vgl. dazu Cyert/March (1963: 26) und Simon (1964).
11 Denkbar ist es aber auch, Ziele als «funktionale Imperative» aufzufassen, die ein System erfüllen muß, um zu überleben. So unterscheidet etwa Parsons (1961) vier funktionale Imperative:
    – «Pattern-Maintenance»: Erhaltung der Systemidentität
    – «Goal-Attainment»: Zielerreichung
    – «Adaption»: Anpassung an die Umwelt
    – «Integration»: Regulierung der Beziehungen zwischen den Systemmitgliedern.
    Ein ähnlicher Katalog solcher funktionaler Imperative findet sich bei Caplow (1964: 121).
    Vgl. auch Fn. 31 in Abschn. 12.
12 Vgl. dazu Kirsch (1969).

von multiplen Zielen, wie sie offenbar für die meisten sozialen Systeme charakteristisch sind[13], nicht befriedigend zu erklären.

12 Zielbildungsprozesse in sozialen Systemen

Die hier betrachteten Systeme wurden unter anderem als «offen» und «sozial» charakterisiert[14]:
- «offen», weil die Systeme Ressourcen als Inputs aus der Umwelt aufnehmen (Inputprozesse) und nach der Verarbeitung dieser Inputs (Transformationsprozesse) Leistungen als Outputs an die Umwelt abgeben (Outputprozesse)[15];
- «sozial», weil der Ablauf dieser Systemprozesse durch Menschen gesteuert und vollzogen wird.

Die Systemziele werden hier als Resultat eines Interaktionsprozesses zwischen verschiedenen Personen oder Personengruppen angesehen, die entweder als Systemmitglieder im System tätig sind oder als Teile der Umwelt in Beziehung zum System stehen.[16]

Dabei werden folgende Aspekte dieses Zielbildungsprozesses behandelt:
a. die Teilnehmer am Zielbildungsprozeß
b. die Beziehungen zwischen diesen Teilnehmern und dem sozialen System
c. der Ablauf des Zielbildungsprozesses
d. das Resultat des Zielbildungsprozesses.

13 Vgl. dazu z. B. Perrow (1968).
14 Vgl. dazu Abschn. I/12.
15 Vgl. Thompson (1967: 19).
16 Die Abgrenzung der Systemmitglieder von Personengruppen der Umwelt, die in enger Beziehung zum System stehen, ist oft nicht klar zu treffen. Hier werden in Anlehnung an Kirsch (1971: 32) nur solche Personen, die dauernd eine positionsspezifische Rolle im System innehaben, als Systemmitglieder bezeichnet. Allerdings muß beachtet werden, daß die Systemmitglieder neben ihren Rollen im System eine Reihe von Rollen in der Systemumwelt erfüllen, und daß von diesen «privaten» Rollen ein starker Einfluß auf ihr Verhalten im System ausgeht.

Zu a: Die Teilnehmer am Zielbildungsprozeß

In Anlehnung an Cyert und March (1959 und 1963) wird von der Vorstellung ausgegangen, daß die Personengruppen, die entweder als Systemmitglieder im System tätig sind oder als Teile der Systemumwelt in Beziehung zum System stehen, eine «Koalition» bilden. Als Partner der Koalition können unterschieden werden:

– die *Systemmitglieder*; dabei lassen sich – aufgrund tendenziell unterschiedlicher Interessen (wie sie unten näher beschrieben werden) – folgende Gruppierungen identifizieren[17]:
  – die *oberste Leitung des Systems* (Beispiele: Top-Management in Unternehmungen, Regierungsdirektion in staatlichen Verwaltungen);
  – die *Leitungen von einzelnen Subsystemen und Spezialistengruppen mit meist professioneller Ausbildung*[18] (Beispiele: Forschungabteilungen in Unternehmungen, Vorsteher von einzelnen Verwaltungsabteilungen, Chefärzte in Universitätskliniken);
  – die *übrigen Systemmitglieder,* also Personengruppen, die weder mit höheren Leitungsfunktionen noch mit Spezialistenaufgaben betraut sind. (Beispiele: Sachbearbeiter in öffentlichen Verwaltungen, Pflegepersonal in Spitälern).
– die *Personengruppen der Umwelt,* mit denen das System in unmittelbarer Beziehung steht. Aufgrund tendenziell unterschiedlicher Interessen lassen sich hier folgende Gruppierungen erkennen[19]:
  – die *Lieferanten von Inputs oder Ressourcen* (Beispiele: Rohstoffzulieferer bei Unternehmungen, Steuerzahler bei Finanzabteilungen in öffentlichen Verwaltungen). Unter die Inputlieferanten sind auch die Kapitalgeber zu zählen. Ihre manchmal zentrale Bedeutung leitet sich daraus ab, daß sie (a) oft eine Monopolstellung einnehmen (etwa bei öffentlichen Verwaltungen und Spitälern) und (b) eine Ressource liefern, die sich generell in alle anderen Ressourcen transformieren läßt.

---

17 Vgl. dazu Dill (1965: 1081 ff.).
18 Vgl. zur Professionalisierung Abschn. II/334.
19 Vgl. dazu Dill (1965: 1077 ff.).

- die *Abnehmer von Outputs oder Leistungen* (Beispiele: Kunden bei privaten Unternehmungen, Straßenbenützer bei Tiefbauämtern, Patienten bei Spitälern).
- *regulatorische Gruppen*[20], d. h. öffentliche oder private Institutionen, von deren Akzeptierung[21] der Ablauf der Systemprozesse abhängt, ohne daß sie eine unmittelbar im Transformationsprozeß verwertbare Ressource liefern oder eine primäre Systemleistung abnehmen würden (Beispiele: Steuerbehörden bei Unternehmungen, «Ombudsman» bei Abteilungen der öffentlichen Verwaltung, Ärztevereinigungen bei Spitälern). Hierzu ist auch die (unbegrenzte) kritische Öffentlichkeit zu rechnen (inkl. Medien).

Aus der Interaktion zwischen den Koalitionspartnern lassen sich nun Aussagen über den Zielbildungsprozeß gewinnen. Zunächst soll jedoch auf die Beziehung zwischen den Koalitionspartnern und dem System eingegangen werden.

Zu b: Die Beziehungen zwischen den Koalitionspartnern und dem sozialen System[22] (vgl. Abb. II/1–1).

Die – systeminternen und systemexternen – Koalitionspartner stehen in einer Tauschbeziehung zum System:
- einerseits erbringen sie *Leistungen für das System,* indem sie zum Ablauf der Systemprozesse (Inputaufnahme, Transformation und Outputabgabe) beitragen; diese Leistungen bestehen bei den systeminternen Koalitionspartnern in Arbeitsleistungen (Leitungs- und Ausführungsfunktionen) und bei den systemexternen Koalitionspartnern in Ressourcenlieferung, Abnahme von Systemleistungen sowie Akzeptierung (bei den regulatorischen Gruppen).

20 Vgl. zum Begriff der regulatorischen Gruppen: Dill (1958).
21 Akzeptierung heißt hier, daß das System der Legitimation durch diese Gruppen bedarf. Vgl. zum Begriff der Legitimation des Systems durch seine Umwelt: Parsons (1956); dort wird der Begriff Akzeptierung allerdings weiter gefaßt und umschließt auch die Beziehungen zu Inputlieferanten und Outputabnehmern.
22 Vgl. zum folgenden vor allem: Cyert/March (1963: 29ff.), Thompson (1967: 127f.) und Kirsch (1969).

Abb. II/1–1: Determinanten des Zielbildungsprozesses in sozialen Systemen

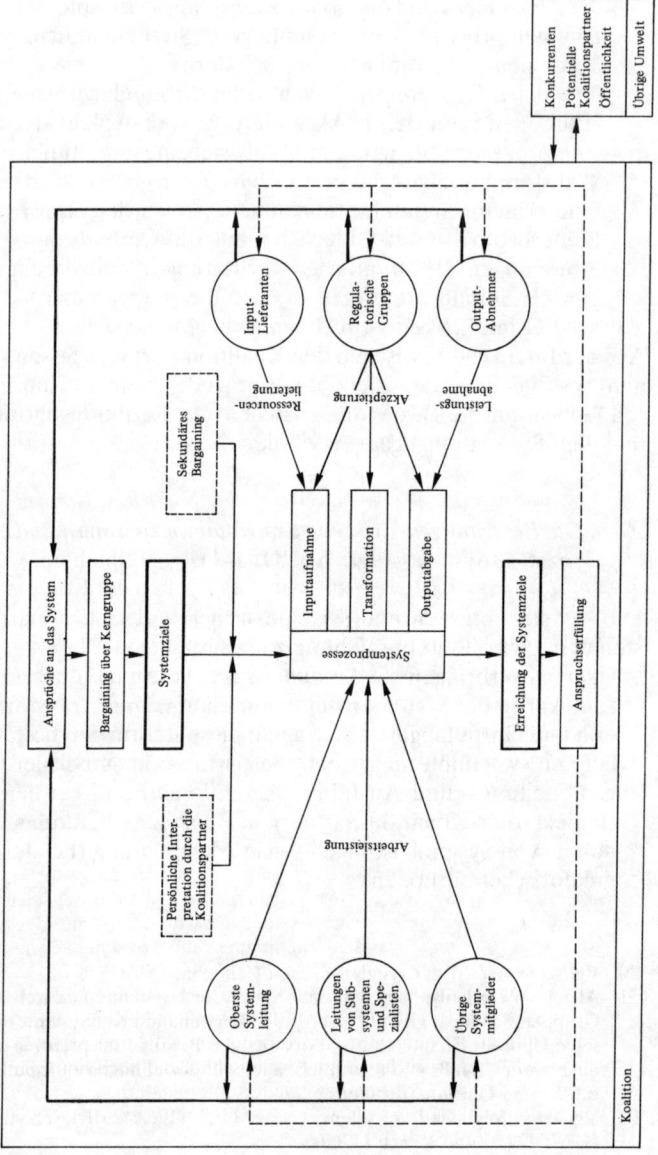

- andererseits stellen sie *Ansprüche an das System*, d. h. sie erwarten vom System einen Beitrag an die Erreichung ihrer jeweiligen Ziele.[23] Tab. II/1–1 zeigt am Beispiel einer Unternehmung einige Koalitionspartner und jeweils mögliche Ansprüche an das System.[24] Ähnliche Anspruchskataloge können auch für Spitäler, öffentliche Verwaltungen, usw. aufgestellt werden.[25]

Die Leistungen, die die verschiedenen Anspruchsgruppen als Koalitionspartner für den Ablauf der Systemprozesse erbringen, und die von ihnen an das System gestellten Ansprüche bedingen sich offenbar gegenseitig:

- aus der Sicht der Koalitionspartner stellt die Erfüllung ihrer Ansprüche eine Voraussetzung für die Erbringung von Leistungen für das System dar;
- aus der Sicht des Systems stellen die Leistungen der Koalitionspartner eine Voraussetzung für die Erfüllung ihrer Ansprüche dar.

Die von Simon et al.[26] entwickelte *Anreiz-Beitrags-Theorie* der Organisation basiert auf dieser doppelten Beziehung zwischen den Leistungen der Koalitonspartner (dort: «Teilnehmer» der Organisation) und der Erfüllung von Ansprüchen der Koalitionspartner durch das System. Ihre zentralen Postulate lauten:[27]

«1. Eine Organisation ist ein System von aufeinander bezogenen sozialen Verhaltensweisen einer Anzahl Personen, die wir die Teilnehmer der Organisation nennen werden.

2. Jeder Teilnehmer und jede Gruppe von Teilnehmern erhält von der Organisation Anreize, wofür er der Organisation Beiträge leistet.

---

23 Diese Ansprüche können explizit gestellt werden, aber auch implizit: das System erfährt dann von den Ansprüchen dieser Koalitionspartner nur durch Änderungen in der für das System erbrachten Leistung. Beispiel: Ansprüche von Kunden bei Unternehmungen mit Konsumgütermassenproduktion.

24 Vgl. zu solchen Katalogen von Koalitionspartnern und ihren Ansprüchen an das System z. B. Dill (1965: 1076 ff.) und Cleland/King (1962: 104).

25 Die in Tab. II/1–1 aufgeführten Gruppen von Koalitionspartnern und ihre jeweiligen Ansprüche sind weder abschließend noch homogen; sie lassen sich deshalb ergänzen bzw. weiter untergliedern.

26 Vgl. Simon et al. (1950: 381 f.).

27 March/Simon (1958: 94).

Tab. II/1-1:
Koalitionspartner in einer Unternehmung und typische Ansprüche

Koalitionspartner (Anspruchsgruppen)	typische Ansprüche = Ziele, die durch Leistung von Beiträgen an das System erreicht werden sollen
systeminterne Koalitionspartner	
– oberste Systemleitung (Top-Management)	Einfluß auf das System und seine Umwelt (Macht); Prestige; hohes Einkommen; Verwirklichung schöpferischer Ideen
– Leistungen von Subsystemen und Spezialisten (Bereichsleitungen)	Einfluß auf andere Subsysteme und auf die oberste Systemleitung (Macht); Anwendung und Erweiterung professioneller Kenntnisse und Fähigkeiten; Prestige; hohes Einkommen
– übrige Systemmitglieder («Belegschaft»)	hohes Einkommen; soziale Sicherheit; Selbstentfaltung am Arbeitsplatz; zufriedenstellende Arbeitsbedingungen und zwischenmenschliche Beziehungen
systemexterne Koalitionspartner	
– Inputlieferanten	
– Eigenkapitalgeber[28]	hohe Gewinnausschüttung; Teilnahme an Wertsteigerung durch Kursentwicklung und günstige Angebote bei Kapitalerweiterungen; Einfluß auf oberste Systemleitung
– Fremdkapitalgeber (Gläubiger)	hohe Verzinsung; pünktliche Rückzahlung und Sicherheit des zur Verfügung gestellten Kapitals
– Lieferanten von Vorleistungen	günstige Lieferkonditionen; Zahlungsfähigkeit; anhaltende Liefermöglichkeiten

28 Wenn die Eigenkapitalgeber sich aktiv und dauernd an der Systemleitung beteiligen, können sie als interne Koalitionspartner betrachtet werden. Für sie gelten dann zusätzlich Ansprüche wie bei der obersten Systemleitung.

150

– Outputabnehmer (Kunden)	qualitativ hochstehende Leistung zu günstigen Preisen; Nebenleistungen (Konsumentenkredite, Service, Ersatzteile, Beratung usw.); gesicherte Warenversorgung
– regulatorische Gruppen	
– Kommunalbehörden	Bereitstellung von Arbeitsplätzen; Beiträge an die Infrastruktur und an Kultur- und Bildungsinstitutionen
– Staat	Einhaltung gesetzlicher Vorschriften; Export; Steuereinnahmen
– Gewerkschaften	Anerkennung von Gewerkschaftsvertretern als Verhandlungspartner und faire Verhandlungstechnik; Möglichkeiten, Gewerkschaftsanliegen innerhalb der Unternehmung zu propagieren, Mitglieder zu werben usw.
– Unternehmerverbände, politische Parteien, Kartellpartner usw.	Ausrichtung unternehmerischer Entscheidungen an den Interessen solcher Gruppen; Leistung von finanziellen Beiträgen
– Bürgerinitiativen, Medien, kritische Öffentlichkeit	Umwelt-, Sozial-, Human- und Demokratieverträglichkeit der Aktivitäten des Systems

3. Jeder Teilnehmer setzt seine Teilnahme an der Organisation nur so lange fort, als die ihm gebotenen Anreize gleich groß oder größer sind (gemessen an seinen Wertungen und an den Alternativen, die ihm offen stehen), als die Beiträge, die von ihm verlangt werden.

4. Die Beiträge, die von den verschiedenen Gruppen von Teilnehmern geleistet werden, sind die Quelle, aus der die Organisation die Anreize herstellt, die sie den Teilnehmern anbietet.

5. Eine Organisation ist nur so lange solvent – und damit überlebensfähig –, als daß die Beiträge ausreichen, Anreize in genügend großem Ausmaß zu verschaffen, um die Leistung der Beiträge fortzusetzen.»

Das Überleben des Systems erfordert also eine Art Gleichgewicht zwischen dem System und den Koalitionspartnern. Als *generelles Erfordernis* für das System und damit als Leitmaxime für den Ablauf der Systemprozesse gilt dabei, daß die (legitimen) Ansprüche der Koalitionspartner erfüllt werden müssen, damit diese überhaupt ihren Beitrag zum Ablauf dieser Systemprozesse leisten.[29]

Zu c: Der Ablauf des Zielbildungsprozesses[30] (vgl. Abb. II/1–1)

Die Ansprüche der Koalitionspartner stellen noch keine Systemziele dar, denn Systemziele bedürfen einer «offiziellen» Formu-

---

29 Andere Gleichgewichtstheorien – so z. B. Hunt (1972: 304 ff.) – gehen von der Zweiteilung der Koalitionspartner in interne (Systemmitglieder) und externe Gruppen (Ressourcenlieferanten, Leistungsabnehmer, usw.) aus und stellen fest, daß das Überleben des Systems zwei Arten von Gleichgewichten erfordert:
  – die Einhaltung eines *inneren Gleichgewichts*, d. h. Sicherung der Zusammenarbeit zwischen den Systemmitgliedern zum Vollzug der Input-, Transformations- und Outputprozesse;
  – die Erhaltung eines *äußeren Gleichgewichts*, d. h. Sicherung der Lieferung von Inputs, der Abnahme von Outputs und der Akzeptierung durch die Systemumwelt.
  Sowohl die Anreiz-Beitrags-Theorie wie die Forderung nach Erhaltung von innerem und äußerem Gleichgewicht sind mit der in diesem Abschnitt vertretenen Konzeption des Zielbildungsprozesses in sozialen Systemen kompatibel, bzw. in ihr enthalten.
30 Vgl. dazu Cyert/March (1963: 29 ff.) und Kirsch (1969).

lierung durch eine dazu autorisierte Gruppe (oder Person), der sogenannten «*Kerngruppe*». Die Kerngruppe wird mit einer Vielzahl von zum Teil konkurrierenden Ansprüchen von Koalitionspartnern, zu denen sie selbst auch gehört[31], konfrontiert. Im Rahmen kollektiver Problemlösungsprozesse zwischen den verschiedenen Koalitionspartnern versucht sie zu einer Zielformulierung zu gelangen, die den Ansprüchen der Koalitionspartner genügt.[32] Diese kollektiven Problemlösungsprozesse können folgende Formen annehmen:

– *Analytische Prozesse:* ausgehend von einer Nicht-Nullsummensituation wird versucht, zu einer Zielformulierung zu kommen, die allen Ansprüchen genügt.

– Vor allem aber: *Bargaining-Prozesse:* ausgehend von einer Nullsummensituation wird versucht, durch wechselseitige Zugeständnisse (Modifikation der an das System gestellten Ansprüche sowie der für das System erbrachten Leistungen) zu einem Kompromiß zu kommen, der von allen Koalitionspartnern akzeptiert wird.

Die durch kollektive Problemlösungsprozesse gefundene Zielformulierung – in den allermeisten Fällen ein Kompromiß – kann von der Kerngruppe als verbindlich erklärt werden und stellt damit das *Set von Systemzielen* dar, das in Programmen, Plänen, usw. seinen Ausdruck findet.[33] Dieses Set von Systemzielen dient

---

31 Die Kerngruppe kann als Gruppe mit relativ homogenen Interessen und damit Ansprüchen an das System konstituiert sein, sie kann sich aber auch aus Repräsentanten verschiedener Gruppen von Koalitionspartnern (Subkoalitionen) zusammensetzen. Letzteres ist häufig eine Folge von «Co-optation» (vgl. Thompson/Mc Ewen (1958); Beispiel: Aufnahme von Bankdirektoren in die Verwaltungsräte von Industriefirmen.

32 Daraus zeigt sich, daß zwischen der Ableitung von Systemzielen aus Ansprüchen von Koalitionspartnern und dem in Fn. 11 erwähnten Ansatz, Systemziele als «funktionale Imperative» zu betrachten, kein fundamentaler Gegensatz besteht: zwischen einzelnen Imperativen und den Ansprüchen einzelner Koalitionspartner bestehen enge Beziehungen; vgl. dazu Friedlander/Pickle (1968). – Vgl. zu kollektiven Problemlösungsprozessen Abschn. I/322.

33 Beispiele für Zielkataloge von Unternehmungen sind in Cyert/March (1963: 40ff.), Heinen (1966: 59ff.) und in den meisten Management-Lehrbüchern (etwa McFarland (1970: 174ff.)) zu finden. Sie enthalten
 * meist folgende oder ähnliche Komponenten: Gewinn- und Rentabilitätsziele, finanzielle Ziele (Liquidität, Kapitalstruktur, usw.), Marktziele (Umsatz, Marktanteil, usw.), soziale Ziele, usw.

dann für die Systemmitglieder als Leitlinie, an der sie ihr Verhalten beim Vollzug der Systemprozesse ausrichten können. Zum Zielbildungsprozeß und den Systemzielen noch folgende präzisierende Bemerkungen:

- Oft stellen Koalitionspartner ihre Ansprüche an das System nur *implizit* (Beispiel: die Kunden bei Unternehmungen der Konsumgütermassenproduktion). Diese Koalitionspartner nehmen dann auch nicht direkt an den Bargainingprozessen teil; ihre Interessen werden jedoch häufig von anderen Koalitionspartnern vertreten (Beispiel: In Unternehmungen kann die Verkaufsabteilung Interessen der Abnehmer verteidigen).
- Simultan mit dem Zielkompromiß wird auch die *Zusammensetzung der Koalition* ausgehandelt, d. h. am Bargaining-Prozeß beteiligen sich auch potentielle Koalitionspartner, die dann u. U. «günstigere Angebote» in bezug auf das Verhältnis zwischen gestellten Ansprüchen und zu leistenden Beiträgen machen.
- *Erhaltung* oder *Überleben* als oft genanntes oberstes Systemziel läßt sich aus den Interessen aller, ev. auch nur einzelner, Koalitionspartner an der fortdauernden Erfüllung ihrer Ansprüche erklären.
- Die Abgrenzung zwischen *Systemzielen* und *Systemzwecken* läßt sich aufgrund der hier dargestellten Konzeption des Zielbildungsprozesses folgendermaßen treffen:
  - Systemziele sind die aus den Ansprüchen der einzelnen Koalitionspartner abgeleiteten und durch die Kerngruppe legitimierten Kriterien, an denen sich die Systemmitglieder beim Vollzug der Systemprozesse orientieren sollen;
  - Systemzwecke sind die Beiträge, die das System aufgrund des Vollzugs der Systemprozesse an die verschiedenen Koalitionspartner leisten kann; Erfüllung der Systemzwecke bedeutet also Erfüllung der Ansprüche der Koalitionspartner. Die Erfüllung der Ansprüche der Outputabnehmer wird dabei oft als Erfüllung des «primären» Zweckes bezeichnet.

Indem ein System seine Ziele erreicht, würde es demnach auch seine Zwecke erfüllen. Dies gilt jedoch nur unter der Voraussetzung, daß im Verlauf des Zielbildungsprozesses ein Zielset gefunden wird, das die Ansprüche der Koalitionspartner vollständig und widerspruchsfrei reflektiert.

Zu d: Das Resultat des Zielbildungsprozesses

Die Ausgestaltung des Zielkompromisses[34], d. h. die Berücksichtigung der Anliegen der einzelnen Koalitionspartner bei der Formulierung der Systemziele, hängt ab von den wechselseitigen *Machtpositionen und Abhängigkeiten* zwischen den Koalitionspartnern. Dabei hat keineswegs die die Systemziele autorisierende Kerngruppe immer die stärkste Machtposition im Bargaining-Prozeß. Die Machtposition eines bestimmten Koalitionspartners und damit die Berücksichtigung seiner Ansprüche bei den Systemzielen ist tendenziell umso höher[35],

– je stärker das System auf die speziellen Ressourcen oder den Beitrag des betreffenden Koalitionspartners angewiesen ist (d. h. je weniger sich sein Beitrag gegen andere Beiträge substituieren läßt);

– je weniger andere potentielle Koalitionspartner diesen Beitrag liefern können (d. h. je eher der betreffende Koalitionspartner eine Monopolstellung besitzt);

– je mehr andere soziale Systeme die Mitarbeit mit dem betreffenden Koalitionspartner suchen (d. h. je stärker die Konkurrenz um den betreffenden Koalitionspartner).[36]

Ob allerdings der durch den Bargaining-Prozeß gefundene Zielkompromiß den in Abschn. 11 aufgestellten Anforderungen der Operationalität und Konsistenz entspricht und damit als eindeutige Leitlinie für das Verhalten der Systemmitglieder dienen kann, ist oft mehr als fraglich. Vielmehr ist eher anzunehmen, daß die konkurrierenden Ansprüche der Koalitionspartner in den Systemzielen nur scheinbar auf einen Nenner gebracht werden,

---

34 Friedlander/Pickle (1968) haben das Ausmaß der Erfüllung von Ansprüchen verschiedener Koalitionspartner empirisch überprüft. Mit einigen Ausnahmen (Beispiel: positive Beziehung zwischen der Erfüllung von Eigentümer- und Konsumentenansprüchen) haben sie keine signifikanten Beziehungen gefunden. Sie schließen daraus auf eine weitgehende Unfähigkeit der Systeme, den Ansprüchen verschiedener Koalitionspartner gleichzeitig gerecht zu werden.

35 Vgl. dazu Thompson (1967: 30). Die Machtposition eines bestimmten Koalitionspartners kann so dominierend sein, daß er das System «kontrolliert»; vgl. dazu Perrow (1961).

36 Zur zentralen «mikropolitischen» Bedeutung der Ressourcenabhängigkeiten des organisierten sozialen Systems vgl. Pfeffer/Salancik (1978).

daß also die durch die Kerngruppe autorisierten Systemziele nur «*Quasi-Lösungen*» darstellen[37]. Solche Quasi-Lösungen sind charakterisiert durch:

– Nicht-Aufnahme von bestimmten Ansprüchen (insbesondere von systeminternen Koalitionspartnern), die später dennoch bei Entscheidungen als Wertprämissen berücksichtigt werden *(Unvollständigkeit der Systemziele)*;
– Nicht-operationale Formulierungen von Systemzielen, die eine mehrdeutige Interpretation (durch die verschiedenen Koalitionspartner) zulassen *(Ambiguität der Systemziele)*;
– Nicht-Definition der Gewichtung zwischen konkurrierenden Systemzielen *(Inkonsistenz der Systemziele)*.[38]

Als Quasi-Lösungen charakterisierte Systemziele liefern keine eindeutige Leitlinie, an der die Systemmitglieder ihr Verhalten beim Vollzug der Systemprozesse ausrichten können. Dies führt dazu, daß

– der durch die Kerngruppe autorisierte Zielkompromiß auf allen Ebenen des Systems und seiner Umwelt durch *weitere Bargainingprozesse* («sekundäres» Bargaining oder «day to day» Bargaining) präzisiert und konkretisiert wird[39];
– die einzelnen Systemmitglieder ihr Verhalten an einer *persönlichen Interpretation* der Systemziele ausrichten können. Diese Interpretation stellt jeweils einen Kompromiß zwischen den von der Kerngruppe autorisierten Systemzielen und den individuellen Zielsetzungen dieser Systemmitglieder dar.[40]

(Unter Umständen wurden diese Zielsetzungen als Ansprüche gegenüber dem System formuliert, konnten jedoch im Bargaining-Prozeß nicht durchgesetzt werden.)

---

37 Vgl. zu solchen Quasi-Lösungen Cyert/March (1963: 32 ff. und 117 f.) und Kirsch (1969).
38 Statt Angabe einer Gewichtung zwischen konkurrierenden Systemzielen werden konkurrierende Zielsetzungen
    – verschiedenen organisatorischen Subsystemen vorgegeben, die sich nur auf die Verfolgung einer Teilmenge von Zielen konzentrieren (Folge: Suboptimierung);
    – nicht simultan, sondern zu verschiedenen Zeitpunkten, bzw. in verschiedenen Zeiträumen, verfolgt.
    Vgl. dazu Cyert/March (1963: 35 f. und 117 f.).
39 Vgl. Cyert/March (1963: 32 f.).
40 Vgl. dazu Kirsch (1969).

Die Ableitung der Systemziele aus Bargaining-Prozessen erklärt auch, warum die Systemziele einem ständigen Wandel unterworfen sind[41]:

- die von den Koalitionspartnern an das System gestellten Ansprüche unterliegen den Gesetzmäßigkeiten von Lernprozessen; d. h. die zu einem Zeitpunkt an das System gestellten Ansprüche variieren je nach der Erfüllung von früher an das System gestellten Ansprüchen[42];
- die Bedingungen und insbesondere die Machtverhältnisse im System und seiner Umwelt ändern sich ständig; in der Folge ändert sich die Art (und nicht nur das Niveau) der an das System gestellten Ansprüche und die Abhängigkeit des Systems von den Leistungen der Koalitionspartner.

Prozesse des Zielwandels vollziehen sich oft eher in Form *kontinuierlicher Anpassungen* als in Form *mutativer Reorientierungen*. Dies ist u. a. darauf zurückzuführen, daß frühere Systemziele jeweils Präzedenzen für die Formulierung der gerade zur Diskussion stehenden Systemziele darstellen[43]; die neue Formulierung der Systemziele weicht deshalb im Normalfall nur «inkremental»[44] von der alten Formulierung ab[45].

Die Ursache für *mutative Zielreorientierungen* ist häufig darin zu suchen, daß

- einerseits die Systemmitglieder ein starkes Interesse an der Erhaltung des Systems, d. h. an seinem «Überleben» entwickeln, und
- andererseits sich keine externen Koalitionspartner finden, die bereit sind, Ressourcen zu liefern, Akzeptierung zu gewähren oder Systemleistungen abzunehmen.[46]

---

41 Vgl. dazu Cyert/March (1963: 34f.) und Thompson (1967: 129).
42 Vgl. dazu Abschn. I/314 über Anspruchsanpassung.
43 Vgl. dazu Cyert/March (1963: 34f.).
44 Vgl. zum Inkrementalismus Abschn. I/314.
45 Dies entspricht auch der Konzeption des Budgetierungsprozesses in staatlichen Verwaltungen von Wildawsky (1968).
46 Mutative Zielreorientierungen können aber auch andere Ursachen haben. So kann etwa die Zielerreichung für die Systemmitglieder zur Routineangelegenheit werden; neben den ursprünglichen suchen sich die Systemmitglieder dann u. U. neue Arbeitsgebiete und damit neue Systemziele: es kommt zu einer «Zieldiversifikation».

Charakteristische Formen solcher mutativer Zielreorientierungen sind[47]:

- *Zielnachfolge* («Goal Succession»)[48]: Die Outputabnehmer benötigen die Leistung des Systems nur einmal; wenn das System überleben soll, müssen neue Typen von Outputabnehmern in die Koalition aufgenommen werden. Dies führt zu grundsätzlichen Änderungen in den Systemzielen. Beispiel: eine Institution hat zum Ziel, die Kinderlähmung zu bekämpfen; nach Erreichung dieses Ziels wendet sie sich der Schulzahnpflege zu.
- *Zielwechsel* («Goal Change»)[49]: Infolge einer feindlichen Umwelt, d. h. nicht kooperationswilligen Koalitionspartnern, kann das System seine Ziele nicht erreichen; durch vollständige Neudefinition der Ziele kann dann u. U. die Umwelt «günstig» gestimmt werden. Beispiel: ein Spielcasino wendet sich aufgrund eines staatlichen Verbots von Glücksspielen der Beherbergung von Touristen zu.
- *Zielverschiebung* («Goal Displacement»): Sowohl bei Zielnachfolge wie bei Zielwechsel kann die Neudefinition der Ziele implizit erfolgen. Die Systemmitglieder versuchen – besonders in Parteien, Verbänden und öffentlichen Verwaltungsabteilungen – die Erhaltung des Systems dadurch zu sichern, daß sie starre bürokratische Regeln aufstellen und diese um ihrer selbst willen verfolgen, d. h. Instrumente zur Verfolgung ursprünglicher Systemziele werden selbst zu Systemzielen. Solche Zielverschiebungsprozesse treten vor allem dann auf, wenn sich Systemziele nur unter großen Schwierigkeiten operational formulieren lassen.[50]

13   Organisatorische Ziele

In Abschn. II/11 wurde gefordert, die Organisation solle einen (maximalen oder befriedigenden) Beitrag zur Erreichung der Sy-

---

47   Vgl. zum folgenden Blau/Scott (1963: 228ff.).
48   Vgl. dazu vor allem Sills (1958).
49   Vgl. dazu vor allem Selznik (1949).
50   Vgl. dazu Warner/Havens (1967).

stemziele und Erfüllung der Systemzwecke leisten. Konzipiert man nun – wie im letzten Abschnitt dargestellt – die Systemziele als Resultat eines Bargaining-Prozesses innerhalb einer Koalition, so ergeben sich bei der Konkretisierung der oben genannten Forderung, d. h. beim Versuch, den Beitrag der Organisation direkt an den Systemzielen zu messen, folgende Schwierigkeiten:

1. Das Resultat des Bargaining-Prozesses besteht aus multiplen Zielen, die je nach Zusammensetzung und Machtverteilung in der Koalition von System zu System verschieden sind und sich innerhalb jedes Systems im Zeitablauf ändern. Inhaltliche und dennoch allgemeingültige Aussagen über die Kriterien, an denen organisatorische Maßnahmen bewertet werden könnten, lassen sich deshalb nur schwer treffen.

2. Selbst wenn sich solche Aussagen treffen ließen, erscheint es angesichts der Tendenz zu Quasilösungen fraglich, ob sie eine konsistente Grundlage für die Bewertung von organisatorischen Maßnahmen bilden würden.

Unabhängig von der verwendeten Konzeption der Zielbildungsprozesse zeigt sich eine dritte Schwierigkeit, wenn man organisatorische Maßnahmen anhand von Systemzielen bewerten will:

3. Die Erreichung von Systemzielen hängt nicht nur von organisatorischen Maßnahmen, sondern auch von allen anderen, nichtorganisatorischen, Leitungsentscheiden ab. Es ist deshalb durchaus möglich, daß auf bestimmte Systemziele durch die Organisation kein dominanter Einfluß ausgeübt werden kann.[51]

Deshalb wird hier versucht – unabhängig von der inhaltlichen Ausprägung der Systemziele – ein Set von organisatorischen «Formalzielen», aufzustellen. Von ihnen wird angenommen, daß

– sie für die Organisation jedes Systems als Bewertungskriterien verwendet werden können (d. h. unabhängig von der Art der für die Umwelt erbrachten Leistung, von der Zusammensetzung und von den Machtverhältnissen in der Koalition);

---

51 Die Beeinflußbarkeit als Voraussetzung der Operationalität der Ziele (vgl. Abschn. II/11) wäre etwa dann nicht erfüllt, wenn mit organisatorischen Maßnahmen in einer Unternehmung ein bestimmter Marktanteil angestrebt würde.

- auf sie mittels der Instrumentalvariablen der Organisation, wie sie in Abschn. II/2 dargestellt werden, ein entscheidender Einfluß ausgeübt werden kann[52];
- sie sich dimensional formulieren lassen, so daß sich alternative organisatorische Maßnahmen aufgrund des Zielerreichungsgrads (und nicht nur aufgrund eines «Ja/Nein»-Vergleichs) bewerten lassen.

Das Set organisatorischer Formalziele soll zwei Aspekte umfassen[53]:

1. *Instrumentaler Aspekt;* er bezieht sich auf den Vollzug der Systemprozesse (Inputaufnahme, Transformation, Outputabgabe). Eine Organisation, die einen – unten weiter spezifizierten – befriedigenden Beitrag[54] an den Vollzug der Systemprozesse leistet, also *ihre Funktion in bezug auf die Systemprozesse erfüllt,* wird im folgenden als *instrumental rational* bezeichnet.

2. *Sozio-emotionaler Aspekt;* er bezieht sich auf die Befriedigung von Bedürfnissen der Systemmitglieder. Das Resultat einer solchen Bedürfnisbefriedigung ist Arbeitszufriedenheit («Job Satisfaction»). Eine Organisation, die einen – unten weiter spezifizierten – befriedigenden Beitrag an die Bedürfnisbefriedigung der Systemmitglieder leistet, also *ihre Funktion in bezug auf die Systemmitglieder erfüllt,* wird im folgenden als *sozio-emotional rational* bezeichnet.[55]

Instrumentale und sozio-emotionale Rationalität machen zusammen die «Gesamtrationalität» der Organisation aus.[56] Dabei soll

52 Das Problem der Isolierung des Beitrags organisatorischer Maßnahmen an die Erreichung der hier aufgestellten Formalziele läßt sich im konkreten Fall durch die Definition geeigneter Indikatoren der Zielerreichung lösen; vgl. dazu auch Teil IV.
53 Vgl. zur Unterscheidung von sozio-emotionalen und instrumentalen Aspekten: Abschn. I/32.
54 Entsprechend dem Konzept der beschränkten Rationalität (vgl. Abschn. I/31) wird im folgenden davon ausgegangen, daß Organisatoren «befriedigende» und nicht «optimale» Lösungen anstreben.
55 Instrumentale und sozio-emotionale Rationalität entsprechen also ungefähr Barnards Unterscheidung zwischen «effectiveness» und «efficiency»; vgl. Barnard (1938: 19f.).
56 Gesamtrationalität als organisatorisches Oberziel stellt also eine Leerformel dar; über seinen Erfüllungsgrad können nur mittels der unten definierten Organisationsziele Aussagen getroffen werden.

die sozio-emotionale Rationalität als eigenständige Zieldimension verstanden werden, die *um ihrer selbst willen* angestrebt werden kann; d. h. sie soll nicht als bloßes Mittel zur Erreichung instrumentaler Rationalität verstanden werden.[57] In einer hierarchischen Ordnung der organisatorischen Ziele stehen damit instrumentale und sozio-emotionale Rationalität horizontal nebeneinander. Dies schließt jedoch nicht aus, daß von Erhöhungen der sozio-emotionalen Rationalität positive Wirkungen auf die instrumentale Rationalität ausgehen können, und umgekehrt.

Ausgehend von der Unterscheidung zwischen instrumentaler und sozio-emotionaler Rationalität soll nun ein Set organisatorischer Ziele abgeleitet werden.[58]

Statt Rationalität werden in der Literatur oft auch die Begriffe «Effektivität» oder «Effizienz» verwendet. Diese Begriffe verlangen jedoch – abgesehen von ihrer unterschiedlichen Interpretation bei verschiedenen Autoren (vgl. z. B. Fn. 55) – eine diffizile Abgrenzung. Thompson (1967: 86 f.) weist darauf hin, daß Effektivität (bzw. in seiner Terminologie «Instrumentalität») und Effizienz zwei verschiedenen Betrachtungsstufen der Rationalität entsprechen:
- *effektiv* ist eine Maßnahme, wenn sich mit ihr ein definiertes Ziel erreichen läßt;
- *effizient* ist eine Maßnahme, wenn sich mit ihr ein definiertes Ziel mit möglichst geringem Aufwand erreichen läßt.
Effizienz impliziert also den Vergleich von mindestens zwei effektiven (d. h. die Zielerreichung garantierenden) Maßnahmen.

57 Die «Gleichberechtigung» von instrumentalem und sozio-emotionalem Aspekt entspricht neueren Konzeptionen der Unternehmung, die eine «soziale Verantwortung nach innen» postulieren. Vgl. dazu z. B. Davis/ Blomstrom (1971: 148 ff.).

58 Ähnliche Kataloge von organisatorischen Zielen finden sich etwa bei Georgopoulos/Tannenbaum (1957), Hage (1965), Stogdill (1966) und Price (1968). Diese Autoren unterscheiden jeweils die folgenden organisatorischen Ziele:
- Georgopoulos/Tannenbaum (1957): Oberziel: Effektivität (Zielerreichung bei gegebenen Ressourcen und bei Erhaltung der menschlichen und technischen ‹Substanz›); Unterziele: Produktivität, Flexibilität (Anpassung an systeminterne und -externe Änderungen) und Fehlen von systeminternen Spannungen und Konflikten.

131 Produktivität I und II als Komponenten der instrumentalen Rationalität einer Organisation[59]

Instrumentale Rationalität ist dann gegeben, wenn die Organisation dazu beiträgt, den Ablauf der Systemprozesse *produktiv* zu gestalten, d. h. wenn durch organisatorische Maßnahmen ein befriedigendes Verhältnis
– zwischen den an die Umwelt abgegebenen Leistungen einerseits
– und den zur Erstellung dieser Leistungen von der Umwelt bezogenen Ressourcen und von den Systemmitgliedern erbrachten Arbeitsleistungen andererseits
erreicht wird.[60]
Das Ziel «Produktivität» als Erfordernis für den Ablauf der Systemprozesse leitet sich aus der generellen Knappheit der von der Umwelt bezogenen Ressourcen und der von den Systemmitgliedern erbrachten Arbeitsleistungen ab.[61] Weil diese Knappheit für jedes soziale System und nicht nur für private Unternehmungen gilt, stellt Produktivität auch für die Organisation von Spitälern,

– Hage (1965): Adaptivität (Flexibilität), Produktion (Effektivität), Effizienz (Kosten) und Arbeitszufriedenheit (Moral).
– Stogdill (1966): Produktivität; Integration (Erhaltung von Struktur und Funktion in Streßsituationen) und Moral (motivationale Kraft).
– Price (1968): Oberziel: Effektivität (Grad der Zielerreichung); Unterziele: Produktivität (Verhältnis von Output zu Input), Konformität (Übereinstimmung von tatsächlicher Leistung und Leistungsnorm), Moral (Befriedigung individueller Bedürfnisse), Adaptivität (Flexibilität) und Institutionalisierung (Akzeptierung des Systemverhaltens durch die Umwelt).
59 Zu einer konsequent systemtheoretischen Betrachtung des Problems der instrumentalen Rationalität vgl. Katz/Kahn (1966: 150 ff.).
60 Dabei können zwei Betrachtungsweisen der Produktivität unterschieden werden:
– mengenmäßige Relation von Systemleistungen einerseits und Ressourcen und Arbeitsleistungen andererseits: *technische* Produktivität.
– wertmäßige Relation (d. h. Menge × Preis): *ökonomische* Produktivität.
61 Entsprechend nennen Seashore/Yuchtman (1968) als oberstes Ziel der Organisation «...its ability to exploit its environments in the acquisition of scarce and valued resources to sustain its functioning».

öffentlichen Verwaltungen usw. eine notwendige Zielsetzung dar.[62]
Zwei Formen der Produktivität einer Organisation können unterschieden werden:[63]

a. Produktivität erster Ordnung (im folgenden: Produktivität I)

Sie bezeichnet den Beitrag der Organisation an die *Produktivität von im wesentlichen immer gleich ablaufenden Systemprozessen.* Ein derart – mit Ausnahme von Friktionsschwankungen – gleichbleibender Ablauf der Systemprozesse ist die Folge von qualitativ und i. d. R. auch quantitativ einigermaßen gleichbleibenden Leistungen des Systems an seine Umwelt einerseits und gleichbleibenden Ressourcen aus der Umwelt sowie Arbeitsleistungen der Systemmitglieder andererseits. Voraussetzungen für eine hohe Produktivität I sind zum Beispiel
– in bezug auf die Systemprozesse im allgemeinen:[64]
 – die Routinisierung (ev. Mechanisierung) von Input-, Transformations- und Outputprozessen,
 – die harmonische Auslastung der Transformationskapazitäten (d. h. keine Leerkapazitäten und keine Engpässe),
 – weder doppelte noch fehlerhafte Erfüllung («Ausschuß») von Aufgaben, noch Erfüllung von überflüssigen Aufgaben;

62 Allerdings ist die Bedeutung der Produktivität der Systemprozesse um so größer, je stärker die Möglichkeit, Ressourcen aus der Umwelt und Arbeitsleistungen von Systemmitgliedern zu erhalten, von der Leistung des Systems für seine Umwelt abhängt. Diese Abhängigkeit ist z. B. bei privaten Unternehmungen größer als bei staatlichen Verwaltungsabteilungen.
63 Die Unterscheidung zwischen Produktivität I und II entspricht ungefähr der häufig getroffenen Unterscheidung zwischen Produktivität und Adaptivität, bzw. Flexibilität (vgl. z. B. Hage (1965) und Price (1968)). Während jedoch Adaptivität, bzw. Flexibilität nur die Fähigkeit der Organisation bezeichnen, sich an verschiedene Bedingungen anzupassen, soll Produktivität II darüber hinaus für die Fähigkeit der Organisation stehen, nach Anpassung an verschiedene Bedingungen zur produktiven Gestaltung der Systemprozesse beizutragen.
64 Vgl. zu möglichen Mängeln im Ablauf der Systemprozesse z. B. Schmidt (1972).

– in bezug auf die Arbeitsleistungen der Systemmitglieder im besonderen[65]:
  – die Erhaltung der Präsenz der Systemmitglieder im System («decision to participate»),
  – die Verläßlichkeit der Systemmitglieder in bezug auf die von ihnen geforderte quantitative und qualitative Leistung («decision to produce»),
  – die Abwesenheit von dysfunktionalen Spannungen und Konflikten zwischen den Systemmitgliedern.[65a]

Auf der Grundlage solcher Voraussetzungen einer hohen Produktivität I können Indikatoren für die Erreichung dieses organisatorischen Zieles abgeleitet werden. Beispiel: die «Erhaltung der Präsenz der Systemmitglieder im System» kann mittels Fluktuationsraten und Absenzraten gemessen werden.

b. Produktivität zweiter Ordnung (im folgenden: Produktivität II)

Sie bezeichnet den Beitrag der Organisation an die *Produktivität von Systemprozessen, deren Ablauf ständigen Veränderungen unterworfen ist.* Solche Veränderungen im Ablauf der Systemprozesse können evolutiv oder mutativ erfolgen: sie werden verursacht durch wechselnde Qualität und u. U. auch Quantität der an die Umwelt erbrachten Leistungen des Systems einerseits und der dazu benötigten Ressourcen aus der Umwelt sowie Arbeitsleistungen der Systemmitglieder andererseits.
Voraussetzungen für eine hohe Produktivität II sind zum Beispiel
– in bezug auf die Systemprozesse im allgemeinen:
  – flexible Gestaltung der Input-, Transformations- und Outputkapazitäten
  – rasche Aufnahme von hochwertigen Informationen über Veränderungen in den Bedingungen und unverzügliche Weiterleitung dieser Informationen an kompetente Stellen («Frühwarnsysteme»),
  – rasche Auswertung dieser Informationen und Generation – z. B. mittels Forschung oder heuristischen Problemlösungs-

65 Vgl. dazu Georgopoulos/Tannenbaum (1957), March/Simon (1958: 48) und Katz/Kahn (1966: 337).
65a Vgl. oben, Abschn. I/33.

verfahren – von möglichen wirksamen Reaktionen des Systems auf diese Änderungen, so daß die Produktivität der Systemprozesse gesichert ist,
- Realisierung der Reaktionen und Durchsetzung von Entscheidungen über notwendige Änderungen im Ablauf der Systemprozesse auch gegen mögliche Widerstände;
- in bezug auf die Arbeitsleistungen der Systemmitglieder im besonderen:
  - Fähigkeit der Systemmitglieder, angesichts veränderter Bedingungen neue Problemlösungen zu finden, d. h. innovatives und spontanes Verhalten,
  - Bereitschaft, sich an veränderte Bedingungen anzupassen (kein «resistance to change»).

Ähnlich wie bei Produktivität I können auch von diesen Voraussetzungen Indikatoren für die Messung des Ziels Produktivität II abgeleitet werden.

Zwischen Produktivität I und Produktivität II herrscht tendenziell eine konkurrierende Beziehung, d. h. eine Erhöhung der Produktivität I führt tendenziell zu einer Senkung der Produktivität II und umgekehrt. Denn:[66]
- ein System, das bei verschiedenen Bedingungen, d. h. in verschiedenen Zuständen, produktiv funktionieren kann, benötigt einen «Apparat», mit dem es Veränderungen in den Bedingungen feststellen, entsprechend notwendige Reaktionen des Systems (d. h. Änderungen im Systemzustand) entwickeln und deren Verwirklichung durchsetzen kann;
- ein System, das über einen solchen «Anpassungsapparat» verfügt, arbeitet notwendig bei einer bestimmten einzelnen Bedingungskonstellation weniger produktiv als ein System, das nur auf diese einzelne Bedingungskonstellation ausgelegt ist und deshalb über keinen Anpassungsapparat verfügen muß.

Darüber hinaus entspricht die postulierte negative Beziehung zwischen Produktivität I und II auch den landläufigen Vorstellun-

---

66 Ein System, das nur einen Zustand (im Rahmen von Friktionsschwankungen) annehmen kann, wird in der Kybernetik als monostabiles System, ein System, das – dank seiner Ausrüstung mit einem Stufenfunktions-Generator (unserem «Apparat») – mehrere Zustände annehmen kann, wird als ultrastabiles System bezeichnet. Vgl. dazu Ashby (1964) und Krieg (1971).

gen der allgemeinen Betriebswirtschaftslehre. So gilt z. B., daß Einzweckmaschinen wirtschaftlicher arbeiten als Universalmaschinen, die für mehrere Zwecke konstruiert worden sind.

132 Sicherheit und Selbständigkeit als Komponenten der sozio-emotionalen Rationalität einer Organisation

Sozio-emotionale Rationalität ist dann gegeben, wenn die Organisation dazu beiträgt, daß die Systemmitglieder durch ihre Präsenz und Mitwirkung im System *individuelle Bedürfnisse befriedigen können.*[67] Die Systemmitglieder haben bestimmte Erwartungen in bezug auf ihre Arbeitssituation im sozialen System; diese Erwartungen sind geprägt von individuellen Bedürfnissen und Zielsetzungen:

- werden die Erwartungen durch das System erfüllt, so werden Zielsetzungen erreicht und damit Bedürfnisse befriedigt: das Individuum erlebt durch seine Präsenz im System einen «psychologischen Erfolg»;
- werden die Erwartungen dagegen nicht erfüllt, so erlebt das Individuum einen «psychologischen Mißerfolg».[68]

Eine Vielzahl solcher Erwartungen der Systemmitglieder läßt sich unter den beiden Begriffen «Sicherheit» und «Selbständigkeit» subsumieren. Sicherheit und Selbständigkeit können als Elemente einer zweistufigen Motivationshierarchie verstanden werden. In Maslows (1968) Terminologie würde Sicherheit der ‹deficiency motivation› und Selbständigkeit der ‹growth motivation› entsprechen.[69] Die Erfüllung dieser beiden Typen von Erwartungen kann auch als sinnvolle organisatorische Zielsetzung im sozio-emotionalen Bereich angesehen werden.

---

67 Die Zielsetzung sozio-emotionale Rationalität soll also die Motivationskomponente der individuellen Psychosysteme (bzw. die sich daraus ableitenden Erwartungen) erfassen; dagegen sollen die Einstellungen, Kenntnisse und Fähigkeiten (bzw. die sich daraus ableitenden Erwartungen) der Systemmitglieder als *Bedingungen* berücksichtigt werden (vgl. dazu Abschn. II/322).

68 Vgl. zum «psychological success» und «psychological failure»: Argyris (1970: 39).

69 Vgl. dazu auch Abschn. I/313.

a. Sicherheit

Nach Sullivan (1953)[70] ist das menschliche Verhalten von einem Streben nach «Angstverminderung» («anxiety reduction») geprägt. Angst wird erzeugt durch Ungewißheit über die Reaktionen der Umwelt auf das Individuum; Angstverminderung erfolgt dann durch Abschirmung gegen Bedrohung durch Umweltungewißheit, also durch Erhöhung der Sicherheit über die Reaktionen der Umwelt.

Sicherheit der Systemmitglieder als organisatorisches Ziel bezeichnet die Fähigkeit einer Organisation, die Arbeitssituation der Systemmitglieder so zu strukturieren, daß sie vor *Ungewißheit durch unerwartete Umweltreaktionen abgeschirmt* sind.[71] Strukturierung der Arbeitssituation heißt dann hier: Spezifikation der Rollen der einzelnen Systemmitglieder (und der dazu gehörigen Status), d. h. insbesondere: Spezifikation der Art der zu erfüllenden Aufgaben, der Verfahren der Aufgabenausführung, der Sanktionen für «gute» bzw. «schlechte» Aufgabenausführung, der Beziehungen zu anderen Systemmitgliedern, usw.

b. Selbständigkeit

Nach Argyris (1960: 8f.) ist das menschliche Verhalten geprägt von einer Entwicklung von einem Zustand der «Unreife» (gekennzeichnet durch Passivität, Abhängigkeit, geringe Verhaltensvariabilität, usw.) zu einem Zustand der «Reife» (gekennzeichnet durch Aktivität, Unabhängigkeit, große Verhaltensvariabilität, usw.). Im Zustand der Reife ist das Verhalten auf «Selbstentfaltung» gerichtet, d. h. auf die Realisierung und Weiterentwicklung individueller Kenntnisse und Fähigkeiten.[72] Selbstentfaltung setzt zum einen die Möglichkeit voraus, über das eigene Handeln selbständig zu bestimmen, also die relative Freiheit von Zwängen bei der Wahl von Handlungsalternativen. Zum andern wird, wie die Maslow'sche Stufentheorie der Motivation modellhaft zeigt,[73] das Selbstentfaltungsbedürfnis nur unter sol-

---

70 Dargestellt in Presthus (1966: 107ff.).
71 Vgl. zur Arbeitssituation als strukturiertem Feld: Presthus (1966: 108).
72 Vgl. Argyris (1960: 10ff.).
73 Vgl. Abschn. I/313.

167

chen Bedingungen zum dominanten Handlungsmotiv, unter denen die Sicherheitsbedürfnisse des betreffenden Individuums bereits hinreichend erfüllt sind. Demnach werden Individuen, die in ihrer Persönlichkeitsentwicklung eine bestimmte Grundsicherheit bezüglich ihrer Entscheidungs- und Handlungsfähigkeit erworben haben, häufiger und in höherem Maß nach Selbständigkeit streben.

Selbständigkeit der Systemmitglieder als organisatorisches Ziel bezeichnet folglich die Fähigkeit einer Organisation, die Arbeitssituation der Systemmitglieder so zu gestalten, daß sie – innerhalb definierter Randbedingungen – nach ihrem *freien Ermessen über ihr Arbeitsverhalten im System entscheiden können, ohne dabei Unsicherheit oder Angst erzeugender Überforderung ausgesetzt zu sein.*

Zwischen Sicherheit und Selbständigkeit als organisatorischen Zielen herrscht tendenziell eine konkurrierende Beziehung, d. h. eine stärkere Abschirmung der Individuen vor Ungewißheit reduziert tendenziell ihren Spielraum selbständigen Ermessens und umgekehrt. Je stärker also die Situation am Arbeitsplatz durch organisatorische Maßnahmen strukturiert wird, um so geringer ist tendenziell zwar die Ungewißheit, mit der ein Systemmitglied konfrontiert wird, aber desto geringer ist auch seine Chance zur Selbstentfaltung. Die *sozio-emotionale Rationalität* der organisatorischen Gestaltung der Arbeitssituation eines Systemmitglieds mißt sich daher an dem Grad, in dem sie den Selbstentfaltungsbedürfnissen dieses Individuums entgegenkommt, ohne die Befriedigung seiner grundlegenden Sicherheitsbedürfnisse zu gefährden.

133   Beziehungen zwischen organisatorischen Zielen

Aufgrund dieser Charakterisierung des instrumentalen und der sozio-emotionalen Rationalität läßt sich eine «Hierarchie» organisatorischer Ziele aufstellen: Abb. II/1–2.
Zwischen vertikal angeordneten Zielen herrschen Mittel/Zweck-Beziehungen und zwischen horizontal angeordneten Zielen Komplementaritäts-, Indifferenz- oder Konkurrenzbeziehungen. Zwischen Produktivität I und II sowie zwischen Sicherheit und

Selbständigkeit wurden jeweils Konkurrenzbeziehungen postuliert. Aussagen über ihre Wirkungen auf die instrumentale bzw. sozio-emotionale Rationalität (d. h. ob Produktivität I oder II, bzw. Sicherheit oder Selbständigkeit höher zu gewichten ist) können nur aufgrund der Organisationssituation (vgl. Abschn. II/3 über Bedingungen) getroffen werden. Auf die Gewichtung einzelner konkurrierender Organisationsziele wird deshalb erst in Abschn. III/1 näher eingegangen.

Abb. II/1–2: Beziehungen zwischen organisatorischen Zielen

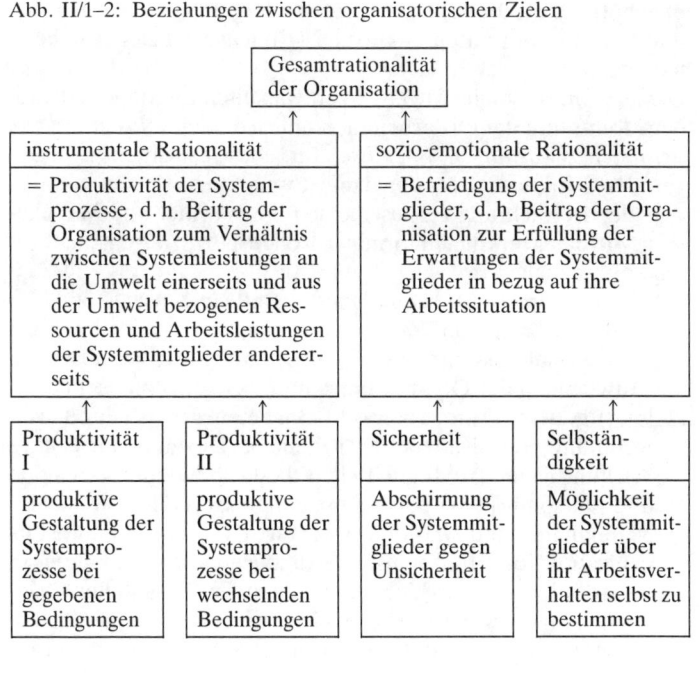

2   Instrumente

21   Problemstellung

Nachdem die organisatorischen Zielkriterien definiert sind, stellt sich als zweites die Aufgabe, organisatorische Instrumentalvariablen zu finden, durch deren Einsatz organisatorische Ziele unter gegebenen Constraints realisiert werden können.

Als organisatorische Instrumente werden hier nur solche Variablen betrachtet, die (a) einer formalen Regelung zugänglich sind und (b) eine Verhaltenserwartung (Rollenspezifizierung) beinhalten.

Gemeinsam ist den im folgenden entwickelten Instrumenten also der *Modus,* mit dem sie arbeiten, nämlich die *Formalisierung von Verhaltenserwartungen. Spezifisch* für jedes Instrument ist dagegen der Strukturaspekt, der damit formalisiert werden kann.

Aus der Betrachtung ausgeschlossen bleiben hier alle Maßnahmen, die den Merkmalen formaler Rollenspezifizierung nicht genügen, nämlich

1. *«People approach»-Maßnahmen*[1]: sämtliche Ansätze und Methoden des *Human Resources Management*, die direkt auf eine Verhaltenssteuerung einzelner Individuen oder auf die Entwicklung der Organisationskultur (Organisationsentwicklung) gerichtet sind, ebenso Maßnahmen zur Aus- und Weiterbildung des Kaders (Management Development). Ihre Wirkung ist an die Mitgliedschaft dieser Individuen gebunden und hat somit keine personenunabhängige Gültigkeit. Diese Maßnahmen sind zwar oft notwendig, um eine bestimmte Organisationsform funktionsfähig zu machen bzw. zu halten; in der Terminologie des hier verwendeten Ansatzes stellen sie jedoch keine organisatorischen Instrumente im eigentlichen Sinne dar, sondern sind (Management-)Methoden zur Veränderung der organisatorischen Constraints;

2. *technologische Maßnahmen* («technological approach»)[1a]: Maßnahmen, die keine direkte Rollenspezifizierung beinhalten, sondern höchstens von einer solchen begleitet sind, nämlich die Wahl bestimmter technischer Instrumente und Para-

---

1   Vgl. Leavitt (1965: 1151 ff.) sowie die Ausführungen in Abschn. IV/123.
1a Vgl. Leavitt (1965: 1148 f.).

meter (z. B. Maschine X oder Y). Diese Maßnahmen bewirken ebenfalls eine Veränderung der organisatorischen Constraints und können dadurch u. U. ein Organisationsproblem auslösen, verschieben oder auch beseitigen;

3. *Disposition und Improvisation:* Maßnahmen, die keine zeitliche Generalisierung darstellen, sondern nur den Charakter von provisorischen strukturellen Regelungen (Improvisation) oder von einzelnen, zeitlich und sachlich beschränkten Detailverfügungen im Rahmen der organisatorischen Regelungen (Disposition) haben.[1b]

Durch die hier zu betrachtenden Instrumente werden also bestimmte Verhaltenserwartungen mit genereller Gültigkeit formalisiert. Je mehr Instrumente eingesetzt und je detaillierter sie geregelt werden, um so mehr Tatbestände werden formalisiert. Tendenziell, aber nicht notwendigerweise, nimmt mit steigender Formalisierung der *Ermessensspielraum* des einzelnen Individuums im System ab, denn je größer der Ermessensspielraum, um so größer ist auch der Anteil der nicht formal spezifizierbaren Aktivitäten. Umgekehrt benötigt aber gerade eine Organisationsform, welche dem einzelnen Individuum einen großen Ermessensspielraum überlassen will, eine Reihe von Regelungen, um die *Rahmenbedingungen* dieser Ermessensspielräume zu präzisieren und die Koordination sicherzustellen. Somit läßt sich festhalten, daß zwischen dem quantitativen Ausmaß der Formalisierung und der Organisationsform keine direkte Beziehung besteht; vielmehr ist das Ausmaß der Formalisierung situationsabhängig, insbesondere davon, ob andere Modi der Verhaltensstabilisierung (gruppendynamische oder individuelle Kontrolle) im System zur Verfügung stehen.

In der Literatur werden Organisationsformen durch eine Vielzahl von Variablen charakterisiert. Jedoch steht meistens die *empirisch-deskriptive* Erfassung organisatorischer Phänomene im Vordergrund[1c], und es bleibt unklar, inwieweit diese Variablen auch als organisatorische *Instrumente* verwendet werden können.

1b Vgl. dazu Kosiol (1962: 28f.) und Mayntz (1963: 86). Hierhin gehören u. a. auch die dispositiven Führungsentscheidungen des einzelnen Vorgesetzten.

1c Dies trifft vor allem für die anglo-amerikanische Literatur zu; vgl. zur systematischen Erfassung organisatorischer Variablen etwa Bakke (1959), Pugh et al. (1963), Hall (1968), Kieser/Kubicek (1983).

Es gilt deshalb aus den in der Literatur genannten Variablen instrumental einsetzbare Variablen auszuwählen. Diese Auswahl wird im Rahmen der bereits genannten Bedingungen aufgrund folgender *Kriterien* getroffen:

– Instrumentalvariablen sollen *manipulierbar* sein, d. h. sie sollen möglichst autonom verändert werden können, um bestimmte organisatorische Ziele zu erreichen.

– Instrumentalvariablen sollen soweit *originär* sein, daß sie nicht nur Symptome (oder Teilaspekte) verändern, sondern die wirklichen Ursachen direkt treffen, d. h. sie sollen nicht die organisatorischen Auswirkungen einer anderen Variablen (eines Constraints, bzw. einer anderen Instrumentalvariablen) widerspiegeln, sondern möglichst den «Anfang einer Kausalkette» darstellen.

– Instrumentalvariablen sollen *prognostizierbare Wirkungen* haben, d. h. die Auswirkung der mittels des Instrumentes eingeleiteten Veränderung auf die organisatorischen Ziele sollte bekannt oder zumindest meßbar sein.[2]

Diese drei Kriterien stehen in engem Zusammenhang: Manipulierbarkeit an sich ist nutzlos ohne die Möglichkeit eines zielorientierten Einsatzes aufgrund prognostizierter Wirkungen; prognostizierbar sind die Wirkungen am ehesten, wenn ein Instrument originär ist; der originäre Charakter einer Variablen ist seinerseits nutzlos, wenn sie nicht manipulierbar ist.

Das Kriterium der *Prognostizierbarkeit* setzt allerdings etwas andere Anforderung an die Definition einer Variablen als die anderen beiden Kriterien. Um die Anzahl möglicher Konstellationen und damit den empirischen Forschungsaufwand besser bewältigen zu können, erscheint eine *dimensionale Erfassung* der Instrumentalvariablen unentbehrlich.[3] Um ferner einzelne Ausprägungen jeder Dimension meßbar und damit vergleichbar zu machen, sollten für jede dimensional interpretierte Instrumentalvariable (a) die grundsätzliche Reihenfolge (Stufung) der einzelnen Ausprägungsformen und/oder (b) einige quantifizierbare *Indikatoren* angegeben werden können.

---

2 Es genügt dabei, daß eine bestimmte Ansicht über die Zielwirkung vorherrscht (die objektiv falsch sein kann).

3 Vgl. dazu die Ausführungen über Organisationsforschung und -theorie, Abschn. I/222.

Unter Berücksichtigung der genannten Kriterien werden im folgenden sechs Instrumentalvariablen unterschieden:
- Zentralisation/Dezentralisation (Aufgabengliederung)
- Funktionalisierung (Strukturtypen)
- Delegation
- Partizipation
- Standardisierung
- Arbeitszerlegung.

Primäre Aufgabe dieses Kapitels ist zunächst die *deskriptive Darstellung* der einzelnen Instrumentalvariablen. Eine Beurteilung der situativen Zielwirkungen dieser Instrumentalvariablen bleibt dem III. Teil vorbehalten. Aus der deskriptiven Darstellung ergeben sich nun allerdings *unmittelbare Wirkungsaussagen*, welche noch nicht an den organisatorischen Zielen gemessen werden, sondern mit den Instrumenten untrennbar verbunden Gegebenheiten oder «intermediäre Variablen» betreffen.

Solche direkten Wirkungen sollen jeweils anhand eines *Rasters* systematisiert werden, der folgende Aspekte umfaßt:
- Kapazitätsaspekt (Wirkungen auf das quantitative Leistungspotential der Organisation)
- Koordinationsaspekt (Wirkungen auf die Koordinationsfähigkeit der Organisation)
- Aspekt der Entscheidungsqualität (Wirkungen auf die strukturellen Voraussetzungen einer hohen Entscheidungsqualität)
- Personenbezogener Aspekt (Wirkungen auf das Individuum in der Organisation)[4].

Die Aussagen im Rahmen des Rasters werden im III. Teil dazu nützlich sein, einzelne Zielwirkungshypothesen plausibel zu machen. Die Frage nach den Zielwirkungen wird somit zweistufig angepackt, wie es die folgende Abbildung darstellt:

---

4 Der personenbezogene Aspekt umfaßt nicht nur sozioemotionale Wirkungen, sondern sämtliche organisatorischen Wirkungen auf das Individuum.

Abb. II/2–1: Methodisches Vorgehen bei der Wirkungsanalyse der Instrumentalvariablen

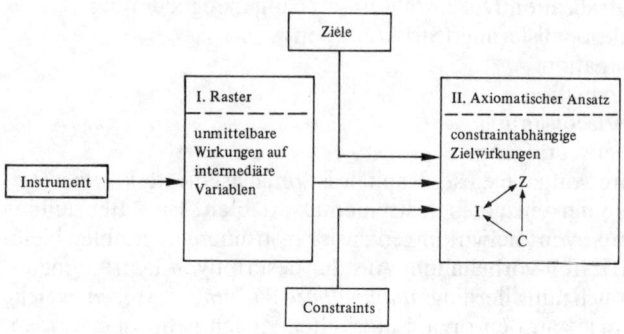

In den folgenden Abschnitten wird jeweils erstens die Instrumentalvariable in ihren verschiedenen Ausprägungen dargestellt; zweitens werden ihre unmittelbaren Auswirkungen zusammengestellt; drittens wird die Variable dimensional definiert.

22 Zentralisation und Dezentralisation (Aufgabengliederung)

221 Zentralisationsarten

Zentralisation und Dezentralisation gelten als grundsätzliche Möglichkeiten organisatorischen Gestaltens; trotzdem ist gerade dieses Begriffspaar in der Literatur besonders unklar geblieben.[5] Drei Interpretationen von Zentralisation/Dezentralisation sind anzutreffen:

a) *geographische Interpretation:* nach dieser Auffassung ist ein soziales System dezentralisiert, wenn seine Subsysteme (Filialen, Departemente, Werke, Betriebe) räumlich, z. B. auf verschiedene Länder, verteilt sind.[6]

---

5 Vgl. Kosiol (1962: 83).
6 Vgl. Harlegard (1971: 14). – Die räumliche Gliederung wird dabei ausschließlich im quantitativen Sinn (Anzahl Kilometer) betrachtet.

b) *Interpretation als allgemeines Problem der Zuordnung von Aufgaben auf Stellen:* in diesem Sinn bedeutet Zentralisation (bzw. Dezentralisation) die Zusammenfassung (bzw. Trennung) von Teilaufgaben, die hinsichtlich eines Merkmals gleichartig sind.[7]

c) *Interpretation als spezielles Problem der Zuordnung von Entscheidungskompetenzen auf Stellen:* dieser Aspekt wird präziser als Delegation bezeichnet und erfaßt die vertikale Abtretung von Entscheidungskompetenzen.[8]

Die geographische Interpretation (im Sinne von räumlichen Distanzen) ist im Rahmen der organisatorischen Fragestellung unwesentlich. Die vertikale Zuordnung von Entscheidungskompetenzen wird als Delegation (Delegationsgrad) getrennt behandelt.

Damit kann hier das Problem der Zentralisation und Dezentralisation «als Frage nach der Art der Zuordnung und Verteilung von Teilaufgaben auf Stellen und Abteilungen»[9] definiert werden, oder kürzer gesagt: als Problem der *Aufgabengliederung* (Interpretation b). Zu beachten ist allerdings, daß mit der Aufgabendezentralisierung, insbesondere in ihren ausgeprägten Formen der Divisionalisierung, die Zielvorstellung einer mehr oder weniger großen *horizontalen Autonomie* der einzelnen Bereiche verbunden ist. Die horizontale Kompetenzaufteilung nimmt also mit zunehmender Dezentralisierung ebenfalls zu. (Damit ist jedoch nichts über die Delegation, also die vertikale Kompetenzabtretung gesagt.)

Im Unterschied zur geographischen Interpretation (a) wird nach der gewählten Begriffsfassung in *jeder* Unternehmung zentralisiert *und* dezentralisiert. Zentralisation nach dem einen Merkmal (z. B. Produkte) bedeutet nämlich stets gleichzeitig Dezentralisation nach allen übrigen Merkmalen (z. B. Absatzgebiete). Dieser ständige Bezug auf ein bestimmtes Zentralisationsmerkmal hat den Nachteil, daß die allgemeine Aussage «die Unternehmung X ist zentral (dezentral) organisiert» zunächst gehaltlos

---

7 Vgl. Kosiol (1962: 81).

8 Vgl. Bleicher (1966: 30). Besonders häufig verwenden die angelsächsischen Autoren den Begriff der Dezentralisation in diesem Sinn, z. B. Pugh et al. (1963: 304). Zur Delegation vgl. Abschn. II/24.

9 Bleicher (1966: 42).

ist.[10] Durch die Definition eines Zentralisations*grades* wird dieser Nachteil weiter unten korrigiert.

Im folgenden werden zuerst die Möglichkeiten der Aufgabengliederung (Zentralisations*arten*) betrachtet. Die Kriterien, nach denen zentralisiert werden kann, sind grundsätzlich nichts anderes als die Aufgabenmerkmale, nach denen eine Aufgabe bestimmt werden kann.[11] Nicht alle haben aber dieselbe Bedeutung als Gliederungskriterien. Die wichtigsten Arten der Aufgabengliederung sind:

– die Gliederung nach *Funktions-* oder *Zweckbereichen* (funktionale Gliederung[12]) auf den oberen Ebenen bzw. nach Teilbereichen und Aktivitäten auf unteren Ebenen;

– die Gliederung nach *Objekten,* wobei auf den oberen Ebenen die *Spartengliederung* (Gliederung nach Produkt- oder Kundengruppen, auch als Divisionalisierung bezeichnet) im Vordergrund steht;

– die Gliederung nach *Regionen* (regionale Gliederung), wobei meistens Absatzgebiete als Regionen verwendet werden;

– die Gliederung nach *Phasen* der Aufgabenerfüllung.

Die Sparten- und die Regionalgliederung werden in der Praxis oft kombiniert (z. B. Spartengliederung im Inland, Regionengliederung im Ausland); die Subsysteme beider Arten werden daher häufig als *Geschäftsbereiche* bezeichnet.

---

10 Dies wiederum im Unterschied zur geographischen Interpretation der Zentralisation.

11 Vgl. Abschn. I/41.

12 Die in Lehre und Praxis häufig verwendete Kurzbezeichnung «funktionale Gliederung» ist vom Begriff der «funktionalen Leitungsorganisation» (Abschn. II/2312) zu unterscheiden. Diese Doppelverwendung des Funktionsbegriffs ist keineswegs zufällig: eine Funktion wird allgemein als *Teilaufgabe*, genauer als ein «Anteil an der Erfüllung» einer Aufgabe, «der auf eine Person oder eine Personengruppe... entfällt» (Nordsieck 1969: 603) definiert. Deshalb kann sowohl ein Zweckbereich (z. B. Beschaffung) als auch der spezifische Beitrag einer Stelle zur arbeitsteilig organisierten Leitung des Gesamtsystems (Leitungsfunktion) als Funktion bezeichnet werden. Vgl. zum Funktionsbegriff die Literaturübersicht von Böhrs (1963: 155ff.).

2211 Die funktionale Gliederung

Jedes organisierte soziotechnische System benötigt zur Aufgabenerfüllung bestimmte, typische Zweck- oder Funktionsbereiche. In allgemeiner Form lassen sich Zweckbereiche gemäß der abstrakten Gliederung der Systemprozesse bilden:

1. Mitgliederbeschaffung und -verwaltung
2. Inputaufnahme (Ressourcenbeschaffung)
3. Ressourcenspeicherung (Ressourcenverwaltung)
4. Transformationsprozesse
5. Leistungsspeicherung
6. Outputabgabe

Unter Input (Ressourcen) werden Rohstoffe, Energie, Produktionsmittel, Finanzen, Informationen und Rechte verstanden; die Systemmitglieder sind dagegen nicht als Ressourcen zu betrachten. Die Beschaffung von Systemmitgliedern und die mitgliederbezogenen Verwaltungsaufgaben bilden daher einen zusätzlichen Funktionsbereich.

Diese allgemeine Zweckbereichsgliederung kann nun je nach Systemtyp verschieden konkretisiert werden. In industriellen Unternehmungen kann sie etwa folgende Teilaufgaben umfassen:[13]

a) Beschaffungs-, Verwaltungs- und Entsorgungsaufgaben	1. Ressourcenbeschaffung	Informationen, Rohstoffe, Energie, Produktionsmittel, Finanzen, Rechte
	2. Ressourcenverwaltung	
	3. Recycling von Altstoffen und Entsorgung von Abfällen	
	4. Personalbeschaffung und -verwaltung	
b) Produktionsaufgaben	5. Leistungsgestaltung (Forschung, Entwicklung und Produktgestaltung)	
	6. Leistungserstellung (Produktion)	
	7. Leistungsspeicherung (Lagerhaltung)	
c) Absatzaufgaben	8. Marktbearbeitung	
	9. Leistungsabgabe (Vertrieb, Distribution)	

In der Literatur werden auch andere, meist systemorientierte Funktionsgliederungen vorgeschlagen.[14] Zu beachten ist jedoch, daß z. T. nicht die Bildung *struktureller Subsysteme*, d. h. konkreter Abteilungen oder Gruppen von Stellen, das Ziel ist, sondern bloße *funktionale Subsysteme* differenziert werden. Ein funktionales Subsystem stellt die rein gedankliche (abstrakte) Zusammenfassung aller Teilaufgaben dar, die die Erfüllung einer für die Systemerhaltung notwendigen Funktion ermöglichen.[14a] Solche Subsysteme werden für analytische Zwecke gebildet; hingegen lassen sie sich nicht immer in strukturelle Subsysteme umsetzen und sind daher für die organisatorische Aufgabengliederung nur beschränkt geeignet.

Das folgende Organigramm zeigt eine reine Zweckbereichsgliederung in einer Unternehmung (Abb. II/2–2). Die dargestellte Zerlegung in Teilaufgaben wird nach unten fortgesetzt, bis so kleine Teilaufgaben differenziert sind, daß sie einzelnen Stellen als Stellenaufgaben zugeordnet werden können.

2212 Die divisionale Gliederung

Eine Produkte- (oder generell Leistungs-)sparte wird in der Regel als Division bezeichnet, wenn ihr mindestens alle leistungsbezogenen Zweckbereiche (Leistungsgestaltung, -erstellung, -abgabe) zugeordnet sind. Darüber hinaus können ihr je nach der angestrebten Autonomie weitere Zweckbereiche (z. B. Finanzwesen, Personalwesen) zugeordnet werden.

Im Unterschied zu einer nach Zweckbereichen gegliederten Organisation ist eine divisionale Organisation immer durch drei Eigenschaften gekennzeichnet:[15]

13 Vgl. auch die Zweiteilung in mittelbezogene Aufgaben (Mittelbeschaffung und -Verwaltung) und leistungsbezogene Aufgaben (Leistungsentwicklung, Produktion, Absatz) bei H. Ulrich (1968: 297).

14 Vgl. z. B. Katz/Kahn (1967: 39ff): Produktionssystem, Versorgungssystem, Erhaltungssystem, Anpassungssystem, Führungssystem. – Bleicher (1970: 168ff.): Operationssystem (1. Real- und Nominalobjektsystem, 2. Informationssystem), Innovationssystem, Politiksystem.

14a Einen Überblick über das Konzept der Analyse funktionaler Subsysteme bietet Dienstbach (1972: 35ff.).

15 Vgl. Gälweiler (1971: 55). Der Divisionsbegriff wird – abgesehen von seiner militärischen Herkunft – praktisch nur in bezug auf Unternehmungen verwendet, so auch von Gälweiler. Er läßt sich jedoch sinngemäß auch auf Subsysteme der öffentlichen Verwaltung oder anderer nicht erwerbsorientierter Institutionen anwenden.

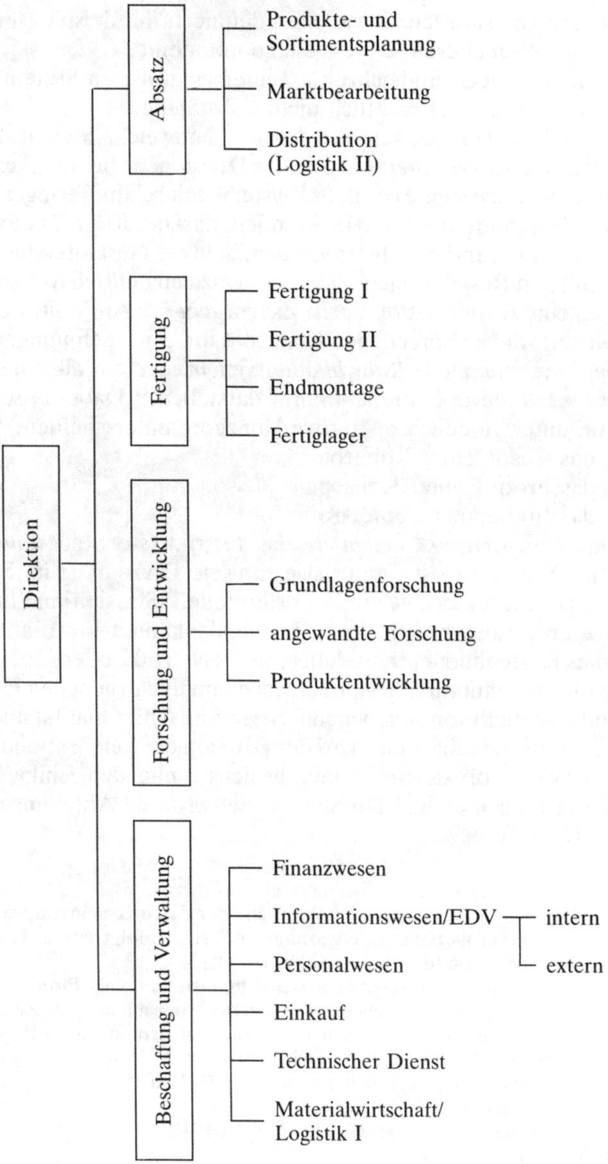

Abb. II/2–2: Beispiel einer Funktions- oder Zweckbereichsgliederung in einer Unternehmung

```
                        ┌─ Produkte- und
                        │   Sortimentsplanung
              ┌ Absatz ─┼─ Marktbearbeitung
              │         └─ Distribution
              │             (Logistik II)
              │
              │              ┌─ Fertigung I
              │              ├─ Fertigung II
              ├ Fertigung ───┤
              │              ├─ Endmontage
              │              └─ Fertiglager
              │
  Direktion ──┤                              ┌─ Grundlagenforschung
              │ Forschung und Entwicklung ───┼─ angewandte Forschung
              │                              └─ Produktentwicklung
              │
              │                            ┌─ Finanzwesen
              │                            ├─ Informationswesen/EDV ─┬─ intern
              │                            │                         └─ extern
              └ Beschaffung und Verwaltung ┼─ Personalwesen
                                           ├─ Einkauf
                                           ├─ Technischer Dienst
                                           └─ Materialwirtschaft/
                                               Logistik I
```

- jede Division leitet, wie oben definiert, ihre leistungsbezogenen Zweckbereiche weitgehend autonom;
- die Division ist gleichzeitig Teil eines größeren Systems;
- die Division ist rechtlich nicht selbständig.

Die Divisionen müssen nun durch irgendwelche Steuerungsmechanismen *koordiniert* werden. Da Divisionen aber möglichst autonome Subsysteme (d. h. Subsysteme mit relativ geringer externer Beziehungsintensität) sein sollen, darf der Koordinationsmechanismus nur die im Interesse der Ziele des Gesamtsystems notwendigen Restriktionen vorgeben. Dazu eignet sich wohl am besten eine Koordination durch *Zielvorgaben*.[16] Am weitesten entwickelt sind entsprechende Konzepte für Unternehmungen, wobei hier *finanzielle Koordinationssysteme* die am allgemeinsten verwendbare operationale Form darstellen.[17] Dabei lassen sich drei unterschiedlich restriktive Konzepte unterscheiden:
- das Cost-Center-Konzept
- das Profit-Center-Konzept
- das Investment-Center-Konzept.

Das *Cost-Center-Konzept* ist das restriktivste Steuerungskonzept. Eine als Cost-Center konstituierte Division ist im Prinzip nichts anderes als eine große Kostenstelle.[18] Sie ist primär für ihre Kosten verantwortlich. Ihre Zielvorgabe kann in der Einhaltung eines Kostenbudgets bestehen (Budgetsystem[19]) oder generell als Kostenminimierung bei einem mengenmäßig gegebenen Umsatz und innerhalb von gegebenen Restriktionen für Qualität und Service definiert sein.[20] Oft wird der Division die freie Entscheidung überlassen, ob sie für Beratungsdienste und den Einkauf von Vorleistungen andere Divisionen bzw. zentrale Abteilungen der

16 Wieweit die Zielvorgabe autokratisch oder durch gemeinsame Willensbildung von über- und untergeordnetem System erfolgt, ist eine Frage des Partizipationsgrades (vgl. Abschn. II/25).
17 Da finanzielle Koordinationssysteme implizit von einer Priorität finanzieller Zielgrößen ausgehen, sind sie in Systemen mit anderen Zielprioritäten nicht hinreichend. Auch in Unternehmungen sind in der Regel umfassendere Führungstechniken wie beispielsweise *Management by Objectives* zweckmäßig (vgl. dabei Abschn. IV/343 im Band 2).
18 Vgl. Poensgen (1967: 375).
19 Zum Budgetsystem vgl. Grochla (1972a: 194).
20 Vgl. Poensgen (1967: 375).

eigenen Unternehmung gegen bestimmte Verrechnungspreise[21] berücksichtigen oder sich am Markt versorgen will, so daß sie hier die kostengünstigste Lösung wählen kann.

Das *Profit-Center-Konzept* erweitert demgegenüber die Verantwortung der Division auf ihren selbständig erarbeiteten Gewinn. Wie einer selbständigen Unternehmung ist der Division die Bedingung vorgegeben, daß sie einen eigenen Gewinn erzielt. Innerhalb gewisser Restriktionen (Produktgruppe, Qualität, Service, Investitionsvolumen usw.) ist sie in der Wahl der Mittel zur Erreichung ihres Gewinnes autonom (Zielvorgabe mit Nebenbedingungen). Sie erstellt ihre eigene Erfolgsrechnung.

Der *absolute* Gewinn ist allerdings stark von den Investitionsmöglichkeiten der einzelnen Divisionen (Erweiterungs- und Rationalisierungsinvestitionen) abhängig, so daß dieses Steuerungskonzept einen permanenten Kampf um Investitionsmittel zwischen den Divisionen unvermeidlich macht. Eine Verbesserung bringt demgegenüber die Verwendung des *relativen* Gewinnes, also der Rendite, als Kriterium.[22] Schon in den 20er Jahren wurde von der Firma Du Pont de Nemours dafür das «*Return-on-Investment*»-Konzept (ROI) entwickelt. Die ROI-Kennziffer setzt den Gewinn zum investierten Kapital ins Verhältnis.[23] Nicht mehr ein minimaler Gewinn, sondern ein minimaler ROI darf jetzt von der Division nicht unterschritten werden.

Als ungelöstes Problem bleibt beim ROI-Konzept die Tendenz zu einer kurzfristigen Politik der Divisionen.[24] Zu deren Einbindung in die mittel- und langfristige Unternehmensstrategie ist auch hier die Vorgabe verschiedener Nebenbedingungen durch die Gesamtunternehmung unerläßlich.

Das *Investment-Center-Konzept* schließlich räumt den einzelnen Divisionen zusätzlich Entscheidungskompetenzen über die Investitionen ihres Bereiches ein.[25] Es stellt damit die extremste Form der Divisionalisierung dar. In finanzieller Hinsicht spielt die Ge-

---

21 Zum Problem der Verrechnungspreise siehe Poensgen (1967: 379ff.).
22 Vgl. Grochla (1972a: 191).
23 Die ausführliche Analyse erfolgt nach folgender Formel:

$$\text{ROI} = \frac{\text{Gewinn}}{\text{Umsatz}} \cdot \frac{\text{Umsatz}}{\text{invest. Kapital}}$$

24 Vgl. Grochla (1972a: 192).
25 Vgl. Frieauff/Kilian (1972: 28).

samtunternehmung dann die Rolle einer Finanzierungsquelle.[26] Auch beim Investment-Center-Konzept wird aber die Unternehmungsspitze aus Koordinationsgründen Mitsprachekompetenzen bei den Investitionsentscheidungen der Divisionen haben müssen.

Die drei dargestellten «Center»-Konzeptionen werden auch häufig kombiniert. Neben den Profit- oder Investment-Centers werden zusätzliche Cost Centers gebildet, die für jene (also für die Divisionen) bestimmte fachliche Dienstleistungen in zentralen Abteilungen erbringen und daher als *Service Centers* bezeichnet werden können. Je nach dem gewählten Konzept kann also der Grad der wirtschaftlichen Selbständigkeit einer Division sehr unterschiedlich gewählt werden.

Innerhalb einer Division wird dann meistens nach Funktionsbereichen weitergegliedert. Bei Objektgliederung auf unteren Stufen der Organisation, wie z. B. bei einer Gliederung der Einkaufsabteilung einer Unternehmung in den Einkauf von Rohmaterial, von Hilfsstoffen, von Büromaterial, von Anlagen, usw. spricht man jedoch nicht von divisionaler Gliederung.

2213 Die regionale Gliederung

In bezug auf die regionale Gliederung sind zwei Fälle zu unterscheiden. Im ersten Fall wird innerhalb einer rechtlich-organisatorischen Einheit (und damit auch meistens innerhalb eines nationalen Hoheitsgebietes) nach geographischen Gebieten gegliedert.[27] Die Bestimmung des Autonomiegrades solcher regionaler Einheiten oder Geschäftsbereiche kann nach den gleichen Konzepten wie bei der Divisionalisierung erfolgen.

Der zweite Fall betrifft internationale Konzerne mit rechtlich selbständigen Tochtergesellschaften außerhalb des Stammsitz-Landes. Auch hier ist eine rein regionale Gliederung denkbar, häufiger aber werden Mischformen unter Verwendung von zwei oder mehr Gliederungskriterien geschaffen.[28]

---

26 Die Unternehmungsspitze fungiert dann praktisch als *Holding*, darf jedoch nicht mit einer solchen verwechselt werden, da den Divisionen die juristische Selbständigkeit fehlt.

27 Beispiele: lokale Niederlassungen von Großbanken, Versicherungen, Warenhäusern und Dienstleistungsbetrieben, Werke von Fabrikationsbetrieben, lokale Verwaltungsdepartemente, usw.

28 Vgl. Abschn. II/2215.

2214 Die Phasengliederung

Das Phasenkriterium gliedert Problemlösungsprozesse nach den drei Hauptphasen
- Planung (Zielsetzung und Vorbereitung)
- Durchführung
- Kontrolle.

Dieses Kriterium wird für die Aufteilung von Leitungsaufgaben verwendet. So wird z. B. die Entscheidungsvorbereitung aus der Leitungsaufgabe einer Instanz ausgegliedert und speziellen Stellen, die von Experten besetzt sind, übertragen. Ähnlich wird in der Fertigung die sog. Arbeitsvorbereitung (AVOR) ausgegliedert. Sogar auf höchster Ebene werden vor allem in den USA oft die Kontrollaufgaben im sog. «Controlling» zentralisiert und ebenso die Gesamtsystem-Planung in einer Abteilung («Corporate Planning») zusammengefaßt. Die Durchführung der laufenden operativen Geschäftsaktivitäten wird somit von allen strategischen Planungs- und Kontrollaufgaben getrennt und unter einer eigenen Leitung («Operations») zusammengefaßt.

2215 Die Kombination mehrerer Gliederungskriterien

Bei der Gebildestrukturierung gelangen die verschiedenen Gliederungskriterien in bestimmten Kombinationen zur Anwendung.
Auf den obersten Systemebenen besteht der Hauptkonflikt normalerweise zwischen den drei Merkmalen «Objekte», «Regionen», «Zweckbereiche».
Dieser Konflikt wird traditionellerweise so gelöst, daß die drei Merkmale in eine *Rangfolge* gebracht werden, z. B.
- Produktgliederung auf der obersten Ebene
- regionale Gliederung auf der zweitobersten Ebene
- Zweckbereichsgliederung auf der drittobersten Ebene.

Eine neuere, grundsätzlich andere Lösung des Zentralisationsproblems wird heute in der Matrix-Organisation gesucht.[29]
Theoretisch kann in fast beliebig vielen Kombinationen zentralisiert und dezentralisiert werden. In der Praxis spielen aber die verschiedenen Kriterien nicht auf allen Gliederungsebenen dieselbe Rolle. Zudem durchläuft eine Organisation während ihres Wachstumsprozesses verschiedene organisatorische *Stadien*.

---

29 Darstellung in Abschn. II/2314.

Anstatt theoretischer Kombinationsarten soll daher als Beispiel ein für viele heutige Großunternehmungen typischer *organisatorischer Entwicklungsprozeß* stark vereinfacht dargestellt werden, wobei nur die obersten beiden Gliederungsstufen berücksichtigt werden.

Im *Pionierstadium* steht oft der alleinige Gründer des Betriebes an der Spitze und leitet einige Mitarbeiter. Auf der Leitungsebene findet dann überhaupt keine Gliederung statt, die gesamte Leitungsfunktion ist in einer Hand zentralisiert. Viele Self-made-Unternehmer halten an einer solchen *Leitungszentralisation* bis an ihr Lebensende fest (z. B. Henry Ford I).

Im *ersten Entfaltungsstadium* rückt wegen der wachsenden Zahl von Mitarbeitern eine *funktionale Gliederung* in den Vordergrund. Zunächst wird es sich oft nur um eine Gliederung nach *Verrichtungen* (z. B. Werkstätten) handeln, bis in einem *zweiten Entwicklungsstadium* ab einer gewissen Größe eine Gliederung nach *Zweckbereichen* notwendig wird. Diese Grundgliederung wird meistens bis zu einer beträchtlichen Unternehmensgröße beibehalten.

Von einer «kritischen» Größe an treten dann regelmäßig Kapazitätsprobleme (Arbeitsüberlastung) bei den Leitungsstellen auf. Dann tritt oft das Kriterium *«Phase»* gleichwertig neben das Kriterium «Zweckbereich», indem Planungs- und Kontrollaufgaben ausgegliedert und in speziellen Stellen zentralisiert werden. Es findet damit meist auch eine stärkere Differenzierung der *Leistungsfunktionen* statt.

Schließlich aber wird das Stadium der *Großunternehmung* erreicht. Jetzt tritt fast gesetzmäßig die *divisionale* Organisation in den Vordergrund. Fast alle großen Unternehmungen haben in den vergangenen Jahrzehnten ihre frühere Gliederung nach Zweckbereichen in eine divisionale Struktur umgebildet.[30] In der Regel wird dabei eine den branchen- und unternehmungsspezifischen Besonderheiten Rechnung tragende Kombination aus Geschäftsbereichen, die als *Profit Centers* eigene Ergebnisverantwortung tragen, und zentralisierten, direkt der Gesamtleitung unterstellten *Service Centers*, die spezielle Unterstützungs-, Koordinations- und Kontrollfunktionen für alle Profit Centers sowie für die Unternehmungsleitung erfüllen, gewählt.

---

30 Vgl. Gälweiler (1971: 55).

Als letzter Schritt wird häufig die Bildung juristisch selbständiger Tochtergesellschaften in verschiedenen Ländern vorgenommen, womit dann das Stadium des *multinationalen Konzerns* erreicht ist. Innerhalb der Divisionen (bzw. Tochtergesellschaften) wird meistens wie früher nach Zweckbereichen gegliedert.

In jüngerer Zeit hat ein weiteres Gliederungskriterium Bedeutung erlangt: die Gliederung nach *Projekten*.[31] Projekte beinhalten zeitlich beschränkte, innovative Aufgabenkomplexe.

In einer empirischen Analyse amerikanischer Großunternehmungen hat Hoffmann (1972) ungefähr folgende statistische Verteilung der Gliederungskriterien auf den drei Ebenen Top-Management, Middle-Management und Lower-Management gefunden:[32]

Abb. II/2–3: Kriterien der Bereichsbildung auf den verschiedenen Ebenen der Unternehmungshierarchie

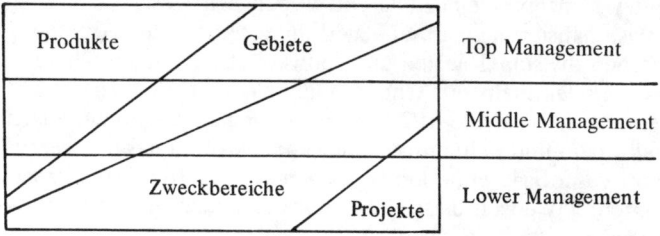

Diese Darstellung dürfte auch heute noch recht gut die vorherrschende Divisionalisierung auf der obersten Ebene und die Relationen zwischen Funktionsbereichs- und Projektorganisation auf unteren bis mittleren Stufen symbolisieren, wenn auch die Bedeutung von Projektorganisationen auf allen Leitungsebenen gewachsen sein dürfte. Hingegen kommt in der Abbildung nicht zum Ausdruck, daß als erste Gliederung in amerikanischen Großunternehmungen meist konsequent eine Phasengliederung auf Leitungsfunktion, nämlich eine Ausgliederung von Leitungshilfsfunktionen (Stäbe) vorgenommen wird. Die zentralen Stäbe

---

31 Die Darstellung der Projektorganisation erfolgt im Rahmen der Strukturtypen in Abschn. II/23.
32 Quelle: Hoffmann (1972: 7).

(Central Staff) sind nötig, um trotz der starken Divisionalisierung eine rationelle Koordination der Subsysteme zu ermöglichen.[33]

222 Unmittelbare Auswirkungen

Eine generelle Beurteilung unterschiedlicher Zentralisationsarten ist schwierig. Oft ist nicht die gewählte Zentralisationsart an und für sich, sondern die konkrete Art und Weise der Gestaltung für die auftretenden Wirkungen entscheidend – ganz abgesehen davon, daß nur eine der Situation angepaßte Zentralisationsart ihre potentiellen Vorteile zur Wirkung bringt.[34] Besonders bedeutsam ist ein Vergleich der Vor- und Nachteile der divisionalen und der funktionalen Gliederung. Aussagen dazu können jedoch wegen dem breiten Spektrum der divisionalen Organisation – vom Cost-Center-Konzept bis zum holdingähnlichen Investment-Center-Konzept – einerseits und wegen den vielen denkbaren «Divisionalisierungsprofilen»[35] – d. h. der konkreten Aufteilung zwischen divisionalisierten und zentral belassenen Zweckbereichen – andererseits nur tendenziellen Charakter haben.

Die folgende Tabelle II/2–1 geht von einer divisionalisierten Struktur aus und stellt ihre grundlegenden Vor- und Nachteile gegenüber der nach Funktionsbereichen gegliederten Struktur zusammen.[36] Wie weit diese zur Geltung kommen, ist constraintsabhängig.

223 Der Dezentralisationsgrad

Im Unterschied zur Zentralisationsart, d. h. der Art des Zentralisationsmerkmales, soll vom Zentralisations- bzw. Dezentralisationsgrad gesprochen werden, wenn man vom Zentralisationsmerkmal abstrahiert und nur die Beziehungsintensität (bzw. Autonomie) zwischen den Stellen bzw. Subsystemen betrachtet. So-

---

33 Vgl. zu den Stäben Abschn. II/2313.
34 In besonderem Maße gilt dies für die Größe des Systems, s. Abschn. II/333.
35 Vgl. dazu Gälweiler (1971: 60).
36 Die regionale Gliederung kann hier der divisionalisierten Struktur in bezug auf die Vor- und Nachteile gleichgesetzt werden.

Tab. II/2–1: Mögliche Vor- und Nachteile der divisionalen (bzw. regionalen) Gliederung gegenüber der funktionalen Gliederung

	Vorteile	Nachteile
Kapazitätsaspekt	– Entlastung der Leitungsspitze – Entlastung der Kommunikationsstruktur (zwischen den Divisionen)	– größerer Bedarf an qualifizierten Leitungskräften
Koordinationsaspekt	– geringe Interdependenz der Subsysteme – klar getrennte Verantwortungsbereiche – Transparenz der Struktur – «Multistabilität»: individuelle Anpassung der Subsysteme[37]	– Bedarf nach aufwendigen Koordinations-mechanismen – Notwendigkeit zusätzlicher zentraler Koordinationsstellen – Notwendigkeit getrennter Erfolgskontrollen
Aspekt der Entscheidungs-qualität	– nach Produkten, Abnehmern oder Regionen spezifisch angepaßte Entscheidungen – Kenntnis der spezifischen Umweltbedingungen – schnellere Anpassungsentscheidungen an Marktveränderungen – mehr integrierte, problemorientierte Entscheidungen	– Mehrfachaufwand in bezug auf Funktions-bereiche – Gefahr des Verlustes einer einheitlichen Politik des Gesamtsystems – Gefahr der Suboptimierung der Subsysteme (Eigeninteresse, kurzfristiger Erfolgsausweis)
Personenbezogener Aspekt	– bessere Entfaltungsmöglichkeiten für Nach-wuchskräfte, da weniger funktional spezialisiert – ganzheitliche Leitungsaufgaben, direktere Beziehung zum eigenen Beitrag – personelle Autonomie der Subsysteme	– geringere Integration des Gesamtpersonals – geringere Beziehung zum Gesamtsystem und seinen Zielen

37 Zum Begriff der Multistabilität vgl. Abschn. III/262.

mit ergibt sich folgende *Definition:* Der Dezentralisationsgrad soll – unabhängig von der Zentralisationsart, d. h. von der Art der verwendeten Gliederungskriterien – ein Maß für die durchschnittliche horizontale Autonomie bzw. Beziehungsintensität zwischen den Abteilungen (Subsystemen) eines organisierten soziotechnischen Systems sein. Die Beziehungsintensität ist *horizontal* aufzufassen, d. h. als operative Abhängigkeit zwischen Subsystemen auf derselben hierarchischen Ebene:[38]

– ein soziotechnisches System soll als stark zentralisiert gelten, wenn die horizontale Autonomie der Subsysteme gering (die Beziehungsintensität groß) ist;

– ein soziotechnisches System soll als stark dezentralisiert gelten, wenn die Subsysteme über eine hohe horizontale Autonomie verfügen, d. h. nur wenige horizontale Außenbeziehungen für die Erfüllung ihrer Aufgaben benötigen.

Die Abstraktion von der Zentralisations*art* auf einen generellen Zentralisations- bzw. Dezentralisations*grad* bedingt die definitorische Zuordnung unterschiedlicher Dezentralisationswerte zu den verschiedenen Gliederungsarten. Eine solche Zuordnung ist möglich, weil die angewendete Gliederungsart die horizontale Beziehungsintensität zwischen den Subsystemen im wesentlichen determiniert.[39] Mit Hilfe dieser Zuordnung kann eine grobe Abstufung des Dezentralisationsgrades vorgenommen werden, die sich anschließend durch die Bestimmung verschiedener Indikatoren verfeinern läßt.

Es gilt nun die folgende grundlegende Zuordnung: eine Gliederung nach Geschäftsbereichen (Regionen oder Produkten) führt im allgemeinen zu größerer horizontaler Autonomie als eine Gliederung nach Zweckbereichen:[40]

– Bei der Gliederung nach *Zweckbereichen* kann keine Abteilung grundlegende Entscheidungen treffen, ohne die anderen Abteilungen stark zu beeinflussen. Zum Beispiel müssen sich die Abteilungen «Einkauf», «Produktion» und «Verkauf»

---

38 Vgl. die Rolle der Beziehungsintensität bei der Abgrenzung von Subsystemen, Abschn. I/11. – Die vertikale Beziehungsintensität bzw. Autonomie eines Subsystems gegenüber seinem übergeordneten System wird durch den Delegationsgrad erfaßt.

39 Vgl. Harlegard (1971: 21).

40 Vgl. zum folgenden Harlegard (1971: 21 f.).

ständig koordinieren, wenn Über- oder Unterproduktion, zu große oder zu knappe Lagerhaltung usw. vermieden werden sollen. Die Beziehungsintensität zwischen den Abteilungen ist also recht hoch.

– Bei der Gliederung nach *Geschäftsbereichen* hingegen ist die Beziehungsintensität zwischen den Sparten bzw. den regionalen Einheiten minimal. Jedes Subsystem regelt die meisten Belange seiner Produktgruppe bzw. seines Gebietes selbständig. Eine Entscheidung, welche die Sparte X oder den Markt A betrifft, berührt die anderen Sparten oder die anderen Märkte nicht oder nur indirekt, je nach dem Ausmaß ihrer wirtschaftlichen Selbständigkeit.

– Einen Dezentralisationsgrad, der zwischen den obengenannten Extremen liegt, weisen die Organisationen mit *Mischgliederung* (z. B.: Spartengliederung mit zentralem Einkauf, zentraler Forschung und Entwicklung, usw.) auf. Dasselbe gilt für teilweise divisionalisierte Organisationen, bei denen verschiedene Dienstleistungen für alle Divisionen in zentralen Dienststellen zentralisiert sind (Service Centers).[41] Damit ergibt sich folgende grobe Dezentralisationsskala für die oberen Gliederungsebenen soziotechnischer Systeme (Abb. II/2–4):

Abb. II/2–4: Die Dimension «Dezentralisationsgrad»

niedriger   hoher
Dezentralisationsgrad   Dezentralisationsgrad

Gliederung nach Zweckbereichen	Mischgliederung (Sparten und Zweckbereiche)	teilweise Divisionalisierung mit zentralisierten Dienstleistungsfunktionen	vollständige Divisionalisierung (bzw. Regionalisierung)

41 Vgl. dazu Abschn. II/23.

Als *Indikatoren* für den Dezentralisationsgrad können beispielsweise folgende Größen dienen:

– *Anzahl zentraler Zweckbereiche* im Verhältnis zur Anzahl aufgeteilter, mehrfach vorhandener Zweckbereiche (bzw. umgekehrt);

– *Intensität und Verbindlichkeit des internen Leistungsaustausches:* die Anzahl der von anderen Subsystemen empfangenen Waren und Dienstleistungen nimmt mit zunehmendem Dezentralisationsgrad ab; die Möglichkeit der Subsysteme, die von ihnen benötigten Leistungen nach eigener Wahl systemintern oder auf dem Markt zu beziehen, nimmt zu;

– *Art der Verrechnung des internen Leistungsaustausches:*[42] bei geringer Autonomie nur Verrechnung im Rahmen der Betriebsabrechnung (BAB), bei gewisser Autonomie Verrechnung zu internen Preisen, bei größerer Autonomie Marktpreisverrechnung auf der Basis von Kunden-Lieferanten-Beziehungen;

– *personelle Autonomie:*[43] das Ausmaß, in dem ein Subsystem über die personellen Voraussetzungen verfügt, um autonom handlungsfähig zu sein. Die personelle Autonomie ist gering, wenn ein Subsystem auf Experten und Serviceleute angewiesen ist, die in zentralen Dienstleistungsstellen dem Gesamtsystem zur Verfügung stehen, oder wenn das Subsystem nicht über Weisungsbefugnisse gegenüber dem benötigten Personal verfügt;[44]

– *Anzahl horizontaler Verbindungswege* zwischen Subsystemen: horizontale Wege für Mitteilungen, Beratung und Kollegialentscheidung;

– *Koordinationsmechanismen:* umfassende Restriktionen durch das Top Management oder nur Zielvorgabe mit ergänzenden Restriktionen (z. B. Cost Center, Profit Center, Investment Center).

---

42 Vgl. Harlegard (1971: 30), der Intensität und Verrechnung des internen Leistungsaustausches kombiniert.
43 Vgl. Harlegard (1971: 31).
44 Beispiel: Projektkoordination durch Stabsstelle (Vgl. Abschn. II/2225).

231   Strukturtypen

Unter Strukturtypen werden deduktiv entwickelte organisatori-
sche Grundmodelle der Kompetenzzuteilung verstanden.[45] Es
handelt sich einmal um die drei *klassischen Grundmodelle*
– Linienorganisation (Einliniensystem)
– Funktionale Organisation[46] (Mehrliniensystem)
– Stablinienorganisation.
Neben diesen drei «Pyramiden-Modellen» werden in neuerer
Zeit weitere Modelle der Funktions- und Kompetenzverteilung
entwickelt, von denen
– Projekt- und Matrixorganisation
die größte Bedeutung erlangt haben. Solche Modelle haben den
Charakter von *Idealtypen*. In der Realität sind fast ausnahmslos
Mischformen anzutreffen.
Während das Instrument «Zentralisation» die Aufgabengliede-
rung und damit die Stellenbildung als solche grundsätzlich be-
stimmt, determiniert der gewählte Strukturtyp die strukturellen
Leitungsbeziehungen zwischen den Stellen. Er legt das Verhältnis
der leitenden Instanzen zu den Stellenaufgaben der untergeordneten Stellen fest.
In diesem Abschnitt sollen die Idealtypen und die wichtigsten
Mischformen dargestellt werden. Danach wird sich die Aufgabe
stellen, eine dimensionale Größe zu entwickeln, welche die
Strukturtypen in einer eindeutigen Reihenfolge (als Grad) erfaßt. Diese Variable soll «Funktionalsisierungsgrad» genannt
werden.

2311 Die Linienorganisation
Bei der Linienorganisation, die von Kosiol[47] präziser als *Einlini-
ensystem* bezeichnet wird, ist jede Stelle nur durch eine einzige
«Linie» mit all ihren vorgesetzten Instanzen verbunden. Der
Grundgedanke dieses Systems besteht darin, daß eine Stelle nur
von einer einzigen Instanz Anordnungen erhalten soll. Dieses

45 In der Literatur wird anstatt von Strukturtypen auch von Leitungssyste-
    men gesprochen. – Vgl. z. B. Lehmann (1969a: 928 ff.).
46 Zum Begriff «Funktion» vgl. die Fußnote 12 in Abschnitt II/221.
47 Vgl. Kosiol (1962: 110).

Prinzip der «*Einheit der Auftragserteilung*» (unité de commandement, Einheit der Leitung) bzw. der «*Einheit des Auftragsempfangs*» (Ulrich 1949) wurde von *Fayol* formuliert.[48] Der Untergebene erhält nach diesem Prinzip nur von seinem einzigen, *direkten* Vorgesetzten Aufgaben und Kompetenzen zugewiesen und ist ihm allein für die richtige Erfüllung der Aufgaben verantwortlich. Jeder Vorgesetzte hat sich streng an die Grenzen seines Kompetenzbereichs zu halten und soll keine Zwischeninstanzen überspringen.

Der gesamte Verkehr zwischen Vorgesetzten und Untergebenen läuft über die *Linie* als dem einzigen (im Idealtypus) erlaubten Verbindungsweg. Die Linie ist also Träger der Beziehungen zwischen dem Vorgesetzten und dem Untergebenen. Als Instrument der Systemleitung erlaubt sie die Durchdringung des ganzen komplexen Systems mit einem einheitlichen Willen.

Entsprechend den in Abschn. I/44 definierten Verbindungswegen kann die Linie zwei Funktionen haben: sie ist einerseits *Mitteilungsweg*, andererseits *Entscheidungsweg*.

Als *Mitteilungsweg* übermittelt die Linie reine Mitteilungen (Informationen). Die Mitteilungen können in beiden Richtungen fließen: als Beratung und Hinweise vom Vorgesetzten zum Mitarbeiter, als (Rück-) Information, Bestätigung oder allgemeine Hinweise vom Mitarbeiter zum Vorgesetzten.

Als *Entscheidungsweg* übermittelt die Linie jeweils andere Informationen von oben nach unten als umgekehrt: Von oben nach unten fließen *Anordnungen* (Anordnungsweg).[49] Mit der Zuweisung von Aufgaben durch Anordnungen werden zugleich der Linie entlang die notwendigen Kompetenzen delegiert. Die Linie als Anordnungsweg ist deshalb immer auch «*Delegationsweg*». Von unten nach oben fließen *Anrufungen*, Vorschläge, Rückfragen und Beschwerden (Anrufungsweg bzw. Vorschlags-, Beschwerdeweg usw.).

Mit dem Einliniensystem im strengen Sinn ist nur die Vorstellung der Linie als Entscheidungs- und Delegationsweg notwendigerweise verknüpft. Falls auch sämtliche Mitteilungen über die Linie

---

48 Vgl. Fayol (1916). – Vgl. Staerkle (1961: 96).
49 In der – nur noch im militärischen Bereich gebräuchlichen – früheren autokratischen Terminologie sprach man vom *Befehlsweg*.

laufen (Linie als einziger Mitteilungsweg), wird die Linie zum verbindlichen «*Dienstweg*».[50] Eine solche totale Bindung aller Kommunikationsbeziehungen an die einzige Linie zwischen einem Mitarbeiter und seinem Vorgesetzten wird in der Literatur wegen der unvermeidlichen Länge und Schwerfälligkeit des Dienstweges für viele Kommunikationsvorgänge abgelehnt. Es werden sog. «*Passerellen*» zugelassen. Das sind Querverbindungen zwischen Stellen, die nicht über die vorgesetzten Instanzen dieser Stellen laufen und ausschließlich als Mitteilungswege dienen.

Zusammenfassend kann festgehalten werden:
Das Wesen der Linienorganisation besteht in einer straffen Regelung fast sämtlicher Kommunikationsbeziehungen in vertikalen Bahnen (Dienstweg). Damit wird der Zweck verfolgt, trotz Delegation von Entscheidungs- und Anordnungskompetenzen und trotz Aufgabenteilung in der Systemleitung die Einheitlichkeit der Leitung (Willensbildung und -durchsetzung) zu gewährleisten. In der graphischen Darstellung ergibt sich folgendes *Grundschema* für die Linien-Organisation (Abb. II/2–5):

Abb. II/2–5: Grundschema der Linien-Organisation

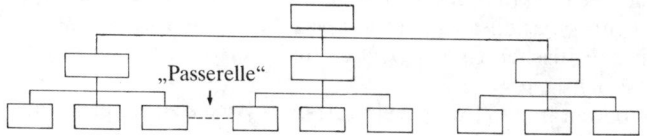

2312 Die funktionale Organisation

Im Unterschied zum Einliniensystem, bei dem jede untergeordnete Stelle nur von einer einzigen Instanz Weisungen erhält, stellt die funktionale Organisation ein Mehrliniensystem dar, d. h. jede Stelle ist einer Mehrzahl von übergeordneten Stellen unterstellt (Mehrfachunterstellung). Auf das Grundprinzip der «Einheit der Auftragserteilung» und seine Vorteile wird bewußt verzichtet, an seine Stelle treten

---

50   Vgl. Lehmann (1969a: 933).

- das Prinzip der Spezialisierung
- das Prinzip des direkten Weges
- das Prinzip der Mehrfachunterstellung.

Von diesen drei Prinzipien ist jenes der *Spezialisierung* der Grundgedanke. Es war *Frederik W. Taylor*[51], der im Rahmen seiner «Wissenschaftlichen Betriebsführung» als erster das Einliniensystem strikte ablehnte, um das Prinzip der Arbeitsteilung auch auf die Leitungsfunktion anzuwenden. An die Stelle der autokratischen Meisterherrschaft mit ihrer Willkür, die eine fruchtbare Zusammenarbeit zwischen Leitung und Arbeiter verhinderte, wollte er eine neue Verteilung der Pflichten zwischen den beiden Parteien Arbeit und Leitung setzen. Er fand sie im sogenannten *«Funktionsmeister-System»*. Hier wird jeder Arbeiter gleichzeitig mehreren «Funktionsmeistern» unterstellt, von denen jeder nur für sein eng abgegrenztes Spezialgebiet verantwortlich ist und nur in diesem Weisungen erteilt. Für größere Betriebe sah Taylor insgesamt acht Funktionsmeister vor (4 Werkstatt-Meister, 4 Meister im Arbeitsbüro).

Es handelt sich bei dieser Aufteilung der Leitungsfunktion um eine echte Spezialisierung im Sinne der «Job-Spezializiation»: Jeder Funktionsmeister verfügt über das erforderliche Spezialwissen seiner Funktion und wird gewissermaßen zum «Experten».[52]

Die echte Spezialisierung (Job-Specialization) ermöglicht es,
- die spezifischen *Eignungen* des einzelnen Vorgesetzten zu berücksichtigen,
- im beschränkten Bereich ein vertieftes *Wissen* zu erwerben und einzusetzen,
- durch Konzentration auf einen Problembereich schneller *Erfahrung* zu sammeln,

---

51 Taylor (1911). Vgl. dazu auch Abschn. III/22 in Band 2.
52 Dies im Unterschied zur sog. *Task-Specialization*, unter welcher eine starke Zerlegung und personale Verteilung der einzelnen *Verrichtungen* eines Arbeitsprozesses zu verstehen ist. Dort ist nicht der «Experte» das Ziel, sondern man will restlos vorbestimmte, möglichst einfache Teilaufgaben erhalten (Beispiel: Fließbandarbeiter, der nur noch eine Bewegung auszuführen hat). Zur Task-Specialization vgl. Abschn. II/27: Arbeitszerlegung.

- arbeitsteilig ein größeres Gesamtausmaß an Leitungsfunktionen zu bewältigen *(Leitungskapazität)*.

Das ursprüngliche Funktionsmeister-System von Taylor hat nur noch die Bedeutung eines Schulbeispiels. In der allgemeinen Form der Job-Spezialisierung hingegen hat die funktionale Organisation vor allem in Unternehmungen eine große Bedeutung erlangt. Mehrfachunterstellungen treten fast auf allen Ebenen des Leitungssystems auf. Vom «Universalisten» sind die anspruchsvollen Leitungsfunktionen heute nicht mehr zu bewältigen, denn er kann nicht in allen Fragen fachlich kompetent sein. Deshalb hat bei einer Entscheidung jene Stelle mindestens ein Mitspracherecht, die fachlich dafür am kompetentesten ist. Ihre hierarchische Stellung spielt dabei im Prinzip eine untergeordnete Rolle. Nach dem *«Prinzip des direkten Weges»* wird eine direkte Verbindung zum kompetenten Spezialisten geschaffen. Seine Ansicht gewinnt eine gewisse *«funktionale Autorität»*[53] unabhängig davon, ob ihm ein formelles Weisungsrecht (Mitentscheidungs- und Anordnungskompetenz) zukommt oder nicht. Diese moderne Form der funktionalen Organisation steht bereits sehr nahe bei andern Strukturtypen (Linien-Stab-Organisation, Matrix-Organisation) und wird meistens nur als System mit *unechter Funktionalisierung* praktiziert.

Was ist unter echter und unechter Funktionalisierung zu verstehen? Der theoretische Idealtypus der funktionalen Organisation weist eine *echte Funktionalisierung* auf: sämtliche untergeordneten Stellen sind mehrfachunterstellt; die gesamte Leitungsfunktion ist funktional aufgeteilt, wie dies bei Taylors Funktionsmeistertum der Fall war. Abb. II/2–6 stellt dieses System schematisch dar.

Beispiel: In Warenhäusern unterstehen die Abteilungsleiter einmal dem Ressortchef für den Einkauf, zum andern dem Ressortchef für den Verkauf. Es handelt sich beim Abteilungsleiter um eine echte Mehrfachunterstellung, es gibt für ihn keinen Linienchef.

---

53 Vgl. Hartmann (1964). – In der hier verwendeten Terminologie ist «funktionale Autorität» als Kombination von aufgabenspezifischer Autorität (Basis: Fachwissen) und positionsspezifischer Autorität (Basis: Mitspracherecht) zu verstehen. Vgl. oben, Abschn. I/321.

Abb. II/2–6: Echte Funktionalisierung (Idealtypus)

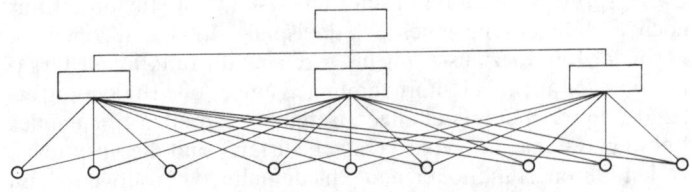

Bei der *unechten Funktionalisierung* dagegen handelt es sich eigentlich um ein Mischsystem: Den primären Leistungsbereichen (Leistungsgestaltung, -erstellung und -verwertung) wird die Linienstruktur belassen; den administrativen Bereichen (z. B. Personal, Rechnungswesen, Finanzen, Organisation und EDV, Recht) wird ein direktes funktionales Weisungsrecht in bezug auf ihre Fachgebiete gegenüber allen anderen Bereichen eingeräumt. So wirkt etwa die Personalabteilung bei der Einstellung, Entlassung, Bezahlung, Ausbildung, Beförderung und Versetzung aller Mitarbeiter mit, die Rechtsabteilung bei allen Fragen mit juristischem Aspekt; das Rechnungswesen kann etwa andere Abteilungen anweisen, bestimmte Daten bis zum Termin X zu liefern (fachtechnische Weisungsbefugnis). Es findet dann eine intensive Zusammenarbeit zwischen Linieninstanz und Spezialabteilung statt. Sie soll für das Beispiel der Personaleinstellung dargestellt werden (Abb. II/2–7).

2313 Die Stab-Linien-Organisation
Dieser dritte grundlegende Strukturtyp baut auf der Linienorganisation auf und nähert sie etwas an die funktionale Organisation an. Die Stab-Linien-Organisation hat in idealtypischer Form aber noch ganz spezifische Charakteristika.[54]

54 Eine sehr ausführliche Diskussion des Stabprinzips bietet Staerkle (1961: 56ff.).

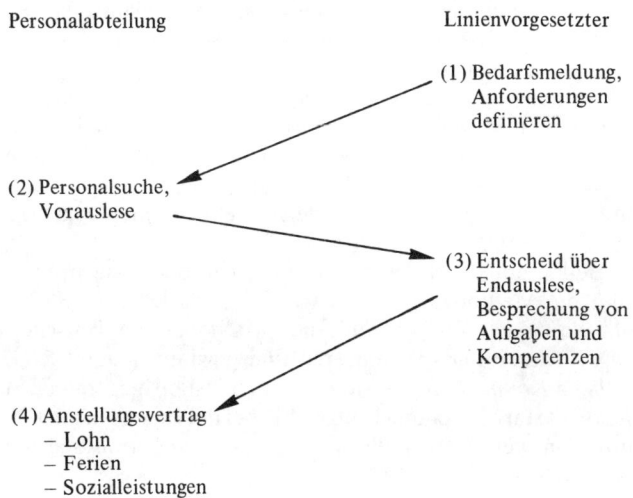

Personalabteilung
Linienvorgesetzter

(1) Bedarfsmeldung,
Anforderungen
definieren

(2) Personalsuche,
Vorauslese

(3) Entscheid über
Endauslese,
Besprechung von
Aufgaben und
Kompetenzen

(4) Anstellungsvertrag
– Lohn
– Ferien
– Sozialleistungen

A. Reine Stabsstellen

Das Liniensystem wird durch eine besondere Kategorie von Stellen ergänzt, die weder Instanzen noch unterste ausführende Stellen sind, sondern Aufgaben der *Entscheidungsvorbereitung, der Kontrolle und allgemein der fachlichen Beratung* erfüllen. Sie werden *Stabsstellen* (Stäbe) genannt. Im Unterschied zu eigentlichen ausführenden Stellen übernehmen sie jene Teile der Leitungsfunktion, die in die Problemlösungsphasen vor und nach der Entscheidung und Anordnung fallen und deshalb im Prinzip keine Entscheidungs- und Anordnungskompetenzen verlangen. Diese Kompetenzen bleiben bei der Instanz, der sie zugeordnet sind. Ihre Funktion könnte man treffend als *Leitungshilfsfunktion*, die Stabsstellen selbst als *Leitungshilfsstellen* bezeichnen. Die Leitungsstellen weisen folgende Charakteristika auf:
1. Der Stab hat eigentlich keine nur ihm zugeteilte Funktion und Aufgabe, sondern seine Funktion und Aufgabe ist die *Unterstützung und Entlastung einer Instanz* bei der Erfüllung *ihrer*

Funktion und Aufgabe. Anlaß zur Schaffung einer Stabsstelle ist meistens die Überlastung einer Instanz.

2. Die Stabsstelle kommt im Prinzip *ohne Entscheidungs- und Anordnungskompetenzen* gegenüber andern Stellen aus, weil sie ex definitione nach diesem Gesichtspunkt aus der Leistungsfunktion ausgegliedert wurde.

3. Stabsstellen können *auf allen Instanzen-Ebenen* auftreten. Besonders wichtig sind sie aber auf den obersten Ebenen, weil dort einerseits die größte Überlastung der Linieninstanzen auftritt und anderseits die Aufgaben der Leitungsunterstützung genügend groß sind, um sie speziellen Stellen zuzuweisen.

4. Die Bedeutung der Stabsstelle ist um so größer, je anspruchsvoller die Methoden des Managements werden. Die Stabsstelle kann sich auf die modernen Methoden der Entscheidungsvorbereitung spezialisieren und gewinnt dadurch eine *fachliche Kompetenz*, die sie der Linieninstanz gegenüber in eine recht starke Stellung bringt. Wie bei der funktionalen Organisation werden hier die Vorteile der *Job-Spezialisierung* ausgenützt.

5. Zu unterscheiden sind zwei Grundtypen von Stabsstellen. Der *Stabsgeneralist*[55] ist als einziger Helfer einer Linieninstanz mit sämtlichen Stabsfunktionen betraut, welche für die Instanz zu erfüllen sind. Seine typische Form ist der persönliche *Assistent* einer Instanz. Der *Stabsspezialist* dagegen erfüllt nur ganz bestimmte Teilaufgaben. Er ist meistens in eine ganze Stabsabteilung eingegliedert, die intern spezialisiert ist. Der Stabsspezialist bzw. die Stabsabteilung untersteht oft nicht direkt einer bestimmten Instanz, sondern steht allen Instanzen zur Verfügung; solche Stabsabteilungen sind dann direkt der obersten Systemleitung unterstellt, d. h. die Trennung in Linie und Stab wird als erstes Gliederungskriterium der Organisation benützt. Während die Stabsabteilung nach außen keine Entscheidungs- und Anordnungskompetenzen besitzt, ist sie intern wie die Linie hierarchisch aufgebaut (interne Entscheidungs- und Anordnungskompetenzen).

6. Parallel zur Linienhierarchie kann sich eine Art «*Stabshierarchie*» entwickeln. Man spricht dann von einem *mehrstufigen*

55   Kosiol (1962: 139).

Stab. Ein zentraler Stab hat Weisungsrechte gegenüber Stabsstellen in den verschiedenen Abteilungen (z. B. zentrale Planungsstelle – Abteilungs-Planungsstellen), ein Konzernstab Weisungsrechte gegenüber den entsprechenden Stäben der Tochtergesellschaften (z. B. zentrale Marktforschung – Marktforschung der Tochtergesellschaften) usw.

In dieser idealtypischen Charakterisierung wird der *Grundgedanke* der Stab-Linien-Organisation deutlich. *Sie soll die Vorteile der klaren Kompetenz- und Verantwortlichkeitsabgrenzung des Einliniensystems mit den Vorteilen der Spezialisierung des Mehrliniensystems verbinden:*

– Hierarchische Beziehungen (Anordnungen, Anrufungen) sind grundsätzlich nur über die Linie möglich. Dadurch kann das Prinzip der Einheit der Leitung eingehalten werden.
– Die Spezialisten besetzen Leitungshilfsstellen. Sie stellen ihre fachliche Kompetenz zur Verfügung, ohne selbst ein funktionales Weisungsrecht zu besitzen.

Da der Grundgedanke der Spezialisierung im Mehrliniensystem der funktionalen Organisation bereits verwirklicht ist, wird die Schaffung von Stabsstellen in der Literatur ausschließlich in bezug auf die Linienorganisation erwogen.[56]

B. Zentrale Dienststellen

Die bisherige idealtypische Darstellung betraf die «reine Stabsstelle». Demgegenüber muß klar gesehen werden, daß der Übergang zwischen Stab-Linien-Organisation und funktionaler Organisation in der Praxis fließend ist. Viele Stabsstellen werden zu *«zentralen Dienststellen»*[57] oder *Service Centers* ausgeweitet. Diese Stellen und Abteilungen haben gewisse eng begrenzte *funktionale Kompetenzen* zugewiesen, mit deren Hilfe sie selbständig eine ganze Reihe von Aufgaben für das Gesamtsystem lösen können. Typische Beispiele für zentrale Dienststellen sind oft

– die Personalabteilung
– die EDV-Abteilung
– die Organisationsabteilung
– zentrale Planungsabteilungen

56 Vgl. Lehmann (1969a: 936).
57 Schon Schmalenbach (1959: 22) verwendet den Begriff «zentrale Dienststelle» und unterscheidet ihn von jenem der Stabsstelle. Auch der Begriff «Fachdienststelle» wird in der Literatur vorgeschlagen.

- Abteilungen Finanzen und Controlling
- Abteilung Recht
- Volkswirtschaft- und Statistik-Abteilung
- Public-Relations-Abteilung (Information und Öffentlichkeits-arbeit).

Eine solchermaßen ausgeweitete Stab-Linien-Organisation mit zentralen Dienststellen läßt sich praktisch nicht mehr unterscheiden von einem Mehrliniensystem mit *unechter Funktionalisierung*.

Damit läßt sich aber die Entstehung der zentralen Dienststellen auf zwei Wegen erklären:

a) von der Funktionalorganisation her: als unechte Funktionalorganisation mit besonders ausgeprägter Unterscheidung der funktionalen Stellen von den Linieninstanzen (Endform der unechten Funktionalisierung).

b) von der Stab-Linien-Organisation her: als erweiterte Form der Stab-Linien-Organisation, die durch Aufwertung der Stabsstellen um gewisse funktionale Kompetenzen entsteht.

Die folgende Abbildung II/2–8 zeigt schematisch den Zusammenhang von den ursprünglichen Idealtypen Fayols und Taylors bis zur Organisation mit zentralen Dienststellen:

Abb. II/2–8: Zusammenhänge der bisher besprochenen Strukturtypen

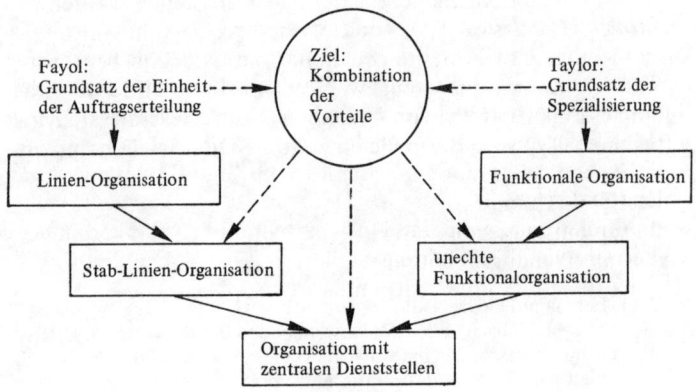

Mit dieser Ausweitung des Stabskonzepts in Richtung auf eine unechte Funktionalorganisation hin hat die Unterscheidung von Linie und Stab ihre praktische Bedeutung weitgehend eingebüßt. Die zentralen Dienststellen umfassen ein breites Spektrum von Stellen, die teils eher als Linienstellen, teils eher als Stabsstellen gesehen werden können und deshalb am besten unter einem neutralen Ausdruck zusammengefaßt werden. Das schließt nicht aus, daß daneben weiterhin Stellen existieren, die eindeutig nur Stabscharakter haben (persönliche Assistenten und Stäbe auf unteren Ebenen, wie Abteilungsstäbe). Generell ist jedoch nicht die Bezeichnung einer Stelle als «Linie» oder «Stab», sondern ihre konkrete und präzise Kompetenzausstattung entscheidend.

2314 Projekt- und Matrixorganisation
Der Entwicklung der Matrixorganisation, des vierten Strukturtypus, liegen drei neuere Tendenzen zugrunde:
1. das Bemühen, von den streng «pyramidenförmigen», klassischen Strukturtypen wegzukommen
2. das Bemühen, den Zentralisationskonflikt zwischen den verschiedenen Gliederungsarten durch eine mehrdimensionale Organisation zu lösen
3. die wachsende Bedeutung von Projektaufgaben.
Die Matrixorganisation entwickelte sich im Rahmen des *Projektmanagements*. Dieses wiederum entstand hauptsächlich im Zusammenhang mit großen Militär- und Raumfahrtprojekten in den USA (NASA, RAND Corporation usw.).

A. Problemstellung der Projektorganisation
Projekte wurden als zeitlich beschränkte, innovative Aufgabenkomplexe definiert.[58] Präziser ist ein Projekt als eine Sonderaufgabe zu definieren, welche folgende Kriterien erfüllt:[59]
– das Ziel ist im voraus festgelegt
– die Frist für die Zielerreichung ist bestimmt (Anfangs- und Endpunkt)
– die Zielerreichung ist mit Unsicherheit und Risiko verbunden
– mehrere verschiedenartige Stellen sind daran beteiligt (interdepartementales Spezialistenteam)

58 Vgl. Abschn. II/2214.
59 Vgl. Hegi (1971: 381) und Steiner/Ryan (1968: 2ff.)

– das Vorhaben besitzt eine gewisse Einmaligkeit (nicht-repetiti-
ver, innovativer Charakter)
– die Mittel sind begrenzt.
Die *begrenzte Dauer* und die *Einmaligkeit* sind die entscheidenden Merkmale eines Projektes. Sie stellen Projektaufgaben in
Gegensatz zu zeitlich auf Dauer angelegten «Normalaufgaben»
und ihrer Organisation.
Gerade die begrenzte Dauer und die Einmaligkeit von Projekten
wurden in letzter Zeit allerdings stark relativiert:
– die Dauer eines Projektes ist aufgrund der wissenschaftlichen
und technologischen Entwicklung im Durchschnitt stark gestiegen; die Organisation von Projekten ist damit wesentlich
komplizierter geworden;
– die Einmaligkeit ist sehr relativ geworden: der Anteil von innovativen Aufgaben nimmt im Verhältnis zu Routineaufgaben
zu. Die meisten innovativen Aufgaben nehmen den Umfang
von Projekten an. Damit stellt sich nicht nur die Aufgabe, iso-
lierte Projekte zu organisieren, sondern die Forderung nach organisatorischer Integration der verschiedenen, gleichzeitig laufenden Projekte.
Der Entwicklungstrend läuft dahin, daß die innovativen Prozesse
als Ganzes in der zunehmend dynamischen Umwelt als variables
System von Projektabläufen verstanden werden können. Diesem
Umstand trägt das Modell einer mehrdimensionalen *Matrix-Organisation* Rechnung, das als vorläufig am weitesten entwickelte
Form der Projektorganisaton anzusehen ist (s. unten).
Beispiele für Projekte sind etwa:
– Neubauten
– große Anlageprojekte (Montagestraßen, Großautomaten)
– Einführung neuer Methoden (EDV, neue Planungs- und Kon-
trollsysteme)
– Entwicklung und Einführung neuer Produkte bzw. Dienstlei-
stungen
– Durchführung von Großaktionen (Produkt- und Firmenwer-
bung, Informationskampagne, Personalwerbung, Personal-
ausbildung).

B. Formen der Projektorganisation

Die bisher bekannten Strukturtypen für die Durchführung solcher Projekte sollen im folgenden in der Reihenfolge ihrer Entwicklung dargestellt werden. Es handelt sich um drei Grundtypen:

a. Projektkoordination durch Stabsstelle
b. «Task Force» (Parallelorganisation mit voller Linienautorität)
c. Matrix-Organisation (mit geteilter Verantwortung).

a. Projektkoordination durch Stabsstelle[60]

Die ersten Versuche des Einsatzes von Projektleitern gingen in Europa vorwiegend in die Richtung des reinen Stabskoordinators. Er ist direkt der obersten Leitung unterstellt und hat gegenüber den Linienvorgesetzten ausschließlich Informations-, Beratungs- und Planungsbefugnisse. Er sorgt für Termineinhaltung und Koordination, kann jedoch bloß Anträge an die Leitung stellen, während die Entscheide bei den Linieninstanzen liegen. Damit ist der «Projektleiter» natürlich nicht in der Lage, die Projektverantwortung zu übernehmen, welche nach Hegi drei Bereiche umfaßt:[61]
– Verantwortung für Erreichen des Projektzieles
– Verantwortung für Termin-Einhaltung
– Verantwortung für Kosten-Einhaltung.
Um die entsprechende Verantwortung übernehmen zu können, wurde sehr bald die *Forderung nach Linienkompetenz* des Projektleiters gestellt. Das führte zur zweiten Organisationsform:

b. «Task-Force» (Projektororganisation mit voller Autorität)[62]

Hier wird eine Ad-hoc-Organisation für die Dauer des Projektes aus der normalen Organisation herausgelöst. Es entsteht eine Parallel-Linienorganisation mit dem Projektleiter an der Spitze. Die bisherigen Linienvorgesetzten der Projekt-Mitarbeiter haben keine Anordnungsbefugnis mehr. Diese Art der Projektorganisation ist nur bei sehr großen Projekten anwendbar, wo die Beteiligten während längerer Zeit vollamtlich am Projekt arbeiten. Ihre *Vorteile* liegen in der vollen Konzentration auf das Pro-

---

60 Vgl. Abb. II/2–9a.
61 Vgl. Hegi (1971: 381).
62 Vgl. Abb. II/2–9b.

Abb. II/2-9: Projekt-Organisation

a. Projekt-Koordination durch Stabsstelle

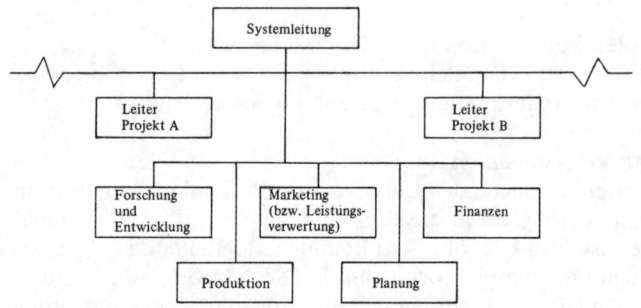

b. Projekt-Koordination mit voller Autorität (Task Force)

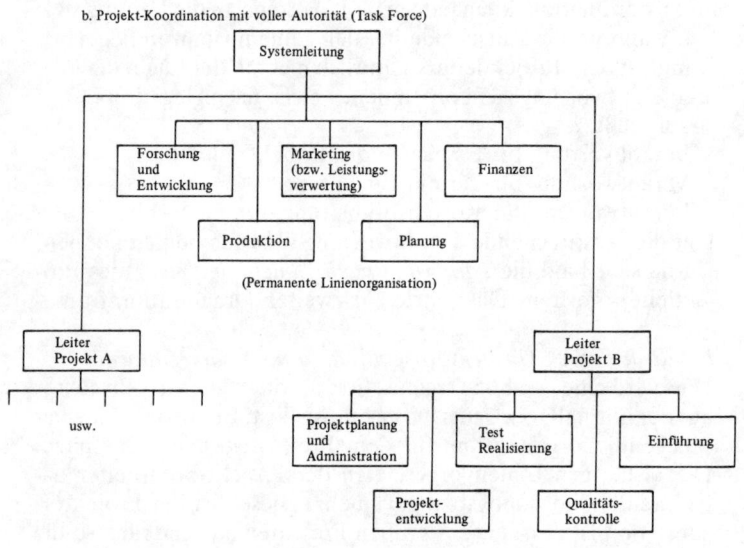

c. Matrix-Organisation (mit geteilten Kompetenzen)

jekt, in der Zusammenfassung und Förderung der geeignetsten Fachleute und in der Möglichkeit der straffen, einheitlichen Projektleitung.

Die *Nachteile* liegen im Freimachen der benötigten Mitarbeiter und deren Umstellungsschwierigkeiten beim Wiedereintritt in die Normalorganisation einerseits, in der Koordination des Projektes mit der Normalorganisation und weiteren Projekten andererseits. Wenn mehrere Projekte gleichzeitig laufen, wird eine Organisationsform benötigt, die der *Forderung nach Integration der verschiedenen Projekte* in die Gesamtorganisation gerecht werden kann. Dazu wurde die Matrix-Organisation entwickelt.

c. Matrix-Organisation[63]

Die Matrix-Organisation ist ein Strukturmodell für die Gesamtorganisation. Sie ermöglicht eine Projektabwicklung ohne Ausgliederung einer Parallel-Organisation und ist deshalb wesentlich flexibler.

Sie ist im Unterschied zu eindimensional-hierarchischen Strukturen *zwei- oder mehrdimensional*. Die Dimensionen sind normalerweise:
– Produktgruppe (Sparte)
– Region
– Kundengruppe
– Zweckbereich (Funktion)
– Projekt.

Die gewählten Dimensionen sind gleichwertig: das Prinzip der «Einheit der Auftragserteilung» wird fallengelassen zugunsten einer *Aufteilung der Leitungsfunktion nach Dimensionen*. In den genannten Dimensionen werden Leitungsfunktionen mit funktionaler Weisungskompetenz von folgenden Managern wahrgenommen:[64]
– der *Product Manager* sorgt für eine einheitliche Produktpolitik in seinem Bereich bzw. koordiniert einen Leistungsbereich
– der *Regional* oder *Area Manager* koordiniert die Aktivitäten in seiner Region
– der *Market Manager* koordiniert alle Beziehungen des Systems gegenüber einer Kundengruppe

---

63 Vgl. Abb. II/2–9c.
64 Hegi (1971: 383).

- der *Functional Manager* koordiniert sein Fachgebiet (seinen Zweckbereich)
- der *Project Manager* koordiniert die Abwicklung des ihm zugewiesenen Projektes.

Einer dieser Manager wird entsprechend der Gewichtung der Dimensionen Primus inter pares sein und kann als eingeschränkter Linienvorgesetzter gelten. Grundsätzlich ist aber die *Verantwortung geteilt*. Auch der Projekt-Manager ist gleichberechtigter Kollege neben Product Manager, Regional Manager und Functional Manager mit ganz bestimmten Entscheidungs- und Anordnungskompetenzen.

Einfacher ist natürlich eine nur *zweidimensionale* Matrix-Organisation. Die beiden Dimensionen sind dann beispielsweise:
- Sparten/Regionen
- Zweckbereiche und Sparten gemischt/Regionen
- Zweckbereiche und Sparten gemischt/Projekte.

«Linie»

Ob zwei, drei oder vier Dimensionen gewählt werden: funktionale, regionale und divisionale sowie Projektorganisation sind nicht mehr Alternativen, sondern gleichwertige Dimensionen mit geteilter Verantwortung. Die dadurch entstehenden *«Kompetenzkreuzungen»* benötigen jedoch genaue *«Vortrittsregeln»* zwischen den funktionalen Kompetenzen der verschiedenen Dimensionen.[65]

Hegi schlägt die Kompetenzabgrenzung durch Definition mehrerer *Freiheitsgrade* vor, wobei Freiheitsgrad 1 die geringsten Kompetenzen eines Dimensionsleiters (ähnlich wie Stab), Freiheitsgrad 5 die größten Kompetenzen (Allein-Entscheid mit Informationspflicht) bedeutet.

In den Stellenbeschreibungen läßt sich dann regeln, bei welchen Entscheidungen *wer* den Vortritt *in welchem Ausmaß* (Freiheitsgrad) hat.

In bezug auf den Projektleiter gilt: er sollte im allgemeinen bei Fragen über das «Was» und das «Wann» einen stärkeren Einfluß auf den Entscheid haben, bei der Frage des «Wie» hingegen der Zweckbereichsleiter.[66]

65 Vgl. Hegi (1971: 383).
66 Vgl. Hegi (1971: 384).

2315 Kollegien als Ergänzung der Strukturtypen

Bei der bisherigen Darstellung der Strukturtypen wurde von der Vorstellung ausgegangen, daß jede Leitungsstelle einen einzigen Stelleninhaber hat. Die Koordination zwischen den einzelnen Instanzen erfolgt dann

a. durch genaue Kompetenzabgrenzung

b. durch Zusammenarbeit mehrerer funktionaler Instanzen bzw. mehrerer Dimensionsleiter.

Eine andere Koordinationsmöglichkeit besteht in der Durchbrechung des 1-Mann-Stellen-Prinzips und dauernden oder periodischen Zusammenfassung mehrerer Leitungskräfte in einem einzigen «Organ» – mit andern Worten: in der Schaffung von *Gremien* oder Kollegien. Indem Kollegien die Vorteile der mündlichen, direkten Gruppenarbeit[67] ausnützen, erlauben sie eine intensive Koordination auch dort, wo Kompetenzabgrenzung und Kommunikation weniger gut formalisierbar sind.[68] Kollegien stellen damit in einem gewissen Maß einen Ersatz oder eine *Korrektur* für die in einem bestimmten Strukturtyp nicht gelösten Koordinationsprobleme dar *(Sekundärorganisation)*.

Als ergänzende Koordinationsorgane treten Kollegien vor allem in der Form von Komitees auf. Der konkrete *Aufgabeninhalt* eines Komitees steht dann in unmittelbarem Zusammenhang mit dem Kriterium, nach dem die (primäre) Organisation zentralisiert bzw. dezentralisiert wurde: meistens befassen sich Komitees dann mit der Koordination jener Kriterien (jener Dimensionen), nach denen die Organisation *nicht* zentralisiert ist. So kann sich z. B. in einer regional gegliederten Struktur der Aufgabeninhalt eines Komitees auf die Koordination aller produktorientierten Aspekte beziehen, in einer Spartengliederung auf das Kundengruppen-Management, usw.[69]

Das Ausmaß, in dem Komitees Entscheidungskompetenzen ausüben, hängt stark vom Delegationsgrad ab: Je stärker nach unten

---

67 Vgl. dazu Abschn. I/322 sowie Abschn. II/25.

68 Da die Vorteile und Nachteile von Kollegien im wesentlichen dieselben sind wie bei jeder Gruppenarbeit, wird für die Beurteilung auf Abschn. II/252 (Partizipation) verwiesen.

69 Diese Beispiele zeigen zugleich die erwähnte Korrekturwirkung von Kollegien, indem das jeweilige sekundäre Koordinationsgremium als «Ersatz» einer Matrix-Struktur oder einer zentralen Dienststelle (mit koordinierenden Aufgaben) eingesetzt werden kann (in den erwähnten Beispielen entspräche diese der Stelle eines Produkt-. bzw. Kundenmanagers).

delegiert wird, um so mehr wird die Zahl und die Tragweite von Komitee-Entscheidungen zunehmen. Insbesondere in den USA ist heute die Zahl und Bedeutung der Komitees derart groß, daß man von einer eigentlichen *Komiteestruktur* sprechen kann, welche die gesamte Organisation überlagert.[70]

Im Unterschied etwa zur Stabs- und Dienststellenstruktur hat aber diese Komiteestruktur sowie die Anzahl von Kollegialinstanzen keine eindeutige Auswirkung auf den Funktionalisierungsgrad. Sie kann nicht in eine lineare Reihe mit den grundlegenden Strukturtypen gestellt, sondern nur als mögliche Ergänzung aller Strukturtypen erfaßt werden. Bei der Definition des Funktionalisierungsgrades werden deshalb Kollegien nicht explizit berücksichtigt.

232 Unmittelbare Auswirkungen

Die Vor- und Nachteile der vier Strukturtypen lassen sich großenteils auf die bei ihnen angewandten organisatorischen Grundprinzipien zurückführen:

– Die Vorteile der *Linienorganisation* sind im wesentlichen die Vorteile des Prinzips der «Einheit des Auftragsempfangs», nämlich die Einfachheit, Klarheit und Durchsichtigkeit der Gebildestruktur sowie der Kommunikations-, Entscheidungs- und Anordnungsprozesses. Ihre Nachteile beruhen im wesentlichen auf der Unvereinbarkeit mit dem Prinzip der Spezialisierung: Je größer ein soziotechnisches System wird, um so arbeitsteiliger wird es im allgemeinen. Die damit meistens auftretende Überforderung und Überlastung der Instanzen und der unterdimensionierten Kommunikationsstruktur wirkt sich auf die Entscheidungsqualität und auf die individuelle Arbeitsfreude der Betroffenen negativ aus.

– Die *Stab-Linien-Organisation*[71] versucht, die Vorteile der «Einheit des Auftragsempfangs» mit einer gewissen Speziali-

---

70 Ein Beispiel für solche Komiteestrukturen gibt Hoffmann (1972: 88).

71 Eine generelle Beurteilung des Stab-Linien-Prinzips soll nur in bezug auf «reine Stabsstellen» versucht werden. Die Beurteilung des Systems mit zentralen Dienststellen hängt von der speziellen Ausprägung ab; sie wird zwischen der Beurteilung der Funktionalorganisation und jener der reinen Stab-Linien-Organisation liegen.

sierung in der Leitungsfunktion zu verbinden, was sich im allgemeinen zwar positiv auf die Leitungskapazität und auf die Entscheidungsqualität auswirken wird, dafür aber neue Kompetenzabgrenzungs-Probleme und neue Konfliktmöglichkeiten mit sich bringt.

– Die *Funktionale Organisation* nützt konsequent die Vorteile des Prinzips der Spezialisierung auch für die Leitung aus: Die Entscheidungskompetenzen einer Instanz werden der Fachkompetenz des Stelleninhabers entsprechend abgegrenzt. Leitungskapazität und Entscheidungsqualität können dadurch gesteigert werden, falls es gelingt, die Nachteile des Spezialisierungsprinzips zu kompensieren. Durch die Mehrfachunterstellung geht nämlich die der Linienorganisation eigene Klarheit und Transparenz verloren – nicht nur für den Außenstehenden, sondern auch für den einzelnen Ressort-Leiter selbst, der als Spezialist den Blick für das Ganze verliert und zu einer einseitig geprägten Denkweise (Ressort-Denken, Überbewertung der eigenen Aufgaben im Verhältnis zu jenen anderer Fachbereiche) neigt.[72]

– Die *Matrix-Organisation* übernimmt von der Funktionalen Organisation das Grundprinzip der Spezialisierung der Leitung. Sie kann tatsächlich als Weiterentwicklung der Funktionalen Organisation verstanden werden.[73] Sie weist eine noch größere Koordinationsfähigkeit als diese auf. Trotzdem mildert sie deren Nachteile, indem die funktionale Spezialisierung nach klar abgrenzbaren «Dimensionen» erfolgt und mit einer systematischen Regelung der «Kompetenzkreuzungen» gekoppelt ist. Als zusätzlichen Vorteil bietet sie die Möglichkeit, eine Dimension «Projekte» zu schaffen und diese damit voll in die Organisation zu integrieren. Dem stehen als Hauptnachteile Abgrenzungsprobleme der Ergebnisverantwortung zwischen den beteiligten Dimensionen und entsprechend hohe Konfliktpotentiale gegenüber.

Tab. II/2–2 versucht die vielfältigen Vor- und Nachteile nach den Kriterien des aufgestellten Rasters zu systematisieren und die vier Strukturtypen vergleichend gegenüberzustellen (S. 212 ff.).

---

72 Vgl. Staerkle (1961: 63 ff.).
73 Vgl. Scott (1967: 131).

Der Übergang von der heute noch meistens üblichen divisionalisierten Linienorganisation, die durch funktionale Stabshierarchien und zentrale Dienststellen ergänzt ist und insgesamt eine «unecht funktionalisierte» Mischform darstellt, zur Matrix-Organisation ist durchaus fließend. Eine stetige Weiterentwicklung der heute vorwiegend anzutreffenden Formen zur Matrix-Organisation ist deshalb möglich und nicht unwahrscheinlich.

Diese fließenden Übergänge zwischen den verschiedenen Strukturtypen erlauben es auch, die Dimension *«Funktionalisierungsgrad»* zu entwickeln. Sie bringt die Strukturtypen in eine lineare Reihung, deren Merkmal der zunehmende Übergang vom Ein-Linien-Prinzip zum Funktionalprinzip ist.

Als *Definition*, welche eine solche lineare Ordnung der Strukturtypen erlaubt, kann folgender Satz gelten: Unter dem Funktionalisierungsgrad der Organisation soll das Ausmaß der Spezialisierung im Bereich der Leitungsfunktion verstanden werden.[74]

Die Konsequenzen der Funktionalsierung sind
– das funktionale Weisungsrecht
– die Mehrfachunterstellung der untergeordneten Stellen
– der direkte Weg von der Fachdienststelle (Instanz oder zentrale Dienststelle) zur untergeordneten Stelle.

Zunehmende Funktionalisierung heißt demnach:
– zunehmende Arbeitsteiligkeit in der Leitungsfunktion
– zunehmende Auflösung des Prinzips des einheitlichen Auftragsempfanges durch funktionale Unterstützung und Anweisung
– zunehmende Auflösung des Dienstweges
– zunehmender Anteil von geteilter Entscheidungskompetenz und geteilter Verantwortung.

Etwas gröber könnte man gesamthaft sagen: zunehmende Funktionalisierung bedeutet zunehmende Entfernung von den Grundsätzen der Ein-Linien-Organisation und zunehmende Annäherung an eine mehrdimensionale Matrix-Organisation.

Damit sind die beiden äußersten Typen auf der Skala des Funktionalisierungsgrades genannt. Die Zwischenstufen werden ent-

---

74 Genauer gesagt, handelt es sich hier meistens um eine Job-Spezialisierung. – Vgl. Abschn. II/2312.

Tab. II/2–2: Vor- und Nachteile der Strukturtypen

	Linienorganisation	Stab-Linien-Organisation	Funktionale Organisation	Matrix-Organisation
Grundsätze	– Einheit der Leitung – Einheit des Auftragsempfangs	– Einheit der Leitung – Spezialisierung von Stäben auf Leitungshilfsfunktionen ohne Kompetenz gegenüber der Linie	– Spezialisierung der Leitung – direkter Weg – Mehrfachunterstellung	– Spezialisierung der Leitung nach Dimensionen – Gleichberechtigung der verschiedenen Dimensionen
Schema				
Eigenarten	– Linie = Dienstweg für Anordnung, Anrufung, Beschwerde, Information – Linie = Delegationsweg – hierarchisches Denken – keine Spezialisierung bei der Leitungsfunktion	– Funktionsaufteilung der Leitung nach Phasen des Willensbildungsprozesses – Entscheidungskompetenz von Fachkompetenz getrennt	– Job-Spezialisierung der Leitungskräfte – Übereinstimmung von Fachkompetenz und Entscheidungskompetenz	– keine hierarchische Differenzierung zwischen verschiedenen Dimensionen – systematische Regelung der Kompetenzkreuzungen – Teamarbeit der Dimensionsleiter

In der Praxis:

- Tendenz zur Bildung von «Passerellen» (Querverbindungen)
- Tendenz zur Angliederung von Stäben
- Tendenz zur Angliederung von Komitees

In der Praxis:

- Tendenz zur Bildung einer eigenen funktionalen Stabshierarchie
- Tendenz zur Erweiterung der Stäbe zu zentralen Dienststellen (unechte Funktionalisierung)
- Tendenz zur Angliederung von Komitees

In der Praxis:

- Tendenz zur unechten Funktionalisierung
- fließender Übergang zu Matrix-Organisation

In der Praxis:

- Tendenz zur Gewichtung eines der Dimensionsleiter als «Primus inter Pares»
- Tendenz zur Unterordnung der Matrix unter eine «klassische» Leitungsspitze mit Stab-Linien-Struktur

	Linienorganisation	Stab-Linien-Organisation	Funktionale Organisation	Matrix-Organisation
Kapazitäts-aspekte	Vorteile: – Einheit der Auftragserteilung reduziert Kommunikations- und Entscheidungsprozesse	Vorteile: – Entlastung der Linieninstanzen – erhöhte Kapazität für sorgfältige Entscheidungsvorbereitung	Vorteile: – Entlastung der Leitungsspitze – Verkürzung der Kommunikationswege – keine Belastung von Zwischeninstanzen	Vorteile: – Entlastung der Leitungsspitze – direkte Wege – keine Belastung von Zwischeninstanzen – ermöglicht «flache» Hierarchie (wenig hierarchische Ebenen)
	Nachteile: – Überlastung der Leitungsspitze – unterdimensioniertes Kommunikationssystem – lange Kommunikationswege, Zeitverlust – unnötige Belastung von Zwischeninstanzen – benötigt (zu) viele hierarchische Ebenen	Nachteile: – Gefahr der Entwicklung einer überdimensionierten «wasserkopfartigen» Stabsstruktur – Gefahr der Vernachlässigung der Leitungsorganisation (Stab als Vorwand für mangelhafte Delegation)	Nachteile: – großer Bedarf an Leitungskräften – großer Kommunikationsbedarf	Nachteile: – großer Bedarf an Leitungskräften – großer Kommunikationsbedarf

Koordina-tionsaspekt	Linienorganisation	Stab-Linien-Organisation	Funktionale Organisation	Matrix-Organisation
	Vorteile: – Klare Kompetenz-abgrenzung – klare Anordnungen – klare Kommunikations-wege – leichte Kontrolle	Vorteile: – erhöhte Koordinations-fähigkeit gegenüber Linienorganisation	Vorteile: – potentiell große Koor-dinationsfähigkeit – direkte, schnelle Kommunikation	Vorteile: – mehrdimensionale Koordination – übersichtliche, klare Leitungsorganisation – Möglichkeit, Projekte als eigene Dimension zu integrieren
	Nachteile: – keine direkte Koordi-nation zwischen hierar-chisch gleichrangigen Instanzen und Stellen – Gefahr der Überorga-nisation (Verbürokrati-sierung)	Nachteile: – Fülle von Konfliktmög-lichkeiten zwischen Linie und Stab – Transparenz der Ent-scheidungsprozesse geht verloren	Nachteile: – Kompetenzkonflikte kaum vermeidbar – keine klaren Kriterien der Kompetenzab-grenzung – in großen Systemen Koordination kaum zu bewältigen, da zu kom-plizierte Struktur	Nachteile: – Zwang zur Regelung sämtlicher Kompetenz-kreuzungen zwischen den Dimensionen – lückenlose Mitsprache schafft anspruchsvolle und kaum nachvoll-ziehbare Entschei-dungsprozesse – Konfliktmöglichkeiten wegen unterschiedli-cher Denkweise der Dimensionsleiter

Aspekt der Entscheidungsqualität	Linienorganisation	Stab-Linien-Organisation	Funktionale Organisation	Matrix-Organisation
	Vorteile: – Alleinentscheid ergibt einheitliche, zielorientierte Entscheide, kein Kompromißdenken (Einheit der Leitung) – Alleinverantwortung bedeutet eindeutige Anerkennung persönlicher Beiträge, was die Einsatzbereitschaft fördert Nachteile: – Unvereinbarkeit mit dem Grundsatz der Spezialisierung – Gefahr der Vernachlässigung einer systematischen Entscheidungsvorbereitung – Gefahr der Informationsfilterung durch Zwischeninstanzen – starre, langsame Willensbildung	Vorteile: – sinnvoller Ausgleich zwischen Spezialistendenken des Stabes und Überblick der Linien (Teamarbeit) – fachkundige Entscheidungsvorbereitung unter Einsatz moderner Methoden möglich Nachteile: – Gefahr, daß Stabsarbeit von Linieninstanz nicht ausgewertet wird – Stab als «Graue Eminenz»: Gefahr, daß Stabsmitarbeiter den Linienvorgesetzten dank seiner fachlichen Überlegenheit manipulieren kann (Entscheidung ohne Verantwortung)	Vorteile: – Job-Spezialisierung des Vorgesetzten ermöglicht – Berücksichtigung spezifischer Eignungen – raschen Erwerb von Wissen und Erfahrung – Fachkompetenz wichtiger als hierarchische Stellung (funktionale Autorität) Nachteile: – Keine Einheit der Leitung – fehlender Blick des Vorgesetzten für das Ganze (Ressort-Denken) – Gefahr eines Konkurrenzverhältnisses zwischen den Fachbereichen anstatt Kooperation – Gefahr zu vieler Kompromisse – Gefahr großer Zeitverluste, bis ein Gesamtentscheid zustande kommt	Vorteile: – Spezialisierung der Leitung nach Problemdimensionen – gleichwertige Berücksichtigung mehrerer Dimensionen – permanente Teamarbeit der Leitung Nachteile: – keine Einheit der Leitung – Gefahr zu vieler Kompromisse – Gefahr des Zeitverlustes, bis Gesamtentscheid zustande kommt – fehlende eindeutige Ergebnisverantwortung der Dimensionsleiter

	Linienorganisation	Stab-Linien-Organisation	Funktionale Organisation	Matrix-Organisation
Personen-bezogener Aspekt	**Vorteile:** – Tüchtige Linienchefs werden als solche erkannt und gefördert – einfache Kommunikations- und Kompetenzstruktur fördern das Sicherheitsgefühl – großer Entfaltungsraum der oberen Linienvorgesetzen	**Vorteile:** – Stabsstelle und Linienstelle sprechen unterschiedliche Individuen an und erlauben geeignete Auswahl (Führungs- vs. Fachkarriere)	**Vorteile:** – geringere Willkürgefahr als bei Linienorganisation – psychologischer Vorteil der funktionalen Autorität: geringere hierarchische Distanz, Vorgesetzte mehr als Berater empfunden	**Vorteile:** – kein hierarchisches «Pyramiden-Denken», funktionale Autorität – Ausgleich zwischen unterschiedlichen Dimensionsleitern, keine Willkürgefahr – Teamentscheidung gibt Sicherheit und fördert die persönliche Entfaltung
	Nachteile: – Betonung der vertikalen Beziehungen unvereinbar mit den heutigen menschlichen Anforderungen: Überbetonung der positionsspezifischen Autorität	**Nachteile:** – Betonung der vertikalen Beziehungen unvereinbar mit den heutigen menschlichen Anforderungen – psychologischer Nachteil der Stabsstelle, daß ihre Entscheidungskompetenzen und ihr Status nicht der meist hohen Fachkompentenz des Inhabers entsprechen	**Nachteile:** – Unsicherheit von Vorgesetzten und Untergebenen bei lückenhaften oder widersprüchlichen Anweisungen, Anreizen oder Sanktionen	**Nachteile:** – ev. Gefühl der zu geringen Alleinverantwortung beim einzelnen Dimensionsleiter – hohe Ansprüche an die Kooperations- und Teamfähigkeit des Dimensionsleiters auf der Sach- und Beziehungsebene

sprechend der Darstellung in Abb. II/2–8 gewählt, so daß sich folgende Zuordnung ergibt (Abb. II/2–10):

Abb. II/2–10: Die Dimension «Funktionalisierungsgrad»

niedriger
Funktionalisierungsgrad   hoher
                                      Funktionalisierungsgrad

reine Linien-Organisation	Stab-Linien-Organisation	Organisation mit zentralen Dienststellen	unechte Funktional-organisation	echte Funktionalorganisation	zweidimensionale Matrix-Organisation	mehrdimensionale Matrix-Organisation

Die *Stab-Linien-Organisation* weist zwar gegenüber der Linienorganisation noch keine funktionalen Weisungsbefugnisse, immerhin jedoch bereits eine funktionale Unterstützung und Koordination auf. Auch eine Projektorganisation mit Stabskoordination würde hier eingestuft.

Die *zentralen Dienststellen* sind gegenüber reinen Stabsstellen schon betonter funktional ausgerichtet, indem sie über funktionale Kompetenzen verfügen. Der Übergang zur *unechten Funktionalorganisation* ist fließend, währenddem die *echte Funktionalorganisation* deutlich eine Stufe höher funktionalisiert ist (echte Mehrfachunterstellung ohne Linienvorgesetzte).

Die *Matrix-Organisation* schließlich unterscheidet sich von der Funktionalorganisation durch die systematische Aufteilung der Leitungsfunktion nach Dimensionen, durch betonte Gleichberechtigung der verschiedenen Dimensionsleiter und durch genaue Regelung der «Vortrittsregeln» an den «Kompetenzkreuzungen». Sie kann also mit einigem Grund als am weitesten funktionalisierter Strukturtyp gelten, wobei wiederum eine mehrdimensionale Matrix einen höheren Funktionalisierungsgrad aufweist als eine zweidimensionale Matrixorganisation.

Indikatoren für den Funktionalisierungsgrad sind:
– die Anzahl funktionaler Verbindungswege im Verhältnis zur Anzahl reiner Linienverbindungen
– die Anzahl von zentralen Dienststellen und funktional spezialisierten Instanzen im Verhältnis zur Anzahl ausführender Stellen
– die Anzahl mehrfach unterstellter Stellen im Verhältnis zur Gesamtzahl aller Stellen

218

- die Zahl der hierarchischen Ebenen (mit steigender Funktionalisierung tendenziell abnehmend)
- die Summe sämtlicher Verbindungswege im Verhältnis zur Gesamtzahl aller Stellen
- Aufwand für Kompetenzabgrenzungen (Pflichtenhefte!)
- Häufigkeit von Kompetenzkonflikten.

234 Exkurs: Die Leitungsspanne

Im Zusammenhang mit den Problemen der Leitungsstruktur wird in der traditionellen Organisationsliteratur immer wieder die Leitungsspanne als Gestaltungsinstrument behandelt. Dieses Konzept soll kurz dargestellt und im Hinblick auf seine instrumentale Verwendbarkeit beurteilt werden.

Als Leitungsspanne[75] wird die Anzahl der Untergebenen bezeichnet, die einem Vorgesetzten in direkter Linienbeziehung unmittelbar unterstellt sind. Die Leitungsspanne bestimmt die Tiefe der hierarchischen Gliederung und determiniert damit die «Gestalt» (Konfiguration) der Organisationsstruktur.[76]

Eine zunehmende Leitungsspanne führt zu einer Zunahme der durch den Vorgesetzten zu erfüllenden Leitungsaufgaben. Da die – qualitative und quantitative – Leistungsfähigkeit des Vorgesetzten beschränkt ist, sind einer Vergrößerung der Leitungsspanne offensichtlich Grenzen gesetzt. Verschiedene Autoren[77] haben sich damit beschäftigt, aufgrund von subjektivem Urteil, mathematischer Analyse oder psychologischen Hypothesen über die Grenzen der Wahrnehmungsfähigkeit Aussagen über die maximale[78] Leitungsspanne zu treffen. Von diesen Ansätzen wird hier

75 Andere Begriffe sind: «Kontrollspanne», «Subordinationsquote», usw.; der häufig gebrauchte Begriff «Kontrollspanne» wurde nicht verwendet, weil für die Bestimmung der Untergebenenzahl sämtliche Leitungsfunktionen des Vorgesetzten und nicht nur die Kontrolle relevant sind.
76 Vgl. zum Zusammenhang zwischen Leitungsspanne und Konfiguration der Organisationshierarchie die instruktiven Beispiele in Carzo/Yanouzas (1967: 44ff.).
77 Vgl. die Literaturübersicht in Udell (1967: 420ff.).
78 Maximal bezogen auf die Auslastung des Vorgesetzten mit Leitungsaufgaben. Vgl. zum Folgenden z. B. Carzo/Yanouzas (1967: 46ff.), Koontz/O'Donnell (1963: 219ff.).

nur der Versuch von Graicunas (1933) behandelt, der aufgrund der mathematischen Analyse der Zahl der interpersonalen Beziehungen, die vom Vorgesetzten beaufsichtigt werden müssen, die maximale Leistungsspanne zu berechnen versuchte.

Graicunas unterscheidet drei Arten von möglichen Beziehungen (im Beispiel eines Vorgesetzten A mit seinen zwei Untergebenen B und C):

- direkte Einzelbeziehung (Beziehungsaufnahmen A zu B und A zu C);
- direkte Gruppenbeziehungen (A zu B in Anwesenheit von C und A zu C in Anwesenheit von B);
- Kreuzbeziehungen (B zu C und C zu B).

Unter der Voraussetzung, daß sich alle diese Beziehungen voneinander unterscheiden, entwickelt sich die Zahl der möglichen Beziehungen r in Abhängigkeit von der Zahl der Untergebenen nach der Formel:

$$r = n \, (2^{n-1} + n - 1).$$

Mit wachsender Zahl der Untergebenen (also zunehmender Leitungsspanne) steigt die Zahl der möglichen Beziehungen überproportional an: (Tabl. II/2–3):

Tab. II/2–3: Leitungsspanne und Zahl der Beziehungen

Zahl der Untergebenen (Leitungsspanne)	Zahl der Beziehungen (direkte Einzel-, direkte Gruppen- und Kreuzbeziehungen)
1	1
2	6
3	18
4	44
5	100
6	222
7	490
8	1 080
12	29 708
18	2 359 602

Ausgehend von der Annahme, daß der Vorgesetzte für alle Beziehungen mit und zwischen den Untergebenen verantwortlich sei, folgert Graicunas[79], daß ein Vorgesetzter maximal sechs oder sieben Personen erfolgreich leiten kann.[80] Daraus wurde als Organisationsprinzip abgeleitet, daß die Zahl der einem einzelnen Vorgesetzten unterstellten Mitarbeiter klein gehalten werden soll.[81]

Offenbar wird in der praktischen Organisationsgestaltung dieses Prinzip nicht eingehalten. Koontz/O'Donnell (1963: 217) zitieren Untersuchungen an Unternehmungen, in denen Leitungsspannen bis zu 30 Untergebenen festgestellt wurden; zudem war der Anteil der Firmen mit «idealen» Leitungsspannen (4–6) relativ klein. Ebenso bestand kein systematischer Zusammenhang zwischen der Größe der Leitungsspanne und dem Unternehmungserfolg.

Diese Ergebnisse können darauf zurückgeführt werden, daß die «richtige» Leitungsspanne von anderen Faktoren als nur der Zahl der möglichen Beziehungen abhängt:[82]

– Nicht alle möglichen Beziehungen sind für den Vorgesetzten von Bedeutung (A zu B kann identisch mit A zu B in Anwesenheit von C sein, ebenso B zu C identisch mit C zu B; die Beziehungen zwischen B und C können für A unwesentlich sein); damit reduziert sich die *Zahl der relevanten Beziehungen*, die der Vorgesetzte überwachen muß;
– weniger die Zahl der Beziehungen als vielmehr die *Häufigkeit der Beziehungsaufnahmen* bestimmt den Arbeitsaufwand des Vorgesetzten;
– bei gegebener Zahl und Häufigkeit der zu überwachenden Beziehungen ist der Arbeitsaufwand des Vorgesetzten um so größer, je höher die *Intensität der Beziehungen*, d. h. je höher das Ausmaß ist, in dem der Vorgesetzte in die Beziehung involviert ist.

---

79 Diese Folgerung beruht auf Plausibilitätsüberlegungen; es ist jedoch nicht zwingend einzusehen, warum ein Vorgesetzter zwar 490 Beziehungen noch überschauen kann, 1080 Beziehungen dagegen nicht mehr.
80 Zu ähnlichen «maximalen» Kontrollspannen kommen – aufgrund nichtarithmetischer Überlegungen – auch andere Autoren; bekanntestes Beispiel ist Urwick (1937).
81 Vgl. Carzo/Yanouzas (1967: 48).
82 Vgl. zum folgenden Koontz/O'Donnell (1963: 221f.).

Zahl, Häufigkeit und Intensität der relevanten Beziehungen entscheiden darüber, welche Leitungsspanne ‹richtig› ist; sie hängen von einer großen Anzahl Faktoren ab, so etwa[83]:

- von den *Aufgaben*, die der Vorgesetzte und seine Untergebenen zu erfüllen haben;

   je schwieriger die mit der Aufgabenerfüllung zu lösenden Probleme, je größer der Ermessungsspielraum bei Entscheidungen, je stärker sich die Aufgaben der Untergebenen voneinander unterscheiden, je häufiger die Aufgabeninhalte ändern und je enger die Zusammenhänge zwischen den Aufgaben der Untergebenen,

   desto stärker ist die Belastung des Vorgesetzten, und desto kleiner muß im allgemeinen die Leitungsspanne sein;

- von der *Aufgliederung von Leitungsaufgaben*;

   je mehr der Vorgesetzte in der Ausübung seiner Leitungsaufgaben durch persönliche Assistenten und Stäbe unterstützt wird, und je mehr sich die Organisation durch Mehrfachunterstellung (Funktionalisierung) auszeichnet,

   desto geringer ist die Belastung des Vorgesetzten, und desto größer kann deshalb im allgemeinen die Leitungsspanne sein;

- von der *Delegation von Kompetenzen;*

   je stärker der Vorgesetzte Kompetenzen delegiert und je klarer er die delegierten Kompetenzen definiert,

   desto geringer ist seine Belastung,[84] und desto größer kann deshalb im allgemeinen die Leitungsspanne sein;

- vom *angewendeten Führungsstil;*

   je stärker der Vorgesetzte seine Untergebenen an Entscheidungen partizipieren läßt und je mehr er seinen Führungsstil auf die ganze Gruppe von Untergebenen (statt auf die isolierten Individuen) ausrichtet,

---

83 Vgl. dazu H. Ulrich (1961: 274), Koontz/O'Donnell (1963: 222 ff.), Udell (1967: 425 ff.) und Bleicher (1969: 1534 ff.).
84 Voraussetzung ist selbstverständlich, daß der Untergebene dazu fähig ist, die delegierten Kompetenzen adäquat auszuüben.

desto geringer ist seine Belastung,[85] und desto größer kann deshalb im allgemeinen die Leitungsspanne sein[86];
- von den *persönlichen Eigenschaften von Vorgesetzten und Untergebenen;*
  je besser die fachliche Qualifikation (Ausbildung und Erfahrung) und je ausgeprägter die «interpersonale» Qualifikation (Toleranz, Aufgeschlossenheit, Vertrauen, kein Neid, usw.) von Vorgesetztem und Untergebenen,
  desto geringer ist die Belastung des Vorgesetzten und desto größer kann deshalb im allgemeinen die Leitungsspanne sein;
- von der *Planung der Aufgabenerfüllung* und von der *Existenz unpersönlich geregelter Aktivitätsfolgen (Standardisierung);* je stärker die Aktivitäten der Untergebenen vorausgeplant sind[87] und je mehr ihr Verhalten durch formale Regeln bestimmt ist,
  desto geringer ist die Belastung des Vorgesetzten, und desto größer kann deshalb im allgemeinen die Leitungsspanne sein;
- vom *Einsatz informationstechnologischer Hilfsmittel;*
  je mehr Informationen schriftlich statt mündlich ausgetauscht werden und je mehr programmierbare Entscheidungen mittels Computern getroffen werden,
  desto geringer ist die Belastung des Vorgesetzten, und desto größer kann damit im allgemeinen die Leitungsspanne sein;
- von der *Verfügbarkeit von Leitungskräften* und den *von ihnen verursachten Kosten* (vor allem Personalkosten);
  je knapper das Angebot an Leitungskräften und je höher die Saläre von Leitungskräften,
  desto größer ist im allgemeinen die Leitungsspanne.

Diese Aufstellung illustriert, daß die «richtige» Leitungsspanne von sehr vielfältigen Faktoren determiniert wird. Diese Faktoren

---

85 Denn: die Problemlösung und Koordination erfolgt durch die Gruppe selbst, wenn der Vorgesetzte es versteht, den Gruppendruck in Richtung auf Erreichung der Systemziele zu lenken.
86 Umgekehrt kann allerdings auch argumentiert werden, daß nur bei relativ kleiner Leitungsspanne ein gruppenorientierter, partizipativer Führungsstil angewendet werden kann.
87 Die Planung der Aktivitäten ist allerdings selbst ein Teil der Leitungsaufgaben des Vorgesetzten, soweit sie nicht organisatorisch standardisiert sind.

stellen zum Teil Constraints dar, wie etwa die zu lösenden Aufgaben und die Situation auf dem Markt für Leitungskräfte; andere Faktoren fallen unter die organisatorischen Instrumente, z. B. Delegation, Partizipation, Standardisierung.

Damit sind aber die Kriterien nicht erfüllt, die für die Definition der Leitungsspanne als einer selbständigen Instrumentalvariablen gegeben sein müßten. Wenn sämtliche Constraints und Instrumentalvariablen bestimmt sind, ist die Leitungsspanne bereits determiniert. Sie stellt dann nur mehr eine «Symptomvariable» mit beschränkt instrumentalem Charakter dar.[88] Damit wird auch einleuchtend, daß es keine einfachen Faustregeln für ihre Bestimmung geben kann, und daß sowohl die Leitungsspannen auf verschiedenen Ebenen der Organisationshierarchie eines einzigen sozialen Systems wie auch die Leitungsspannen in verschiedenen Systemen sich stark voneinander unterscheiden müssen.

24 Delegation

241 Delegationsmöglichkeiten

Mit dem Begriff der Delegation wird der Prozeß der Kompetenzübertragung angesprochen. Während mit dem Begriff der Dezentralisierung die Zuordnung von Aufgaben und die horizontale Autonomie von Subsystemen oder Stellen erfaßt wird, meint Delegation die *vertikale Abtretung von Kompetenzen an nachgeordnete Stellen* und erfaßt damit die vertikale Autonomie[89], d. h. den Ermessens- und Entfaltungsraum untergeordneter Stellen.

Die gesamte Handlungsautonomie eines Subsystems bzw. einer Stelle läßt sich also zweidimensional darstellen (vgl. Abb. II/2–11).

---

88 Ein Beispiel für eine andere solche Symptomvariable ist etwa die in den USA viel verwendete L/A-Relation (Verhältnis Leitungsstellen zu Ausführungsstellen): vgl. Kieser (1971: 245). – Wenn die sechs Instrumentalvariablen richtig eingesetzt werden, «stimmen» auch diese Symptomvariablen; bei schlechtem Einsatz der Instrumente hingegen erscheinen sie als Symptome des Problems, ohne seine Ursache zu sein.

89 Vgl. Harlegard (1971: 15).

Abb. II/2–11: Die Handlungsautonomie eines Subsystems

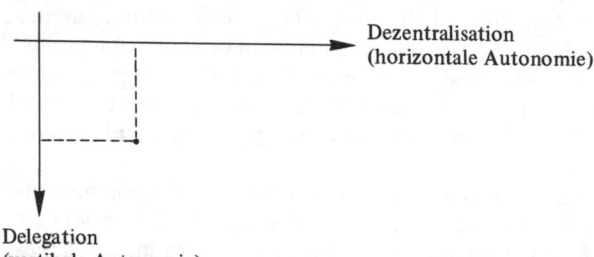

Delegation
(vertikale Autonomie)

In der Literatur wird mehrheitlich keine genaue Trennung des Delegationsaspektes vom Dezentralisationsaspekt getroffen; man findet sowohl die – von der hier vorgeschlagenen Terminologie her gesehen vermischten – Begriffsbildungen «Delegation von Aufgaben»[90] als auch «Entscheidungsdezentralisation».[91]
Welches sind nun die Überlegungen, die eine Trennung der beiden Aspekte rechtfertigen?

– Die horizontale Autonomie erfaßt eine andere Dimension als die vertikale Autonomie; die erste erfaßt die Interdependenz zwischen nebengelagerten, gleichrangigen Einheiten, die zweite die Abhängigkeit einer unter- von ihr übergeordneten Stelle.

– Die Verteilung von Aufgaben und die Zuteilung von Kompetenzen stellen zwei verschiedene Stufen im organisatorischen Entscheidungsprozeß dar.

– Eine eindeutige kausale Abhängigkeit des Delegationsgrades vom Dezentralisationsgrad besteht nicht: bei gegebener horizontaler Beziehungsintensität *zwischen* den Subsystemen ist noch nichts über die vertikale Kompetenzabstufung *innerhalb* der einzelnen Subsysteme gesagt.

90 Vgl. z. B. Bleicher (1966: 44f.). – Vgl. zu diesem Ausdruck auch Fußnote 8 in Abschn. II/221.
91 Harlegard (1971: 13f.) erwähnt Fayol (1947: 28), Gutenberg (1962: 246) und die Mehrheit der amerikanischen Literatur, z. B. Scott (1967: 266) als Autoren, die Dezentralisation im Sinn von Delegation von Entscheidungskompetenzen verstehen.

Dem stehen jene Überlegungen gegenüber, welche viele Autoren zum Verzicht auf eine Trennung veranlaßt haben dürften:

– Beiden Aspekten ist die Vorstellung eines «Mittelpunktes», auf den hin oder von dem weg man sich bewegt, gemeinsam.[92]

– Auch die Dezentralisation erfaßt neben der Aufgabenverteilung einen Teilaspekt der Entscheidungsautonomie, nämlich die horizontale Verteilung gleichrangiger Entscheidungskompetenzen.

– Die tatsächliche Autonomie ist von beiden Dimensionen, also sowohl von der horizontalen Unabhängigkeit wie von der vertikalen Kompetenzzuteilung abhängig. Es wird meistens diese Gesamtautonomie ins Auge gefaßt, wenn keine Auftrennung erfolgt.[93]

– In der Praxis läuft meistens – aber nicht zwingend – eine starke Dezentralisation mit einer starken Delegation parallel. Dies ist wohl weniger auf kausale Abhängigkeit als auf das jeweils angestrebte Führungskonzept zurückzuführen.

Im folgenden wird Delegation als vertikale Kompetenzabtretung unabhängig von der Zentralisation/Dezentralisation betrachtet. Es stellt sich nun die Frage, nach welchen Merkmalen oder Kriterien delegiert werden kann. Dabei lassen sich allerdings kaum – wie etwa bei der Aufgabengliederung oder den Strukturtypen – grundsätzlich unterschiedliche Delegationsarten definieren, sondern nur Kriterien dafür aufstellen, wie stark (d. h. wie tief hinunter) Kompetenzen delegiert werden können.[94] Die Delegationsmöglichkeiten hängen in erster Linie vom Grundprinzip ab, daß die Fachkompetenz eines Stelleninhabers und die formellen Entscheidungs- und Mitsprachekompetenzen seiner Stelle im Gleichgewicht sein sollen.[95] Dieses Gleichgewicht wird durch das Verhältnis zwischen *stellenbezogenen* Kriterien einerseits und *entscheidungsbezogenen* Kriterien andererseits bestimmt.

---

92 Vgl. Bleicher (1966: 33).

93 So definiert z. B. Harlegard (1971: 15) den Dezentralisationsgrad im ganzheitlichen Sinn als «Handlungsautonomie einzelner Stellen oder Stellenbereiche».

94 Dies gilt vor allem, wenn auf die Unterscheidung der unterschiedlichen Kompetenzarten verzichtet wird. Von der tatsächlichen Bedeutung her stehen Entscheidungs- bzw. Mitsprachekompetenzen im Vordergrund.

95 Leitungshilfsstellen ohne Entscheidungskompetenzen fallen außer Betracht.

A. Stellenbezogene Kriterien
dienen zur Bestimmung der Kompetenzmöglichkeiten einer Stelle bzw. des Stelleninhabers. Folgende Punkte sind zu berücksichtigen:

1. Übereinstimmung der Kompetenzen mit den *Aufgaben*: nur jene Kompetenzen können einer Stelle übertragen werden, die ihrer Aufgabe entsprechen. Ist dies nicht der Fall, so fehlen die «überschüssigen» Kompetenzen einer anderen Stelle!
2. *Vorausgesetzte Fachkompetenz* der Stelle: Kompetenzdelegation ist nur dort sinnvoll, wo die für eine sinnvolle Handhabung notwendigen fachlichen Qualifikationen vom Anforderungsprofil der Stelle her gegeben sein können.
3. *Bisherige Kompetenzen* des Stelleninhabers: Diese prägen die Leistungsfähigkeit (persönliche Entwicklung, Kenntnisse, Verantwortungsbewußtsein) und die Leistungsbereitschaft (Motivation, Vertrauen). Wer durch langjährige autoritative Führung keine Entscheidungskompetenzen und Verantwortung gewohnt ist, wird bei plötzlicher starker Kompetenzdelegation überfordert. Die Umstellung auf vermehrte Delegation muß daher in einem stufenlosen *Lernprozeß* geschehen. Dieser Lernprozeß kann als positive Rückkoppelung aufgefaßt werden (Abb. II/2–12).

Abb. II/2–12: Lernprozesse bei der Kompetenzdelegation

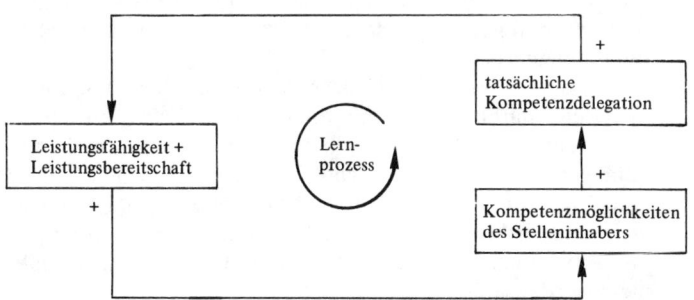

227

Die tatsächliche, bisherige Kompetenzdelegation bestimmt also die kurzfristigen – nicht aber langfristigen – Kompetenzmöglichkeiten eines Stelleninhabers zu einem wesentlichen Teil. Wenn sowohl das Delegationsniveau als auch das Niveau von Leistungsfähigkeit und Leistungsbereitschaft tief sind, wird diese Rückkoppelung leicht zu einem «Circulus vitiosus»: man begründet die eine Misere durch die andere. Nur durch einen langsamen Lernprozeß kann man aus diesem Kreis ausbrechen.

B. Entscheidungsbezogene Kriterien
dienen zur Bestimmung der Delegierbarkeit einer bestimmten Entscheidung. Im Vergleich zu den Möglichkeiten einer Stelle und ihres Inhabers bestimmen der Charakter und die *Tragweite* der zu treffenden Entscheidungen, wieweit sie an eine Stelle delegierbar sind oder ob sie deren Möglichkeiten überfordern. Im Anschluß an die in Abschn. I/42 aufgeführten Kriterien von Drucker (1956) können hier folgende Kriterien der Tragweite einer Entscheidung genannt werden:

1. *Zeitliche Reichweite:* Entscheidungen mit kurzer Reichweite sind weiter hinab delegierbar als solche mit langer Reichweite.
2. *Wirkungsbreite:* je vielfältiger die Wirkungen auf andere Bereiche (oder auf das gesamte soziale System), um so weniger ist eine Entscheidung delegierbar.
3. *Personelle Wirkungen:* Entscheidungen mit direkten menschlichen Auswirkungen sind auf höherer Ebene als rein sachtechnische Entscheidungen zu fällen.
4. *Unsicherheit und Risiko:* je größer das Risiko in finanzieller und sonstiger Hinsicht und je unsicherer die Entscheidungssituation im allgemeinen ist, um so weniger ist eine Entscheidung delegierbar.
5. *Häufigkeit:* sich ständig wiederholende Entscheidungen nehmen den Charakter von «Routinefällen» an, während seltene Entscheidungen als «Ausnahmefälle» erscheinen. Die Routinefälle verlangen keine «echte» Entscheidung mehr. Nach dem *Exception Principle* (Management by exception) sind sie an untergeordnete Stellen zu delegieren, wobei die Toleranzgrenzen[96] zur Aussonderung der «Ausnahmefälle» genau definiert werden müssen.

Indem der Charakter der zu treffenden Entscheidungen mit den Kompetenzmöglichkeiten einer Stelle in Zusammenhang gebracht wird, läßt sich aus dem Prinzip des «Management by exception» folgender *Grundsatz* ableiten:

– Kein Entscheid soll von einer Stelle gefällt werden, der von einer ihrer untergebenen Stellen ebensogut oder gar besser getroffen werden kann.[97]

Oder anders und präziser gesagt:

– Jede Entscheidung soll von der untersten Stelle gefällt werden, die noch über den dazu nötigen Überblick verfügt.

Dieser Grundsatz setzt umgekehrt gerade voraus, daß für jede Stelle oder Leitungsebene die nicht delegierbaren Kompetenzen genau ermittelt und bekannt sind.[98]

242 Unmittelbare Auswirkungen

Die unmittelbare Beurteilung der Delegation ist natürlich vom erreichten tatsächlichen Ausmaß der Delegation abhängig. Im Bereich des «Nullpunktes» der Delegation kann man von einer absoluten *Delegationsnotwendigkeit* sprechen. Erst von einem bestimmten Ausmaß der Delegation an reduziert sich diese Notwendigkeit zu einer instrumental variierbaren Größe, deren Vorteilen bei zunehmendem Delegationsausmaß auch Nachteile gegenüberstehen können.

Die folgende Tab. II/2–4 ist so zu interpretieren, daß die Bedeutung der genannten Vorteile mit zunehmendem Delegationsniveau im allgemeinen abnimmt, während die aufgeführten Nachteile zunehmend ins Gewicht fallen (S. 230f.).

96 Beispiel: ein Bankangestellter kann über Kredite bis zu 30 000 Fr. bzw. DM selbständig entscheiden.
97 Vgl. Bittel (1964: 5)
98 Vgl. H. Ulrich (1969: 436).

Tab. II/2–4: Mögliche Vor- und Nachteile der Delegation

	Vorteile	Nachteile
Kapazitätsaspekt	– Entlastung der übergeordneten Stellen von jenen Entscheidungen, die ihrer Leitungsfunktion nicht entsprechen – vermehrte Delegation macht eine wasserkopfartige Stabstruktur überflüssig[99] – Entlastung der Kommunikationskanäle durch Reduktion der notwendigen Anrufungen und Anordnungen	– Vergrößerung des gesamthaften «Entscheidungsvolumens» in der Unternehmung – Bedarf an qualifizierten Mitarbeitern auf unteren Ebenen steigt (kann auch als Vorteil interpretiert werden)
Koordinationsaspekt	– Relativ autonome Handlungsfähigkeit der unteren Stellen durch Übereinstimmung von Aufgaben und Kompetenzen – «Selbstkoordination» der unteren Stellen durch Selbstverwaltung – Zwang zur sorgfältigen Analyse des «Entscheidungshaushaltes» im gesamten sozialen System – ermöglicht «Management by exception»	– Abbau der autonomen Entscheidungsfähigkeit der Leitungsspitze (kann auch als Vorteil interpretiert werden) – erhöhtes Konfliktpotential – Notwendigkeit vermehrter Ergebniskontrolle
Aspekt der Entscheidungsqualität	– Konzentration der Leitungsspitze auf wichtige politische und strategische Entscheidungen	– Homogenität zwischen den verschiedenen Entscheidungen kann verlorengehen (Gefahr der Suboptimierung)

Personenbezogener Aspekt	– bessere Ausnützung des vorhandenen «Human Capital»	– wenn Führungsverantwortung durch Vorgesetzte nicht sorgfältig wahrgenommen wird, steigt das Risiko von Fehlentscheidungen oder Kompetenzüberschreitung auf unteren Ebenen
	– Entscheidung dort, wo ihre Folgen unmittelbar wirksam werden	
	– Frühzeitiges Entscheidungstraining des Kadernachwuchses	– Aufwand für Personalentwicklung steigt (kann auch als vorteilhafte Investition ins Humankapital interpretiert werden)
	– Entfaltungsraum für die persönliche Entwicklung nicht nur an der Spitze, sondern auch auf unteren Ebenen	– Gefahr der Überforderung einzelner Stelleninhaber, was zu Mißerfolgserlebnissen, Frustration und damit Reduktion der Leistungsbereitschaft führen kann (negativer Lernprozeß)
	– positiver Lernprozeß durch erhöhte Anforderungen an den Stelleninhaber stärkt Leistungsfähigkeit und Leistungsbereitschaft (Motivation)	– erhöhter psychischer Leistungsdruck auf unteren Ebenen (Streß durch Verantwortung)
	– Ermöglichung psychologischer Erfolgserlebnisse fördert Sicherheit, Selbstvertrauen, Arbeitsbefriedigung	

99 Richtige Delegation verhütet von vornherein die Versuchung, bei Überlastung der Linienstellen den Stab zu erweitern, anstatt vermehrt Kompetenzen zu delegieren. Vgl. die Ansicht von Brown (1953: 159), zitiert nach Staerkle (1961: 59): «Der Stab ist – kurz gesagt – ein Vorwand für die mangelhafte Delegation von Verantwortlichkeit.»

Der Delegationsgrad soll ein Maß für die gesamthafte vertikale Autonomie (Kompetenzabtretung) in der Organisation sein. Bei gegebenem Dezentralisierungs- und Funktionalisierungsgrad ist der Delegationsgrad (bzw. die vertikale Autonomie der einzelnen Stelle oder einer hierarchischen Ebene) um so höher, je unabhängiger die unteren Stellen von den übergeordneten Stellen sind, die Art der Aufgabenerledigung und die dabei einzusetzenden Mittel nach Art und Umfang selbst zu bestimmen und das Gesamtsystem gegenüber Dritten zu verpflichten.

Zunächst gilt tendenziell, daß den Kompetenzarten in folgender Reihenfolge ein wachsender Autonomiewert zukommt: a. Ausführungskompetenz, b. Verfügungskompetenz, c. Antragskompetenz, d. Mitsprachekompetenz, e. Entscheidungs- plus Anordnungskompetenz, f. Vertretungskompetenz und g. Richtlinienkompetenz.

Diese Abstufung ist jedoch nicht immer gültig, sie hängt im Einzelfall vom Objekt ab, auf das sich die Kompetenz bezieht (Wert des Gegenstandes, Tragweite einer Entscheidung). Eine eindeutige Zuordnung ist deshalb nur nach der Tragweite der *zu treffenden Entscheidungen* möglich; Kompetenzen, welche keine Entscheidungsbefugnisse implizieren, fallen damit außer Betracht.[100]

Die Tragweite ist durch die oben bestimmten Kriterien zur Abstufung von Entscheidungen definiert. Somit läßt sich grundsätzlich eine Skala gemäß Abb. II/2–13 aufstellen.

---

100 Im Normalfall impliziert jedoch jede Kompetenz, auch die Ausführungskompetenz und die Verfügungskompetenz, gewisse Entscheidungsbefugnisse (ohne daß man deswegen von «Delegation von Entscheidungskompetenzen» sprechen würde).

Abb. II/2–13: Die Dimension «Delegationsgrad» (für ein Subsystem)

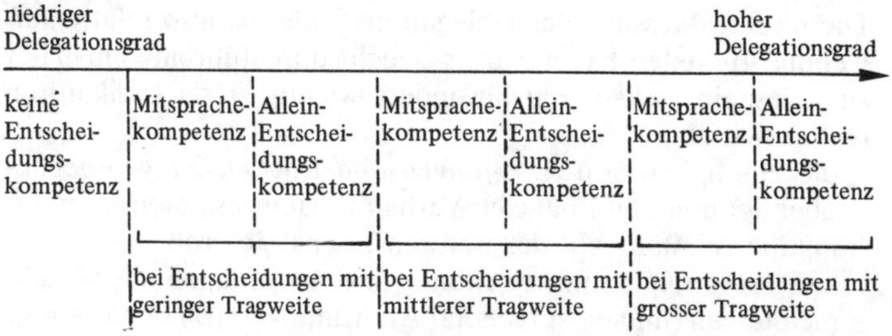

niedriger
Delegationsgrad

hoher
Delegationsgrad

keine Entscheidungskompetenz	Mitsprachekompetenz	Alleinentscheidungskompetenz	Mitsprachekompetenz	Alleinentscheidungskompetenz	Mitsprachekompetenz	Alleinentscheidungskompetenz

bei Entscheidungen mit geringer Tragweite   bei Entscheidungen mit mittlerer Tragweite   bei Entscheidungen mit grosser Tragweite

Um die Stufen «geringe», «mittlere» und «große» Tragweite meßbar zu machen, sind sie jeweils in den verschiedenen Kriterien der Tragweite zu definieren, beispielsweise folgendermaßen (Tab. II/2–5).

Schwierig ist nun allerdings in der Realität die Bestimmung eines Gesamt-Delegationsgrades einer Organisation, kann doch der Delegationsgrad in den einzelnen Subsystemen und sogar je nach Art der zu treffenden Entscheidung stark variieren. Für eine eigentliche Messung müßten deshalb in einem mehrstufigen Verfahren Durchschnitte gebildet werden; dies würde schon für die

Tab. II/2–5: Bestimmung der Tragweite einer Entscheidungskompetenz

	geringe Tragweite	mittl. Tragweite	große Tragweite
1. Zeitliche Reichweite	bis zu 1 Monat	1 Monat bis 1 Jahr	1 Jahr und länger
2. Wirkungsbreite	nur größere Wirkungen auf Subsysteme 3. Ordnung	größere Wirkungen nur auf Subsysteme 1. und 2. Ordnung	Gesamtsystem
3. personelle Wirkungen	keine	vorübergehende Folgen	bleibende Folgen
4. Unsicherheit und Risiko	Risiko unter X Fr., hohe Programmierbarkeit	Risiko X bis Y Fr., beschränkte Information	existenzgefährdendes Risiko, politische Entscheidung
5. Häufigkeit	Routine	selten, aber regelmäßig	einmalig oder neuartige Situation

233

Messung der Tragweite einer einzelnen Entscheidung nach den obgenannten Kriterien beginnen.[101]

Die direkte Messung des Delegationsgrades ist also relativ aufwendig. In vielen Fällen wird sie nicht durchführbar sein. Hier sind deshalb *Indikatoren* besonders wichtig. Drei Indikatoren bieten sich an:

- die Häufigkeit von *Anrufungen und Rückmeldungen* gegenüber der höheren Ebene im Verhältnis zum gesamten Kommunikationsumfang auf der unteren Ebene. Je größer die vertikale Autonomie, um so seltener sind Anrufungen oder Rückmeldungen (und entsprechend Anordnungen von oben) nötig;
- die *Verantwortungsspanne* einer Ebene im Vergleich zur nächsthöheren Ebene, gemessen an der durchschnittlichen Zeitspanne von einer Kontrolle oder Rechenschaftsablegung zur nächsten.[102] Unter der Voraussetzung, daß Verantwortung und Kompetenzen übereinstimmen, ist die Verantwortungsspanne jeweils um so größer, je mehr Kompetenzen eine Stelle hat;
- die *Gehaltsabstufung*. Nach Jaques[103] widerspiegelt die Gehaltsabstufung zwischen den verschiedenen hierarchischen Ebenen das Ausmaß der Delegation: je größer die Gehaltsdifferenzen, um so geringer ist die Delegation. Die Erklärung liegt darin, daß die Gehaltsabstufungen dann sehr groß ausfallen, wenn auch der Kompetenz- und Verantwortungsabstand als groß empfunden wird.[104]

---

101 Rein theoretisch müßte die gesamte Messung schon für ein Subsystem folgende Schritte umfassen: 1. die Tragweite jeder einzelnen Entscheidungskomponente bestimmen; 2. eine mittlere Tragweite der verschiedenen Entscheidungskompetenzen eines Subsystems ermitteln (arithmetisches Mittel) und diese mit der durchschnittlichen Anzahl Entscheidungskompetenzen pro Person im Subsystem multiplizieren (Durchschnitt pro Person und nicht Summe, um den Autonomiewert von der Subsystemgröße unabhängig zu machen).

102 Dieses Maß («time span») wurde von Jaques (1956: 32–42) vorgeschlagen: siehe Blau/Scott (1963: 170).

103 Vgl. Jaques (1956: 32–42), zitiert nach Blau/Scott (1963: 170).

104 Dieser Indikator kann allerdings auch völlig versagen: es ist nämlich denkbar, daß gerade mangelnde Kompetenzdelegation durch ein hohes Gehalt kompensiert werden soll.

25 Partizipation

251 Konzept und Stufen der Partizipation

Unter Partizipation soll die Beteiligung von Mitarbeitern an der Willensbildung einer hierarchisch höheren Ebene der Organisation verstanden werden. Von der Delegation unterscheidet sich Partizipation dadurch, daß jene eine hierarchische Differenzierung von Kompetenzen («entweder A *oder* B entscheidet») vollzieht, während diese umgekehrt eine gemeinsame Ausübung von Kompetenzen durch mehrere Individuen auf verschiedenen Ebenen der Hierarchie und damit eine ebenenübergreifende Teamarbeit bedeutet («A *und* B gemeinsam»).

2511 Konzeptualisierung der Instrumentalvariablen «Partizipation»

Partizipation wird als Variable vorgesehen, mit deren Hilfe die *Führung* alternativ gestaltet werden kann. Insbesondere soll sie dazu dienen, bei Bedarf die Anerkennung der designierten Vorgesetzten als Führer bei den Mitarbeitern zu erreichen.[105] Ob Partizipation eine dazu geeignete organisatorische Instrumentalvariable sein kann, hängt davon ab,

a. wieweit das Führungsverhalten organisatorisch überhaupt gestaltbar ist (Kriterium der strukturellen Gestaltbarkeit);
b. ob mit Hilfe von Partizipation die «Schlüsselvariable», von der die Anerkennung eines Führers vor allem abhängt, gezielt beeinflußt werden kann (Kriterium der Originalität);
c. ob Partizipation als operationale Dimension definiert werden kann (Operationalisierbarkeit von Gestaltungsalternativen).

Zu a:
Führung kann immer von zwei Seiten betrachtet werden: als individuelles Verhaltensproblem des einzelnen Führers oder als organisatorisches Problem des gesamten Systems. Im zweiten Sinne läßt sich das Führungsverhalten mit Hilfe von organisatorischen Richtlinien (bzw. Führungsrichtlinien) sowie von unterstützenden strukturellen Maßnahmen in eine bestimmte Grundrichtung hin regeln.

---

105 Dieses Grundproblem der Führung wurde in Abschn. I/323 herausgearbeitet.

Ihre Grenze findet diese organisatorische Beeinflussung
- in den persönlichkeitsbedingten Anforderungen der zu Führenden an das Verhalten des Führers
- in der Veränderbarkeit der Situation (Aufgabe und Umwelt), welche bedingt, daß dem einzelnen Führer ein bestimmter Spielraum gelassen wird, in dem er sein Verhalten selbständig (je nach Persönlichkeit und Situation) strukturiert.

Eine organisatorische Instrumentalvariable zur Gestaltung des Führungsverhaltens wird sich deshalb auf die Vorgabe tendenzieller Führungsformen mit einer gewissen Abweichungstoleranz und auf unterstützende Maßnahmen beschränken müssen.

Zu b:

Der gewählte Führer («leader») unterscheidet sich nach Gibb dadurch vom bloß designierten Vorgesetzten («head»), daß sich die Mitarbeiter von ihm einen positiven Beitrag zur Erreichung ihrer persönlichen Ziele versprechen und sich deshalb in einem gewissen Ausmaß mit den Zielen des Führers identifizieren: die Ziele des Führers sind die Ziele der Gruppe.[106] Bevor ein designierter Vorgesetzter überhaupt die Alternative hat, sich wie ein gruppenintern gewählter Führer zu verhalten, muß er also die Integration seiner Aufgabenziele mit den persönlichen Zielen der Mitarbeiter schaffen, d. h. aus den Aufgabenzielen *Gruppenziele* machen. Eine solche Zielintegration kann dann als gelungen gelten, wenn sich alle oder der größere Teil der Gruppenmitglieder mit den Aufgabenzielen mehr oder weniger identifizieren. Die *Identifikation mit den zu Gruppenzielen gewordenen Aufgabenzielen* kann deshalb als die gesuchte Schlüsselvariable betrachtet werden, von der die Anerkennung des Vorgesetzten als Führer am stärksten abhängt.

Identifikation ist aus psychologischer Sicht ein Zustand, in dem ein Individuum regelmäßig von sich selbst als einem Teil einer spezifischen Beziehung (zu einem materiellen oder sozialen Objekt) denkt und spricht, weil ihm die Beziehung die Befriedigung höherer Bedürfnisse (soziale Bedürfnisse, Ego-Bedürfnisse, Per-

106 Vgl. die Definition von Führung in Abschn. I/323.

sönlichkeitsentfaltung) ermöglicht. Um die Beziehung aufrecht-zuerhalten, akzeptiert es oder wünscht es sogar, durch sie beein-flußt zu werden.[107]
Kann nun diese Schlüsselvariable «Identifikation» durch Partizi-pation gezielt beeinflußt werden? Wenn Identifikation von der Befriedigungsmöglichkeit höherer Bedürfnisse abhängt[108] und mit Partizipation eine solche Befriedigung bewirkt werden kann, so läßt sich die Frage positiv beantworten. Eine positive Korrela-tion zwischen Partizipation und Zufriedenheit wurde tatsächlich in verschiedensten empirischen Untersuchungen festgestellt.[109]

Zu c:
Es bleibt somit die Aufgabe, Partizipation derart operational zu definieren, daß alternative Ausprägungsformen konkret abgelei-tet werden können.
Partizipation soll als determiniert gelten durch die qualitative Zu-sammensetzung der *Einflußbasis* des Führenden, genauer: durch das Ausmaß, in dem positionsspezifische Autorität (und formale Sanktionen) als Grundlage der Einflußversuche des Vorgesetz-ten ersetzt wird durch personen- und aufgabenspezifische Autori-tät (sowie Argumente).
Der «headship» entspricht dann eine Zusammensetzung mit fast ausschließlich positionsspezifischer Einflußbasis, währenddem «leadership» einen bestimmten Anteil an personen- und aufga-benspezifischer Einflußbasis voraussetzt, weil ein Vorgesetzter mit positionsspezifischer Autorität die Zielintegration nicht «er-zwingen» und damit nicht zum Führer werden kann.
Die Befriedigung höherer Bedürfnisse, von denen die Identifika-tion abhängt, erfolgt bei «leadership» dadurch, daß der zuneh-mende Verzicht auf positionsspezifischen Einfluß es den Mitar-beitenden zunehmend erlaubt, ihrerseits aufgaben- und perso-nenspezifischen Einfluß auf den Führer zu entwickeln und damit an der Willensbildung zu partizipieren, während sie der positions-

107 Vgl. zu dieser Definition Brown (1969: 346 f.).
108 Dies wird auch von Hall/Schneider (1972: 347) gesagt.
109 Vgl. den Überblick bei Tannenbaum (1968: 241 ff.), bei Vroom (1964: 115 ff.) sowie bei Yukl (1971: 431 f.). – Auf die interaktionstheoretischen Voraussetzungen wird weiter unten eingegangen.

spezifischen Autorität der «headship» nichts Entsprechendes gegenüberstellen können.

Im Unterschied zu der hier vorgeschlagenen Dimension wird bei der klassischen Einteilung von Lewin et al. (1939) allein das quantitative Ausmaß des vom Vorgesetzten insgesamt ausgeübten Einflusses als Einteilungskriterium verwendet. Lewin unterscheidet «autokratische», «demokratische» und «laisser-faire»-Führung. Bei «laisser-faire» tendiert dieser Einfluß gegen Null (führungslose Gruppe). Dieser Zustand stellt keine instrumentale Alternative dar, weil jede Arbeitsgruppe irgendwie geführt werden muß, um effektiv zu sein. Deshalb wird diese Dimension hier als ungeeignet abgelehnt.[110]

Bei der hier vorgeschlagenen Dimension tritt dagegen an die Stelle des «laisser-faire» die neue Alternative eines gruppenintern gewählten Führers, der ohne jede positionsspezifische Autorität die Gruppe führt.

Schließlich ist noch darauf hinzuweisen, daß ein operationaler Partizipationsbegriff *objektiv* verstanden werden muß, d. h. es wird das instrumentale Partizipations*angebot* betrachtet. Demgegenüber besteht auch ein *subjektiver* Partizipationsbegriff, der die Partizipation als psychologische *Empfindung* definiert, nämlich als Verhältnis zwischen realisierter und gewünschter Partizipation:[111] Die subjektive Partizipation kann auch gering sein, wenn das objektive Partizipationsangebot hoch, aber das Erwartungsniveau noch höher ist. Der subjektive Partizipationsbegriff bietet für die Erklärung der psychologischen Auswirkungen von Partizipation den grundlegenden Ansatz.[112]

---

110 Eine weitere Schwäche dieser Dimension ist darin zu sehen, daß das instrumental beabsichtigte Ausmaß der Einflußnahme durch den Vorgesetzten mit seinem tatsächlichen Einfluß keineswegs übereinzustimmen braucht: das Gesamtausmaß des Einflusses des Führers ist nicht eine Form, sondern eine *Resultante* des Führungsverhaltens Blau/Scott 1963: 14), die gemäß dem interaktionstheoretischen Ansatz auch von den Geführten und von der Situation abhängt.

111 Vgl. z. B. Alutto/Belasco (1972).

112 Vgl. unten, Abschn. II/252.

2512 Stufen der Partizipation

Bei der Abstufung der Partizipation nach der qualitativen Zusammensetzung der Einflußbasis lassen sich drei Hauptstufen unterscheiden, die den Hauptvarianten auf der Skala «headship... leadership» entsprechen:

A. bloßer Vorgesetzter (Einflußbasis: positionsspezifisch)
B. Vorgesetzter, der die Anerkennung als Führer anstrebt (Einflußbasis: positions-, aufgaben- und personenspezifisch)
C. Teamarbeit mit (u. U.) nicht-designiertem, gruppenintern gewähltem Führer (Einflußbasis: nur aufgaben- und personenspezifisch).

Im Fall A soll von *autoritativem Führungsstil*, im Fall B von *partizipativem Führungsstil* gesprochen werden. Beiden Varianten ist gemeinsam, daß sie sich auf eine Beeinflussung des Führungsstils[113] vorhandener Vorgesetzter beschränken (Führungsstil-Ansatz oder «leadership-style approach»). Demgegenüber verlangt der Fall C auch eine strukturelle Änderung (struktureller Ansatz oder «structural approach»): hier wird das schwierige Problem, aus einem Vorgesetzten einen Führer zu machen, dadurch überwunden, daß auf einen formellen Vorgesetzten gänzlich verzichtet wird und die Wahrnehmung der Führungsaufgaben gruppenintern erfolgt. Dabei entsteht eine *gruppenorientierte Führungsform*.

Als feinere Abstufung wird hier folgende Gliederung vorgeschlagen:

A. Autoritativer Führungsstil
   a. repressiv
   b. manipulativ
   c. rationalistisch
B. Partizipativer Führungsstil
   a. Entscheiddiskussion
   b. Meinungsbildung in der Gruppe
   c. Willensbildung durch die Gruppe
C. Gruppenarbeit
   a. prozeßintegrierte Arbeitsgruppen
   b. autonome Arbeitsgruppen

---

113 Unter dem Führungsstil soll hier die gewählte Zusammensetzung der Einflußbasis des Führenden verstanden werden.

Diese Varianten lassen sich folgendermaßen charakterisieren:[114]

A. Autoritativer Führungsstil
Die Einflußnahme des autoritativen (oder autokratischen) Vorgesetzten stützt sich zum überwiegenden Teil auf die positionsspezifische Autorität und die mit der Position verbundenen Sanktionsmöglichkeiten. Personen- oder aufgabenspezifische Autorität kommt weder beim Vorgesetzten noch bei den Untergebenen zur Wirkung. Eine eigentliche Gruppenintegration ist dem Vorgesetzten dadurch nicht möglich, wird von ihm aber auch nicht angestrebt. Im Gegenteil ist die Vorgesetzten-Mitarbeiter-Beziehung durch bewußt gewahrte soziale Distanz charakterisiert. Ohne im eigentlichen Sinne zu führen, übt der Vorgesetzte die Leitungsfunktion autonom aus[115]; als deren Hauptelement betrachtet er das *Entscheiden, Anordnen* und *Kontrollieren*. Der autoritative Führungsstil entspricht damit etwa dem oft als *«close supervision»*[116] charakterisierten Vorgesetzten-Verhalten.
Organisatorisch kann eine autoritative Führung gefördert werden
– durch betonte Statusdifferenzierung (Schichtung) zwischen Vorgesetzten und Unterstellten
– durch Ausstattung des einzelnen Vorgesetzten mit ausgebauten Sanktionskompetenzen und strenge Verwendung derselben
– durch scharfe Trennung zwischen den hierarchischen Positionen nach ihren direkt zugeordneten Kompetenzen, insbesondere nach Leitungs- und Ausführungskompetenzen
– durch eine streng gehandhabte Sternstruktur zwischen Vorgesetzten und Mitarbeitern[117]
– durch einseitig aufgabenstrukturierendes Verhalten des Vorgesetzten (verbunden mit der Ausübung eines starken Leistungsdrucks).
Insbesondere die mehr oder weniger ausgeprägte Betonung der *Schichtung* ist ein organisatorisches Hilfsmittel zur Unterstützung

114 Die Varianten unter (A) und (B) lehnen sich zum Teil an Tannenbaum/Weschler/Massarik (1961: 70f.) an.
115 Leitung und Führung sind für ihn identisch, weil er praktisch nur aufgabenstrukturierend tätig wird.
116 Vgl. z. B. Blau/Scott(1963: 148).
117 Vgl. oben, Abschn. I/322 (S. 101).

eines mehr oder weniger autoritativen Führungsstils. Unter Schichtung wird die Differenzierung des Systems in vertikal getrennte Statusgruppen verstanden, zwischen denen sprunghafte Unterschiede im Status und in den zugeteilten Statussymbolen, eine beschränkte Kommunikation und eine begrenzte Mobilität bestehen[118]. In organisierten sozialen Systemen sind der positions-, berufs- und aufgabenspezifische Status für die Schichtung maßgebend. Die instrumentale Variierbarkeit der systeminternen Schichtungen ist allerdings weitgehend durch die systemexternen (gesamtgesellschaftlichen) Schichtungen sozialer und psychologischer Art in der Vergangenheit und Gegenwart beschränkt. Schichtung hat also zu einem wesentlichen Teil Constraint-Charakter.[119]

In einem bestimmten Ausmaß läßt sich die interne Schichtung aber auf die angestrebte Führungsform abstimmen. Ansatzpunkte zur Betonung von Statusdifferenzen sind

- die Beschränkung der *Zugänglichkeit*[120] zu Mitarbeitern mit hohem Status (Beispiel: Mitarbeiter mit sehr hohem Status sind nur in eng begrenzten Sprechstunden und über mehrere «Vorzimmer» hinweg erreichbar);
- die *Statussymbole:* je stärker sie vertikal abgestuft und je genauer sie geregelt werden, um so größer ist ihr Statuserkennungs- und Prestigewert (Beispiele: Titel, Sekretärin, Pultgröße und Büroausstattung, Dienstwagen, und vor allem: das relative Gehalt[121]);

---

118 Zur soziologischen Kategorie der Schichtung vgl. König (1967b: 266 ff.).
119 Pfiffner/Sherwood (1960: 276) betonen allerdings die symmetrische Beziehung: einerseits reflektiert die organisatorische Schichtung die externe Schichtung, andererseits bestimmt sie diese auch weitgehend in einer Gesellschaft, in welcher der berufliche Status die Bedeutung eines «Schlüsselstatus» besitzt.
120 Die Zugänglichkeit beruht nicht nur auf der objektiven formalen Regelung, sondern auf zusätzlichen psychologischen Schranken.
121 Nicht das absolute Gehalt, sondern die Gehaltsdifferenzen sind relevant. Hohen Statuswert hat auch die Länge des Auszahlungsintervalls (zunehmend vom Stundenlohn zum Wochenlohn, Monatslohn, Quartalsgehalt, usw.)

– die Beschränkung der *vertikalen Mobilität*, d. h. der Aufstiegs-
chancen von den unteren in die oberen Ränge, durch die Formalisierung von Mobilitätsschranken (Diplome, standardisierte Laufbahnerfordernisse, Dienstaltersvoraussetzungen,
Altersgrenzen nach unten und oben, geschlechts- oder her-
kunftsspezifische Schranken).
Die Art und Weise der Willensdurchsetzung bei autoritativem
Führungsstil kann in bezug auf die zugrundegelegte Einflußbasis
und damit auf die Berücksichtigung der Ansichten der Mitarbeiter noch abgestuft werden:

a. Repressive Willensdurchsetzung
Diese Extremform ist durch die Anwendung des strikten *Befehls*
gekennzeichnet, verbunden mit der Androhung sofortiger Sanktionen bei Nichtbefolgung. Am ehesten ist diese Variante im militärischen Bereich zu finden. Dort werden auch die oben genannten instrumentalen Maßnahmen in exemplarisch ausgeprägter
Weise angewendet. Besonders kennzeichnend für diesen Bereich
sind[122]
– die Ableitung der Autorität aus obersten nationalen Zielen
– die unbedingte Gehorsamserwartung bei jedem Befehl (als
  Grundlage des ausschließlich durch Positionsmacht funktionsfähig gehaltenen Systems)
– lückenlose, straffe Verhaltensregeln (um absolute Verhaltens-
  sicherheit zu schaffen, die Nachdenken in jeder Situation erüb-
  rigt)
– Bestrafung und Belohnung.
Dieser Stil, der im Englischen oft als «Domination»[123] bezeichnet
wird, kann angesichts seiner fast allgemein zutreffenden sozio-
emotionalen Nachteile höchstens in Situationen als angemessen
bezeichnet werden, in denen nur bedingungsloser Gehorsam die
Aufgabenerfüllung gewährleistet (Beispiele: Krisensituationen
mit Panik, Militär in Kampfsituation) oder kurzfristige Effizienz
(Produktivität I) allein wichtig ist (Aufgabe mit extremem Zeitdruck).

122 Vgl. Zaleznik/Moment (1964: 412).
123 Vgl. Blau/Scott (1963: 142); Gibb (1947), in Gibb (1969: 212f.).

b. Manipulative Willensdurchsetzung

Hier beruht die Einflußnahme des Vorgesetzten bereits nicht mehr ausschließlich auf seiner Position, sondern er versucht die Willensdurchsetzung durch eine gewisse Pflege der Beziehungen zu seinen Unterstellen zu erleichtern. An die Stelle des unbedingten Befehls tritt das «*Verkaufen*»[124] der getroffenen Entscheidungen: der Mitarbeiter wird mehr oder weniger bewußt einseitig informiert, die Ziele werden umgedeutet und «schmackhaft» gemacht. Das Eingehen auf die persönlichen Probleme des Mitarbeiters ist nur scheinbar, um beim Untergebenen dadurch Verpflichtungsgefühle zu schaffen – kurz: der Mitarbeiter wird manipuliert.[125]

c. Rationalistische Willensdurchsetzung

Hier beruht die Willensdurchsetzung auf dem echten Bemühen, die Mitarbeiter von der Richtigkeit und Notwendigkeit einer Entscheidung zu überzeugen. Dazu wird dem Mitarbeiter zu jeder Anweisung eine ausführliche, sachliche Begründung gegeben. Im Unterschied zur Manipulation appelliert die *Begründung* weniger an die Emotion als an die «Ratio»: die Einsicht in die «Vernünftigkeit» einer Entscheidung soll die freiwillige Zustimmung bewirken.[126] Man kann also sagen, daß der Vorgesetzte in deutlich erkennbarem Ausmaß seine positionsspezifische Autorität durch aufgabenspezifische Autorität und durch Argumente zu stützen oder partiell zu ersetzen versucht, um ansatzweise eine Zielintegration zwischen seinen Aufgabenzielen und den persönlichen Zielen der Mitarbeiter zu erreichen.

B. Partizipativer Führungsstil

Erst bei partizipativem Verhalten des Vorgesetzten kann man im engeren Sinn von Führung («leadership») sprechen. Der Vorgesetzte bemüht sich, als Führer anerkannt zu werden. Dazu ist es notwendig, daß er seine positionsspezifische Autorität möglichst zurückhaltend einsetzt und in entsprechendem Ausmaß sich dafür aufgaben- und personenspezifische Autorität erwirbt. Nur so

---

124 Vgl. Tannenbaum et al. (1961: 70).
125 Zum Problem «Führung und Manipulation» vgl. Klis (1970: 25 ff.)
126 Vgl. Klis (1970: 29).

gelingt es ihm, eine Atmosphäre des Vertrauens und eine hohe Gruppenkohäsion zu schaffen. Abgesehen vom Eigenwert einer solchen Gruppenkultur in sozio-emotionaler Hinsicht hat dieses Verhalten den Sinn, eine starke Identifikation des Mitarbeiters mit den Gruppenzielen und damit eine Selbstverpflichtung[127] oder Loyalität gegenüber dem Vorgesetzten und den Kollegen zu schaffen.

Zu beachten ist dabei, daß es in partizipativen Führungskonzepten – im Gegensatz zur autoritativen Führung – nicht einseitig um die (Fremd-)Identifikation der Mitarbeiter mit den Vorgaben von Vorgesetzten, sondern gerade um ihr aktives Sich-Einbringen und kritisches Mitdenken *(Commitment)* geht. Das setzt zugleich die Entfaltung und Stärkung ihrer personalen *Identität*, d. h. der (Selbst-)Identifikation mit ihren authentischen Bedürfnissen und Zielen voraus. Gelingende partizipative Führung ist somit «identitätsorientierte Führung»:[128] sie beruht auf einer Balance zwischen – sich wechselseitig verstärkender – personaler Autonomie und Gruppenintegration. Indem sich die Mitarbeiter als handlungsfähige Individuen und deshalb auch als potentiell einflußreiche Mitglieder einer sozialen Gemeinschaft erfahren, wächst ihre Bereitschaft und Kompetenz zur Mitwirkung und Mitverantwortung bei der Bewältigung der Gruppenaufgaben.

Die Funktion des Vorgesetzten verändert sich dabei gegenüber der autoritativen «Führung» wesentlich:[129] während dort das Entscheiden und das Durchsetzen der Entscheidungen die Hauptfunktion eines Vorgesetzten ist, ist in einer partizipativen Gruppe der Vorgesetzte vielmehr derjenige, der die sozio-emotionale Gruppenintegration sicherstellt, die Gruppenaufgaben und -ziele strukturiert, die Gruppe als Leistungseinheit funktionsfähig hält und sie nach außen vertritt. Zwar bleibt der Vorgesetzte formeller Verantwortlicher für die getroffenen Entscheidungen, aber faktisch wird die Gruppe mehr oder weniger zur eigentlichen Willensbildungseinheit. Bei den folgenden Varianten trifft dies in jeweils zunehmendem Maße zu:

---

127 Vgl. Blau/Scott (1963: 142).
128 Vgl. dazu Müller, W. R.: Führung und Identität, Bern/Stuttgart 1981; Meyer-Faje, A.: Identitätsorientierte Menschenführung, Bern/Stuttgart 1990.
129 Vgl. Bavelas (1960).

a. Entscheiddiskussion

Der Vorgesetzte trifft einen *provisorischen Entscheid* und legt ihn unter Angabe seiner Gründe den Mitarbeitern zur Diskussion vor. Er regt sie an, Anregungen, Bedenken und Einwände vorzubringen und Alternativen vorzuschlagen. In dieser zweiten Phase stellt er seine positionsspezifische Autorität möglichst zurück, nur aufgaben- und personenspezifischer Einfluß ist jetzt relevant. Erst am Schluß setzt er seine positionsspezifische Autorität wieder ein, indem er die Gruppendiskussion auswertet und den definitiven Entscheid trifft.

Soll dieses Vorgehen mehr als bloß symbolische Partizipation zur leichteren Durchsetzung bereits getroffener Entscheidungen sein, so muß der Vorgesetzte bereit sein, auf Einwände einzugehen und seinen Entscheid zu ändern, falls gute Gründe vorliegen.

b. Meinungsbildung in der Gruppe

Der Vorgesetzte präsentiert den Mitarbeitern noch keinen provisorischen Entscheid, sondern das *Problem* als solches. Er konsultiert[130] also die Gruppe, versucht ihre Ideen, Zielvorstellungen und Lösungsvorschläge zu erfahren. Im Unterschied zur bloßen Diskussion eines provisorischen Entscheides werden dabei die Mitarbeiter *von Anfang an* in den Problemlösungsprozeß eingeschaltet, so daß ihre Fachkenntnisse und ihr Ideenpotential noch besser ausgewertet werden können. Der Problemlösungsprozeß wird dann wesentlich durch die aufgaben- und personenspezifische Autorität aller Gruppenmitglieder geprägt: wer am meisten zum Problem beizutragen hat und dies am besten tun kann, der determiniert im wesentlichen den Lösungsvorschlag der Gruppe, übernimmt also eine vorübergehende Führungsfunktion. Erst der Schlußentscheid ist wieder positionsspezifisch determiniert, also dem Vorgesetzten vorbehalten. Im Normalfall wird er den Gruppenvorschlag akzeptieren oder nur leicht modifizieren.

c. Willensbildung durch die Gruppe

Hier trifft der Vorgesetzte in keiner Weise einen Alleinentscheid, sondern die gesamte Gruppe erarbeitet innerhalb der vom Vor-

---

130 Vgl. dazu die Abstufung von Likert (1967: 14 ff.) in «exploitive autocracy», «benevolent autocracy», *«consultative management»* und «participative group management».

gesetzten vorgegebenen Rahmenbedingungen die Problemlösungen und entscheidet in einem argumentativen Willensbildungsprozeß (Konsensfindung oder Abstimmung). Der formell nach außen als Entscheid des Gruppenleiters erscheinende Wille ist faktisch ein *Kollegialentscheid der Gruppe*. Die positionsspezifisch legitimierte Einflußnahme der Vorgesetzten ist auf ein Minimum beschränkt:

– einerseits beeinflußt das bloße Wissen um die Position des Vorgesetzten die Mitarbeiter,
– anderseits muß er den Gesamtzusammenhang der Gruppenleistung zum übergeordneten System sicherstellen und deshalb das Mindestzielniveau, das er mit der Gruppe erreichen sollte, sowie die einschränkenden Bedingungen in bezug auf die zur Verfügung stehenden Mittel (finanzielle Mittel, Sachmittel, Termine, verfügbares Personal) vorgeben.

Nur wenn der gemeinsam gefällte Gruppenentscheid den vorgegebenen Rahmen ohne zwingende Gründe überschreitet, wird sich der Gruppenleiter das Vetorecht vorbehalten.

C. Gruppenarbeit

Die Grundidee des Konzepts der (teil-)autonomen Arbeitsgruppe liegt darin, auf die Bestimmung eines formellen Vorgesetzten zu verzichten und die Organisation der arbeitsteiligen Kooperation innerhalb definierter Rahmenbedingungen und Zielvorgehen der gruppeninternen Selbstbestimmung zu überlassen. Die Kompetenzen, die sonst dem Vorgesetzten allein zustehen, gehen an die Gruppe als Ganzes über und begründen – gemäß dem Grundsatz der Übereinstimmung von Kompetenz und Verantwortung – eine echte *Gruppenverantwortung*. Damit verbunden sind folgende Eigenschaften der Gruppenarbeit:

1. Positionsspezifische Autorität als Einflußbasis ist eliminiert. Informeller Führer ist jeweils jenes Gruppenmitglied, von dem in einer gegebenen Situation der größte Beitrag zur Erreichung der Gruppenziele erwartet wird. Die Führungsrolle kann also regelmäßig wechseln.[131]

---

131 Mit der Zeit dürften sich gewisse routinemäßige Erwartungen einspielen, wonach bestimmte Gruppenmitglieder in bestimmten Situationen jeweils die Führungsrolle zu übernehmen haben.

2. Die Gruppe ist gegen außen relativ autonom, vor allem in bezug auf ihre interne Statusstruktur und ihre interne Arbeitsor-
ganisation (Arbeitsteilung und Arbeitsmethodik). Ihre
Grenze findet diese Autonomie – ähnlich wie bei faktischer
Gruppenentscheidung *mit* formellem Vorgesetzten – dort, wo
die Ziele des Gesamtsystems das Setzen von einzuhaltenden
Grenzbedingungen notwendig machen.
3. Die Gruppe hat i. d. R. keinen direkten Vorgesetzten (super-
visor), sondern wird quasi «indirekt geleitet» durch die gesetzten Grenzbedingungen und die funktionalen Weisungen von
zentralen Dienststellen oder funktionalen Instanzen.[132]
Hauptaufgabe der Leitung ist es, durch zweckmäßige Zielvorgaben, durch die Gestaltung der technologischen und organisatorischen Rahmenbedingungen, durch die Schaffung der
personellen und organisationskulturellen Voraussetzungen
sowie durch den Einsatz geeigneter Planungs- und Kontrollsysteme die Grundlagen für qualitativ hochwertige und effi-
ziente Gruppenarbeit zu schaffen.
4. Traditionelle Eigenschaften der (Stab-)Linienorganisation –
wie Einheit der Leitung, Trennung von Entscheidung und
Ausführung, Dienstweg, Ein-Mann-Entscheidung, usw. –
sind mit dem Konzept der «verantwortlichen Autonomie» (re-
sponsible autonomy)[133] nicht vereinbar und fallen weg; es ist
daher gerechtfertigt, von einer *gruppenorientierten Struktur* zu
sprechen.

In *sozio-emotionaler* Hinsicht setzt der Übergang zur Gruppenstruktur eine dafür geeignete Gruppenkultur voraus.[134] Durch
schrittweise Erhöhung des Partizipationsgrades im Rahmen des
Führungsstils muß bereits eine relativ hohe Gruppenkohäsion
und Bereitschaft zur Verantwortungsübernahme vorhanden sein,
wenn schwere Übergangskrisen vermieden werden sollen.

In *instrumentaler* Hinsicht setzt der Übergang zur Gruppenstruktur vor allem zwei Dinge voraus:

---

132 Man beachte, wie hier die Führungsfunktion aus den übrigen Leitungsfunktionen (Planung und Kontrolle, Organisation, Kaderförderung)
ausgegliedert und auf einer hierarchisch tieferen Ebene (Gruppe) wahrgenommen wird; der übergeordneten Ebene verbleiben nur «sachliche»
Koordinationsaufgaben.
133 Vgl. Trist/Bramforth (1951).
134 Vgl. schon Bucklow (1966) und Hunt (1972: 347).

1. eine sorgfältige Erfüllung der «indirekten Leitungsfunktionen» durch die zuständigen Stellen, vor allem
   - die präzise Bekanntgabe und Kontrolle der einzuhaltenden Grenzbedingungen (a) bei der Bildung der Gruppenziele (Rahmenziel und Mindestzielniveau) und (b) bei der gruppeninternen Festsetzung der Arbeitsmethoden;
   - die Bereitstellung möglichst effizienter, für Gruppenarbeit geeigneter technischer Systeme, methodischer Hilfsmittel und fachlicher Unterstützung;
2. eine funktionierende Koordination *zwischen* den verschiedenen Arbeitsgruppen; je nach dem rahmenorganisatorisch gewährten Autonomiegrad resultieren daraus zwei zu unterscheidende Formen einer gruppenorientierten Struktur.

a. Prozeßintegrierte Arbeitsgruppen
Dieser Ansatz ist in den 80er Jahren in der japanischen Automobilindustrie entwickelt worden, um die Vorteile der Teamarbeit mit technologisch hochentwickelten Methoden industrieller Fertigung zu verbinden. Unter dem populär gewordenen Begriff der «*Lean Production*»[135] (schlanke Produktion) liegt erstmals eine «posttayloristische» Konzeption industrieller Organisation vor, die dem herkömmlichen tayloristischen Ansatz[136] sowohl in instrumenteller als auch in sozio-emotionaler Hinsicht deutlich überlegen ist. Ohne hier auf sämtliche Aspekte eingehen zu können, lassen sich drei Grundprinzipien dieser umfassenden Konzeption erkennen:
1. *Gruppenorganisation:* Arbeitsgruppen (Teams) stellen nicht mehr bloß ein ergänzendes Instrument für spezielle Projekt- oder Koordinationsaufgaben[137], sondern die zentrale Akti-

---

135 Vgl. dazu als Überblick Hentze, J./Kammel, A.: Lean Production: Erfolgsbausteine eines integrierten Management-Ansatzes, WISU (1992), S. 631–639; ferner Krafcik, J. F.: Triumph of the Lean Production System, Sloan Management Review 30 (1988), S. 41–52; Womack, J. P./Jones, D. T./Roos, D.: Die zweite Revolution in der Autoindustrie, Frankfurt/New York 1991 (7. Aufl. 1992!).

136 Zum Taylorismus vgl. die Abschnitte II/2312, II/2712 sowie insbes. III/22.

137 So z. B. Häuslers (1967: 23f) «Organisation fluktuierender Teams» oder Schnelles (1966) Teamkonzept. Vgl. oben die Ausführungen zu Komitees, Abschn. II/2315

ons-, Kompetenz-, Lern-, Leistungs- und Verantwortungseinheit und damit das «Herzstück» des ganzen Ansatzes dar. Dementsprechend gehört der überwiegende Teil aller Mitarbeiter einer Arbeitsgruppe von 5–10 Personen an, insbesondere auch auf den unteren, operativ tätigen Ebenen der Organisation.[138] Grundlegende Bedeutung wird der sozio-emotionalen Integrationsfunktion der Gruppe zuerkannt. Jedes Mitglied soll sich mit der Gesamtaufgabe des Teams identifizieren und zur flexiblen Übernahme aller anfallenden Teilaufgaben fähig und bereit sein. Die einzelne Gruppe verfügt über weitgehende Kompetenzen zur internen Selbstorganisation der Arbeitsverteilung und -gestaltung.

2. *Integrierte Aufgabenerfüllung:* Methodischer Ansatz zur Sicherung einer hohen Produktivität und Leistungsqualität ist – in Umkehrung tayloristischer Prinzipien – die systematische Integration von Planungs-, Ausführungs- und Kontrollfunktionen innerhalb der Gruppenaufgabe. Die Ergebnisverantwortung der Gruppe erstreckt sich stets zugleich auf die fortlaufende Verbesserung der Arbeitsabläufe und -methoden, auf die Wartung der technischen Produktionsanlagen und auf die umfassende Qualitätssicherung «vor Ort» nach dem Grundsatz der «Null-Fehler»-Strategie.[139] Die täglich wachsende Expertise aller Teams fließt laufend in die Verfahrens- und Produktinnovation ein.

3. *«Just-in-Time»:*[140] Mittels der produktionssynchronen Anlieferung von Vorleistungen an die nächste Bearbeitungsstufe – unter Einschluß externer Zulieferer bzw. Abnehmer – wird

---

138 Traditionellerweise wurde in Europa Teamarbeit nur für qualifizierte Problemlösungsteams in Betracht gezogen. Noch in den 70er Jahren beurteilte z. B. Grochla (1972: 227) Gruppenansätze für Routineaufgaben auf der operativen Ebene generell als ungeeignet.

139 Eine Vorstufe stellen die ebenfalls in Japan entwickelten *Qualitätszirkel* dar: sporadisch zusammenkommende, moderierte Arbeitsgruppen beraten über alle Möglichkeiten der Qualitätsverbesserung von technischen Mitteln, Arbeitsmethoden, organisatorischen Abläufen und Kooperationsformen.

140 Vgl. dazu Hernandez, A.: Just-in-Time Manufacturing. A Practical Approach, Engelwood Cliffs 1989; Wildemann, H.: Das Just-in-Time-Konzept: Produktion und Zulieferung auf Abruf, 2. erg. Aufl., Frankfurt/Zürich 1990.

der Bedarf nach Zwischenlagern und «Pufferzeiten» minimiert. Die Koordination zwischen den einzelnen Arbeitsgruppen erfolgt – besonders in der Fertigung und Montage – primär durch eine computergestützte *systemische* Prozeßintegration.[141] Das Prinzip der Fließfertigung, nämlich vorgegebene Taktzeiten, wird somit nicht abgeschafft, sondern nur flexibler gestaltet. Durch den «Prozeßdruck« werden die gruppeninternen Spielräume klar begrenzt und relativiert. Insofern stellt der Ansatz einen mittleren Weg zwischen herkömmlichen Organisationsmodellen und dem weitergehenden Konzept der autonomen Arbeitsgruppen dar.

b. Autonome Arbeitsgruppen

Das Konzept der autonomen oder selbstgesteuerten Arbeitsgruppen entstammt dem in England vom Tavistock-Institut schon in den 50er und 60er Jahren entwickelten sozio-technischen Systemansatz.[142] Die praktische Erprobung und Entwicklung des Ansatzes erfolgte vor allem in Norwegen[143] und Schweden; zur bedeutendsten, nach anfänglichen Schwierigkeiten erfolgreichen Realisierung kam es in den 70er Jahren in den Kalmar-Werken des schwedischen Automobilherstellers Volvo.[144] Im Produktivitätserfolg bestätigte sich die Überlegung, daß die Nachteile der tayloristischen Fertigungsorganisation für die ausführend tätigen

---

141 Zur «systemischen» Rationalisierungskonzeption vgl. für die industrielle Produktion Kern/Schumann (1984), für den Dienstleistungs- und Bürobereich Baethge/Oberbeck (1986) und Rock/ Ulrich/Witt (1990).
142 Nach Vorarbeiten von Thelen (1954), Strauss (1955) u. a. hat das *Tavistock Institute of Human Relations* in London, dem so bedeutende Forscher wie Jaques (1951), Trist/Bamforth (1951), Emery/Trist (1960), Herbst (1962, 1974) und Rice (1963) angehörten, zahlreiche Experimente mit autonomen Arbeitsgruppen in Kohlenbergwerken, Metall- und Textilfabriken durchgeführt. Vgl. den geschichtlichen Überblick bei Bucklow (1966) und die repräsentative Darstellung von Susman; G. I.: Autonomy at Work. A Socio-technical Analysis of Participative Management, New York 1976.
143 Vgl. Lattmann (1972).
144 Vgl. den Bericht des damaligen Volvo-Vorsitzenden Gyllenhammar, P. G.: People at Work, Reading Mass. 1977. Das Kalmar-Werk wurde Ende 1992 infolge massiver Absatzprobleme von Volvo geschlossen, weil es sich um das kleinste Werk der Firma handelte.

Mitarbeiter (Fremdbestimmung, Monotonie, keine Identifikationsmöglichkeit mit der eigenwertarmen Teilarbeit, mangelnde soziale Interaktion) und ihre typischen Symptome (Motivationsprobleme, hohe Abwesenheits- und Fluktuationsquoten, schlechte Produktqualität) nur durch eine grundlegende Humanisierung der Arbeit in der industriellen Produktion zu überwinden seien.

Im Vergleich zum Konzept der prozeßintegrierten Arbeitsgruppen ist hier der Autonomiegrad der einzelnen Gruppe erheblich höher, da auf eine taktmäßige Fließfertigung zugunsten der Einrichtung von relativ autonomen *Fertigungs- und Montageinseln* verzichtet wird. Damit die Rhythmusunterschiede zwischen den verschiedenen Gruppen nicht den gesamten Produktionsablauf zum Erliegen bringen können, sind in diesem Konzept organisatorische Maßnahmen der *Leistungsentkoppelung* zwischen den autonomen Arbeitsgruppen wichtig. Dem dienen zum einen eine möglichst ganzheitliche Gruppenaufgabe (z. B. die gesamte Montage eines Automotors)[145], zum andern die Einrichtung größerer Pufferkapazitäten zwischen den verschiedenen Fertigungs- bzw. Montageinseln.

Der Ansatz (teil-)autonomer Gruppenarbeit mag vorerst zumindest für die industrielle Massenfertigung vom «Just-in-Time»-Ansatz technologisch überholt sein, doch könnten die in ihm verwirklichten, hochwertigen Leitideen von Partizipation und Teamarbeit mit dem weiteren technischen Fortschritt in Richtung flexibler Automation durchaus Zukunft haben.

252   Unmittelbare Auswirkungen

Die Wirkungszusammenhänge der Partizipation sind eines der aktuellsten und komplexesten organisatorischen Probleme.[146] Generelle Aussagen sind kaum möglich. Es müssen vielmehr folgende Schlüsse aus der führungstheoretischen Forschung gezogen werden:

145 Zum Begriff der ganzheitlichen Arbeit vgl. unten, Abschn. II/2712.
146 Vgl. dazu Mulder (1971: 31): «Participation is the most vital organizational problem of our time».

1. Die unmittelbaren, direkten Wirkungen der Partizipation liegen vorwiegend im *psychologischen* Bereich. Dabei nimmt die Variable «Identifikation» eine Schlüsselstellung ein.[147]

2. Entscheidend für die Wirkung ist nicht die objektiv angebotene Partizipationsmöglichkeit, sondern die *subjektiv* empfundene Partizipation.[148] Die subjektiv empfundene Partizipation ergibt sich aus der Übereinstimmung bzw. *Diskrepanz* zwischen dem vom Geführten erwarteten Ausmaß an Partizipation und dem von ihm – aufgrund der angebotenen Partizipationsmöglichkeit einerseits, seiner Fähigkeit und Bereitschaft zu deren Ausnutzung andererseits – tatsächlich realisierten Ausmaß an Partizipation.[149]

3. Je höher die Partizipationserwartung des Geführten ist und je weniger diese enttäuscht wird, um so *befriedigender* ist für ihn die Anteilnahme an den Prozessen der Zielbildung und Zielverwirklichung in der Gruppe, und um so stärker identifiziert er sich mit der Gruppe und ggf. mit dem Führer, von denen diese Anteilnahme abhängt.

4. Sowohl die Partizipationserwartung des Geführten als auch das Partizipationsangebot im Führungsstil des Führenden bzw. in der (teil-)autonomen Arbeitsgruppe sind nur *interaktionstheoretisch* erklärbar, hängen also (ggf.) vom Führenden, von den Geführten und von der Situation ab.[150]
   Somit sind auch Aussagen über Wirkungen der Partizipation nur auf interaktionstheoretischer Basis möglich.[151]

5. Wirkungen der Partizipation auf die Schlüsselvariable «Identifikation» sind damit in einem «interaktionstheoretischen Diskrepanzmodell» darzustellen (vgl. unten).

6. Von der Qualität und Stärke der erreichten «Identifikation» hängen die weiteren Wirkungen der Partizipation ab, nämlich auf
   – die Motivation und Einstellung

---

147 Vgl. die Ausführungen in Abschn. II/2511, lit. b.
148 Hier ist also der subjektive Partizipationsbegriff wichtig. – Vgl. dazu oben, Abschn. II/2511.
149 Zur Diskrepanztheorie vgl. Yukl (1971: 419 ff.).
150 Zur Interaktionstheorie vgl. Abschn. I/323.
151 Empirisch besonders schwierig zu trennen ist der Einfluß der Partizipation vom sonstigen (gruppenintegrierenden und aufgabenstrukturierenden) Verhalten der Führungskräfte.

- die Gruppenkohäsion
- die vertikale Integration des Systems
- die Gruppenleistung.

Im folgenden soll (gemäß These 5) ein interaktionstheoretisches Diskrepanzmodell zur Wirkung der Partizipation auf die Schlüsselvariable «Identifikation» vorgestellt werden; dabei wird auf die wichtigsten interaktionstheoretischen Einflußfaktoren eingegangen. Anschließend soll versucht werden, die weiteren Auswirkungen darzustellen (These 6).

Diskrepanz-Modelle wurden von verschiedenen Organisationspsychologen zur Erklärung der Arbeitszufriedenheit (Job satisfaction) vorgeschlagen.[152] Auf das Problem der Partizipation angewandt und interaktionstheoretisch interpretiert, ergibt sich das folgende Modell (Abb. II/2–14).

Das Modell ist dynamisch zu verstehen: zwischen der Partizipationserwartung des Geführten und der Identifikation besteht ein Feedback.[153]

Die wichtigsten Determinanten der *Partizipationserwartung des Geführten* dürften – abgesehen von diesem Feedback – sein:
- die sozio-kulturell[154] geprägte Grundmotivation, insbesondere die Stärke des Leistungsbedürfnisses[155]
- die sozio-kulturell geprägte Grundeinstellung (autoritäre oder demokratische Persönlichkeit[156])
- seine Beurteilung des eigenen Einflußpotentials[157] in der Gruppe (besonders seiner «Expert Power»[158]) im Verhältnis zu jenem des Führers und der anderen Gruppenmitglieder

152 Vgl. dazu die Autorenangaben bei Yukl (1971: 419).
153 Nicht eingezeichnet sind allerdings die Rückwirkungen auf den Führer.
154 D. h. die durch die Sozialisation des Individuums (systemextern) geprägte Motivation.
155 Zu dem besonders von McClelland et al (1953) untersuchten Leistungsbedürfnis (achievement motivation) vgl. Abschn. I/313.
156 Vgl. Adorno (1973) und Vroom (1964: 119) – Zur Wirkung dieser Persönlichkeitsvariablen vgl. König (1958: 305) und Golembiewski (1965: 116f.).
157 Die Beurteilung des eigenen Einflußpotentials ist determiniert durch die Beurteilung des Anspruchsniveaus der Aufgabe im Verhältnis zu den eigenen Fähigkeiten und Möglichkeiten. – Vgl. dazu Kavanagh (1972).
158 Darunter ist sein aufgabenspezifisches Einflußpotential zu verstehen. – Vgl. Mulder (1971: 34).

Abb. II/2–14: Interaktionstheoretisches Diskrepanzmodell zur Wirkung von Partizipation

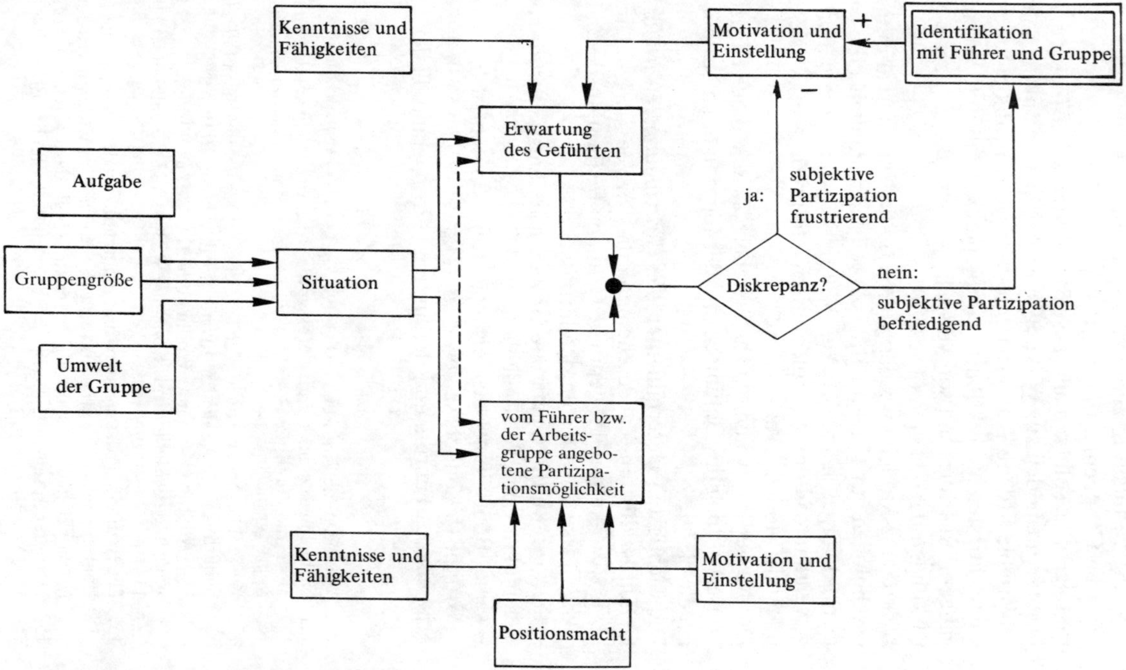

254

- seine Beurteilung der Bedeutsamkeit der Aufgabe[159]
- das frühere Verhalten des Führers bei ähnlichen Aufgaben (Erfahrung)
- die Gruppengröße.[160]

Die wichtigsten Determinanten des *Partizipationsangebots des Führers* dürften sein:
- die sozio-kulturell geprägte Grundeinstellung (autoritäre oder demokratische Persönlichkeit)
- seine Beurteilung des eigenen, nicht-positionsspezifischen Einflußpotentials im Verhältnis zum Einflußpotential der Mitarbeiter[161]
- sein positionsspezifisches Einflußpotential (Positionsmacht)
- seine Beurteilung des Anspruchsniveaus der Aufgabe im Verhältnis zu den Fähigkeiten der Mitarbeiter
- seine Beurteilung der Partizipationserwartungen der Mitarbeiter und ihrer Leistungsbereitschaft
- seine Beurteilung der Eignung der Aufgabe für Gruppenarbeit (d. h. ob er die Aufgabe als «integrationsträchtig» oder nicht beurteilt)[162]
- der Zeitdruck, unter dem die Aufgabenerfüllung zu erfolgen hat[163]
- der Umweltdruck, d. h. die Erwartungen der Gruppenumwelt (organisatorische Richtlinien und soziale Umwelt) in bezug auf seinen Führungsstil.

Aus dem Verhältnis zwischen der Partizipationserwartung des Geführten und dem Partizipationsangebot des Führers resultiert nun die subjektiv empfundene Partizipation, die als Übereinstim-

159 Je wichtiger ihm die zu lösende Aufgabe erscheint, um so höher ist seine Partizipationserwartung. – Vgl. Maier (1965: 165), nach Yukl (1971: 421).

160 Je größer die Gruppe, um so geringer ist meistens die Partizipationserwartung, weil der einzelne um so weniger Möglichkeiten sieht, überhaupt Einfluß ausüben zu können. Als obere Grenze für Gruppenarbeit betrachtet Scharmann (1960: 262) schon etwa ein Dutzend Personen.

161 Dieses Einflußpotential hängt ebensosehr von seiner Anerkennung als Führer wie von seinen spezifischen Kenntnissen bei der gegebenen Aufgabe ab.

162 Vgl. dazu die Ausführungen über den Zusammenhang von Aufgabe und Gruppenleistung in Abschn. I/322, S. 95 ff.

163 Je größer der Zeitdruck, um so geringer wird oft das Partizipationsangebot des Führers sein, weil er Entscheidverzögerungen verhindern will.

mung oder Diskrepanz wahrgenommen wird. Übereinstimmung bedeutet Befriedigung der Partizipationserwartung. Wie weiter oben erläutert wurde[164], bewirkt eine Beziehung, die dem Individuum die Befriedigung höherer Bedürfnisse ermöglicht, eine mehr oder weniger starke *Identifikation* mit dem Bezugsobjekt. Im Falle der befriedigenden Partizipation ist deshalb eine Identifikation mit dem Führer und/oder der Gruppe, welche diese Partizipation erlauben, zu erwarten.

Diskrepanz dagegen bewirkt *Frustration*. Ist das Partizipationsangebot größer als die Partizipationserwartung, so fühlt sich das Individuum im allgemeinen überfordert und unsicher. Ist umgekehrt die Erwartung größer als das Angebot, so wird dies als direkte Versagung eines Bedürfnisses empfunden. In beiden Fällen wird eine Identifikation mit dem Führer bzw. mit der Gruppenaufgabe verhindert oder zumindest erschwert. Die Frustrationstoleranz des Individuums, d. h. seine Fähigkeit, die bewirkte Frustration zu verarbeiten[165], entscheidet darüber, wieweit eine vorher vorhandene Identifikation verloren geht.[166] Von der hohen (bzw. niedrigen) Identifikation geht nun eine positive (bzw. negative) Rückwirkung auf die Leistungsmotivation und die Einstellung des Geführten aus.[167] Dadurch werden wiederum die Partizipationserwartung des Geführten sowie auch die Bereitschaft des Führers zu einem erhöhten Partizipationsangebot entsprechend beeinflußt, usf. – Damit ist das abgebildete Modell im wesentlichen erläutert.

Es fragt sich nun, wie die Identifikation des einzelnen Mitarbeiters mit dem Führer und der Gruppe sich weiter auswirkt

a. auf die Gruppenkultur und Gruppenstruktur

b. auf die Gruppenleistung.

---

164 Vgl. oben, Abschn. II/2511, lit. b.
165 Ob das Individuum die Frustration verarbeiten kann, hängt wesentlich davon ab, daß der Führer gemäß dem Situationsbild des Geführten seinen Legitimierungsbereich nicht überschreitet. – Vgl. dazu Abschn. I/321, lit. b: Legitimation.
166 Die Frustrationstoleranz der autoritären Persönlichkeit ist dabei geringer als jene der demokratischen Persönlichkeit. – Vgl. König (1958: 306).
167 Vgl. Vroom (1964: 264ff.), Yukl (1971: 424).

a. Gruppenkultur und Gruppenstruktur

In gruppendynamischer Hinsicht interessieren vor allem
- die Wirkung auf die Gruppenkohäsion
- die Wirkung auf die Machtstruktur.

Die *Gruppenkohäsion* wird um so höher, je mehr Gruppenmitglieder eine hohe Identifikation mit der Gruppe aufweisen. Dieser Zusammenhang hat fast definitorischen Charakter.

Ob die *Machtstruktur* in der einzelnen Gruppe und damit letztlich im Gesamtsystem signifikant verändert wird, ist dagegen weit weniger leicht zu sagen. Ursprünglich wurde von Partizipation eine *vertikale Integration* des Systems, d. h. eine Verringerung von Machtdifferenzen, erwartet.[168] Diese Hypothese der «*Power Equalization*» hat sich in allgemeiner Form als nicht haltbar erwiesen. Im Gegenteil muß sogar angenommen werden, daß die Differenzen in der tatsächlich ausgeübten Macht zwischen den verschiedenen hierarchischen Ebenen durch Partizipation zunehmen, wenn zwischen den Individuen auf diesen Ebenen große Unterschiede in ihrem aufgabenspezifischen Einflußpotential (Expert Power) bestehen.[169]

Daraus folgt, daß ein gewisser Machtausgleich – und das heißt nichts anderes als faktische Partizipation überhaupt – nur unter der Voraussetzung möglich ist, daß die Differenzen in den Kenntnissen und Fähigkeiten zwischen Vorgesetzten und Mitarbeitern nicht zu groß sind.

b. Gruppenleistung[170]

In instrumentaler Hinsicht werden Vorteile erwartet
- von der durch Identifikation erhöhten Leistungsmotivation des einzelnen Mitarbeiters einerseits,
- von der erhöhten Gruppenkohäsion anderseits: sie soll den potentiellen «Leistungsvorteil der Gruppe»[171] zur Geltung bringen, der auf den Gruppenprozessen des Irrtumsausgleichs der sozialen Unterstützung und der Konkurrenz[172] beruht.

---

168 Vgl. Strauss (1963), nach Mulder (1971: 32).
169 Vgl. dazu Mulder (1971) sowie Blau/Scott (1963: 144).
170 Zum Verhältnis «individuelle Leistung» gegen «Gruppenleistung» vgl. Abschn. I/322.
171 Hofstätter (1957: 27).
172 Vgl. dazu Abschn. I/322.

Ob der potentielle Leistungsvorteil in qualitativer und/oder quantitativer Hinsicht zum Tragen kommt, hängt allerdings stark von der zu lösenden Aufgabe ab, oder mit anderen Worten: er ist abhängig von den aufgabenspezifischen Constraints. Die empirischen Untersuchungen, welche eine positive Korrelation zwischen Partizipation und Leistung ergeben haben, sind sehr zahlreich[173]; die Hypothese ist also zulässig, daß der Leistungsvorteil der Gruppe zumindest in Industrieländern recht häufig zur Geltung kommt.

Bei langfristiger Betrachtung spricht dafür ein zusätzlicher Feedback, der – ähnlich wie bei der Delegation[174] – bei hoher Partizipation auch eine Verbesserung der Kenntnisse und Fähigkeiten der Gruppenmitglieder erwarten läßt.

Ein weiterer instrumentaler Vorteil bei hoher Partizipation ist schließlich in der *konstanten Leistungsabgabe* zu sehen[175]: Bei autoritativer Führung sinkt die Arbeitsleistung stark, wenn der Mitarbeiter vorübergehend unkontrolliert ist; bei ausgeprägter Partizipation wird dagegen die Leistung mit oder ohne Kontrolle relativ gleichmäßig erbracht, weil sie dank der Identifikation viel mehr der *Selbstkontrolle* unterliegt.

Ohne darüber etwas zu sagen, in welcher Situation eine Erhöhung der Partizipation gesamthaft einen Leistungsvorteil mit sich bringt, sollen in der folgenden Tab. II/2–6 die potentiellen Vor- und Nachteile in bezug auf die vier Aspekte des «Rasters» zusammengefaßt werden, welche sich ergeben könnten, wenn die Diskrepanz zwischen Partizipationserwartung und Partizipationsangebot gering genug ist, um eine mehr oder weniger starke Identifikation zu ermöglichen (S. 260f.).

173 Vgl. den Literaturüberblick bei Vroom (1964: 220ff.).
174 Vgl. Abb. II/2–12 in Abschn. II/241.
175 Vgl. dazu Irle (1969: 593).

Der Partizipationsgrad soll ausdrücken, in welchem Maß den Individuen auf unteren Ebenen die Möglichkeit angeboten wird, an der Willensbildung der jeweils übergeordneten Ebene der Organisation teilzunehmen.

Durch die unterschiedlichen Stufen der Partizipation ist die Einteilung des Partizipationsgrades bereits gegeben. Eine präzisere Bestimmung müßte zwar – ähnlich wie beim Delegationsgrad – auf die Tragweite der Entscheidungen, an denen partizipiert wird, und ihren Anteil am gesamten «Entscheidungsvolumen» der Organisation zurückgreifen. Auf diese Verfeinerung kann verzichtet werden, wenn angenommen wird, daß der Partizipationsgrad in einer Gruppe oder im Gesamtsystem jeweils bereits als entsprechender Durchschnitt der verschiedenen Entscheidungsprozesse verstanden wird. Damit läßt sich die Dimension «Partizipationsgrad» folgendermaßen abstufen (Abb. II/2–15):

Abb. II/2–15: Die Dimension «Partizipationsgrad»

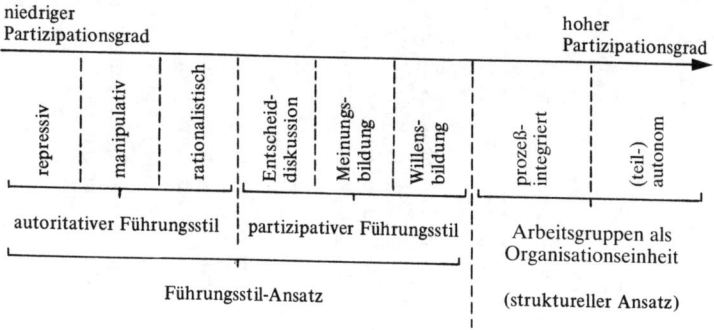

Tab. II/2–6: Mögliche Vor- und Nachteile einer ausgeprägten Partizipation

	Vorteile	Nachteile
Kapazitätsaspekt	– höhere Kommunikationskapazität (mündlich, direkt, sofort) – Konsolidierung der Kompetenzen[176]	– setzt qualifizierte bzw. lernfähige und lernbereite Mitarbeiter voraus – Gruppenentscheidungen sind in Mann-Stunden zeit- und damit auch kostenintensiver
Koordinations-aspekt	– gruppeninterne Selbstkoordination[177] – Aufrechterhaltung der Koordination ohne permanente Überwachung der Mitarbeiter – Möglichkeit zur frühzeitigen, gruppeninternen Offenlegung und Lösung von Konflikten	– evtl. Verlust des individuellen Verantwortungsbewußtseins bei Gruppenverantwortung[178] – individuelle Beiträge schwierig zu bewerten – Gefahr, daß Gruppenziele sich von Zielen des Gesamtsystems entfernen – Transparenz der Willensbildungsprozesse geht verloren
Aspekt der Entscheidungs-qualität	– Wissens-Integration[179] – Irrtumsausgleich – soziale Unterstützung: Sicherheit, Enthemmung[181], geistige Anregung – Identifikation mit Leistungszielen – gegenseitige Konkurrenz und Gruppendruck: erhöhte Zielniveaus, einheitliche Ausrichtung	– Entscheidverzögerungen[180] – Kompromiß-Denken – Gefahr der Informationsfilterung der Gruppe nach innen und außen[182] – Gefahr der Vernachlässigung potentieller Beiträge nicht diskussionsgewandter und nicht motivierter Mitarbeiter

	Vorteile	Nachteile
Personenbezogener Aspekt	– Geborgenheit in der Gruppe (Befriedigung sozialer Bedürfnisse) – vermehrte Subjekt- anstatt Objektstellung der Mitarbeiter[183] – Entfaltungsmöglichkeiten in der Gruppe – Motivation	– Gruppensituation für Einzelgänger ungünstig – zu starke Identifikation mit der Gruppe schafft Abhängigkeit, Verlust der Eigeninitiative und der übrigen sozialen Beziehungen

176 Vgl. Koontz/O'Donnell (1964: 344): Die Gruppe ist kompetenzstärker als das Individuum im doppelten Sinn: sowohl Fachkompetenzen wie formale Kompetenzen addieren sich. Durch diese Kompetenzkonsolidierung wird die Leitungsspitze entlastet.
177 Vgl. Likert (1967: 160ff.). Kosiol: (1969: 822f.).
178 Vgl. Koontz/O'Donnell (1964: 318).
179 Vgl. Koontz/O'Donnell (1964: 344): Pluralität der repräsentierten Standpunkte.
180 Vgl. Koontz/O'Donnell (1964: 347).
181 Vgl. Hofstätter (1957: 46).
182 Vgl. Blau/Scott (1963: 121 ff.).
183 Vgl. Nell-Breuning (1968: 30).

Bei der Messung oder Wahl eines bestimmten Partizipationsgrades ist aus zwei Gründen besondere Vorsicht geboten:

1. Beim Begriff «partizipative Führung» spielt zweifellos eine ideologische Komponente mit[184]: allzuleicht wird alles als partizipativ bezeichnet, was nicht offensichtlich repressiv ist, um damit Machtstrukturen oder Manipulationsaspekte zu verdecken.

2. Gegenüber den vorausgehend behandelten Instrumenten bedeutet die Wahl eines Partizipationsgrades in vermehrtem Maße einen direkten *Wertentscheid*: sobald nämlich die aufgabengerechte Führungsform (management according to task) ein relativ autoritativer Führungsstil ist, muß zwischen den instrumentalen und den sozio-emotionalen Zielen die Priorität bestimmt werden.[185]

Auch hier könnten deshalb einige *Indikatoren* zur Bestimmung des Partizipationsgrades nützlich sein, wie z. B.:

– Anzahl der Vorgesetztenentscheidungen, die nach Konsultation mit den Unterstellten erfolgen, im Vergleich zur Gesamtzahl von Vorgesetztenentscheidungen (je Periode)
– Anzahl von permanenten Arbeitsgruppen im Vergleich zur Anzahl Stellen insgesamt
– unterstützende Maßnahmen, wie Ausmaß der Statusdifferenzierung, der formellen Sanktionen, usw.
– Distribution der faktisch ausgeübten Kontrolle im System[186]
– Leistungsschwankungen der Mitarbeiter bei Veränderungen des von oben ausgeübten Druckes[187]
– Kommunikationsstrukturen in Gruppen (gemessen mit Soziogrammen oder gruppendynamischen Protokollen[188])

---

184 Vgl. Pfiffner/Sherwood (1960: 351) und Klis (1970: 26).
185 Dieses Problem besteht nur, wenn in sozio-emotionaler Hinsicht ein hoher Partizipationsgrad vorteilhafter wäre. Dies trifft zumindest für hochindustrialisierte Länder heute mehrheitlich zu.
186 Vgl. Tannenbaum (1968: 32 f.), der zur Messung derselben das Instrument des «Control Graph» entwickelt hat.
187 Vgl. die Ausführungen weiter oben, nach Irle (1969: 593).
188 Zur Protokollierung von gruppendynamischen Prozessen vgl. z. B. Carter (1954).

- Typus des «Organisationsklimas», soweit sich dieses operationalisieren läßt.[189]

254 Exkurs: Repräsentative Partizipation in Leitungsorganen

Partizipation wurde in den bisherigen Ausführungen ausschließlich als *direkte* Partizipation des einzelnen Individuums in seiner Arbeitsgruppe verstanden. Daneben besteht die Möglichkeit der *indirekten* Partizipation: hier partizipiert nicht jedes Individuum direkt, sondern eine Mehrzahl von Individuen läßt sich in einem Organ durch einen (Interessen-) Vertreter *repräsentieren*.[190] Die beiden Ansätze schließen sich keineswegs aus, sondern betonen unterschiedliche Punkte und lassen sich deshalb kombinieren. Gegenüber der direkten Partizipation weist die repräsentative Partizipation folgende Besonderheiten auf:

1. Die Partizipation erfolgt in einem *Sprung* über mehrere Ebenen hinweg;
2. die Partizipation erfolgt *kollektiv*, kann also nur die gemeinsamen Anliegen mehrerer Mitarbeiter vertreten, dagegen keine persönliche Mitsprache und persönliche Entfaltung jedes einzelnen Mitarbeiters bieten;
3. die *Zielsetzung* ist dementsprechend anders gelagert: die *interessenpolitische* Vertretung und Einflußnahme verschiedener Anspruchsgruppen steht gegenüber instrumentaler Rationalität eindeutig im Vordergrund;[191]

---

189 Zur Typologisierung von Organisationsklimas vgl. Hall (1972).
190 Im angelsächsischen Sprachgebiet wird dieses Thema meistens (in bezug auf Unternehmungen) unter dem Stichwort «industrial democracy», im deutschen Sprachraum unter dem Stichwort «Mitbestimmung» behandelt.
191 Von Demokratisierung sozialer Systeme kann bei solcher Einflußnahme gesprochen werden, wenn zwischen den verschiedenen Anspruchsgruppen ein Machtausgleich (Power Equalization) angestrebt wird (z. B. zwischen Kapitalgebern/Management, Mitarbeitern und Öffentlichkeit).

4. als organisatorischer Aspekt kann die Möglichkeit interessieren,
   - das Konfliktpotential zu reduzieren,
   - die Bereitschaft zur Zusammenarbeit zu stärken (Loyalität zum System),
   - die gegenseitige Information zwischen «Basis» und Leitungsspitze zu intensivieren
   - und damit auch die Grundlagen für tatsächliche individuelle (direkte) Partizipation zu verbessern.

Am weitestgehenden wurde die repräsentative Partizipation bisher im – inzwischen am politischen Zerfall gescheiterten – jugoslawischen System der Arbeiter-Selbstverwaltung in Industriebetrieben verwirklicht: Ähnlich wie in staatlichen Demokratien wurde dort von der Gesamtheit der Arbeitnehmer ein Arbeiterrat gewählt, der die oberste Leitung (Legislative) des Systems darstellte und seinerseits ein Direktorium (Exekutive) bestellte, jedoch die wichtigsten Entscheidungen selbst traf.[192]

In Jugoslawien wurden entsprechend auch die bisher umfangreichsten empirischen Untersuchungen über die Auswirkungen dieses Partizipationsmodells durchgeführt. Die wichtigsten Ergebnisse lassen sich folgendermaßen zusammenfassen:

1. *Machtstruktur:* die als ideal angestrebte Machtstruktur ordnete dem Mitarbeiterrat den größten Einfluß zu, sah im allgemeinen aber eine sehr gleichmäßige (polyarchische) Machtverteilung[193] zwischen Mitarbeiterrat, Direktorium, mittlerem Management und Arbeitnehmern vor. Die tatsächliche Machtstruktur sah dagegen so aus, daß das mittlere Management über einen gewissen Machtvorsprung gegenüber dem Mitarbeiterrat wie auch gegenüber dem Direktorium, vor allem aber gegenüber den Mitarbeitern, verfügte.[194] Trotzdem konnte von einer relativ flachen Machtverteilung gesprochen werden.

---

192 Vgl. Kavčič/Rus/Tannenbaum (1971: 74)
193 Unter polyarchischer Machtverteilung versteht man eine gleichmäßig hohe Macht aller hierarchischen Ebenen (gegenseitige Kontrolle). – Vgl. Tannenbaum (1968: 32) und Mayntz (1963: 101f.).
194 Vgl. die «Control graphs» bei Zupanov/Tannenbaum (1968: 98) und Kavčič et al. (1971: 79f.)

2. *Qualität der Repräsentation:* der Mitarbeiterrat wurde stärker durch Direktion und mittleres Management als durch die Arbeiter beeinflußt. Der relativ beschränkte Einfluß der «Basis» auf ihre Repräsentanten deutet auf eine geringe Kohäsion zwischen Repräsentanten und Basis hin. Diese geringe Kohäsion wird durch signifikante Unterschiede zwischen Repräsentanten und Nicht-Repräsentanten in bezug auf Kenntnisse und Fähigkeiten, Identifikation mit dem System und Motivation bestätigt.[195] Die positiven sozio-emotionalen Auswirkungen der Partizipation trafen praktisch nur auf die Repräsentanten zu. Daraus folgt, daß repräsentative Partizipation keine Alternative, sondern nur eine Ergänzung der direkten Partizipation darstellen kann.

3. *Instrumentale Zielwirkungen:* sowohl die Untersuchungen von Kavčič et al. (1971) wie ähnliche Untersuchungen[196] ergaben eine starke Korrelation zwischen dem Gesamtausmaß an Kontrolle (total amount of control)[197] und der Rationalität der Organisation, und zwar sowohl in instrumentaler Hinsicht (Produktivität) wie in sozio-emotionaler Hinsicht.[198]

Der Erfolg repräsentativer Partizipation hängt aus organisatorischer Sicht also davon ab, wieweit es gelingt, (a) den Repräsentanten einen starken Einfluß zu sichern und (b) eine intensive Wechselwirkung zwischen Basis und Repräsentanten zu erreichen.

---

195 Vgl. Kavčič et al. (1971: 77f.).
196 Vgl. z. B. Farris/Butterfield (1972: 582f.).
197 Ein hohes Gesamtausmaß an Kontrolle bedeutet nicht notwendigerweise geringe Machtdifferenzen, sondern nur: durchschnittlich hohe Macht der verschiedenen Ebenen.
198 Diese Messung isoliert nicht die Wirkung der repräsentativen Partizipation, sondern umfaßt sämtliche Partizipationsformen, soweit sie das Gesamtausmaß an Kontrolle beeinflussen.

26 Standardisierung

261 *Konzept und Arten der Standardisierung*

Unter Standardisierung soll das antizipierende Durchdenken von Problemlösungswegen und die darauf aufbauende Festlegung von Aktivitätsfolgen verstanden werden, so daß diese im Wiederholungsfall mehr oder weniger routinisiert und *gleichartig* ablaufen.[199]

2611 *Konzeptualisierung der Instrumentalvariablen «Standardisierung»*

Standardisierung wird als Variable vorgesehen, mit deren Hilfe Prozesse, die im System wiederholt auftreten, spezifiziert (d. h. detailliert beschrieben) und generalisiert (d. h. unabhängig von einzelnen Personen und Ereignissen dauerhaft geregelt) werden können.[200] Die bisher dargestellten Instrumente genügen noch keineswegs, um eine umfassende Koordination zwischen interdependenten Aktivitäten herzustellen.[201] Mit ihnen ist erst die allgemeine Grundstruktur bestimmbar. Diese Grundstruktur stellt gewissermaßen ein «dynamisches Potential»[202] dar, das für die Abwicklung der verschiedenen Prozesse noch über eine große Varietät verfügt. Unter *Varietät* wird hier die Anzahl möglicher Verhaltensweisen, welche bei der Abwicklung eines bestimmten Prozesses zugelassen sind, verstanden.[203] Diese Varietät kann durch die Strukturierung von wiederholt auftretenden Prozessen systematisch gestaltet und einschränkt werden.

Im folgenden soll für die Strukturierung von Aktivitätsfolgen der Terminus *Programmierung* verwendet werden, um zwischen der

---

199 Zum Begriff des routinisierten Verhaltens vgl. Abschn. I/32.
200 In ähnlicher Weise arbeiten Pugh et al (1968: 74) mit einer Variablen «Standardization of procedures», wobei sie unter «Procedures» regelmäßig auftretende, formal legitimierte Ereignisse verstehen.
201 March/Simon (1958: 26) kritisieren an der traditionellen anglo-amerikanischen Organisationslehre, daß sie eine der wichtigsten organisatorischen Aufgaben, nämlich die Ausarbeitung von Aktivitätsfolgen, ausgeklammert habe.
202 Bosetzky (1970: 33).
203 Vgl. z. B. Mirow (1969: 70 f.).

Tatsache der Aktivitätsstrukturierung an sich und der – je nach Programmierungs*form* unterschiedlichen – Standardisierung, d. h. der geplanten oder zugelassenen Varietät zu unterscheiden. Der Programmbegriff hat zudem den Vorteil, daß er sowohl im instrumentalen Sinn des «Programmierens» als auch im verhaltenswissenschaftlichen Sinn des «kognitiven Programms» verwendbar ist und damit die Verbindung beider Ebenen ermöglicht:

– Im instrumentalen Sinn stellt ein Programm eine objektivierte (mitteilbare) Folge von Instruktionen dar, die einem Aufgabenträger (Mensch oder Computer) als Handlungsanweisung dienen kann.[204]

– Im verhaltenswissenschaftlichen Sinn spricht man von *kognitiven Programmen* und versteht darunter Folgen von «Instruktionen», welche die kognitiven Prozesse eines Individuums zur Verarbeitung und Beantwortung von wahrgenommenen Stimuli steuern; solche Programme stehen als Ergebnis früherer Lernprozesse zur Verfügung und bestimmen das Verhalten des Individuums beim wiederholten Eintreffen der gelernten Stimuli.[205] Die Auslösung eines einzelnen Programms ist konditional an das Eintreffen bestimmter Stimuli gebunden.[206]

Ein objektiviertes Programm im instrumentalen Sinn kann einerseits ein Computerprogramm, anderseits ein verhaltensspezifizierendes, d. h. aus Instruktionen an Menschen bestehendes Programm sein. Als *organisatorisches Programm* kann gemäß der

---

204 Vgl. Simon (1966: 75).
205 Das Konzept des kognitiven Programms – von March/Simon (1958: 141 ff.) als «Performance program» in die Verhaltenswissenschaften eingeführt – ist die Grundlage der Informationsverarbeitungstheorie des menschlichen Problemlösungsverhaltens, welche versucht, diese Programme mit Computer-Programmen zu simulieren. Theoretisches (empirisch-kognitives) und pragmatisches Forschungsziel (Entwicklung von Computerprogrammen mit «künstlicher Intelligenz») sind in diesem Forschungsansatz fast identisch. Hauptvertreter sind Newell, Shaw und Simon; vgl. z. B. die repräsentative Arbeit von Newell/Simon (1972). Deutschsprachige Darstellungen bieten Kirsch (1971a: insbesondere 128 ff.) und Klein (1971b: 69 ff.).
206 Vgl. March/Simon (1958: 26 f.). – Als organisatorische Stimuli kommen Mitteilungen, Anweisungen, beobachtete Signale usf. in Frage.

Definition des spezifisch «Organisatorischen» nur ein das Verhalten spezifizierendes Programm gelten. Computerprogrammierung stellt demgegenüber keine direkte organisatorische Instrumentalvariable dar, sondern bedeutet eine Veränderung der organisatorischen Constraints und verschiebt damit das Organisationsproblem (Aufhebung alter, Schaffung neuer Aufgaben durch Veränderung der Technologie). Im Grenzfall ist allerdings denkbar, daß ein ursprünglich organisatorisches Problem im Laufe des Lösungsprozesses durch eine technologische Lösung (Computer bzw. Automat) vollständig oder partiell «aufgehoben» wird. Im folgenden wird auf die Computer-Programmierung nicht weiter eingegangen.

Zwischen organisatorischen und individuellen kognitiven Programmen besteht nun folgende bedeutsame Beziehung: wenn angenommen wird, daß – abgesehen von vererbten Reflexen – (a) jedes Verhalten durch ein kognitives Programm gesteuert und (b) jedes kognitive Programm vom Individuum irgendwann erlernt wird, so dient offenbar organisatorische Programmierung dazu, dem Individuum die Erlernung bestimmter kognitiver Programme zu ermöglichen bzw. aufzuzwingen.

Es ist somit sinnvoll, die organisatorische Programmierung nicht ausschließlich anhand ingenieurmäßiger Arbeitsablauf-Kriterien vorzunehmen, sondern sie auch nach dem angestrebten Typus von kognitiven Programmen, durch die das Verhalten der Individuen bei der Abwicklung bestimmter Aktivitätsfolgen gesteuert werden soll, zu gestalten.

Im folgenden wird deshalb kurz auf die *Arten von kognitiven Programmen und die entsprechenden Verhaltensformen* eingegangen.

1. Kognitive Programme lassen sich in ein Kontinuum von ganz speziellen bis zu ganz allgemeinen Programmen einteilen.[207] *Speziell* nennt man ein kognitives Programm, das nur für die Lösung von Problemen einer ganz bestimmten Klasse angewendet wird.

Allgemein nennt man ein kognitives Programm, wenn es Problemlösungs- und Suchtechniken beinhaltet, die auf verschiedene Problemklassen anwendbar sind; solche Programme werden immer dann ausgelöst, wenn zur Beantwortung eines

---

207 Vgl. Simon (1966: 75)

Stimulus kein spezielles Programm zur Verfügung steht. Ein spezielles Programm kann nur bei wiederholt auftretenden Stimuli vorhanden sein und nur ausgelöst werden, wenn ein Stimulus als bekannt identifiziert wird.

2. Steht dem Individuum für die Beantwortung eines Stimulus ein spezielles Programm zur Verfügung, so verhält es sich *routinisiert*; kann es hingegen einen Stimulus nicht als bekannt identifizieren und muß auf allgemeine Programme zurückgreifen, so verhält es sich *problemlösend*.[208] Problemlösendes Verhalten kann weiter unterteilt werden in adaptives und innovatives Verhalten.[209]

Adaptiv soll hier ein Verhalten genannt werden, bei dem die groben Schritte relativ präzise bekannt sind und durch identifizierte Stimuli routinemäßig ausgelöst werden, die Einzelaktivitäten innerhalb des routinisiert ausgelösten Schrittes aber problemlösend je nach Situation gewählt werden.

Innovativ soll hier ein Verhalten genannt werden, bei dem das Individuum nicht über spezielle Programme verfügt, so daß es auf allgemeine Problemlösungstechniken angewiesen ist und das zu lösende Problem als neuartig empfindet.

In bezug auf die *organisatorische Programmierung* ergeben sich nun folgende Schlüsse:

– routiniertes Verhalten kann erreicht werden, wenn ein Prozeß vollständig und detailliert programmiert wird, so daß das Individuum keine allgemeinen kognitiven Programme mehr benötigt;

– adaptives Verhalten kann erreicht werden durch die Beschränkung auf die Spezifikation eines *Rahmenprogramms*, das die Hauptschritte zwar festlegt, aber die Vervollständigung des Verhaltens dem Individuum überläßt;

– innovatives Verhalten wird durch Nichtprogrammierung eines Prozesses ermöglicht.[210]

---

208 Vgl. die Ausführungen in Abschn. I/312.
209 Die Unterscheidung von routinemäßigem, adaptivem und innovativem Verhalten stammt von Gore (1962). Vgl. Dienstbach (1972: 77).
210 Nichtprogrammierung ist allerdings keine hinreichende, sondern bloß eine notwendige Bedingung für innovatives Verhalten: unter Umständen entwickelt das Individuum mit wachsender Erfahrung selbständig ein routinisiertes oder adaptives Verhalten.

Die folgende Abbildung II/2–16 gibt einen Überblick über die besprochenen Verhaltensformen und die zugrundeliegenden kognitiven Programme. Sie stellt insofern eine Vereinfachung dar, als es sich in Wirklichkeit um ein Kontinuum ohne scharfe Übergänge handelt.

Zusammenfassend kann von organisatorischer Programmierung gesprochen werden, wenn die Varietät von im System ablaufenden, sich wiederholenden Prozessen durch verhaltensspezifizierende Grundsatzentscheidungen beschränkt wird, welche den einzelnen Individuen die Bildung spezieller kognitiver Programme und dadurch den Übergang von innovativ-problemlösendem zu adaptivem oder vollständig routinisiertem Verhalten ermöglichen.

2612 Formen der Programmierung
Die zuletzt gegebene Definition von Programmierung erfaßt erst den Aspekt, daß gegenüber nicht programmierten Prozessen eine Beschränkung der Verhaltensvarietät durch ein gewisses Ausmaß an *Routinisierung* erfolgt, sowie die Möglichkeit, diese Routinisierung durch unterschiedliche Vollständigkeit und Detailliertheit der Programmierung zu varriieren. Zunehmende Routinisierung bedeutet dabei steigende Standardisierung.

Nun wurde aber Standardisierung als die Gleichartigkeit, mit der ein Prozeß bei Wiederholung abläuft, definiert. Als zweiter Ansatz zur Beeinflussung dieser Gleichartigkeit ist die *Programm-Varietät* zu betrachten.

Unter Programm-Varietät soll die Verzweigtheit oder *Konditionalisierung* eines Programms verstanden werden, d. h. das Ausmaß, in dem einzelne alternative Aktivitäten konditional an das Eintreffen bestimmter Stimuli gebunden sind.

Um eine bestimmte Standardisierung zu erzielen, können Routinisierung und Konditionalisierung

– *kompensatorisch* (z. B. Verringerung der Standardisierung bei starker Routinisierung durch stärkere Konditionalisierung)[211] oder

211 Durch die kompensatorische Anwendung der beiden Techniken kann das von Ashby (1956: 202ff.) entwickelte «Prinzip der erforderlichen Varietät» leichter eingehalten werden. Dieses Prinzip besagt, daß die Varietät einer Situation nur durch einen Regler (Mensch oder Maschine) beherrscht werden kann, der über mindestens dieselbe Varietät verfügt («Only variety can destroy variety»).

Abb. II/2–16: Kognitive Verhaltensformen

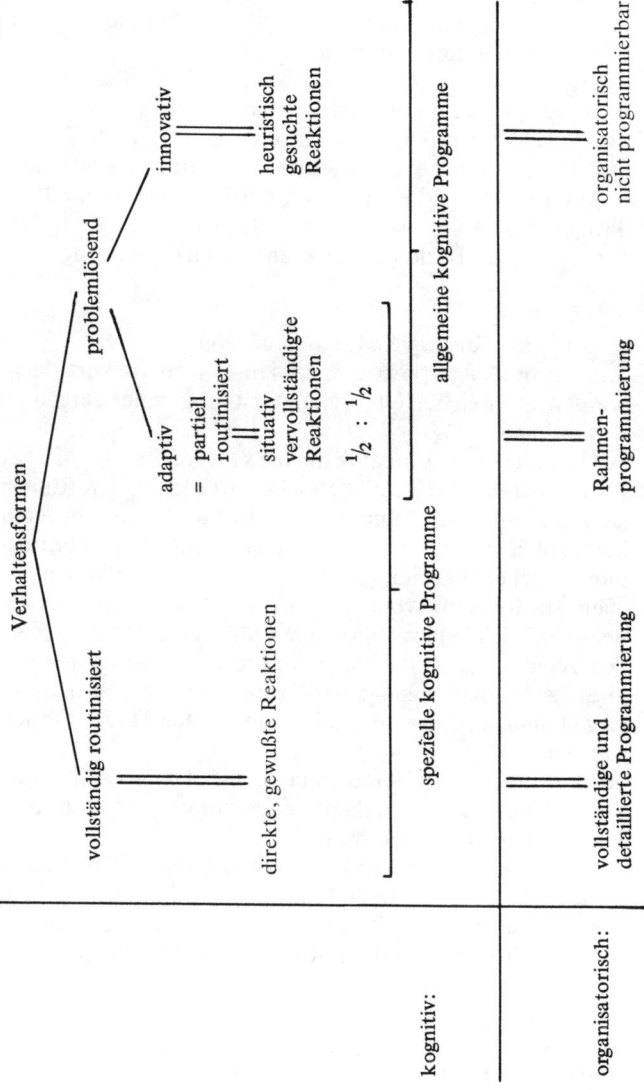

271

– *komplementär* eingesetzt werden: die Kombination vollständiger Routinisierung mit minimaler Konditionalisierung (starres Programm) ergibt einen maximalen Standardisierungseffekt; die Kombination einer sehr geringen Routinisierung (nur generelle Rahmenprogrammierung) mit hoher Konditionalisierung ergibt – abgesehen von der Alternative «Nichtprogrammierung» – einen minimalen Standardisierungsgrad.

Bevor typische Programmierungsformen unterschieden werden, ist nun kurz darauf einzugehen, wie im einzelnen das Ausmaß von Routinisierung und Konditionalisierung eines organisatorischen Programms variiert werden kann. Es wird zuerst (a) auf die Ansatzpunkte zur Konditionalisierung, dann (b) auf jene zur Routinisierung eingegangen.

a. Ansatzpunkte zur Konditionalisierung

Um solche Ansatzpunkte zu finden, soll zuerst kurz dargestellt werden, aus welchen Grundeinheiten Programme aufgebaut werden können.

Als grundlegende Einheit kann die sogenannte «TOTE»-Einheit (Test-Operate-Test-Exit) betrachtet werden.[212] Die Einheit besteht aus einem Test und einer Aktivität, die vom Ergebnis des Tests abhängig ist. Der Test dient dazu, mit Hilfe einer Entscheidungsregel einen Stimulus mit irgendeinem Standard zu vergleichen. Die folgende Abbildung II/2–17 gibt ein simples Beispiel einer TOTE-Einheit, nämlich eine Programmeinheit zur Regelung der Temperatur des Wassers an einem Wasserhahn: Aktivität und Test werden solange wiederholt, bis der Test befriedigend ausfällt und der Ausgang «Exit» zur nächsten TOTE-Einheit freigegeben wird.

Für kognitive Programme kann gelten, daß jede Aktivität eine TOTE-Einheit als Verhaltenseinheit voraussetzt, d. h. es bestehen permanente Regelkreise.[213]

Für objektivierte Programme (Computer-Programme und organisatorische Programme) gilt hingegen, daß nicht jede Aktivität in einen Regelkreis mit einem Test integriert sein muß; z. B. kann ein Programmausschnitt so aussehen (Abb. II/2–18):

212 Vgl. Kirsch (1971a: 219).
213 Nach Kirsch (1971a: 129) wurde die «TOTE»-Einheit von Miller et al. (1960) als Einheit des menschlichen Verhaltens definiert.

Abb. II/2–17: «TOTE-Einheit»

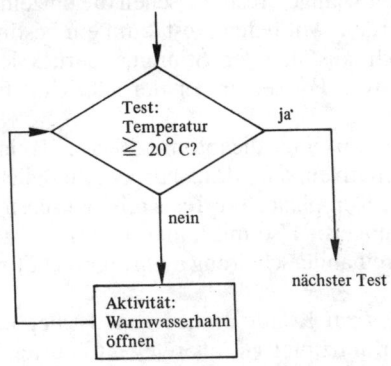

Abb. II/2–18: Ausschnitt aus einem objektivierten Programm

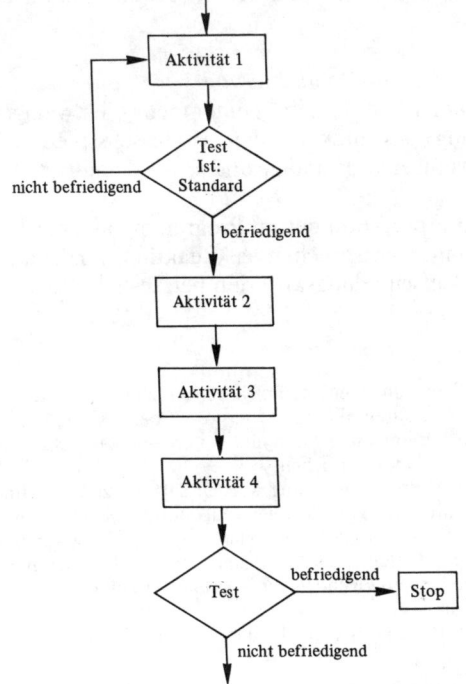

273

Das Ausmaß der Konditionalisierung kann variiert werden, indem mehr oder weniger Tests zwischen die einzelnen Aktivitäten eingebaut werden. Mit jedem Test kann ein bestimmter, situativ unterschiedlich ausfallender Stimulus berücksichtigt und die Wahl alternativer Fortsetzungen der Aktivitätsfolge programmiert werden.

Nun ergibt ein einzelner dichotomer Test (z. B. ja/nein) nur ein einziges Alternativenpaar, d. h. nur zwei mögliche Programmfortsetzungen. Kompliziertere Tests mit mehreren unterschiedlichen Fortsetzungen – also mit höherer Varietät – lassen sich als direkte Hintereinanderschaltung mehrerer dichotomer Tests verstehen.[214]

Die *Möglichkeit* zur Konditionalisierung ist begrenzt durch
– die Zahl der antizipierten, als relevant beurteilten Stimuli
– die Zahl der antizipierten Verhaltensalternativen pro Stimulus
– die Analysierbarkeit von Aktivitätsfolgen, so daß Aktivitäten und geeignete Tests in eine logische Reihenfolge gebracht werden können, die allen potentiellen Stimuluskombinationen genügt.[215]

b. Ansatzpunkte zur Routinisierung

Routinisierung ist das Ergebnis einer mehr oder weniger starken Beschränkung des individuellen Ermessensspielraums durch mehr oder weniger vollständige und präzis detaillierte Instruktionen[216]

1. für die Interpretation der im Programm antizipierten Stimuli und der ihnen entsprechenden Reaktionsmöglichkeiten
2. über die Entscheidungskriterien bei Tests[217]

---

214 Beispiel: Wenn ein Signal in fünf Farben aufleuchten und dabei fünf verschiedene Verhaltensaktivitäten auslösen kann, so läßt sich dieselbe Programm-Varietät auch durch fünf hintereinandergeschaltete Ja/Nein-Tests für jede Farbe erreichen.
215 Bei der EDV-Programmierung werden dazu spezielle Techniken, wie etwa die Einführung von variablen Indikatoren, die beim Eintreffen bestimmter Stimuli durch Wertveränderung eine Programmmodifikation auslösen, geschaffen. Für die organisatorische Programmierung sind diese Techniken aus Gründen der Überblickbarkeit jedoch nur begrenzt anwendbar.
216 Vgl. zu den Punkten (2) bis (4) March/Simon (1958: 144).

3. für die Ausführung (Methodik, Zeit, usw.) der gewählten Aktivitäten
4. in bezug auf das zulässige Ergebnis der einzelnen Aktivitäten und des Outputs des gesamten Prozesses.

Die *Möglichkeit* zur Routinisierung (Routinisierungspotential) ist folglich begrenzt durch

- die Vorhersehbarkeit und Definierbarkeit der Stimuli (bzw. durch den Anteil der nicht antizipierten und nicht definierbaren Stimuli)
- die Definierbarkeit der einzelnen Tests in Form von Entscheidungsregeln oder wenigstens durch Spezifikation von Entscheidungskriterien
- die Analysierbarkeit und Definierbarkeit der einzelnen Aktivitäten
- die Definierbarkeit des Outputs bzw. der Zwischenergebnisse, die zu erreichen sind.[217a]

Als *typische Programmierungsformen* sollen im folgenden aus der Menge der denkbaren Kombinationen unterschiedlicher Routinisierung mit unterschiedlicher Konditionalisierung solche ausgewählt werden, denen eine hohe praktische Bedeutung zukommt. Es sind dies

A. Starre Routineprogrammierung
B. Verzweigte Routineprogrammierung
C. Rahmenprogrammierung bzw. modulare Programmierung.

Als «Grenzform» wird schließlich kurz auf
D. Heuristische Prinzipien und Strategien
eingegangen.

A. Starre Routineprogrammierung

Als *starr* soll ein Programm bezeichnet werden, das nicht konditionalisiert ist, d. h. keine Verzweigungen und keine Tests zur Berücksichtigung bestimmter situativer Stimuli aufweist. Nur in einer Hinsicht muß auch ein starres Programm konditionalisiert

---

217 Eine vollständige Instruktion zur Entscheidung eines Tests wird Entscheidungsregel genannt. – March/Simon (1958: 144) sprechen von «pacing rules».
217a Eine systematische Darstellung der Determinanten des Routinisierungspotentials erfolgt in Abschn. II/321: Aufgabenconstraints.

sein: es benötigt mindestens einen Stimulus und damit einen Test zur Programmauslösung (program evoking).[218]

Ein solches Programm kann auch als *linear* bezeichnet werden: es verfügt über keine alternativen Abläufe. Immerhin besteht auch bei linearem Ablauf die Möglichkeit der zeitlichen Variation: einzelnen Aktivitäten kann ein dichotomer Test vorangestellt werden, der diese Aktivitäten so lange blockiert, bis bestimmte Stimuli eingetroffen sind. Dadurch ist es möglich, daß eine starre Aktivitätsfolge

- nur im Bedarfsfall ausgelöst wird (z. B. Feuerwehralarm) und
- im situativ erforderlichen Rhythmus abläuft (z. B. Fahrplan, bei dem für die Abfahrt eines Zuges der verspätete Zubringer abgewartet und dafür schneller gefahren wird).

Von starrer *Routineprogrammierung* kann im organisatorischen Sinn gesprochen werden, wenn eine Aktivitätsfolge vollständig und detailliert programmiert ist, so daß der den involvierten Individuen verbleibende Ermessensspielraum äußerst gering ist.

Zur Verdeutlichung seien einige typische betriebliche *Beispiele* für starre (oder lineare) Routineprogrammierung genannt: administrativer Vorgang zur Ressourcenbeschaffung, der durch Erreichung eines definierten Minimalbestandes ausgelöst wird; bedingungslos in regelmäßigem Intervall (z. B. stündlich) wiederholter Kontrollvorgang; Operationsfolge am Fließband.

B. Verzweigte Routineprogrammierung

Verzweigte Programme sind konditionalisiert, d. h. sie weisen verschiedene Tests auf. Je nach Ergebnis des Tests stehen mindestens zwei alternative Fortsetzungen zur Verfügung.

Nun ist das Ausmaß der Verzweigung, also die Komplexität des Programmaufbaus und damit die Programm-Varietät, in einem sehr weiten Bereich variierbar, der von einer einzigen Verzweigung bis zu jenem Maß an Komplexität gehen kann, das von einer gegebenen Zahl involvierter Systemmitglieder gerade noch überblickt werden kann.[219]

218 Vgl. March/Simon (1958: 146).
219 Durch starke Aufteilung einzelner Programmabschnitte auf verschiedene Individuen kann die Gesamtkomplexität des Programms sehr hoch getrieben werden, denn es genügt bei vollständiger Routinisierung im Prinzip, wenn jedes Individuum seinen Programmabschnitt noch überblickt. – Vgl. dazu Abschn. II/27.

Auch bei komplizierter Verzweigung des Programms ist der Ablauf durchaus routinisierbar, indem sämtliche Tests, Aktivitäten und Outputs präzis spezifiziert werden, so daß der individuelle Ermessensspielraum wiederum – trotz erhöhter Programm-Varietät – relativ gering ist.

Als *Beispiele* für verzweigte Routineprogrammierung seien genannt: administrative Regelungen zur differenzierten Abwicklung verschiedener Auftragsarten (z. B. Bemusterungs-, Wiederhol-, Abruf- und Fertigungsaufträge); Bedienungsanleitung sowie Service- und Reparaturenprogramme für komplexe Maschinen; Prozeduren für Personalauswahl, die nach Personalgruppen unterschieden werden.

Grundtypus verzweigter Programmierung ist – auch wenn sie nicht unter die organisatorische Programmierung fällt – die EDV-Programmierung. Von ihr lassen sich vor allem zwei Darstellungstechniken übernehmen; das *Flußdiagramm* (Flow chart) zur Darstellung der organisatorischen und technischen Aspekte einer EDV-Applikation bzw. eines Arbeitsablaufs, und der *Programmablaufplan* zur Auflösung eines Verarbeitungsprozesses in Elementarschritte.[220] Mehr und mehr verdrängen diese Techniken die traditionellen Arbeitsablauf-Diagramme[221], für die sich keine allgemeingültige Interpretationsweise durchsetzen konnte.

C. Rahmenprogrammierung bzw. modulare Programmierung

Unter Rahmenprogrammierung soll hier eine Programmierungsform verstanden werden, welche verzweigte, aber nicht vollständig spezifizierte Abläufe beinhaltet. Dabei wird nur der «Grobablauf», d. h. die wesentlichen Programmblöcke (*Module*) als Rahmen vorgegeben, während die Einzelaktivitäten innerhalb jedes Blocks nur gering spezifiziert werden oder aber im Bedarfsfall umprogrammiert werden können, ohne daß das Gesamtprogramm korrigiert werden muß.

Von *modularer Programmierung* oder modularem Aufbau eines Systems spricht man, wenn primär die Kombination verfügbarer Module variabel gehalten wird, während innerhalb jedes Moduls geringe Variabilität besteht.

220 Vgl. z. B. Klein (1971a: 80). Vgl. das Beispiel eines Flußdiagramms in Abschn. IV/35 (Abb. IV/1–16) in Band 2.
221 Vgl. z. B. Nordsieck (1962: 95 ff.).

Rahmenprogrammierung bzw. modulare Konzeption substituieren den Bedarf nach komplexer Konditionierung von verzweigten Routineprogrammen und bieten trotzdem in der Regel eine höhere Anpassungsfähigkeit an neue Problemlagen. Beide Formen sind deshalb geeignet, wenn das kognitive Verhalten der beteiligten Individuen *adaptiv* gestaltet werden soll,[222], sei es bezüglich der fallweisen Wahl der Einzelaktivitäten innerhalb eines verbindlichen Rahmenprogramms oder umgekehrt bezüglich der flexiblen Kombination passender Module (Baukastenprinzip). Diese Konzepte der modularen bzw. Rahmenprogrammierung erlauben die größtmögliche Varietät, die für eine standardisierte organisatorische Aktivitätsfolge prinzipiell denkbar ist. Noch größere Varietät bietet höchstens die Beschränkung auf die Vorgabe einzelner heuristicher Strategien (s. unten).

Als *Beispiele* von Aufgaben, die für Rahmen- bzw. Modulprogrammierung geeignet sind, können betrachtet werden: Projektevaluation und -Abwicklung; administratives Verfahren zur Behandlung von Kundenreklamationen und Beschwerden; Ausbildungsprogramme für Leitungskräfte; Programm zur Einführung neuer Produkte; allgemeines Verfahren für die Marktforschung in verschiedenen Abnehmerländern eines Konzerns; Planungs- und Budgetierungssysteme; computergestützte Korrespondenz, Offerterstellung und Auftragsbearbeitung mit Textbausteinen.

D. Heuristische Prinzipien und Strategien

Die behandelten Programmierungsformen sind alle darauf ausgerichtet, Problemlösungsprozesse zu einem größeren oder kleineren Teil zu routinisieren; sie bewirken routinisiertes oder adaptives Verhalten. Es bleibt das Feld des eigentlichen *innovativen Verhaltens* (Vgl. Abb. II/2–16 weiter oben). Lassen sich auch hier organisatorische Regelungen treffen?

Als innovativ wurde ein Verhalten bezeichnet, bei dem das Individuum über keine speziellen kognitiven Programme verfügt und deshalb allgemeine kognitive Programme einsetzen muß.

Nun ist die Objektivierung allgemeiner Programme durch organisatorische Programmierung kaum denkbar; die Komplexität solcher Programme wäre zu hoch, um von den beteiligten Individuen

---

222 Vgl. Abschn. II/2611.

gehandhabt zu werden. Allgemeine Problemlösungsprogrammierung bleibt deshalb dem Computer vorbehalten[223], dagegen nicht die Anwendung einzelner heuristischer Prinzipien.

Heuristische Prinzipien sind Methoden, die *im statistischen Durchschnitt* den Problemlösungsaufwand verkürzen, die jedoch im Einzelfall weder einen verkürzten Suchprozeß noch überhaupt eine Lösung garantieren.[224] Als Beispiel einer grundlegenden heuristischen Methode sei die Mittel-Zweck-Analyse genannt, deren wichtigstes Prinzip die rekursive Ableitung von Teilproblemen und Teilzielen ist, bis lösbare Teilprobleme gefunden werden. Sobald ein Unterziel erfüllt ist, wird auf höhere Problemebenen zurückgekehrt.[225]

Naheliegendes Beispiel für die Anwendung heuristischer Methoden zur Lösung innovativer Probleme ist die Analyse und Lösung organisatorischer Probleme, wie sie im IV. Teil dieser Arbeit, insbesondere in Abb. IV/1–1 dargestellt wird.

Ein weiteres Beispiel sind organisatorisch vorgegebene Faustregeln, wie bei Kapazitätsproblemen – z. B. bei der Stundenplangestaltung in Ausbildungsstätten oder bei logistischen Dispositionsaufgaben – vorzugehen ist. Zunehmend werden dafür computergestützte Such- oder Optimierungsverfahren eingesetzt.

Von Standardisierung kann jedoch bei solchen Verfahren kaum mehr gesprochen werden, da das Ergebnis jedes Durchlaufs mehr oder weniger innovativen Charakter hat. Damit stellt die organisatorische Bereitstellung heuristischer Problemlösungshilfen den stufenlosen Übergang zwischen Programmierung und Nicht-Programmierung her.

2613 Anwendungsbereiche

Um die Lücke zwischen der bisherigen allgemeinen Darstellung von Programmierungsformen und den einzelnen Anwendungs-

---

223 Erste Ansätze in dieser Richtung sind die von Newell, Shaw und Simon entwickelten heuristischen Programme, insbesondere der GPS (General Problem Solver). – Vgl. dazu Newell/Simon (1972: 414ff.) und Kirsch (1971a: 169ff.).

224 Vgl. Newell/Shaw/Simon (1962: 78) und Feigenbaum/Feldman (1963: 6), zit. nach Klein (1971b: 36).

225 Vgl. die ausführliche Darstellung bei Klein (1971b: 103ff.). Hier kann aus Platzgründen nicht weiter auf die heuristischen Methoden eingegangen werden.

beispielen zu schließen, soll ein kurzer Überblick über die Hauptbereiche von programmierbaren Prozessen gegeben werden. Damit möglichst für jeden unterschiedenen Bereich charakteristische Anforderungen an die organisatorische Programmierung sichtbar werden, wird hier folgende Aufgliederung verwendet:

A. operative Aktivitätsfolgen
   a. physische Transformationsprozesse
   b. administrative Prozesse
B. Leitungsprozesse
   a. aufgabenbezogene Leitungsprozesse
   b. personenbezogene Leitungsprozesse

A. Programmierung von operativen Aktivitätsfolgen
Unter operativen Aktivitätsfolgen wird hier die Gesamtheit der Ausführungsprozesse verstanden, die unmittelbar oder mittelbar zur Erstellung der Systemleistung (Dienstleistung oder Produkt) dienen. Sie werden neuerdings auch zusammenfassend als *logistische Aktivitäten* bezeichnet und den Management-Aktivitäten gegenübergestellt.[226]
Operative oder logistische Aktivitäten an physischen Objekten wurden als physische Transformationsprozesse bezeichnet.[227] Dagegen stellen logistische Aktivitäten an Informationen administrative Prozesse dar (Beschaffung, Speicherung, Verarbeitung und Abgabe von Informationen).

a. Physische Transformationsprozesse
bilden den traditionellen Bereich der «Arbeitsablauf-Organisation.»[228] Er umfaßt die Gestaltung, Kombination und zeitliche Abstimmung von Verrichtungen an physischen Objekten. Ihre Gestaltung ist stark von technologischen Bedingungen abhängig. Sie sind im allgemeinen, falls dies angestrebt wird, mit vollständiger Routineprogrammierung (linear oder verzweigt) regelbar und dementsprechend einer fortschreitenden Automation zu-

---

226 Vgl. Ansoff/Brandenburg (1971: 707). – Dieser Logistikbegriff ist vom engeren Logistik-Begriff zu unterscheiden, der nur physische Distributionsprozesse umfaßt.
227 Vgl. Abschn. I/12, lit. d.).
228 Vgl. Kosiol (1962: 190f.): Statt von Aktivitätsfolgen spricht Kosiol von «Arbeitsgängen» und «Gangfolgen».

gänglich. Komplexe, mehrstufige Fertigungsprozesse werden auf der Grundlage hochentwickelter computerisierter Programme der Produktionsplanung und -steuerung zunehmend nach dem «*Just-in-Time*»-Prinzip vernetzt.[228a]

b. Administrative Prozesse
umfassen den Umgang mit Informationen bzw. Informationsträgern (Belege, Formulare, maschinelle Informationsspeicher, elektronische Telekommunikation). Sie sind bei Bedarf ebenfalls weitgehend vollständig routinisierbar. Die Routineprogrammierung von administrativen Prozessen wurde zuerst als Bestandteil effizienter bürokratischer Organisation entwickelt[229] und später im Zusammenhang mit den technologischen Möglichkeiten (Büromaschinen, EDV) weitergeführt, wobei eine große Zahl ursprünglich organisatorischer Abläufe automatisiert und dafür neue Aufgaben der Steuerung und Bedienung der technischen Systeme entstanden sind.

Soweit es bei administrativen Aufgaben um qualifizierte Sachbearbeitung geht, stehen heute computergestützte Konzepte modularer Programmierung im Vordergrund.

B. Programmierung von Leitungsprozessen
Zwischen aufgabenbezogenen und personenbezogenen Leitungsprozessen wird unterschieden, weil
– die letztgenannten oft von einem speziellen Subsystem (Personalabteilung) erfüllt werden
– und weil nach den empirischen Untersuchungen von Pugh et al. (1968) angenommen werden kann, daß der Standardisierungsgrad von aufgabenbezogenen Prozessen und jener von mitgliederbezogenen Prozessen zwei weitgehend voneinander unabhängige Faktoren sind.[230]

a. Aufgabenbezogene Leitungsprozesse
umfassen sämtliche wiederholt eingesetzten, mehr oder weniger standardisierten Leitungskonzepte und -Strategien, welche
– politische Willensbildungsprozesse im System

228a Vgl. oben, Abschn. II/2512, lit. C (a).
229 Vgl. dazu Abschn. III/231.
230 Vgl. Pugh et al. (1968: 74ff.).

- Planungs-, Budgetierungs- und Kontrollprozesse
- den Einsatz von Führungstechniken (wie Management by objectives oder Management by exception)[231] und unter Umständen Reorganisationsprozesse
- sowie Strategien für spezielle Vorgänge (Marketingstrategien, Forschungsstrategien, Strategien zur Projektabwicklung usw.) spezifizieren und generalisieren.

Die Gesamtvarietät solcher Programme muß relativ hoch sein, damit die Vielzahl der relevanten situationsspezifischen Stimuli richtig beantwortet werden kann. Im allgemeinen wird hier die Rahmenprogrammierung (evtl. mit standardisierten Modulen) zur Anwendung gelangen. Damit können die Vorteile standardisierter Gesamtstrategien mit jenen des adaptiven oder innovativen Verhaltens verbunden werden.

b. Personenbezogene Leitungsprozesse

Hierhin gehören sämtliche Vorgehensweisen bei der Einstellung, Auswahl, Ausbildung, Beförderung und Sanktionierung von Systemmitgliedern sowie bei der Regelung von Konflikten (Konflikt-Management):
- Standardisierte *Auswahl-, Ausbildungs- und Beförderungsverfahren* ermöglichen eine gleichmäßigere und damit gerechtere sowie rationellere Behandlung von Kandidaten. Wichtigste Selektionskriterien für standardisierte Auswahlprozesse[232] sind
  - das Leistungsprinzip
  - das Senioritätsprinzip (Dienstalter und/oder Lebensalter).[233]

231 Management by objectives ist (kurz gesagt) die Steuerung des Systems mit Hilfe eines operationalen, partizipativ erarbeiteten Zielsystems. Vgl. dazu Odiorne (1966). – Zum Management by exception (exception principle) vgl. die Ausführungen zur Delegation in Abschn. II/241, lit. B. Vgl. zu MbO und MbE auch Abschn. IV/343 in Band 2.
232 Bei willkürlichen, nicht programmierten Selektionen überwiegen dagegen oft wertrationale Kriterien (ideologische Ausrichtung), traditionale (soziale Herkunft usw.) oder emotionale Kriterien (Sympathie/Antipathie). Vgl. dazu Fürstenberg (1964: 34f.).
233 Die verschiedenen Kriterien lassen sich mit bestimmten Prioritäten und Gewichtungen kombinieren, z. B. in der von Crozier (1968: 278) beschriebenen Form in der französischen Verwaltung: Leistungskriterium für die Beförderung von einer Hauptkategorie in die andere, Senioritätsprinzip innerhalb der Hauptkategorie.

Die genannten Prozesse lassen sich recht weit routinisieren und benötigen zudem keine allzu verzweigten Programme. Zumindest bei der Bewertung des Faktors Leistung bleibt jedoch ein wesentlicher Ermessensspielraum bestehen.

- Bei *Sanktionsprozessen* kann geregelt werden,
  - welche Folgen die Erfüllung bzw. Nichterfüllung bestimmter Verhaltenserwartungen, insbesondere in bezug auf die Aufgabe eines Systemmitgliedes, nach sich zieht;
  - welche Ausnahmefälle bestehen,
  - nach welchen Standardprozeduren das Sanktionsverfahren abgewickelt wird,
  - welche Rekursmöglichkeiten bestehen.

  Es ist dabei nicht nur an negative, sondern ebenso an positive Sanktionen zu denken.[234]

  Auch Sanktionsprozesse können rahmen- bzw. modulprogrammiert werden, erfordern jedoch immer dort einen größeren Ermessensspielraum, wo sanktionswürdige Tatbestände nicht mit letzter Präzision antizipiert oder definiert werden können.

- Die *Behandlung von Konflikten* zwischen Gruppen und/oder Individuen kann ebenfalls in gewissem Ausmaß generalisiert werden, indem «Kanäle» zur Konfliktaustragung institutionalisiert und Eventualmaßnahmen zur Beseitigung von Konfliktursachen antizipiert werden. Ein formal geregeltes Konfliktmanagement könnte dazu beitragen, die positiven Konfliktfunktionen zur Geltung zu bringen und die negativen zu mildern. Über seine Gestaltung bestehen allerdings noch kaum weitergehende Konzepte, zumal es sich nicht in formalen Konfliktlösungen durch Entscheidung einer höheren Instanz erschöpfen kann. Die Programmierbarkeit ist hier aber nicht nur durch fehlende Konzepte, sondern auch durch die geringe Antizipierbarkeit der jeweils situationsspezifisch wichtigen Einflußfaktoren so sehr beschränkt, daß nur eine grobe Rahmenprogrammierung in Frage kommt.

---

234 Bei positiven Sanktionsprogrammen spricht man im anglomaerikanischen Raum von «reward structures». Vgl. z. B. Katz/Kahn (1967: 382).
   – Zu den positiven Sanktionen kann auch die Beförderung gerechnet werden.

Die Wirkungsweise eines Programms hängt sowohl vom Ausmaß der Routinisierung bzw. dem Ermessensspielraum als auch vom Ausmaß der Konditionalisierung bzw. der Modularität ab. Beide Kriterien sind *relativ* zu bewerten:

– von der Übereinstimmung oder Diskrepanz eines gewährten Ermessensspielraums zum *subjektiv erwarteten Ermessensspielraum* hängt im wesentlichen die sozio-emotionale Wirkung der Standardisierung ab;

– von der Übereinstimmung oder Diskrepanz der Gesamtvarietät eines programmierten Prozesses (Ermessensspielraum[235] und Programm-Varietät) zur *situativ erforderlichen Varietät* sowie von den sozio-emotionalen Effekten hängt im wesentlichen die instrumentale Wirkung der Standardisierung ab.

Abb. II/2–19 stellt diese Zusammenhänge in einfachster Form dar.

A. Sozio-emotionale Wirkungen der Routinisierung

Der subjektiv erwartete Ermessensspielraum hängt grundsätzlich von denselben Variablen ab wie die Partizipationserwartung, nämlich[236]

– der Grundmotivation
– der Grundeinstellung
– der Beurteilung des eigenen Einflußpotentials (eigene Fähigkeiten im Verhältnis zum Anspruchsniveau der Aufgabe)
– der Beurteilung der Bedeutsamkeit eines Prozesses.

Nun strebt im allgemeinen – aber nicht notwendigerweise – ein Individuum nicht Ermessensspielraum als leeren Freiheitsraum an, sondern gleichzeitig auch eine interessante Aufgabe, welche die Ausnützung dieses Raumes zu eigenständigem Tätigsein und damit ein Stück weit zur Entfaltung der eigenen Persönlichkeit ermöglicht.

---

235 Sind mehrere Individuen am Programm-Ablauf beteiligt, so ist hier die Summe der individuellen Ermessensspielräume relevant.

236 Vgl. Abschn. II/252. – Gruppengröße und früheres Vorgesetztenverhalten fallen plausiblerweise hier weg.

Abb. II/2–19: Die grundlegenden Wirkungszusammenhänge der Standardisierung

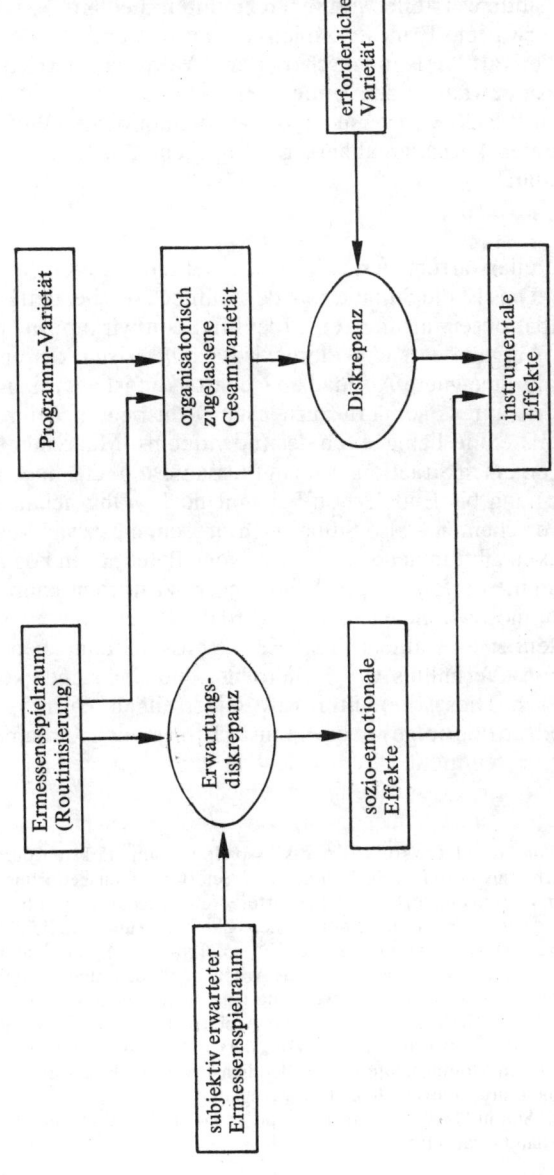

Somit sind zwei Teilerwartungen zu unterscheiden:
- der erwartete Ermessensspielraum an sich und
- der erwartete Neuheitscharakter (Aufforderungscharakter) der zu bewältigenden Situationen.[237]
In Abb. II/2–20 wird versucht, die sozio-emotionalen Wirkungen von beiden Variablen abhängig zu machen. Dabei ergeben sich vier Fälle:

Fall 1
Beide Teilerwartungen sind hoch und werden in der Organisation erfüllt. Dies ist die Situation, in der – ähnlich wie bei befriedigter Partizipationserwartung – eine Identifikationswirkung mit der eigenen Aufgabe entsteht: diese wird als *interessant* empfunden. Das dafür geeignete Ausmaß an Neuartigkeit ist allerdings nicht nur nach unten, sondern auch nach oben begrenzt durch die Kenntnisse und Fähigkeiten des Individuums: Menschen finden im allgemeinen Situationen am interessantesten, die ihnen weder von Anfang bis Ende schon bekannt noch völlig neuartig und fremd erscheinen – also Situationen, in denen es zwar Neues zu entdecken gibt, in denen aber das eigene Potential an kognitiven Programmen erfolgversprechend eingesetzt werden kann.[238]
Von der motivationalen Seite her wird der Bereich des erwünschten Neuheitscharakters und Ermessensspielraum beeinflußt durch das Verhältnis von Sicherheits- und Selbständigkeitsbedürfnissen. Dieses Verhältnis wird seinerseits durch frühere Erfolge oder Mißerfolge mit bestimmten Ermessensspielräumen geprägt.

237 Während der erwartete Ermessensspielraum am stärksten durch das Verhältnis zwischen Sicherheits- und Selbständigkeitsbedürfnis determiniert sein dürfte, hängt der erwartete Neuheitscharakter wohl vorwiegend von der Beurteilung der eigenen Fähigkeiten und dem Bedürfnis zu deren Anwendung ab. Vgl. bei Vroom (1964: 138 ff.) die Unterscheidung von «Selbstkontrolle von Arbeitsmethoden und -Rhythmus» (Selbständigkeit) und «Anwendung von eigenen Fähigkeiten» als verschiedene Einflußfaktoren auf die Arbeitszufriedenheit. Vgl. als Beispiele die Erwartungen eines Forschers mit jenen eines Kioskführers oder von Montageleuten im Außendienst, welche diese Beschäftigung wegen ihrer Selbständigkeit bevorzugen.
238 Vgl. Simon (1966: 111) sowie Vroom (1964: 137) in Anlehnung an McClelland et al. (1953).

Abb. II/2–20: Diskrepanzmodell zur sozio-emotionalen Wirkungsweise von Routinisierung bei unterschiedlichen Erwartungshaltungen

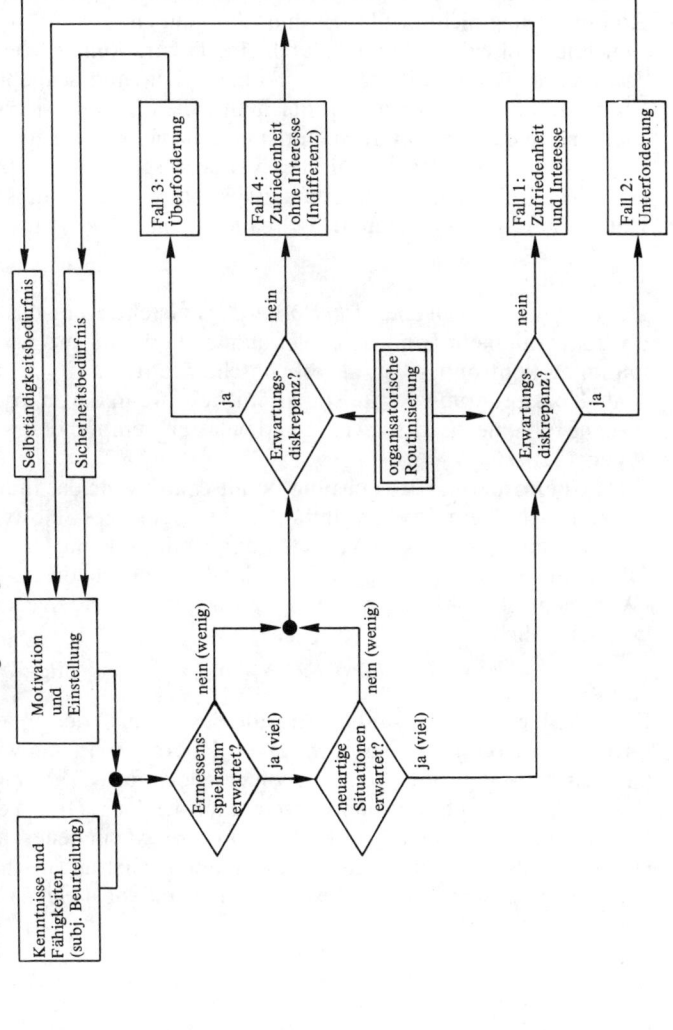

Fall 2
Beide Teilerwartungen sind hoch, werden aber wegen zu hoher
Routinisierung nicht erfüllt. Es entsteht dann eine *«Unterforde-
rung»* des Individuums und dadurch eine Frustration, welche als
Monotonie, Konformitätszwang, Abhängigkeit und schließlich
Entfremdung erlebt wird.[239] In leichten Fällen bemüht sich das
Individuum dann um interessantere und selbständigere Tätigkei-
ten; in schweren Fällen resigniert es, verlagert seine Interessen in
den Freizeitbereich, fällt in eine passive oder sogar apathische
Haltung und gibt sich dem «Daydreaming» hin.[240]

Fall 3
Der umgekehrte Fall einer *Überforderung* entsteht, wenn das Individuum mit mehr Ermessensspielraum und/oder neuartigen Situationen konfrontiert ist, als es wünscht. Sie tritt auf
– als Überforderung der Leistungsfähigkeit, wenn die zu lösenden Probleme als zu schwierig und belastend empfunden werden;
– als Überforderung der Leistungsbereitschaft, wenn das Individuum sich überanstrengt fühlt oder ein zu geringes Selbstvertrauen aufweist, was zu Versagensangst führen kann.
In beiden Fällen ist eine Verstärkung des Sicherheitsbedürfnisses
(Wunsch nach Entlastung vom zu großen Entscheidungsfeld)
wahrscheinlich.[241]

Fall 4
Beide Teilerwartungen sind niedrig und das Ausmaß der organisatorischen Routinisierung hoch. Diese Übereinstimmung wird
zwar als befriedigend empfunden, ohne jedoch für echtes Interesse an der Arbeit hinreichend zu sein. Stattdessen kann sich das
Individuum durch einen *Zielverschiebungsprozeß* ein neues, ab-
geleitetes Interesse verschaffen: die absolute Einhaltung der formalen Regeln kann zum Selbstzweck werden und sogar einen mo-
ralischen Wert erhalten.[242]

239 Zu den empirischen Untersuchungen über Monotonie vgl. Vroom
    (1964: 133 ff.). Zum Begriff der Entfremdung vgl. Abschn. II/27.
240 Vgl. zu den Auswirkungen der Unterforderung Argyris (1960: 15 ff.).
241 Vgl. Perrow (1970: 58) sowie die Ausführungen zum Ziel «Sicherheit» in
    Abschn. II/13.
242 Vgl. Merton (1968: 268 f.). S. oben, Abschn. II/12.

In bezug auf den ursprünglichen Zweck der Arbeit befindet sich das Individuum aber selbst im Falle einer solchen Zielverschiebung in einem Zustand der relativ *interessenlosen Zufriedenheit*, in dem es die Möglichkeit zur Aktivität ohne innere Anteilnahme[243] (Indifferenz) und damit zum «Daydreaming» als angenehm empfindet.

Neben den im beschriebenen Modell erfaßten Variablen können weitere Variablen für die sozio-emotionalen Wirkungen eine Rolle spielen:
– Unter Umständen kann für ein Individuum weniger die Einengung des Aktivitätsfeldes als die damit verbundene *Entpersönlichung* der Kontrolle belastend sein.[244]
– Weiter kann durch Standardisierung ein *Circulus vitiosus* ausgelöst werden:[245] bei steigender Routinisierung kann auch die Erwartungsdiskrepanz steigen und damit die Zufriedenheit und Motivation sich verschlechtern; um das frühere Leistungsniveau zu halten, wird dann die Kontrolle intensiviert, was zu noch höherer Frustration führt. Diese «Logik der formalen Organisation»[246] kann nur durch «psycho-logisch» richtige Maßnahmen, nämlich eine Entroutinisierung und Aktivierung der individuellen und gruppendynamischen Selbstkontrolle, durchbrochen werden.

B. Instrumentale Wirkungen der Standardisierung

Ob positive oder negative instrumentale Effekte entstehen, determiniert neben den sozio-emotionalen Einflüssen vor allem die Übereinstimmung oder Diskrepanz zwischen der Gesamtvarietät eines Programms und der erforderlichen Varietät der auftretenden Situationen. Drei Verhältnisse sind denkbar:
a. zu geringe Gesamtvarietät eines Programms (Überstandardisierung)
b. zu hohe Gesamtvarietät eines Programms (nicht ausgeschöpfte Standardisierungsmöglichkeiten)
c. situativ richtige Gesamtvarietät.

243 Vgl. Gouldner (1963: 394): «activity without participation» als positive Funktion der Routinisierung.
244 Vgl. March/Simon (1958: 38), Merton (1968: 271).
245 Vgl. Gouldner (1963: 395), Crozier (1964: 190f.) und Rushing (1966: 429f.).
246 Vgl. Argyris (1960: 18).

Die im folgenden diskutierten positiven Funktionen der Standardisierung treffen um so eher zu, je mehr die situativ erforderliche Varietät vom Programm erreicht wird; die Nachteile treten um so eher auf, je stärker überstandardisiert wird.[247]
Als positive Funktionen der Standardisierung lassen sich unterscheiden:

1. die *Entlastungsfunktion:* durch *Kategorisierung*[248], d. h. Abstraktion vom Einzelfall und seine Zuteilung in eine bestimmte Problemklasse, wird das Entscheidungsvolumen im System verringert, indem Probleme, «Fälle» oder «Vorgänge» als bekannt identifiziert werden können.[249]

2. die *Effizienzfunktion:* durch *Vereinfachung* der vom Individuum zu erfüllenden Aktivitäten wird einerseits eine Steigerung der Produktivität (Trainingseffekt der Wiederholung) erreicht und anderseits eine schnellere Erlernung von Aktivitätsfolgen und Aneignung von Erfahrung ermöglicht.

3. die *Integrationsfunktion:* Programmierung von Aktivitätsfolgen ist ein wichtiges Mittel zur sachlichen und zeitlichen Koordination der Aktivitäten verschiedener Stellen.[250] Unter Umständen wird dadurch auch das organisatorische Konfliktpotential reduziert.

4. die *Kontrollfunktion:*[251] Programmierung dient auch der Kontrolle des Verhaltens der Systemmitglieder; zunächst ermöglicht sie erst richtig die persönliche Überwachung («close superversion») durch Vorgesetzte, indem sie diesen klare Standards und die Legitimation zum Eingreifen liefert.[252] Sodann

---

247 Die Nachteile einer zu hohen organisatorischen Gesamtvarietät werden dagegen nicht speziell behandelt, da sie den Nachteilen der Nichtstandardisierung entsprechen und somit «symmetrisch» zu den Vorteilen der Standardisierung sind.

248 Vgl. March/Simon (1958: 39), Perrow (1970: 57).

249 Auf der Entlastungsfunktion beruht auch die schon erwähnte Möglichkeit der Aktivität ohne innere Anteilnahme sowie das dadurch ausgelöste «Daydreaming».

250 Vgl. March/Simon (1958: 145).

251 Vgl. March/Simon (1958: 145).

252 Vgl. Gouldner (1963: 394f.). – Unter ‹Close Superversion› wird nach Price (1968: 88) die häufige Vorgabe von detaillierten Instruktionen und ihre Überwachung durch den Vorgesetzten verstanden.

ersetzt sie zum Teil mündliche Anweisungen und entlastet damit – mindestens der Absicht nach – den Vorgesetzten.[253]

5. die *Stabilisierungsfunktion:* das System erreicht (a) eine gewisse Unabhängigkeit der Aktivitätsfolgen von bestimmten Personen[254] und (b) eine gewisse Invarianz gegenüber Umweltveränderungen: das konditionalisierte Programm verarbeitet Umwelt-Varietät, es «übersetzt Unregelmäßigkeit in Regelmäßigkeit».[255] Individuelles und System-Verhalten wird leichter prognostizierbar.[256]

6. die *Objektivierungsfunktion:* der Anteil von subjektiven Einflüssen auf Entscheidungen wird reduziert, das Gewicht von individuellen Interessen begrenzt und die Suboptimierungsgefahr von Teilproblemen verringert.

7. die *Gerechtigkeitsfunktion:* im Bereich personenbezogener Programmierung besteht eine spezielle Form der Objektivierungsfunktion in der *Ausschaltung von Willkür* bei der Behandlung von Systemmitgliedern.[257] Insbesondere Sanktionsprozesse werden weniger in Abhängigkeit von den Emotionen des Vorgesetzten durchgeführt.[258]

8. die *Sicherheitsfunktion:* Programmierung entlastet das Individuum von Risiko, reduziert damit seine Unsicherheit oder Angst und fördert sein Selbstvertrauen und die Bereitschaft zur Verantwortungsübernahme.[259]

Diesen angestrebten Vorteilen von Standardisierung steht nun eine Reihe möglicher *Nachteile* gegenüber, die im Falle *der Überstandardisierung* besonders deutlich ausfallen:

---

253 Diese Entlastung beruht jedoch weniger auf einem Substitutionseffekt – ein solcher tritt aufgrund der fehlenden Motivationswirkung kaum ein – als auf der Reduktion der emotionalen Spannungen, die durch ‹Close Superversion› entstehen: vgl. Gouldner (1963: 395).

254 Vgl. March/Simon (1958: 38), Merton (1968: 271).

255 Vgl. Luhmann (1968: 327). – Diese Funktion erfüllt das Programm allerdings nur soweit, als Umweltveränderungen im Programm antizipiert sind und konditionale Aktivitäten auslösen.

256 Vgl. March/Simon (1958: 39).

257 Vgl. Perrow (1970: 58), Crozier (1964: 187ff.).

258 Vgl. Gouldner (1963: 392).

259 Vgl. Hickson (1966: 233f.), Luhmann (1972: 61).

1. *Anpassungs- und Innovationsprobleme:* es besteht die Tendenz, daß
   - *nicht-programmierbare Aufgaben* und Aspekte, wozu vor allem
     a. noch nie aufgetretene, innovative Probleme
     b. sehr komplexe, nicht analysierbare Probleme
     c. Probleme von solcher Wichtigkeit, daß sie eine maßgeschneiderte Behandlung verlangen
     d. nicht operational erfaßbare Aspekte
     gehören[260], entweder zu schematisch behandelt oder zugunsten der programmierbaren Prozesse vernachlässigt werden;
   - *unbenutzte Fähigkeiten* der Systemmitglieder zu problemlösendem Verhalten verkümmern;
   - ein *Verlust an Initiative* bei den Systemmitgliedern eintritt, indem einerseits für fast jede Situation eine adäquate Verhaltensweise bekannt ist und gar nicht mehr nach neuen Verhaltensalternativen gesucht wird und andererseits durch die Reduktion des Konfliktpotentials auch die schöpferische Wirkung von Konflikten[261] verloren geht.

Die Vorteile beim programmierten Normalfall werden dann leicht kompensiert durch die Schwierigkeiten bei nicht-programmierten (Ausnahme-)Fällen.

2. *Motivations- und Identifikationsprobleme:* bei hoher Routinisierung ist echtes Interesse an der Aufgabe praktisch ausgeschlossen. Dies äußert sich etwa
   - im *fehlenden Engagement:* die Mitarbeiter tendieren dazu, nur die formal geregelten Minimum-Standards zu leisten[262];
   - im Prozeß der *Zielverschiebung:* buchstabengegebenes Verhalten wird zum Selbstzweck gemacht[263], wodurch die Mitarbeiter unter Umständen den situationsgerechten Ablauf von Entscheidungs- und Ausführungsprozessen sabotieren können[264];

---

260 Vgl. Simon (1966: 74).
261 Vgl. Abschn. I/33.
262 Vgl. Gouldner (1963: 393), March/Simon (1958: 44f.).
263 Vgl. oben, unter A: Sozio-emotionale Wirkungen.
264 Vgl. Gouldner (1963: 394).

- im *bürokratischen Circulus vitiosus:*[265] wie weiter oben erwähnt, kann Standardisierung zu einem Abbau der individuellen und gruppendynamischen Selbstkontrolle führen und noch stärkere Fremdkontrolle induzieren;
- im *Monotonieproblem:* wenn die Systemmitglieder sich unterfordert fühlen, empfinden sie Monotonie, fühlen sich müde und werden apathisch, was sich mit großer Wahrscheinlichkeit in verminderter Leistung ausdrückt;
- in einem *Gefühl der Machtlosigkeit* oder gar Angst gegenüber dem unpersönlichen Apparat, das aus der Entpersönlichung der Kontrolle, aus der fehlenden Durchschaubarkeit der Herkunft des «Sachzwangs» und aus der sozialen Isolation am Arbeitsplatz resultiert.[266]

In Tab. II/2–7 werden die behandelten Vor- und Nachteile einer ausgeprägten Standardisierung zusammengefaßt (S. 294f.).

Gesamthaft läßt sich sagen, daß Standardisierung zwar wesentliche Funktionen zur Spezifizierung und Generalisierung von Verhaltenserwartungen erfüllen kann, daß sie aber

- das Interesse, die Leistungsmotivation und die Befriedigung der Systemmitglieder an der Arbeit stark beeinträchtigen kann, wenn die Diskrepanz zu den Erwartungen der Mitarbeiter allzu groß ist;
- die Anpassungsfähigkeit des Systems gefährden kann, wenn durch Überstandardisierung das Prinzip der erforderlichen Varietät verletzt wird.

263 Der Standardisierungsgrad

Der Standardisierungsgrad soll ausdrücken, in welchem Maße die im System ablaufenden Prozesse durch Routinisierung und Beschränkung der Varietät immer wieder gleichartig ablaufen. Als primäres Kriterium für die Abstufung kann das Ausmaß der Routinisierung verwendet werden; als sekundäres Kriterium mit geringerem Gewicht soll die Beschränkung der Programm-Varietät dienen.

265 Vgl. Gouldner (1963: 395), Crozier (1964: 190f.).
266 Presthus (1966: 28) weist darauf hin, daß Angst und Frustration durch die Ansprüche der Organisation schließlich zu einem Zerfall der Persönlichkeit führen können.

Tab. II/2–7: Mögliche Vor- und Nachteile einer hohen Standardisierung

	Vorteile	Nachteile
Kapazitätsaspekt	– Entlastung: Verkleinerung des Entscheidungsvolumens durch Kategorisierung – Produktivitätssteigerung durch Wiederholung und schnelle Erlernung von Aktivitäten	– Gefahr der schematischen Behandlung oder Vernachlässigung innovativer Aufgaben sowie wichtiger Einzelfälle – Verkümmerung von ungenutztem «Human Capital» – Tendenz zur Beschränkung der individuellen Leistung auf die geforderten Minimum-Standards
Koordinationsaspekt	– Integration: sachliche und zeitliche Abstimmung; Reduktion des organisatorischen Konfliktpotentials – Kontrolle: Ermöglichung und Erleichterung von persönlicher Kontrolle durch den Vorgesetzten und/oder unpersönlicher Kontrolle	– Verlust von individueller und gruppendynamischer Selbstkontrolle (Circulus vitiosus) – Reduktion der Anpassungsfähigkeit der Individuen und des Systems durch «eigensinnige» System- oder Verfahrenszwänge
Aspekt der Entscheidungsqualität	– Stabilisierung des Systems durch personenunabhängige Entscheidungsprozesse und Invarianz gegenüber Umweltstörungen – Objektivierung: Reduktion subjektiver Wertung, geringere Suboptimierung	– Vernachlässigung nicht-programmierbarer Aspekte von Problemen – Verlust an Initiative zu innovativem Verhalten – Tendenz zu buchstabengetreuem anstatt situationsgerechtem Verhalten von Mitarbeitern (Zielverschiebung)

| *Personen-bezogener Aspekt* | – Gerechtigkeit durch Reduktion von Willkür und persönlicher Abhängigkeit
– Sicherheit: Reduktion von Angstgefühlen durch Risikoentlastung, geringere Wahrscheinlichkeit von Überforderung | – meistens Minderung des Interesses an der Arbeit
– Gefahr der Unterforderung und damit der Monotonie
– Frustration durch Gefühl der Ohnmacht gegenüber dem unpersönlichen «Apparat» |

In Tab. II/2–8 werden die unterschiedenen organisatorischen Programmierungsformen nach diesen beiden gewichtigen Kriterien nochmals dargestellt, zusammen mit der Alternative «Nichtprogrammierung».

Tab. II/2–8: Abstufung von Programmierungsformen

Programmie-rungsform	1. Kriterium: Ermessensspielraum	2. Kriterium: Programmvarietät	Gesamt-varietät
starre Routine-programmierung	klein (routinisiertes Verhalten)	klein (unver-zweigt)	sehr klein
verzweigte Routine-programmierung	klein (routinisiertes Verhalten)	mittel/groß (verzweigt)	klein
Rahmen-/Modul-programmierung	mittel (adaptives Verhalten)	mittel (verzweigt)	mittel
heuristische Prinzipien und Strategien	groß (innovatives Verhalten)	groß (keine verbindliche Programmierung)	groß
«Nicht-programmierung»	sehr groß	nicht begrenzt	sehr groß

Damit ist folgende Einteilung des Standardisierungsgrades gegeben (Abb. II/2–21):

Abb. II/2–21: Die Dimension «Standardisierungsgrad»

niedriger Standardisierungsgrad   hoher Standardisierungsgrad

keine Program-mierung	heuristische Prinzipien und Strategien	Rahmen-bzw. Modul-program-mierung	verzweigte	starre
			Routineprogrammierung	

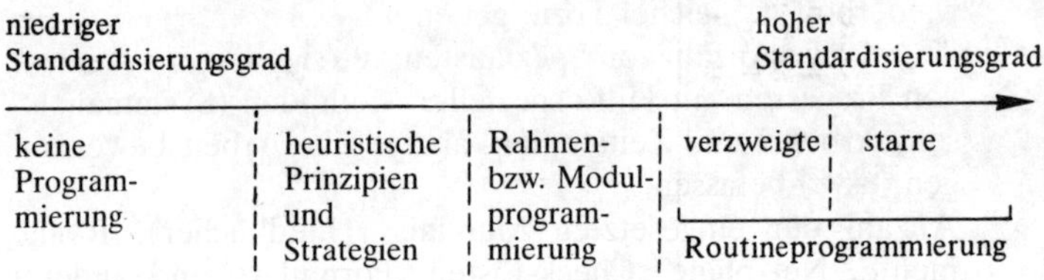

Für die Bestimmung des Standardisierungsgrades des Gesamtsystems ist folgendes zu berücksichtigen:

1. Es ist ein gewichteter Anteil der programmierten Abläufe im Verhältnis zu den nichtprogrammierten Prozessen zu bestimmen und mit der durchschnittlichen Gesamtvarietät pro Programm zu multiplizieren.

2. Bei der Gewichtung der einzelnen Abläufe ist die personenbezogene Programmierung eher in den Hintergrund zu rücken, da sie – wie weiter oben erläutert – von der übrigen Programmierung relativ unabhängig ist und keine eindeutigen Relationen zu anderen Instrumentalvariablen erwarten läßt.

3. Für den Standardisierungsgrad des Gesamtsystems hat die Stufe «keine Programmierung» nur die Bedeutung eines idealtypischen Extremfalls.

Aus 1. folgt, daß eine Verringerung des Standardisierungsgrades des Gesamtsystems auf zwei Wege erreicht werden kann:

a. durch Erhöhung des Anteils der nichtprogrammierten, dem freien Ermessen überlassenen Abläufe

b. durch Vergrößerung der Varietät programmierter Abläufe
   – mittels stärkerer Konditionalisierung oder Modularisierung
   – mittels geringerer Routinisierung.

Für eine Erhöhung des Standardisierungsgrades gilt entsprechend die Umkehrung. Mögliche *Indikatoren* zur Messung des Standardisierungsgrades können sein:

– die Output-Varietät eines Prozesses oder des Gesamtsystems
– Anzahl programmierter Entscheidungen im Verhältnis zur Anzahl nicht-programmierter Entscheidungen
– die Seltenheit, mit der Vorgesetzte zum Lösen von Problemen angerufen werden
– die Seltenheit, mit der Vorgesetzte einzelne Anweisungen wiederholt in gleicher Form geben müssen
– die relative Anzahl von Spezialisten, die sich mit der Analyse von Prozessen mit Hilfe spezieller Methoden (Systemanalysen, Arbeits- und Zeitstudien, analytische Arbeitsbewertungen, usw.) befassen
– Anzahl der eingesetzten Manuals (Handbücher), Reglemente, Netzpläne, Check-Listen, Formulare und anderer Hilfsmittel zur Standardisierung
– die Häufigkeit von Klagen über Sachzwänge oder Monotonie.

271   Konzept und Formen der Arbeitszerlegung

Unter Arbeitszerlegung wird die Zerlegung eines operativen (physischen Transformations- oder administrativen) Prozesses in einfache, interdependente Teilarbeiten und ihre Weisung an einzelne Stellen bzw. Individuen verstanden.
Arbeitszerlegung führt die Spezialisierung, wie sie durch Dezentralisation und Funktionalisierung grundsätzlich bestimmt wird, im operativen Bereich weiter. Gleichzeitig stellt sie die Zuordnung einzelner Segmente von standardisierten Prozessen auf einzelne Stellen dar.

2711   Konzeptualisierung der Instrumentalvariablen «Arbeitszerlegung»

Arbeitszerlegung ist eine historisch noch recht junge, radikale Form der *Arbeitsteilung*: sie ist ein Grundmerkmal komplexer Industriegesellschaften.[267]
Arbeitsteilung tritt in zwei grundlegenden Formen auf:[268]
– als *Berufsdifferenzierung* (Job-Specialization) ist sie unmittelbar soziale Arbeitsteilung und damit weitgehend organisatorische Bedingung:[269] sie führt zur Bildung wohldefinierter Berufe, deren Inhaber über eine gewisse Expertenmacht verfügen und als echte Spezialisten bezeichnet werden können;
– als *Arbeitszerlegung* (Task-Specialization) hingegen ist sie rein arbeitstechnische, systeminterne Arbeitsteilung. Ausgehend vom Prinzip der Arbeitsvereinfachung, spaltet sie Arbeitsprozesse in elementare, routinemäßig auszuführende Aktivitäten auf; sie schafft damit nicht echte Spezialisten (Berufsexperten), sondern bloß «Spezialisierte».[270]

267 Vgl. dazu König (1967b: 31).
268 Vgl. dazu König (1967b: 32), Friedmann (1959: 97 ff.), Thompson (1961: 25 f.), Blau et al. (1966), Pugh (1968: 73).
269 Zu beachten ist jedoch die Wechselseitigkeit der Beziehung zwischen Berufsbildung und Organisation; neue Berufsbilder (z. B. EDV-Berufe) entstehen z. T. durch die organisatorische Arbeitsteilung.
270 Vgl. Friedmann (1959: 97).

Arbeitszerlegung konnte historisch erst auftreten, nachdem ein bestimmter Grad an beruflicher Arbeitsteilung erreicht war; sobald sie aber ausgiebig angewendet wurde, begann sie die berufliche Arbeitsteilung teilweise zu zerstückeln und zu verdrängen.[271] Weitere Voraussetzungen für Arbeitszerteilung sind

– die *Standardisierbarkeit* eines Prozesses: nur Prozesse, welche in ihre analytischen Teilschritte zerlegt werden können, lassen auch die personale Aufteilung der Aktivitäten zu;
– die *Technologie:* Arbeitszerlegung kommt nur bei Vorhandensein einer spezialisierten Technologie, die aber «unvollendet», d. h. noch nicht vollautomatisiert ist, in Frage (Bsp. Fließband);
– das *Arbeitsvolumen* muß so groß sein, daß eine spezialisierte Stelle mit einer bestimmten Aktivität voll ausgelastet ist.[272]

Sind diese Voraussetzungen gegeben, so ermöglichen sie
– bei physischen Transformationsprozessen die *Mechanisierung* und (Detroit-) Automatisierung, so daß die einzelne Stellenaufgabe nicht mehr auf die Herstellung eines bestimmten Produktes, sondern auf eine Verrichtung bzw. Maschine spezialisiert ist;
– bei administrativen Prozessen die *Bürokratisierung*[273] und Büro-Automation (EDV), so daß auch hier die Stellenaufgabe auf eine bestimmte Verrichtung (an bestimmten Formularen und Belegen) oder auf die Bedienung einer bestimmten Büromaschine eingeengt werden kann.

Bei *Leitungsprozessen* hingegen sind die genannten Voraussetzungen im allgemeinen nicht erfüllt (beschränkte Standardisierbarkeit, keine spezialisierte Routinetechnologie, zu kleines Arbeitsvolumen der Teilschritte), so daß sie von ihrem Wesen her sowohl der Arbeitszerlegung als (bisher) auch der Automation nur beschränkt zugänglich sind.[274]

---

271 Vgl. Thompson (1961: 27), König (1967b: 33, 39).
272 Vgl. March/Simon (1958: 23f.).
273 Vgl. König (1967b: 40). – Zum Bürokratiebegriff vgl. Abschn. III/231.
274 Einige Autoren vermuten, daß sich beim Management eine gegenläufige Tendenz hin zur Professionalisierung herausbildet; Professionalisierung wäre ein weiterer Aspekt, der mit Arbeitszerlegung nicht vereinbar ist. In Abschn. II/3 wird näher auf die Professionalisierung eingegangen.

Je stärker nun die ausführenden Arbeiten zerlegt werden, um so komplexer wird ihre Planung und Koordination und um so stärker die *Trennung des Denkens vom Tun*[275], wobei sich die Planungsaufgaben beim Management konzentrieren. Das Ausmaß der Arbeitszerlegung steht deshalb in direkter Beziehung zum Ausmaß, in dem Planungs- und Ausführungstätigkeiten getrennt und auf hierarchisch verschiedenen Stufen durchgeführt werden. Auf der höheren Ebene (Planung) wird die zu erfüllende Aufgabe analytisch durchdrungen, in ihre Elemente zerlegt und dann auf verschiedene operative Stellen verteilt. Dem ausführend Tätigen wird dann nicht mehr eine Aufgabe mit ersichtlichem Zweck gestellt, sondern im Extremfall bloß eine Aktivität (z. B. ein Handgriff am Fließband, eine schriftliche Operation im Büro) zugeteilt, welche er nicht zu verstehen, sondern nur einzuüben braucht. Er wird so zum angelernten Spezialisierten, dem das Merkmal des echten Spezialisten – die auf Verständnis der Zusammenhänge ausgerichtete Berufsausbildung – fehlt.[276]

Während die Aufgabe des Spezialisten es ermöglicht oder sogar verlangt, daß seine ganze Persönlichkeit in ihr aufgeht, von ihr geprägt wird und sich an ihr entwickelt, verunmöglicht oder verbietet die Arbeit des Angelernten geradezu dieses Engagement: seine Tätigkeit macht ihn zum «Teilarbeiter»[277], der nicht ein berufsspezifisches Produkt herstellt, sondern einen unselbständigen Arbeitsabschnitt vollbringt, der als solcher keinen Bezug zum Endprodukt erkennen läßt. Der Teilarbeiter ist gezwungen, *unvollendete Handlungen*[278] zu leisten. Würde er sich ähnlich wie ein Berufsspezialist in seiner Tätigkeit engagieren, so würde der zyklische Abbruch der unvollendeten Aufgabe eine permanente Frustration bewirken. Diese Frustration kann der Teilarbeiter nur dadurch vermeiden oder verringern, daß er seinen Arbeitszyklus in weitgehender emotionaler *Indifferenz* bewältigt, d. h. den

275 Drucker (1956: 341).
276 Vgl. Friedmann (1959: 101 f.).
277 Der Begriff des «Teilarbeiters» wurde von Karl Marx geprägt. Vgl. König (1967b: 33).
278 Die psychologische Wirkung der «unvollendeten Handlung» wurde v. a. von Zeigarnik (1927) und Lewin untersucht. – Vgl. dazu Friedmann (1959: 67 ff.) und Lewin (1963: 54 ff.).

(für ihn fehlenden) Sinnzusammenhang seiner Tätigkeit gar nicht beachtet, um ein zu ich-nahes Erleben der eigenen Aktivität zu vermeiden.[279]

Der Sinnzusammenhang (meaningfulness[280]), also das Ausmaß, in dem eine Arbeit «vollendet» werden kann und dadurch einen Bedeutungsgehalt aufweist, stellt eine Schlüsselvariable für das Verständnis in der Problematik der Arbeitszerlegung dar. Er hängt einerseits vom Individuum selbst, andererseits aber vom *Arbeitsinhalt* (Job content) ab.

Die Instrumentalvariable «Arbeitszerlegung» ermöglicht nun die Variation (Einengung oder Ausweitung) des Arbeitsinhaltes. Operationale organisatorische Kriterien des Arbeitsinhaltes sind primär:[281]

- die *Länge des Arbeitszyklus*, d. h. die Anzahl einzelner Aktivitäten und organisatorischer Programme, an denen das Individuum beteiligt ist (grob erfaßbar durch die Zeitdauer eines einzelnen Zyklus), und somit die *Repetitvität* der Arbeit;
- der *Output* pro Zyklus; Teilarbeit (unvollendete Handlung) oder sinnhafte Aufgabe mit einem gewissen Vollendungscharakter (Fertigprodukt oder bedeutungsvolles Zwischenprodukt);
- der Ort der *Planung und Kontrolle* d. h. das Ausmaß, in dem der Ausführende seine Aktivität selbst plant (einteilt) und kontrolliert, wobei dieses Ausmaß zwei Teilaspekte umfaßt:
  a. Aktivitätskontrolle oder nur Ergebniskontrolle durch den Vorgesetzten
  b. maschineller Sachzwang (Diktat der Maschine) oder Kontrolle von Arbeitsrhythmus und -methode durch den Ausführenden.

Ein weiterer Faktor des Sinnzusammenhangs, der nicht unmittelbar zum Arbeitsinhalt gehört, sondern nur mittelbar mit diesem zusammenhängt, ist

- das Ausmaß der *sozialen Interaktion*, das die Tätigkeit ermöglicht bzw. erfordert. Dieser Faktor hängt allerdings auch von anderen organisatorischen Variablen ab.

---

279 Vgl. dazu die Ausführungen weiter unten.
280 Friedmann (1959: 78).
281 Vgl. dazu Litterer (1963: 207f.), Vroom (1964: 126ff.).

Bei der Arbeitszerlegung stehen die ersten beiden Kriterien im Vordergrund.

Mit Hilfe der vier Kriterien sollen im folgenden Abschnitt verschiedene Stufen der Arbeitszerlegung unterschieden werden.

2712 Stufen der Arbeitszerlegung

Es sollen – in der Reihenfolge abnehmender Arbeitszerlegung – die drei Stufen
- elementare Teilarbeit
- Mehrfach-Teilarbeit
- ganzheitliche Arbeit

unterschieden und Ansätze zur Verringerung der Arbeitszerlegung dargestellt werden.

A. Elementare Teilarbeit

Elementare Teilarbeit bedeutet die vollständige Zerlegung eines operativen Prozesses in seine einfachsten Elemente und die getrennte Ausführung jedes Arbeitselementes durch eine spezialisierte Stelle. Im Extremfall besteht ein solches Arbeitselement aus einem einzigen Handgriff. Die definierten Kriterien weisen hier folgende Ausprägung auf:
- der *Arbeitszyklus* ist extrem kurz, unter Umständen nur einige Sekunden lang; die Arbeit ist somit vollständig repetitiv und wird innert kürzester Einübungszeit routinisiert;
- der *Output* pro Zyklus unterscheidet sich nicht wesentlich vom Input; zum Endprodukt läßt die Aktivität keine Beziehung erkennen; es liegt der Fall einer zyklisch abgebrochenen, unvollendeten Handlung vor;
- *Planung und Kontrolle* sind weitgehend fremdbestimmt: es bleibt kein Ermessensspielraum zur persönlichen Arbeitsgestaltung; das Individuum ist der völligen Fremdkontrolle (a) durch die Maschine (Fließband) und/oder (b) durch den Vorgesetzten unterworfen, mit andern Worten: es herrscht völlige «Trennung des Denkens vom Tun»;
- *soziale Interaktion* ist unnötig und meist auch unmöglich: die Koordination zwischen den Teilarbeiten wird durch die Planung bzw. durch standardisierte Programme gesichert, so daß Kommunikation meistens überflüssig ist oder gar als störend bewertet wird.

Eine derart ausgeprägte Arbeitszerlegung beruht auf *mechanisti-*

schem Denken: es wird versucht, den Menschen möglichst so rationell geplant, spezialisiert und zyklisch arbeiten zu lassen, wie eine Maschine. Genau wie bei der Maschine wird von der Annahme ausgegangen, daß ein Individuum dann am rationellsten arbeitet, wenn seine Tätigkeit so einfach und routiniert wie möglich ist.[282] Dieses als sog. «Scientific Management» bekannt gewordene, im deutschsprachigen Raum zeitweise als «Rationalisierung» schlechthin bezeichnete Konzept wurde verständlicherweise von Ingenieuren (Taylor u. a.) entwickelt; es wird deshalb auch als *Taylorismus* bezeichnet.[283] Zur Zeit seiner Entwicklung entsprach der Ansatz weitgehend der unvollendeten Technologie, welche auf den Menschen als «Lückenbüßer der Mechanisierung»[284] für jene Arbeiten, welche sie nicht maschinell bewältigen konnte, angewiesen war.

Daneben aber beruht die vollständige Trennung von Planung und Ausführung auf einem *elitären Gesellschaftsbild:*[285] der Mehrheit der ausführend tätigen, zum Denken als ungeeignet betrachteten Individuen steht eine planende Elite, welche für sich das Monopol auf geistige Fähigkeiten beansprucht, gegenüber.

Die Produktivitätsfortschritte, die mit extremer Arbeitszerlegung in den letzten Jahrzehnten erreicht worden sind, haben diesen Hintergrund etwas vergessen lassen; statt dessen erscheint hohe Arbeitszerlegung heute oft als technischer Sachzwang. Mit der Veränderung der Constraints können aber die sozio-emotionalen Nachteile (s. Abschn. II/272) derart zunehmen, daß dieser vermeintliche Sachzwang sich u. U. in sein Gegenteil verkehren kann und alternative, posttayloristische Organisationformen zunehmend als vorteilhaft in sozio-emotionaler *und* instrumentaler Hinsicht erscheinen[286].

282 Friedmann (1959: 7) zitiert einen Betriebsleiter, der dieses Konzept in einer prägnanten Formel ausgedrückt hat: «We try to reduce skills to its minimum» (Wir versuchen, die benötigten Fähigkeiten auf ein Minimum zu reduzieren). Die einzige Fähigkeit, die noch entwickelt werden kann und soll, ist die Geschwindigkeit («speed as a skill»): vgl. Friedmann (1959: 14).

283 Vgl. zum Taylorismus die eingehende Darstellung in Abschn. III/22.

284 Vgl. Friedmann (1959: XI).

285 Vgl. Drucker (1956: 342).

286 In diesem Zusammenhang spielen auch die bereits behandelten neueren Konzepte eine wichtige Rolle, die auf Gruppenarbeit beruhen, so insbes. das Konzept der *«Lean Production».* Vgl. oben, Abschn. II/2512, lit. C.

B. Mehrfach-Teilarbeit

Unter Mehrfach-Teilarbeit soll eine Arbeitsform verstanden werden, bei der ein bestimmtes Individuum mehrere elementare Aktivitäten, die im Prinzip von verschiedenen Individuen ausgeführt werden könnten, nacheinander verrichtet; es weist dann die Qualifikation eines »Mehrfach-Angelernten«[287] auf: dieser beherrscht zwar mehrere Aktivitäten eines operativen Prozesses – im Grenzfall sämtliche Aktivitäten vom Input bis zum Endprodukt – und erwirbt sich damit auch einen gewissen Überblick über einen Arbeitsprozeß; das innere Verständnis der Zusammenhänge, wie es der Berufsmann aufweist, fehlt ihm aber nach wie vor; er ist nicht ausgebildet, sondern angelernt und deshalb nur für den spezifischen Prozeß, den er kennt, trainiert.[288]

Mehrfach-Teilarbeit tritt in drei Formen auf:
– als Springer-Prinzip
– als Job Rotation
– als Arbeitszyklus-Verlängerung (Job Enlargement).

Älteste Variante der Mehrfach-Teilarbeit ist das Springer-Prinzip.[289] Der *Springer* (utility man) ist eine logische Ergänzung des Systems mit Einfach-Teilarbeit. Um bei unvorhergesehenen, längeren oder kürzeren Ausfällen einzelner Teilarbeiter nicht den gesamten Prozeß zum Erliegen zu bringen, werden einige besonders geschickte Individuen auf einer größeren Zahl von Arbeitsplätzen angelernt; in unregelmäßigem Wechsel springen sie von Lücke zu Lücke.

Der Springer erlebt damit eine recht große Abwechslung, unterschiedliche Anforderungen (was eine relativ lange Anlernzeit, z. B. ein Jahr bedingt)[290] und ein gewisses Maß an sozialen Interaktionen; sein Status ist deutlich höher als jener der «Einfach-Teilarbeiter».[291] Das Springer-Prinzip ist jedoch ex definitione einer kleinen, privilegierten Minderheit unter den ausführend Tätigen vorbehalten.

---

287 Vgl. Friedmann (1959: 16).
288 Er ist deshalb oft an das sozio-technische System gebunden, in dem er angelernt wurde, während der ausgebildete Berufsmann in seinem Fach allseitig verwendbar ist.
289 Vgl. z. B. Walter/Guest (1963: 218f.).
290 Vgl. Walker/Guest (1963: 219).
291 Vgl. Friedmann (1959: 17).

Demgegenüber wechseln beim System der *Job Rotation* alle an einem Prozeß Beteiligten systematisch und regelmäßig ihre Arbeitsplätze[292], so daß

- der *Arbeitszyklus* zwar jeweils nicht länger wird, aber gewechselt werden kann, womit die Repetitivität gemildert wird; dies drückt sich in einer insgesamt längeren Anlernzeit aus;
- der *Output* pro Zyklus jeweils Input des nächsten (oder vorhergehenden) Arbeitsplatzes ist; dem Individuum ist also die Weiterverwendung seines Outputs bekannt;
- die *Fremdkontrolle* durch die Maschine wenigstens bei den Arbeitsplatzwechseln unterbrochen wird.

Job-Rotation bietet somit dem Individuum eine gewisse Varietät und einen regelmäßigen Belastungswechsel, jedoch nach wie vor nur elementare Verrichtungen mit dem Charakter von «unvollendeten Handlungen»: es erfolgt keine Integration zu *einer* größeren Arbeitsrolle.[293]

Um dies zu erreichen, muß die dritte genannte Form der Mehrfach-Teilarbeit angewendet werden: die *Verlängerung des individuellen Arbeitszyklus*. Hier wird dem Individuum eine zusammenhängende Sequenz von mehreren Operationen zugewiesen. Eine solche horizontale Ausweitung des Arbeitszyklus wird oft als «Job Enlargement» bezeichnet.[294]

Der *Output* des verlängerten Arbeitszyklus erscheint vielleicht dem Individuum schon sinnvoller, erfüllt jedoch noch nicht unbedingt die Kriterien einer vollständigen Handlung. Ebenso bleibt die Fremdplanung und *Fremdkontrolle* bestehen, und nach wie vor ist die soziale Interaktion stark behindert durch die Isolation der einzelnen Arbeitsplätze. Immerhin ist der Arbeitsinhalt (Job content) gegenüber den vorher besprochenen Formen deutlich vergrößert.

---

292 Vgl. Walker/Guest (1963: 222).
293 Vgl. Vroom (1964: 132).
294 Vgl. Walker/Guest (1963: 223), Vroom (1964: 132), Scott (1967: 271f.).
     – Der ältere Begriff «Job Enlargement» darf nicht mit dem neueren Konzept «Job Enrichment» verwechselt werden, das über das horizontale Verknüpfen mehrerer Aktivitäten hinausgeht (s. weiter unten). Vgl. Herzberg (1968: 59).

C. Ganzheitliche Arbeit

Noch einen Schritt weiter geht das Konzept des *Job Enrichment*, das den Weg zu ganzheitlichen (d. h. nicht als abgebrochen erlebten), sinnvollen Stellenaufgaben (wie sie der Berufsmann erfüllt) sucht.

Dieses Konzept geht auf die zweidimensionale Motivationstheorie von Herzberg zurück, welche

– «Hygiene»-Faktoren als Faktoren zur Befriedigung der physiologischen Bedürfnisse und Vermeidung von Angst und Leiden («pain avoidance») und
– «Motivatoren» als Faktoren zur Befriedigung der Erfolgs- und Selbstentfaltungsbedürfnisse («psychological growth»)

unterscheidet.[295] Die Hygiene-Faktoren werden durch die Arbeitssituation *(Job environment)* gebildet: durch den Führungsstil des Vorgesetzten, die Arbeitsplatzgestaltung, die Arbeitszeit, Lohn und soziale Sicherheit, Statussymbole usw. Ihre befriedigende Gestaltung ist zwar eine notwendige, aber keine hinreichende Bedingung für Motivation und Arbeitszufriedenheit. Dazu ist auch die Befriedigung der zweiten Bedürfnisgruppe, zu der eine bedeutungsvolle Tätigkeit, Zielerreichung, Anerkennung, Aufstieg, Verantwortung und Selbstentfaltung gehören, notwendig, was nur durch den *Arbeitsinhalt* selbst *(Job content)* erfolgen kann.[296]

Entsprechend diesem Konzept versucht nun «Job Enrichment» die Motivationsbemühungen auf den Arbeitsinhalt selbst anstatt auf die «Job environment»-Variablen zu legen: Ziel ist es, dem Individuum ein identifikationsfähiges Arbeitsprojekt («a thing of my own»[297]) zu bieten. Dazu sind notwendig:

– ein relativ umfangreicher Arbeitszyklus, der eine *natürliche Arbeitseinheit* umfaßt und es dem Individuum ermöglicht, ein gewisses Expertenwissen in seinem Bereich zu erwerben. Entscheidend ist, daß der Arbeitszyklus an die Fähigkeiten des Individuums angepaßte Anforderungen stellt;
– als *Output* eine abgeschlossene, für sich allein sinnvolle Leistung: die Herstellung eines vollständigen End- oder Zwischenproduktes oder die Bedienung eines (systeminternen

---

295 Vgl. «die früheren Ausführungen in Abschn. I/313.
296 Vgl. Herzberg (1968: 56 ff.).
297 Vgl. Ford (1973: 97).

oder -externen) «Kunden»[298], so daß nicht das Gefühl einer «unvollendeten Handlung» entsteht;
- betreffend *Planung und Kontrolle*:
  a. weitgehende *Selbstverantwortlichkeit* für die Ausführung der eigenen Aktivitäten, soweit dies bei der verwendeten Technologie möglich ist;[299]
  b. weniger Fremdkontrolle durch Vorgesetzte, stattdessen weitgehende und mit wachsender Erfahrung vollständige *Selbstkontrolle*;
  c. *direkter Feedback* über die Resultate an den Ausführenden, anstatt über den Vorgesetzten, um ihm die Sicherheit zu geben, daß er weiß, wo er steht;[300]
- *Die Ermöglichung sozialer Interaktion* bei der Arbeit, um die Isolation des Individuums zu überwinden und die größere Aufgabe einer ganzen Arbeitsgruppe ins Zentrum zu rücken.

Job Enrichment betrifft somit auch weitere organisatorische Instrumentalvariablen; insbesondere verlangt es mehr Delegation und Partizipation (Gruppenarbeit) sowie u. U. eine geringere Standardisierung, um mehr Selbstverantwortlichkeit zu ermöglichen. Gleichzeitig muß auch die *Technologie* angepaßt werden:
- wo alternative Arbeitsverfahren möglich sind, welche für das Individuum mehr Arbeitsinhalt zulassen, sind diese einzusetzen (Beispiel: Gruppenfertigung anstatt Fließband);
- Arbeitsplätze, deren Tätigkeit nicht ausgeweitet werden kann, sollten im Sinne einer «Flucht nach vorn» vollständig automatisiert werden oder – bis dies möglich ist – Individuen mit geringeren Fähigkeiten anvertraut werden.[301]

Schließlich sollte beachtet werden, daß Job Enrichment ein kontinuierlicher *Prozeß* sein muß: in dem Maße, wie das Individuum einen Lernprozeß durchmacht, muß seine Aufgabe immer wieder ausgeweitet und anspruchsvoller gemacht werden, so daß die Herausforderung durch die Aufgabe enthalten bleibt. Job Enrichment führt daher in letzter Konsequenz zu einer Dynamisie-

---

298 Vgl. Ford (1973: 98).
299 Walton (1972: 74) formuliert das Gestaltungsprinzip, daß jede Stellenaufgabe ein Minimum an geistigen Funktionen (Planung, Diagnose etc.) umfassen müsse.
300 Vgl. Ford (1973: 99).
301 Vgl. Herzberg (1968: 62).

rung der personalen Arbeitsverteilung, indem (a) die Stellenaufgabe mit ihrem Träger ein Stück weit mitwächst[302] und (b) dieser von Zeit zu Zeit eine anspruchsvollere Aufgabe erhält. Dieses Konzept setzt allerdings voraus, daß zwischen den Anforderungen verschiedener Stellen relativ stufenlose Übergänge bestehen. Nur mit einer solchen dynamischen Organisation und Personalpolitik – auf der Stufe der mittleren und höheren Kader bauen die Management-Development-Konzepte auf denselben Grundüberlegungen auf – können die Ziele des Job Enrichment verwirklicht werden: jedem Individuum eine vollständige, herausfordernde Aufgabe zu stellen, an der es sich entfalten kann.[303] Auf das methodische Vorgehen bei einem Job-Enrichment-Programm wird hier aus Platzgründen nicht eingegangen.[304]

272 Unmittelbare Auswirkungen

A. Sozio-emotionale Wirkungen

Arbeitszerlegung wurde als entscheidende Determinante des *Arbeitsinhalts* der einzelnen Stelle charakterisiert. Als wichtigste organisatorische Kriterien des Arbeitsinhalts wurden
– die Repetitivität (Länge des Arbeitszyklus)
– der Output (Sinnzusammenhang)
– das Ausmaß an Selbstkontrolle
– das Ausmaß an sozialer Interaktion
unterschieden, wobei im Rahmen der Arbeitszerlegung die ersten beiden Kriterien im Vordergrund stehen. Repetitivität als grundlegendes Merkmal hoher Arbeitszerlegung bewirkt nun zunächst einmal *Routinisierung*. Damit kann auf die sozio-emotionalen Wirkungszusammenhänge der Standardisierung zurückgegriffen werden.[305]

302 Da dieses «Mitwachsen» vorwiegend die zunehmende Selbstplanung und Selbstkontrolle verlangt, muß nur die Abgrenzung gegenüber der Funktion des Vorgesetzten jeweils verschoben werden.
303 Es bleibt der für sämtliche Motivationskonzepte geltende Vorbehalt, daß möglicherweise nicht alle Individuen motivierbar sind, so daß solchen Individuen auch mit Job Enrichment nicht gedient ist. – Vgl. Sirota/ Wolfson (1972a: 14).
304 Vgl. dazu die detaillierten Konzepte von Walters/Purdy (1972) und Sirota/Wolfson (1972b).
305 Vgl. Abschn. II/262.

Routinisierung durch starke Arbeitszerlegung steht dabei in folgendem Verhältnis zur Routinisierung durch Standardisierung:[306] Standardisierung routinisiert ganze Prozesse; durch die personale Aufsplitterung der an sich schon routinisierten Prozesse kommt nun die Repetitivität des kurzen Arbeitszyklus hinzu und vervielfacht die Routinisierung für das einzelne Individuum. Daraus folgt erstens, daß das in Abb. II/2–20 entwickelte Diskrepanzmodell zur sozio-emotionalen Wirkungsweise der Routinisierung auch hier zutreffend ist: je höher die Repetitivität (je geringer die Anzahl auszuführender Operationen) ist, um so geringer ist tendenziell das Interesse an der Arbeit.[307] Von praktischer Bedeutung sind im Falle ausgeprägter Arbeitszerlegung vorwiegend Fall 2 (Unterforderung) und Fall 4 (Indifferenz): durch die mit der Repetitivität verbundene Arbeitsvereinfachung sind Fall 3 (Überforderung)[308] und Fall 1 (Interesse) nur bei einer kleinen Minderheit von Individuen zu erwarten.[309] Im weiteren folgt daraus aber auch, daß die potentiellen sozio-emotionalen Wirkungen der Routinisierung hier ausgeprägter sind und vermehrt *Folgeeffekte* auslösen, die bis zur psychischen Deformation der Persönlichkeit gehen können.

Als wichtigste Aspekte der Unterforderung und ihrer Folgeeffekte bei hoher Arbeitszerlegung lassen sich unterscheiden:

a. der «Deskilling-Prozeß»[310], d.h. der Nichtgebrauch und Verlust geistiger Fähigkeiten

b. die einseitige psycho-physische Belastung

c. die Reizarmut (Monotonie)

d. der ständige Abbruch von «unvollendeten Handlungen»

---

306 Vgl. Perrow (1967: 75), der ebenfalls zwischen Repetitivität («variety in the tasks») und Ermessensspielraum («uncertainty about methods») als Komponenten der Routinisierung unterscheidet.

307 Vgl. Walker/Guest (1963: 220) und Price (1968: 22).

308 Gemeint ist hier eine geistige Überforderung durch zu viele neuartige Stimuli; dagegen kann eine psychische oder physische Überforderung gerade bei stark repetitiver Arbeit erfolgen. Vgl. Gottschalch et al. (1971: 78f.).

309 Immerhin stellen z. B. Walker/Guest (1963: 220) fest, daß eine Minderheit von Arbeitern mit Fließbandarbeit zufrieden war und diese sogar andern Tätigkeiten vorzog.

310 Vgl. Friedmann (1959: 11).

Zu a: Die Arbeitsvereinfachung durch die Zersplitterung von Prozessen und insbesondere die personelle Trennung von Planung und Ausführung machen den Menschen zum maschinenähnlichen Wesen, das sich entgegen der menschlichen Natur verhalten muß. In psychologischen Untersuchungen[311] wurde mehrfach festgestellt, daß «der Faktor, der am stärksten mit geringer psychischer Gesundheit korreliert, ... die Unmöglichkeit, bei der Arbeit seine Fähigkeiten anzuwenden»[312], ist.

«Deskilling» bewirkt eine *Verkümmerung* der nicht benutzten Fähigkeiten und führt langfristig zu berufs- bzw. tätigkeitsspezifischen Deformationserscheinungen.

Zu b: Parallel zur Spezialisierung läuft eine zunehmend einseitige Belastung in psychomotorischer (nervlicher) und/oder in physischer Hinsicht, was zu einer raschen *Ermüdung* der beanspruchten Organe führt.[313] Bei wechselnder Belastung dagegen wäre eine regelmäßige Erholung der beanspruchten Bereiche möglich.

Zu c: Reizarmut ist ein Mangel an neuartigem Stimuli. Bei stark repetitiven Tätigkeiten ist das Stimulus-Muster nahezu konstant.[314] Dadurch entsteht bei den meisten Individuen *Monotonie*[315]. Der Monotonie kann *Sättigung* folgen, d. h. ein Verlust der Motivation und des Sinnzusammenhangs, ein Zustand des Widerwillens gegen die Aufrechterhaltung einer Aktivität. Wiederholungen über den Sättigungspunkt hinaus führen dann zur Variation der Handlung, zu Unaufmerksamkeit, Fehlern und Ermüdung, und schließlich zur völligen Desorganisation der Handlung (Unvermögen zur Ausführung).[316] Darüber hinaus kann sie zu körperlichen Symptomen[317] und zur Regression in frühere Stadien der Persönlichkeitsentwicklung[318] führen. Eine Aufhebung

311 Z. B. Collins (1960), Veer (1955) Kornhauser (1965), nach Gottschalch et al. (1971: 79).
312 Gottschalch et al. (1971: 79).
313 Vgl. Vroom (1964: 137), Friedmann (1959: 42).
314 Vgl. Vroom (1964: 137).
315 Vroom (1964: 135) weist in Anlehnung an Viteles (1932) darauf hin, daß nicht alle Individuen monotonieanfällig sind.
316 Das Phänomen der Sättigung wurde u. a. von Lewin und seinen Mitarbeitern untersucht. – Vgl. Lewin (1963: 120 u. 314).
317 Vgl. Lewin (1963: 314).
318 Vgl. Lewin (1963: 126)

der Sättigung ist – im Unterschied zur bloßen Ermüdung, für welche eine Erholungsphase genügt – nur durch einen Wechsel des Beanspruchungsfeldes möglich.[319]
Die Geschwindigkeit bzw. Stärke der Sättigung hängt aber nicht nur von der Repetitivität des Arbeitszyklus und der Monotoniefestigkeit des Individuums ab, sondern vor allem von der *Ich-Nähe*[320], in der eine Handlung erlebt wird (d. h. vom Ausmaß der Beteiligung der ganzen Person «mit Leib und Seele»): je größer die Ich-Nähe, um so schneller tritt Sättigung ein. Gelingt es dagegen dem Individuum, eine monotone Tätigkeit in den psychisch-peripheren (ich-fernen) Bereich abzuschieben, kann es die Aktivität *indifferent* und mit geringer Sättigung bewältigen.[321] Die häufig beobachtete indifferente, apathische Haltung z. B. von Fließbandarbeiter[322] beruht also zum Teil auf einem sinnvollen psychologischen Abwehrmechanismus.

Zu d: Der ständige Abbruch von «unvollendeten Handlungen» bewirkt – wie weiter oben erwähnt – den Verlust des Sinnzusammenhangs. Damit wird im Falle des ich-nahen Erlebens der oben behandelte Vorgang der Sättigung gefördert. Darüber hinaus kann dieser ständige Abbruch unvollendeter, bedeutungslos wirkender Handlungen zu Gefühlen der *Entfremdung* führen.[323]
Unter Entfremdung kann ein psychischer Zustand verstanden werden, in welchem dem Teilarbeiter jede Beziehung zu dem von ihm mitproduzierten Output fehlt; es ist dann kaum mehr möglich, ihn vom Sinn des Ganzen zu überzeugen.[324] Die Arbeit erscheint ihm als reiner Broterwerb, zu dem er kein weiteres Zugehörigkeitsgefühl entwickeln kann.[325] Entfremdung kann eben-

319 Vgl. Lewin (1963: 315).
320 Vgl. Karsten (1928), nach Lewin (1963: 275 und 315).
321 Vgl. Lewin (1963: 315). – Beispiel: ein Schulkind, das zwei Stunden lang Additionen ausführt, ist gesättigt (ich – nahes Erleben führt zu Bedeutungsverlust); ein Forscher, der ähnliche Additionen als Teilschritt eines Forschungsprojekts durchführt, beachtet dagegen den Bedeutungsgehalt des Addierens gar nicht (Indifferenz), sondern nur den Sinn des Ganzen: er erlebt keine Sättigung.
322 Vgl. Argyris (1964: 142).
323 Vgl. Friedmann (1959: 159), Walton (1972).
324 Vgl. Argyris (1964: 65 f.), Scott (1967: 111).
325 Vgl. de Woot (1968: 166 ff.).

falls zu Apathie, Gesundheitsstörungen und Regressionserscheinungen führen.[326]
Die genannten, negativen sozio-emotionalen Wirkungen, die bei zu starker Arbeitszerlegung auftreten können, äußern sich oft in einer ganzen Reihe von betrieblichen Symptomen[327]:
– hohe Fluktuationsquote (Kündigungen)
– hohe Abwesenheitsquote (Krankheit und sonstiges Fernbleiben)
– niedrige Qualität der Arbeit
– hohe Ausschußquote.
Damit sind wir bei den instrumentalen Aspekten der Arbeitszerlegung angelangt.

B. Instrumentale Wirkungen
Die Vorantreibung der Arbeitszerlegung seit Ende des letzten Jahrhunderts war rein instrumental ausgerichtet; ihr «Siegeszug» ist offensichtlich schon der Beweis für den ökonomischen Erfolg. Dieser dürfte in der Vergangenheit im wesentlichen auf den folgenden instrumentalen Rationalisierungseffekten beruht haben:
– Trainingseffekt durch häufige Wiederholung («speed as a skill»[328]);
– kurze Anlern- und Einarbeitungszeiten verringern die Verluste bei Personalwechsel;
– durch die Arbeitsvereinfachung können Individuum mit wesentlich geringeren Kenntnissen und Fähigkeiten eingesetzt werden (Angelernte); diesen wird ein geringerer Lohn bezahlt («wage economies»[329]);
– durch die bedingungslose Anpassung des Menschen an die Maschine («Mensch als Lückenbüßer der Mechanisierung»[330]) können die technisch rationellsten Produktionsverfahren (Massenfertigung) eingesetzt werden;
– durch die gleichbleibende, auf wenige Handgriffe reduzierte Stellenaufgabe ist eine hochspezialisierte Arbeitsplatzgestal-

---

326 Vgl. Gottschalch et al. (1971: 80).
327 Vgl. Walker/Guest (1963), Friedmann (1959: 72f.), Price (1968: 22), Walton (1972: 71).
328 Vgl. Friedmann (1959: 14)
329 Vgl. Newman/Summer/Warren (1972: 25).
330 Vgl. Friedmann (1959: XI).

tung möglich; Werkzeugwechsel entfallen; jeder Handgriff kann systematisch rationalisiert werden[331];
- die von der operativen Tätigkeit getrennte Planung und Arbeitsvorbereitung kann von Spezialisten systematischer und rationeller koordiniert werden;
- jeder Routinetätigkeit kann der physisch und psychisch geeignetste Mitarbeiter zugeordnet werden, weil Kenntnisse und Fähigkeiten keine wesentliche Rolle spielen;
- die Durchlaufzeiten der zu bearbeitenden Objekte (Transformationsprozeß) können verkürzt werden.

Solange der Stand der industriellen Produktionstechnologie den Einsatz von Mitarbeitern als «Lückenbüßern der Mechanisierung» (Friedmann, s. oben) unverzichtbar machte, wurden die instrumentalen Vorteile der Arbeitszerlegung auch von Sozialwissenschaften kaum bestritten.[332] Dem stehen heute mindestens drei Einwände gegenüber:

1. Mögliche Effizienzvorteile alternativer Arbeitsformen bei gleichem Constraintsrahmen waren früher gar nicht bekannt, sondern es wurde nur im *Längsschnittvergleich* innerhalb der fortschreitenden tayloristischen Rationalisierung geurteilt. Die heute vorliegenden Quervergleiche z. B. mit «Lean Production» ergeben ein völlig anderes Bild.[332a]
2. Es wurden im allgemeinen nur die kurzfristigen Effizienzvorteile bei konstanten Bedingungen (Produktivität erster Ordnung)[333] betrachtet, hingegen nicht die durch starke Arbeitszerlegung bedingten *Flexibilitätsverluste* der Organisation und der Individuen, wodurch die Produktivität bei wechselnden Bedingungen (Produktivität zweiter Ordnung) rasch sinken kann.
3. In langfristiger Betrachtungsweise können die technologisch-instrumentalen Vorteile starker Arbeitszerlegung durch eine

---

331 Dafür werden Zeitstudien eingesetzt (z. B. MTM = Methods Time Measurement).
332 Vgl. Vroom (1964: 132). – Dagegen wurden bereits früh dort negative Resultate festgestellt, wo alternative Arbeitstechniken (Gruppenarbeit) bereits bekannt waren: vgl. Trist/Bamforth (1951).
332a So namentlich die internationale Produktivitätsvergleichsstudie des *Massachusetts Institute of Technology* (MIT) in der Automobilindustrie, vgl. Womack/Jones/Roos (1991).
333 Vgl. Abschn. II/13.

Kumulation *negativer sozio-emotionaler Effekte* überkompensiert werden, vor allem wenn – wie dies in den Industriegesellschaften gegenwärtig der Fall ist – der Kontrast zwischen der als möglich erkannten und gewünschten Lebensweise und der Realität am Arbeitsplatz des «Teilarbeiters» zunehmend größer wird.[334]

Daß eine niedrigere Arbeitszerlegung auch in instrumentaler Hinsicht durchaus vorteilhaft sein kann, wird noch plausibler, wenn

– die nicht ausgeschöpften, verkümmernden Fähigkeiten der hochspezialisierten Teilarbeiter in Rechnung gestellt werden;

– die Symptome der hohen Fluktuations-, Abwesenheits- und Ausschußquote ebenfalls eingerechnet werden;

– die (zu hohe) Arbeitszerlegung den Koordinationsaufwand überproportional steigen läßt, weil die Interdependenz zwischen den Stellen zunimmt[335], und weil der Anteil der Förderarbeit zwischen den Stellen steigt;

– die durch Entfremdung und Unzufriedenheit ausgelösten dysfunktionalen Konflikte (Streiks) sich häufen.[336]

Von empirischen *Job-Rotation-, Job-Enlargement- und Job-Enrichment-Experimenten* liegen darüber hinaus seit längerem Ergebnisse vor, welche diese Überlegungen stark unterstützen: weisen bereits Job-Rotation und Job-Enlargement gewisse Erfolge auf,[337] so werden von Job-Enrichment-Programmen ausnahmslos deutliche Verbesserungen sowohl in sozio-emotionaler wie in instrumentaler Hinsicht berichtet.[338] Nur während der Umstellungsphase wurden instrumentale Effizienzverluste festgestellt, die aber nach wenigen Wochen einem deutlichen Leistungsanstieg Platz machten.[339]

---

334 Vgl. Fitzgerald (1971). Auf diese Tendenzen wird in Abschn. III/22 bei der Kritik des «Scientific Management» eingegangen.

335 Vgl. Scott (1967: 111), March/Simon (1958: 159).

336 Hier taucht das bekannte Phänomen der Umleitung von Konflikten auf: sie erscheinen an der Oberfläche z. B. als Lohnkämpfe. Vgl. Dahrendorf (1959: 59) und Carzo/Yanouzas (1967: 75 f.).

337 Vgl. Walker/Guest (1963).

338 Vgl. dazu Herzberg (1968), Paul/Robertson/Herzberg (1969), Ford (1973), Walters/Purdy (1972), Alderfer (1967), Trist et al. (1963).

339 Vgl. Herzberg (1968: 60).

314

Job Rotation allein hat allerdings zum Teil auch negative Resultate [340] ergeben, die auf folgenden Nachteilen beruhen dürften:
– eine Integration der wechselnden Tätigkeiten zu einem sinnvollen Ganzen fehlt[341], so daß keine Identifikationsmöglichkeit entsteht;
– der häufige Wechsel des Arbeitsplatzes reißt das Individuum aus einer sozialen Umgebung, in die es sich integrieren möchte: unter Umständen reagiert es darauf mit «Resistance to Change».[342]

Job Enrichment überwindet dagegen auch diese Nachteile und dürfte – insbesondere in der Verbindung mit Gruppenarbeit – den bisher vielversprechenden Ansatz zu einer Harmonisierung von sozio-emotionalen und instrumentalen Aspekten bieten.

Unterstützt wird dieser Ansatz durch die Tendenz zur *Vollautomatisierung* von repetitiven Tätigkeiten. In der Vollautomation überwindet sich der technologisch bedingte Prozeß der zunehmenden Arbeitszerlegung selbst: die interpersonale Arbeitszerlegung wird durch die «intramaschinelle Arbeitsvereinigung»[343] ersetzt; es tritt eine *Arbeitsverschiebung* auf solche Tätigkeiten ein, in welchen der Mensch gegenüber der Maschine (im speziellen dem Computer) den größten komparativen Vorteil hat.[344]

Das sind vor allem
– schlecht-strukturierbare Aufgaben, d. h. solche mit nicht formalisierbaren (programmierbaren) Lösungsprozessen
– Aufgaben, die wesentlich in der sozialen Interaktion mit Kunden oder Mitarbeitern bestehen.

Mit der fortschreitenden Automation aller objektivierbaren und routinisierbaren Arbeitsprozesse verbleiben dem Menschen im Produktions- ebenso wie im Bürobereich somit vorwiegend jene Dispositions-, Problemlösungs- und Beurteilungsaufgaben, deren Erfüllung unablösbar an die *Subjektqualität* und Interaktionsfähigkeit der Mitarbeiter gebunden ist. Für solche Aufgaben wird jedoch die tayloristische Rationalisierungsphilosophie, die auf die totale Entpersönlichung der Arbeit zielt, kontraproduktiv;

---

340 Vgl. die Ausführungen bei Vroom (1964: 134f.).
341 Vgl. Vroom (1964: 135).
342 Vgl. Abschn. IV/133.
343 Vgl. König (1967b: 40).
344 Vgl. Simon (1960a: 23f.).

Tab. II/2–9: Mögliche Vor- und Nachteile bei ausgeprägter Arbeitszerlegung

	Vorteile	Nachteile
Kapazitätsaspekt	– kurze Anlern- und Einarbeitungszeiten – Trainingseffekt durch Wiederholung – geringe Anforderungen an Qualifikation der Mitarbeiter (Arbeitsvereinfachung) – hochspezialisierte technische Verfahren möglich (Massenfertigung, Fließband, spezialisierte Arbeitsplätze)	– Mensch als «Lückenbüßer der Mechanisierung» (Friedmann) – jeder Arbeitsplatz muß permanent besetzt sein (Springer erforderlich) – nur für Massenproduktion geeignet – extreme Verschwendung von nicht genutzten menschlichen Fähigkeiten – Verlust durch potentiell hohe Fluktuations- und Abwesenheitsquoten
Koordinationsaspekt	– zentralisierte Planung (Arbeitsvorbereitung) durch Spezialisten – einfache Kontrolle der einzelnen Mitarbeiter	– starke Interdependenz zwischen den Stellen erfordert hohen Koordinationsaufwand, fördert Anfälligkeit und reduziert Anpassungsfähigkeit – Förderarbeit zwischen einzelnen Arbeitsplätzen nimmt zu → erhöhtes Konfliktpotential
Aspekt der Entscheidungsqualität	– Ablaufoptimierung durch zentrale Arbeitsvorbereitung	– Kenntnisse der Ausführenden werden nicht ausgewertet (Trennung von Entscheidung und Ausführung) – Gleichgültigkeit (Indifferenz) der Mitarbeiter
Personenbezogener Aspekt	– geringe Wahrscheinlichkeit der Überforderung – Routinearbeit erlaubt «Daydreaming»: von einer Minderheit der Individuen als angenehm empfunden	– Verkümmerung von nicht genutzten Fähigkeiten (‹Deskilling› anstatt Entfaltung) – Tendenz zu rascher Ermüdung (psycho-physisch einseitige Belastung) – Gefahr der Sättigung durch Monotonie – Entfremdung (Beziehungsverlust zur Arbeit) – Tendenz zu Passivität, Apathie, Fatalismus[346] – geringe Aufstiegschancen[347]

dementsprechend treten an ihre Stelle zunehmend höherwertige, vermehrt an der Idee ganzheitlicher, qualifizierter Arbeit orientierte Rationalisierungskonzepte:[345]
In Tab. II/2–9 werden die potentiellen Vor- und Nachteile von starker Arbeitszerlegung zusammenfassend dargestellt.

273   Der Grad der Arbeitszerlegung

Mit dem Grad der Arbeitszerlegung soll ausgedrückt werden, in welchem Maß operative Prozesse interpersonal aufgeteilt werden. Der Grad der Arbeitszerlegung stellt im operativen Bereich gewissermaßen das Pendant zum Funktionalisierungsgrad dar, welcher die Spezialisierung im Bereich der Leitungsfunktion erfaßt.[348]
Als Kriterium für die Ermittlung des Grades der Arbeitszerlegung ist die Länge des Arbeitszyklus geeignet, gemessen als Anzahl elementarer Operationen (Arbeitselemente wie Handgriffe usw.), die eine Stelle umfaßt. Gemäß den unterschiedlichen Stufen ergibt sich folgende Einteilung:

Abb. II/2–22: Die Dimension «Grad der Arbeitszerlegung»

niedriger Grad der Arbeitszerlegung			hoher Grad der Arbeitszerlegung	
Herstellung eines ganzen Produkts (Berufsarbeit)	natürliche Arbeitseinheit (Job Enrichment)	zusammenhängende Sequenz von Operationen (Job Enlargement)	wechselnde Teilarbeit (Job Rotation)	elementare Teilarbeit (Handgriff)
ganzheitliche Arbeit		Mehrfach-Teilarbeit		

---

345 Vgl. dazu Ulrich, P.: Betriebswirtschaftliche Rationalisierungskonzepte im Umbruch – neue Chancen ethikbewußter Organisationsgestaltung, in: Die Unternehmung 45 (1991), S.146–166, sowie Rock/Ulrich/Witt (1990).
346 Vgl. Gottschalch et al. (1971: 80).
347 Vgl. Schwarz (1969: 158).
348 Vgl. weiter oben, Abschn. II/233.

Wiederum gilt, daß bei der Bestimmung des Grades der Arbeitszerlegung für das Gesamtsystem ein (u. U. gewichteter) Mittel-
wert der in Frage kommenden Stellen mit operativen (physischen
und administrativen) Tätigkeiten zu ermitteln ist. Die Bezeich-
nungen der einzelnen Stufen verlieren für einen solchen Durch-
schnittswert allerdings ihren Sinn, was ja auch auf die anderen Instrumentalvariablen zutrifft.

Als *Indikatoren* zur Messung des Grades der Arbeitszerlegung
sind geeignet:

a. Zeiten:
   - zeitliche Länge des Arbeitszyklus pro Stelle
   - Anlernzeit pro Stelle[349]
   - gesamte Bearbeitungszeit eines Objektes (physischer Ge-
     genstand oder Informationen) im Verhältnis zur gesamten
     Transportzeit zwischen den Stellen[350]
   - Anzahl der an einem Prozeß oder Vorgang beteiligten Stel-
     len im Verhältnis zu seiner Gesamtheit

b. Verrichtungen:
   - Anzahl verschiedener Operationen pro Stelle
   - Anzahl Förderoperationen im Verhältnis zur Anzahl von
     Bearbeitungsoperationen

c. Symptome:
   - Anteil der Stellen, an welchen Zeitstudien durchgeführt
     wurden.
   - relative Häufigkeit von Beförderungen von operativ Täti-
     gen im Vergleich zu Beförderungen bei Stellen mit ganz-
     heitlichen Aufgaben (Instanzen, Stäbe)
   - Statusdifferenzen zwischen operativ und leitend Tätigen
     (Lohnform und Lohnhöhe, Statussymbole)
   - Fluktuationsquote im operativen Bereich im Vergleich zu
     anderen Bereichen (sofern andere Ursachen eliminiert wer-
     den können).

---

349 Dieser Indikator wird von Hage (1965: 294) verwendet.
350 Bei zunehmendem Grad der Arbeitszerlegung nimmt die Transportzeit
    anteilmäßig zu.

3 Bedingungen

31 Die Notwendigkeit eines situativen Ansatzes und die Konzeption der Situation

Unter *organisatorischen Bedingungen* sollen alle jene Variablen verstanden werden, die im Rahmen des organisatorischen Gestaltungsprozesses
– weder manipuliert werden können (wie die organisatorischen Instrumente)
– noch selbst angestrebt werden (wie die organisatorischen Ziele).

Die organisatorischen Bedingungen stellen also die *Daten* (oder auch die «Tatsachenprämissen»[1]) des Organisationsproblems dar. Dies schließt jedoch nicht aus, daß diese Daten im Rahmen anderer, d.h. nicht-organisatorischer Aktivitäten der Systemleitung verändert werden können. Beispiele für solche «andere» Maßnahmen sind etwa: «People approach»-Maßnahmen, technologische Veränderungen, Diversifikationsstrategien, usw.[2]

Die Notwendigkeit der Einführung von organisatorischen Bedingungen ergibt sich aus der Konzeption der organisatorischen Instrumente. In Abschnitt II/2 wurden sechs organisatorische Instrumentalvariablen dimensional, d.h. als «Grade», dargestellt. Damit stellt sich die Frage, in welchem Grad eine bestimmte Instrumentalvariable eingesetzt werden soll, damit die Organisation die Kriterien der instrumentalen und sozio-emotionalen Rationalität[3] erfüllt. Methodisch läßt sich diese Frage auf zwei Arten beantworten:[4]

1. Es wird uneingeschränkt festgestellt, daß der Einsatz eines bestimmten Instruments in einem bestimmten Grad rational ist, und daraus die Empfehlung abgeleitet, diesen Grad zu verwirklichen.

   Beispiele: Weber (1956) hält die Vermeidung von Doppelunterstellungen, also einen niedrigen Funktionalisierungs-

---

1 Vgl. Abschn. I/31; zur Schwierigkeit, Tatsachen- von Wertprämissen abzugrenzen vgl. Abschn. II/11.
2 Vgl. Abschn. II/33 und auch Teil IV.
3 Vgl. dazu Abschn. II/13 über organisatorische Ziele.
4 Vgl. zum folgenden auch die historische Entwicklung der Organisationstheorie (Abschn. III/2) sowie Teil IV.

grad, für eine Eigenschaft rationaler Organisation. Likert (1961) betont die Bedeutung der Identifikation der Systemmitglieder mit ihren Aufgaben und hält deshalb einen hohen Partizipationsgrad für rational.

Solche Empfehlungen finden ihren Niederschlag häufig in *Organisationsprinzipien*[5]. Verschiedene Autoren kommen jedoch – entweder aufgrund von Plausibilitätsüberlegungen oder aufgrund von empirischen Forschungen – zu sich *widersprechenden Empfehlungen*.

2. Solche Widersprüche lassen sich – zumindest teilweise – auflösen, wenn die Feststellung, daß der Einsatz eines bestimmten Instruments in einem bestimmten Grad rational ist, *relativiert* wird; Empfehlungen erfolgen dann nicht mehr uneingeschränkt, sondern werden von den *herrschenden Bedingungen* abhängig gemacht.

   Beispiel: Burns/Stalker (1961) stellen fest, daß bei stabilen Absatzmärkten und langsamem technologischem Fortschritt Linienorganisationen (geringer Funktionalisierungsgrad), dagegen bei sich verändernden Absatzmärkten und raschem technologischem Fortschritt funktionale oder Projektorganisationen (hoher Funktionalisierungsgrad) instrumental rational sind.

   Die Summe der herrschenden Bedingungen macht die *Organisationssituation* aus. Widersprüche in den Empfehlungen verschiedener Autoren lassen sich also oft auf Unterschiede in der Organisationssituation zurückführen, die der Empfehlung zugrundelag.

Im folgenden wird deshalb versucht, die Grundlage für einen solchen *situativen Ansatz*[6] zu legen. Es soll eine Reihe von Bedingungen, oder Komponenten der Organisationssituation, formuliert werden, aufgrund derer

– verschiedene – z. T. widersprüchliche – empirische Studien klassifiziert und vergleichbar gemacht werden können (theoretischer Aspekt)[7], und darauf aufbauend

5 Beispiele finden sich etwa bei Fayol (1916) und Urwick (1938).
6 Statt dem Begriff «Situation» werden in der anglo-amerikanischen Literatur auch die Begriffe «context» und «contingency» verwendet.
7 Eine systematische Gegenüberstellung von sozialen Systemen unter verschiedenen Bedingungen erfolgt in der «komparativen Organisationsanalyse»; vgl. z. B. Etzioni (1961), Udy (1965), Perrow (1967).

– Aussagen über einen situationsädaquaten Einsatz der Instrumentalvariablen getroffen werden können (pragmatischer Aspekt).

Die Notwendigkeit eines situativen Ansatzes ist heute kaum bestritten[8]. Die Ansichten einzelner Autoren über die Abgrenzung und relative Bedeutung einzelner Situationskomponenten und deren Operationalisierung zur empirischen Erfassung gehen jedoch stark auseinander. Sinnvoll wäre offenbar eine Konzeptualisierung der Organisationssituation, bei der

– alle relevanten Daten erfaßt sind;
– die einzelnen Situationskomponenten voneinander unabhängig sind;
– sich ein eindeutiger und plausibler Zusammenhang zwischen der Ausprägung dieser Situationskomponenten und der rationalen Ausprägung der organisatorischen Instrumentalvariablen formulieren läßt.

Im Gegensatz zu diesem Ideal stellt eine Vielzahl von Autoren jeweils einzelne Situationskomponenten in den Vordergrund, die sich meist mit den Komponenten anderer Autoren nur teilweise decken.[9] Hinzu kommt, daß die Operationalisierungsversuche bei empirischen Untersuchungen oft unterschiedlich vorgenommen werden, so daß die Resultate nur schwer vergleichbar sind.[10]

---

8 Der Zusammenhang zwischen der Organisationssituation (insbesondere der Technologie) und dem Einsatz organisatorischer Instrumente wird jedoch unterschiedlich streng interpretiert: während einige Autoren – etwa Harvey (1968) – einen *notwendigen* Zusammenhang zwischen der Ausprägung der Organisationssituation und der Ausprägung der organisatorischen Instrumente sehen *(Imperativhypothese)*, behaupten andere Autoren – etwa Woodward (1965) – lediglich, daß *erfolgreiche* Systeme sich bei einer bestimmten Ausprägung der Organisationssituation durch die entsprechende Ausprägung der Instrumente auszeichnen *(Konsonanzhypothese)*. Vgl. dazu Mohr (1971). Langfristig lassen sich die beiden Hypothesen kaum unterscheiden, wenn angenommen wird, daß auf «nicht-erfolgreiche» soziale Systeme entweder durch Konkurrenz oder durch die Politik Druck (und damit Zwang zur Reorganisation) ausgeübt wird.

9 Beispiel: Lawrence/Lorsch (1967: 27) konzipieren die Technologie als Teil der Umwelt, dagegen stellen für Thompson (1967: 15ff. und 26ff.) Technologie und Umwelt getrennte Konzepte dar.

10 Beispiele: die unterschiedlichen Vorstellungen, die der Variablen «Komplexität der Technologie» zugrundeliegen bei Woodward (1965: 40ff.) und bei Bell (1967).

Hier wird nun versucht, gleichzeitig sowohl eine möglichst systematische Konzeption der Organisationssituation zu geben als auch die Situationskomponenten verschiedener Autoren in diese Konzeption zu integrieren. Zur Systematisierung der Organisationssituation wird abgestellt auf das «Wesen» der Organisationsgestaltung: sie wurde verstanden als Formalisierung von Verhaltenserwartungen gegenüber *Systemmitgliedern* in bezug auf die Erfüllung von *Aufgaben*, die der Erreichung der Systemziele (bzw. Systemzwecke) dienen.[11] Dementsprechend können Komponenten der Organisationssituation

- einerseits den – durch organisatorische Maßnahmen nicht beeinflußbaren – *Eigenschaften* der von den Systemmitgliedern zu *erfüllenden Aufgaben*,
- andererseits den – durch organisatorische Maßnahmen nicht beeinflußbaren – *Eigenschaften der Systemmitglieder*, die ihr Verhalten bei der Aufgabenerfüllung im sozialen System prägen,

zugeordnet werden.[12]

Zunächst werden im Abschn. II/32 solche Eigenschaften als Dimensionen erfaßt. Von ihnen wird angenommen, daß sie einen eindeutig formulierbaren Einfluß auf einen rationalen Einsatz der Instrumentalvariablen ausüben. Aufgrund dieser Annahme können sie im Rahmen des in Absch. III/1 vorgestellten axiomatischen Ansatzes systematisch berücksichtigt werden. Ihres systematischen Charakters wegen werden sie im folgenden als *Constraints* (Aufgaben- und Personencontraints) bezeichnet.

In Abschn. II/33 werden einige in der Literatur verwendete Situationskomponenten behandelt, und es wird versucht, sie in möglichst plausibler Weise den definierten Constraints zuzuordnen. Abschnitt II/34 schließlich faßt die behandelten Variablen in einem Bedingungsrahmen der Organisation zusammen.

11 Vgl. dazu Abschn. I/4 und II/21.
12 Zu einer ähnlichen Betrachtungsweise der Organisationssituation vgl. Friedlander (1971a: 3): «...the appropriate organizational structures with which to maximize task accomplishment are influenced by the characteristics of the task and the availability and dispersion of human resource skills relevant to the task».

32 Eigenschaften von Aufgaben und Systemmitgliedern als organisatorische Constraints

Charakteristika der zu erfüllenden Aufgaben und der Systemmitglieder wurden als Hauptkomponenten der Organisationssituation ermittelt. Das zentrale Problem besteht nun darin, Dimensionen von Aufgaben- und Personencharakteristika zu finden, aufgrund derer eindeutige situative Aussagen über den rationalen Einsatz organisatorischer Instrumente getroffen werden können. Hier wird versucht, eine Art *«kognitives» Konzept dieser Constraints*[13] zu geben, d. h. es wird abgestellt
- einerseits auf die *kognitiven Anforderungen*, die die Aufgaben an die Systemmitglieder stellen (Abschn. II/321), und
- andrerseits auf die *kognitiven Voraussetzungen*, die die Systemmitglieder für die Aufgabenerfüllung mitbringen (Abschn. II/322).

In Abschn. II/323 wird schließlich das Problem der gegenseitigen Entsprechung zwischen Anforderungen und Voraussetzungen diskutiert.

Zunächst soll jedoch durch einige ergänzende Bemerkungen der *Datencharakter der Constraints* relativiert werden. Im Prinzip sollen die Dimensionen der Contraints so definiert werden, daß sie Grundeigenschaften von Aufgaben und Systemmitgliedern wiedergeben, die vom Einsatz der organisatorischen Instrumente unberührt bleiben. Die Definition von Aufgaben und die Regelung des Verhaltens der Systemmitglieder bilden jedoch selbst den Inhalt des organisatorischen Gestaltungsprozesses. Der Gefahr von Unklarheiten, inwieweit Eigenschaften von Aufgaben und Systemmitgliedern Contraints darstellen oder durch organisatorische Maßnahmen verändert werden können, wird folgendermaßen entgegengewirkt:
- Die Mittel der Constraints umschriebenen kognitiven Anforderungen und Voraussetzungen sollen als – im folgenden näher spezifiziertes – ‹Potential› aufgefaßt werden, das durch organisatorische Maßnahmen realisiert (ausgenutzt) werden kann.
- Die Unabhängigkeit der Constraints wird als eine *Funktion der betrachteten Einheit* angesehen: die Constraints können entwe-

13 Vgl. zu einem solchen kognitiven Ansatz Hunt (1970: 245 f.), der sich auf eine unveröffentlichte Arbeit von Perrow stützt.

der auf das soziale System als Ganzes oder auf einzelne mehr oder weniger große Subsysteme bezogen werden. Da die Abgrenzung der einzelnen Subsysteme innerhalb des sozialen Systems selbst durch organisatorische Maßnahmen erfolgt (insbesondere durch die Instrumente Zentralisation, Funktionalisierung und Delegation), können die für ein bestimmtes Subsystem geltenden Constraints, mindestens die Aufgabenconstraints, auch nicht unabhängig von den organisatorischen Maßnahmen sein, die zur Abgrenzung dieses Subsystems führen.

Beispiel: Die Aufgabenconstraints einer Marketing-Abteilung hängen davon ab, ob sie zentralisiert für die Marketing der Gesamtunternehmung oder dezentralisiert nur für das Marketing einer bestimmten Produktgruppe zuständig ist.

Deshalb gilt: Constraints sind nur in bezug auf die betrachtete Systemebene unabhängig von organisatorischen Instrumenten; von der nächsthöheren Systemebene hingegen können die Constraints einer bestimmten Systemebene auch im Rahmen organisatorischer Gestaltungsmaßnahmen verändert werden.[14] Die kognitiven Anforderungen der Aufgaben und Voraussetzungen der Systemmitglieder müssen deshalb jeweils auf eine bestimmte Systemebene bezogen werden; je kleiner dabei die betrachtete Einheit, desto homogener ist tendenziell die Ausprägung ihrer Constraints.

Der Datencharakter der Constraints wird schließlich auch durch die Möglichkeit ihrer Beeinflussung durch nicht-organisatorische Maßnahmen relativiert. Insbesondere bestehen Chancen der *strategischen Wahl der Aufgaben- und Personenconstraints* auf der Ebene der Grundstrategie des Gesamtssystems (Unternehmenstrategie).[15]

14 Die Constraints verhalten sich also analog zum organisatorischen Differenzierungsprozeß: ausgehend von den für das System als Ganzes gültigen Constraints werden durch die Subsystembildung auch die für die jeweiligen Subsysteme geltenden Constraints festgesetzt.

15 Vgl. dazu Child (1972) und Kieser/Kubicek (1983: 365 ff.).

Die kognitiven Anforderungen der Aufgaben treffen in Form von Stimuli auf die Systemmitglieder[16] (Beispiel: zu bearbeitendes Werkstück zusammen mit Arbeitsanweisung). Diese Stimuli müssen mittels physischer Transformation und/oder Informationsverarbeitung beantwortet werden, wobei die Antwort routinisiert oder problemlösend erfolgen kann. Routinisierte Reaktionen sind durch mehr oder weniger spontane Verwirklichung eines vorgegebenen Verhaltensprogramms gekennzeichnet.

Verschiedene Aufgaben lassen sich danach unterscheiden, in welchem Ausmaß routinisierte Reaktionen möglich sind, also nach dem *Potential an Routinisierung*. Dieses Potential bestimmt das Ausmaß, in dem durch organisatorische Maßnahmen Verhaltenserwartungen gegenüber den Systemmitgliedern spezifiziert werden können; es beschränkt damit den Grad, in dem die verschiedenen organisatorischen Instrumente eingesetzt werden können.

Das Routinisierungspotential bei der Aufgabenerfüllung hängt ab:

1. *von der Komplexität der eintreffenden Stimuli*[17], d. h. von der *Vielfalt* und der *Verschiedenheit* der Stimuli sowie der *Interdependenzen*, die zwischen den verschiedenen Stimuli herrschen.

Die Möglichkeit, Verhaltensweisen bei der Aufgabenerfüllung zu routinisieren, nimmt tendenziell ab
- wenn die Zahl der zu verarbeitenden Stimuli zunimmt,
- wenn sich diese Stimuli ihrer Art nach stark unterscheiden,
- wenn die Stimuli eng miteinander verknüpft sind, so daß einzelne Reaktionen auf Stimuli nicht unabhängig voneinander erfolgen können.

---

16 Vgl. zum folgenden das Modell des individuellen Verhaltens in Abschn. I/31 sowie Perrow (1970: 75ff.). Statt von Stimuli könnte konkreter auch von «Ereignissen» (vgl. Litwak (1961)) oder von «Fällen» (vgl. Perrow (1967)) gesprochen werden.
17 Vgl. dazu z. B. Thompson (1967), Friedlander (1971) und Duncan (1972); zur Konstruktion eines operationalen Komplexitätsindexes vgl. Duncan (1972).

2. *von der Dynamik der eintreffenden Stimuli*[18], d. h. vom Ausmaß, in dem die eintreffenden Stimuli
   – über längere Perioden hinweg gleich bleiben,
   – im Fall von Änderungen sich kontinuierlich entwickeln.

Die Möglichkeit, Verhaltensweisen bei der Aufgabenerfüllung zu routinisieren, nimmt tendenziell ab,
   – wenn die Änderungsrate der zu verarbeitenden Stimuli zunimmt,
   – wenn diese Änderungen abrupt erfolgen, so daß die Entwicklung der Stimuli nicht im voraus prognostiziert werden kann.[19]

3. *von der Spezifität der Verarbeitung der eintreffenden Stimuli*[20], d. h. von der Klarheit der Anforderungen an die Verarbeitung der Stimuli durch die Systemmitglieder. Die Spezifität hängt ab[21]
   – von der Eindeutigkeit des zu erzielenden Resultats,
   – von der Eindeutigkeit der Wege, die zu diesem Resultat führen.

Die Möglichkeit, Verhaltensweisen bei der Aufgabenerfüllung zu routinisieren, nimmt tendenziell ab,
   – wenn die Ziele der Aufgabenerfüllung nur vage formuliert werden können,
   – wenn sich über die Wege zum Ziel, also die zu ergreifenden Maßnahmen, nur beschränkt «objektive» (d. h. interpersonell überprüfbare) Aussagen treffen lassen.

Komplexität, Dynamik und Spezifität stellen also die hier unterschiedenen Aufgabenconstraints dar. Geringe Komplexität und hohe Stabilität führen zu hoher «Uniformität» (Gleichartigkeit) der Ereignisse, mit denen die Systemmitglieder konfrontiert werden. Lassen sich die Anforderungen an die Verarbeitung solcher uniformer Ereignisse zudem noch präzis definieren, so ist das

---

18 Vgl. dazu z. B. Thompson (1967), Friedlander (1971) und Duncan (1972); zur Konstruktion eines operationalen Dynamikindexes vgl. Duncan (1972).
19 Abrupte «Sprünge» lassen Extrapolationstechniken versagen: von der Entwicklung Vergangenheit–Gegenwart kann nicht auf die Entwicklung Gegenwart–Zukunft geschlossen werden.
20 Vgl. dazu z. B. Fiedler (1967: 25 ff.).
21 Vgl. zu diesen Komponenten der Spezifität Thompson (1967: 84 ff.); zu einer differenzierteren Betrachtung vgl. z. B. Fiedler (1967: 28).

Ausmaß an *Ungewißheit*[22], die durch die Aufgabenstellung erzeugt wird, gering[23]. Eine geringe Ungewißheit stellt ihrerseits eine Voraussetzung für die Routinisierung der Aufgabenerfüllung dar.

Die Zusammenhänge zwischen den unterschiedenen Aufgabenconstraints und dem Routinisierungspotential können zusammenfassend so dargestellt werden:

Abb. II/3–1: Aufgabenconstraints

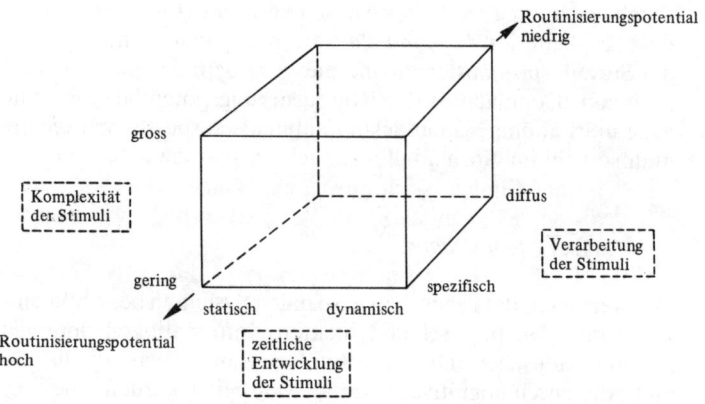

Bei zunehmender Ungewißheit werden nicht nur routinisierte Reaktionen verunmöglicht und durch problemlösende Reaktionen ersetzt, sondern es finden auch Verlagerungen innerhalb der Problemlösungsstrategien statt[24]:

– die Problemlösung erfolgt immer stärker nach dem Konzept der beschränkten Rationalität;

– die imaginative Komponente im Denkstil, der den Problemlösungen zugrunde liegt, gewinnt auf Kosten der analytisch-synthetischen Komponente an Bedeutung;

---

22 Vgl. zur Ungewißheit als allgemeines Erklärungskonzept in der Organisationstheorie Müller (1973).
23 Vgl. dazu Duncan (1972), der allerdings die Verarbeitungsspezifität nicht berücksichtigt. Duncan stellt empirisch fest, daß Dynamik als Ungewißheitsdeterminante eine gewichtigere Rolle spielt als Komplexität.
24 Vgl. dazu Abschn. I/312 und I/322.

– bei kollektiven Problemlösungen nimmt der Anteil von Bargaining-Prozessen auf Kosten des Anteils von Konsensus-Entscheidungen zu.

Bei einer Reihe von Aufgaben ist es – im Hinblick auf die nachfolgenden Ausführungen – nützlich, zwei «Fälle» der Aufgabenerfüllung zu unterscheiden, die in ihrer Ungewißheit und ihrem Routinisierungspotential stark voneinander abweichen können[25]: im *Normalfall* können solche Aufgaben ein hohes Routinisierungspotential aufweisen, indem einfache und stabile Stimuli durch spezifische Verhaltensweisen verarbeitet werden können; dagegen kann im *Ausnahmefall* die Komplexität und Dynamik der Stimuli stark ansteigen und die Verarbeitungsspezifität stark absinken. Demnach ist das Routinisierungspotential einer Aufgabe um so höher, je einfacher, stabiler und spezifischer die Stimuli sowohl im Normalfall wie auch im Ausnahmefall sind.

322   Personenconstraints

Das Verhalten der Menschen in sozialen Systemen bezweckt eine Änderung von physischen Objekten, Informationen und/oder anderen Menschen. Dieses Verhalten ist eine Reaktion auf Stimuli, die durch kognitive Prozesse verarbeitet werden. Die kognitiven Voraussetzungen der Systemmitglieder bezeichnen im weitesten Sinn die Kapazität der in einem sozialen System tätigen Personen, Stimuli so zu verarbeiten, daß ihr Verhalten zu geforderten Änderungen an physischen Objekten, Informationen und/oder Menschen führt.

Die kognitiven Voraussetzungen lassen sich nach dem Ausmaß, in dem sie den Systemmitgliedern problemlösende Reaktionen ermöglichen, differenzieren, also nach dem *Problemlösungspotential*. Dieses Potential bestimmt – entsprechend dem Routinisierungspotential der Aufgaben – Art und Ausmaß, in dem Verhaltenserwartungen gegenüber den Systemmitglieder spezifiziert werden können und beschränkt damit den Grad, in dem die verschiedenen organisatorischen Instrumente eingesetzt werden können. Das Problemlösungspotential der Systemmitglieder, also ihre Kapazität, Stimuli zu verarbeiten, hängt u. a. ab[26]:

25 Vgl. dazu Hunt (1970: 247f.).
26 Vgl. zum folgenden das Modell des individuellen Verhaltens in Abschn.

1. *vom Umfang an Kenntnissen und Fähigkeiten*[27]; die Kenntnisse und Fähigkeiten können sich auf mehrere differenzierte Sachgebiete erstrecken («Breite»), und sie können in den einzelnen Sachgebieten mehr oder weniger intensiv sein («Tiefe»).

   Die Möglichkeit, komplexe Stimuli wahrzunehmen, sie richtig zu interpretieren und auf sie mit den adäquaten problemlösenden Verhaltensweisen zu reagieren, ist tendenziell um so höher,
   – je mehr die Kenntnisse und Fähigkeiten sich auf differenzierte Sachgebiete erstrecken;
   – je intensiver die Kenntnisse und Fähigkeiten in den einzelnen Sachgebieten sind.

2. *von der Offenheit gegenüber neuen Erfahrungen*; Offenheit bezeichnet die Einstellung gegenüber neuen Stimuli, die dem bestehenden «Bild der Situation» widersprechen; sie ermöglicht es, das Bild der Situation den neuen Gegebenheiten anzupassen und damit auf solche neue Gegebenheiten flexibel zu reagieren.

   Die Möglichkeit, sich verändernde Stimuli wahrzunehmen, richtig zu interpretieren und auf sie mit den adäquaten problemlösenden Verhaltensweisen zu reagieren, nimmt tendenziell mit der Offenheit gegenüber neuen Erfahrungen zu.

3. *vom Denkansatz*; der Denkansatz bezeichnet die Methode, mit der Probleme angegangen werden, nämlich *partiell* oder *systemisch.* Der Unterschied zwischen partiellem und systemischem Denkansatz wird in der Abgrenzung des zu lösenden Problems gesehen: diese kann tendenziell reduzierend erfolgen, indem Teilprobleme eng definiert werden und Interdependenzen vernachlässigt werden (partiell); sie kann aber auch ganzheitlich erfolgen, indem sämtliche Aspekte des Problems einbezogen werden und den Interdependenzen zwischen diesen Teilaspekten Rechnung getragen wird (systemisch). Die Abgrenzung des Problems prägt auch das weitere Vorgehen bei der Problemlösung: je enger sie erfolgt, desto

---

I/31. Die Personenconstraints sollen die Einstellungen, Kenntnisse und Fähigkeiten, bzw. die sich daraus ergebenden Erwartungen erfassen; dagegen wurde die Motivationskomponente der individuellen Psychosysteme als sozio-emotionale Zielsetzung erfaßt (vgl. Abschn. II/132).

27 Vgl. dazu Friedlander (1971a. 41ff.).

größer ist die Möglichkeit, sich bei der Problemlösung ausschließlich auf Analyse und Synthese zu beschränken; erfolgt sie umgekehrt weit, so besteht tendenziell die Notwendigkeit, sich zusätzlich auch auf Imagination zu verlassen. Die Möglichkeit, diffuse Stimuli – also Stimuli, bei denen die Anforderungen in bezug auf ihre Verarbeitung unklar sind – wahrzunehmen, richtig zu interpretieren und auf sie mit der adäquaten problemlösenden Verhaltensweise zu reagieren, ist um so größer, je stärker sich ein Systemmitglied durch einen systemischen Denkansatz auszeichnet.

Umfang an Kenntnissen und Fähigkeiten, Offenheit gegenüber neuen Erfahrungen und Tendenz zu partiellem oder systematischem Denkansatz stellen also die hier unterschiedenen Personenconstraints dar. Die Ausprägung dieser drei Dimensionen bestimmt die Bereitschaft und die Fähigkeit der Systemmitglieder, Entscheidungen nach *freiem Ermessen* zu treffen. Eine solche Bereitschaft und Fähigkeit, Entscheidungen autonom nach freiem Ermessen zu treffen, stellt aber ihrerseits eine Voraussetzung für ein hohes Problemlösungspotential dar.

Die Zusammenhänge zwischen den unterschiedenen Personenconstraints und dem Problemlösungspotential lassen sich zusammenfassend so darstellen:

Abb. II/3–2: Personenconstraints

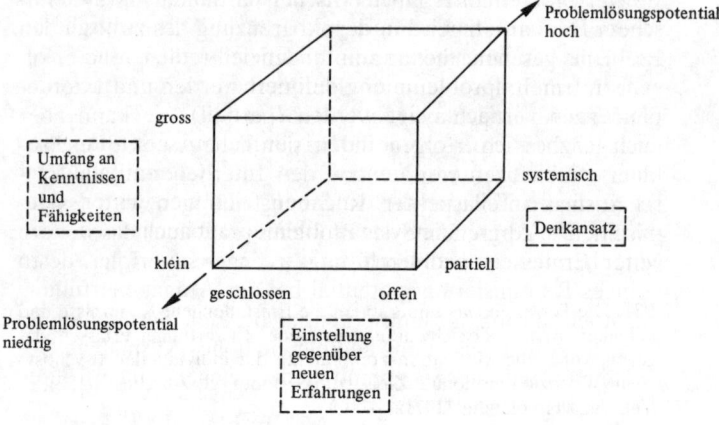

Beschränkt man sich bei der Betrachtung der Constraints lediglich auf die Hauptachsen der in Abb. II/3–1 und Abb. II/3–2 dargestellten Würfel, so lassen sich das Routinisierungspotential der Aufgaben und das Problemlösungspotential der Systemmitglieder einander so gegenüberstellen:

Abb. II/3–3: Beziehungen zwischen Aufgaben- und Personenconstraints

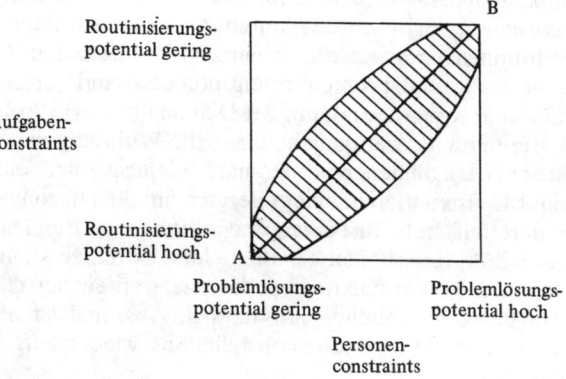

Offenbar sind vier extreme *Constraintskonstellationen* denkbar:
- hohes Routinisierungspotential bei der Aufgabenerfüllung und geringes Problemlösungspotential bei den Systemmitgliedern: das Ausmaß an Ungewißheit, mit dem die Systemmitglieder durch die Aufgabenstellung konfrontiert werden, ist gering, ebenso suchen die Systemmitglieder einen engen Ermessensspielraum für ihre Arbeit im System;
- hohes Routinisierungspotential bei der Aufgabenerfüllung und hohes Problemlösungspotential bei den Systemmitgliedern: das Ausmaß an – durch die Aufgabenstellung erzeugter – Ungewißheit ist gering, die Systemmitglieder suchen jedoch einen weiten Ermessensspielraum;
- geringes Routinisierungspotential bei der Aufgabenerfüllung und hohes Problemlösungspotential bei den Systemmitgliedern: die Aufgabenstellung bedingt ein hohes Ausmaß an Ungewißheit, und die Systemmitglieder suchen einen weiten Ermessensspielraum;

– geringes Routinisierungspotential bei der Aufgabenerfüllung und geringes Problemlösungspotential bei den Systemmitgliedern: die Aufgabenstellung bringt ein hohes Maß an Ungewißheit mit sich, aber die Systemmitglieder suchen nur einen engen Ermessensspielraum;

Im folgenden wird nun davon ausgegangen, daß eine gegenseitige Entsprechung in der Ausprägung der Aufgaben- und der Personenconstraints eine Voraussetzung für die Wirksamkeit (in bezug auf die Erreichung organisatorischer Ziele) von organisatorischen Maßnahmen darstellt, d. h. es muß – zumindest tendenziell – eine «*Kongruenz*» zwischen dem durch die Aufgabenstellung bedingten Routinisierungspotential einerseits und dem den Systemmitgliedern eigenen Problemlösungspotential andererseits herrschen.[28] Diese Kongruenz ist auf der Diagonalen des in Abb. II/3–3 dargestellten Quadrats gegeben. Für die Wirksamkeit organisatorischer Maßnahmen wird demnach vorausgesetzt, daß die Constraintskonstellation in einem Bereich um die Diagonale liegt (schraffierte Fläche). Die beiden Endpunkte dieses Bereichs – bezeichnet mit A, bzw. B – stellen die beiden extremen «kongruenten» Constraintskonstellationen dar; sie werden bei der Konstruktion des axiomatischen Ansatzes in Abschn. II/1 als «*Typ A-*» und «*Typ B*-Constraintskonstellation» wieder aufgenommen.

Liegt die tatsächliche Constraintskonstellation nicht in diesem Bereich, so bleiben organisatorische Maßnahmen unwirksam, d. h. organisatorische Ziele können nicht oder nur teilweise erreicht werden, weil die Ausprägung der Aufgabenconstraints und die Ausprägung der Personenconstraints sich widersprechende organisatorische Maßnahmen verlangen.[29] In diesem Fall muß durch «andere», d. h. nicht-organisatorische Maßnahmen eine annähernde Kongruenz geschaffen werden, indem

– die Ausprägung der Aufgabenconstraints, etwa durch geschäftsstrategische oder technologische Maßnahmen, und/oder

– die Ausprägung der Personenconstraints, etwa durch Selektions- oder Ausbildungsmaßnahmen, verändert wird.[30]

---

28 Vgl. zum Prinzip der gegenseitigen Entsprechung von verschiedenen Constraints einerseits und der Organisation andererseits auch die Idee des «Fit» bei Morse (1970), bzw. Morse/Lorsch (1970).

29 Vgl. dazu im einzelnen Abschn. III/1.

33 Komponenten der Organisationssituation: Determinanten
der organisationsrelevanten Eigenschaften von Aufgaben
und Systemmitgliedern

In diesem Abschnitt wird auf eine Anzahl Faktoren, die die Ausprägung der Constraints bestimmen, näher eingegangen. Dabei
wird versucht, einige Situationskonzepte der Organisationsliteratur zu verarbeiten.

Die Ausprägung der Aufgaben- und Personenconstraints wird
zunächst durch die *Systemzwecke*, insbesondere den primären
Systemzweck[31], und die – nicht-organisatorischen – *Strategien der
Systemleitung* zur Erfüllung dieser Systemzwecke[32] bestimmt:[33]
– durch den primären Systemzweck wird festgelegt, welche Outputs das System an seine Umwelt abgibt und welche Inputs aus
der Umwelt es dazu benötigt. Dadurch werden die Anforderungen der *Umwelt* an das System bestimmt; diese Umweltanforderungen können durch (sozial-)ökologische Strategien im
weitesten Sinn des Begriffs, verstanden als Gesamtheit aller
Maßnahmen zur Gestaltung der Beziehungen zwischen Umwelt und System, modifiziert werden. (Beispiele für solche
ökologische Strategien: Einrichtung von «Puffern» bei den In-
put- und Outputprozessen, die dem Ausgleich von starken In-
put- und Outputschwankungen dienen;[34] Bemühungen der Systemleitung, mit der Umwelt kooperative (statt tendenziell
konkurrenzierende) Beziehungen einzugehen[35]).

30 Vgl. dazu auch Abschn. II/33 und Teil IV.
31 Vgl. zur Bedeutung des Begriffs «Systemzwecke» und «primärer System-
    zweck» Abschn. II/12.
32 Diese Strategien führen oft auch zu einer Modifikation in der Zweckbe-
    stimmung des Systems.
33 Die enge Verknüpfung zwischen Systemzweck (und damit auch System-
    zielen) und der Ausprägung der Organisationssituation gibt einen wei-
    teren Hinweis auf die Schwierigkeit, Ziele und Constraints klar zu tren-
    nen. Vgl. dazu auch Hickson et al. (1969: 380) und Perrow (1967: 202).
34 Vgl. dazu Thompson (1967: 20f.).
35 Vgl. zu solchen kooperativen Strategien vor allem Thompson/McEwen
    (1958).

– durch den primären Systemzweck wird – mindestens in groben
Zügen – auch festgelegt, welche *Technologie* zur Bewältigung
der Umweltanforderungen, also zur Verarbeitung der Inputs
zu Outputs, herbeigezogen wird; durch technologische Strategien werden die verwendeten Verfahren im einzelnen festgelegt. (Beispiele für solche technologische Strategien: Einführung oder Abschaffung von Fließbändern in industriellen Unternehmungen, Verwendung oder Vermeidung von nuklear-
medizinischen Verfahren in Spitälern).

– die Erfüllung der Systemzwecke setzt die Anstellung von Systemmitgliedern mit bestimmter *berufsspezifischer Ausbildung*
voraus; die ‹Rekrutierungsstrategien› der Systemleitung bestimmen, welche Personen mit welcher Ausbildung im System
tätig sind. Durch Ausbildungsstrategien (etwa im Rahmen von
«Managment Development»-Programmen) können diese berufsspezifischen Kenntnissen und Fähigkeiten verbessert werden.[36]

Neben diesen unmittelbar mit den Systemzwecken zusammen-
hängenden Situationskomponenten wird in der Organisationsliteratur auch noch der *Größe des sozialen Systems* und dem *sozio-
kulturellen Hintergrund der Systemmitglieder* ein entscheidender
Einfluß auf die Rationalität organisatorischer Maßnahmen eingeräumt. Durch Wachstum, bzw. Schrumpfung ist jedoch auch die
Größe und – wenn auch in stark beschränktem Ausmaß – durch
die Standortwahl auch der sozio-kulturelle Hintergrund der Systemmitglieder im Rahmen der Strategien der Systemleitung mo-
difizierbar.

36 Neben Ausbildungsmaßnahmen, die sich auf solche instrumentale Fähigkeiten beziehen, kann auch durch «people-Approach»-Maßnahmen auf
eine Verbesserung der sozio-emotionalen Fähigkeiten abgezielt werden.
«People-Approach»-Maßnahmen führen ebenfalls zu einer Änderung
der Personenconstraints (etwa indem die «Offenheit» gegenüber Systemmitgliedern gefördert wird); sie werden jedoch – u. a. wegen ihrer Ver-
wandtschaft mit organisatorischen Maßnahmen, die ihren Datencharakter etwas illusorisch macht – geschlossen in Teil IV/12 behandelt.

37 Ein umfassender Katalog von Situationskomponenten findet sich bei Tri-
andis (1966). Pugh et al. (1969) bieten eine empirische Überprüfung der
Zusammenhänge zwischen Organisation und folgenden Situationskomponenten:

In den folgenden Abschnitten werden diese Situationskomponenten behandelt;[37] dabei wird vereinfachend angenommen, daß sich «Umwelt», «Technologie» und «Größe» vor allem auf die Ausprägung der Aufgabenconstraints und «Berufscharakteristika» und «sozio-kultureller Hintergrund der Systemmitglieder» vor allem auf die Ausprägung der Personenconstraints auswirkt. Damit ergeben sich folgende Zusammenhänge:[38]

Abb. II/3–4: Komponenten der Organisationssituation

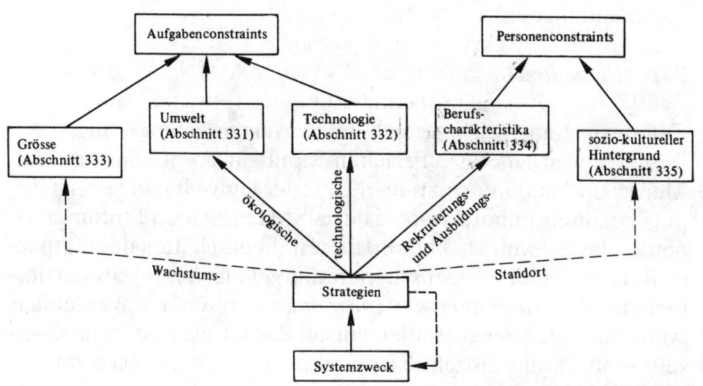

- Ursprung und Geschichte des Systems (Unpersönlichkeit der Gründung, Alter, historische Änderungen)
- Eigentumsverhältnisse und Kontrolle (öffentliche Verantwortlichkeit, Beziehung zwischen Eigentümern und Management)
- Größe (Anzahl Systemmitglieder und Eigenkapital, Größe des «Vater»systems)
- Grundzweck (Betriebsflexibilität («operating variability»), Betriebsvielfalt («operating diversity»))
- Technologie (Integration des Produktionsflusses, Anteil Arbeitskosten)
- Standort (Anzahl Niederlassungen)
- Abhängigkeiten (vom «Vater»system und von anderen sozialen Systemen, insbesondere Gewerkschaften).

38 Die dargestellten Beziehungen sind stark vereinfacht; so werden z. B. die Wechselwirkungen zwischen ökologischen und technologischen Strategien vernachlässigt. Auf einige dieser «Querbeziehungen» wird in den einzelnen Abschnitten kurz eingegangen.

Bei der Betrachtung der Möglichkeit organisatorischer Änderungen stellt auch der ‹status quo›, also die bestehende Organisation, eine Art Datum dar: bei der Planung der Reorganisation muß auf die Möglichkeit von ‹resistance to change› aufgrund von *Traditionsverhaftung* (statt Innovationsgeist) oder *Besitzstandverteidigung* der Betroffenen abgestellt werden.[39] Schließlich sei auch darauf hingewiesen, daß die unterschiedlichen Situationskomponenten keineswegs als abschließend betrachtet werden, und daß auch die nachfolgenden Konzeptualisierungen dieser Komponenten keinen Anspruch auf Vollständigkeit erheben.

331 *Umwelt*

Offene Systeme zeichnen sich durch Austauschbeziehungen mit ihrer Umwelt aus:[40] sie beziehen Inputs in Form von Material, Menschen[41] und Informationen[42] aus der Umwelt und geben Outputs ebenfalls in Form von Material, Menschen und Informationen an die Umwelt ab. Die verlangten Eigenschaften der Outputs in Relation zu den Eigenschaften der gelieferten Inputs bestimmen die *Anforderungen der Umwelt* an das System. Werden die Anforderungen der Umwelt nicht auf das soziale System als Ganzes, sondern auf einzelne Teilsysteme bezogen, so kommt zur «äußeren» Umwelt auch eine «innere» Umwelt, nämlich die übrigen Subsysteme innerhalb des sozialen Systems, hinzu.[43]

39 Vgl. dazu Teil IV/133 in Band 2.
40 Vgl. dazu Abb. II/1–1 in Abschn. II/12. Die hier verwendete Konzeption der Umwelt entspricht etwa Dills (1958) «task environment»: dagegen wird auf das in interkulturell vergleichenden Studien verwendete Konzept des «social setting» (Udy (1965)) in Abschn. 335 eingegangen.
41 Systeme mit Menschen als Inputs («people-processing organization») sind etwa: Schulen, Spitäler, Wohlfahrtsämter, usw.; die Arbeitsleistungen der Systemmitglieder werden dagegen nicht als Inputs aus der Umwelt, sondern als Teil des Systems betrachtet.
42 Geld, Forschungsresultate, Akzeptierung durch regulatorische Gruppen (vgl. Abschn. II/12), usw. werden hier als Informationen aufgefaßt. Zu den Umweltbeziehungen eines sozialen Systems gehören auch die Eigentumsverhältnisse.
43 Vgl. zur expliziten Berücksichtigung der inneren Umwelt z. B. Duncan (1972).

Im Hinblick auf die Ausprägung der Aufgabenconstraints (Komplexität, Dynamik, Spezifität) kann die Umwelt u. a. durch folgende Dimensionen charakterisiert werden:[44]

1. *Heterogenität der Umwelt*, d. h. Vielfalt von sich unterscheidenden Teilumwelten, aus denen das System Inputs bezieht, bzw. an die es Outputs abgibt.

Beispiel: Die Heterogenität der Umwelt ist bei einer Unternehmung, die ein Einzelprodukt aus wenigen Bestandteilen für einen engen Abnehmerkreis herstellt, geringer als bei einer Unternehmung, die eine Vielzahl von Produkten aus verschiedenen Bestandteilen für unterschiedliche Abnehmergruppen produziert.

Die Umweltanforderungen werden erhöht, wenn zwischen heterogenen Teilumwelten wechselseitige Abhängigkeiten herrschen, also bei starker *Interdependenz der Teilumwelten*.

Beispiel: Die Umweltanforderungen sind niedriger, wenn eine Unternehmung einzelne unabhängige Produkte verkauft (etwa: Telephongeräte und Kühlschränke), als wenn sie ganze ‹Systeme› von Produkten absetzt (etwa: Transportsysteme).

2. *Zeitliche Entwicklung.* Bei relativ stabiler Umwelt bleiben auch die gelieferten Inputs, bzw. die verlangten Outputs relativ gleichbleibend und vice versa.[45]

Beispiel: Krankenkassen unterhalten Beziehungen zu tendenziell stabileren Teilumwelten als Universitäten.

Die Höhe der Umweltanforderungen hängt jedoch nicht nur von der Geschwindigkeit der Entwicklung (also der Änderungsrate) ab, sondern vor allem auch von der Art der Änderung der Umwelt. Sie kann entweder kontinuierlich erfolgen, so daß ein Trend ablesbar ist und von der vergangenen auf die zukünftige Entwicklung geschlossen werden kann (Extrapolation möglich); sie kann aber auch *abrupt*, in Sprüngen, erfolgen: Trends sind dann nicht ablesbar und Extrapolationen unmöglich.

---

44 Vgl. Thompson (1967: 72).
45 Nicht die Dynamik der Umwelt als solche erhöht die Anforderungen der Umwelt an das System, sondern lediglich die Dynamik der für das System relevanten Aspekte der Umwelt. (Beispiel: für eine Krankenkasse ist der medizinische Fortschritt ohne (organisatorische) Bedeutung).

Die unterschiedenen Umweltdimensionen lassen sich einander so gegenüberstellen:[46]

Abb. II/3–5: Umwelt

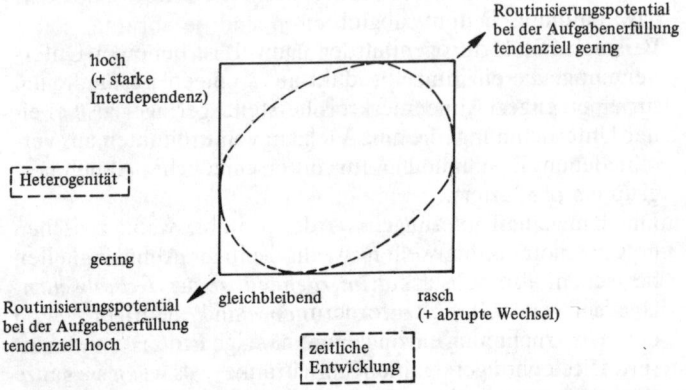

Die in Abb. II/3–5 eingetragenen Ellipse soll andeuten, daß die gleichzeitige extreme Ausprägung der beiden Umweltdimensionen als eher unwahrscheinlich erachtet wird; dies gilt insbesondere für die Kombination «hohe Heterogenität» und «hohe Stabilität» sowie «geringe Heterogenität» und «hohe Dynamik»[47]. In der Abbildung wird auch auf den mutmaßlichen Zusammenhang zwischen den durch Heterogenität und zeitliche Entwicklung bestimmten Umweltanforderungen einerseits und der *Ausprägung der Aufgabenconstraints* andererseits verwiesen. Zwar können durch die angewendete Technologie die Auswirkungen der Umwelt modifiziert werden, aber tendenziell gilt:

– Mit zunehmender Heterogenität der Umwelt steigt die Komplexität der Stimuli, die im Rahmen der Aufgabenerfüllung

---

46 Die beiden Dimensionen sind nicht unbedingt unabhängig voneinander: mit steigender Heterogenität steigt auch die Wahrscheinlichkeit von Änderungen in irgendeiner Teilumwelt.
47 Vgl. zu dieser Darstelung Perrow (1970: 82 f.).

durch die Systemmitglieder zu verarbeiten sind; mit steigender Interdependenz zwischen Teilumwelten sinkt die Verarbeitungsspezifität.

– Mit zunehmender Geschwindigkeit der zeitlichen Entwicklung in der Umwelt steigt auch die Dynamik der Stimuli, die durch die Systemmitglieder zu verarbeiten sind; je abrupter solche Veränderungen der Umwelt erfolgen, desto geringer ist die Verarbeitungsspezifität.

Zusammenfassend wird hier also folgender Zusammenhang zwischen Umwelt und Aufgabenconstraints postuliert: mit zunehmender Heterogenität und Dynamik der Umwelt steigt die Ungewißheit bei der Aufgabenerfüllung: das Routinisierungspotential nimmt tendenziell ab; und vice versa.

Die Auswirkungen der Heterogenität und der zeitlichen Entwicklung der Umwelt auf die Ausprägung der Aufgabenconstraints hängen stark ab von der *Autonomie des Systems* gegenüber seiner Umwelt, d. h. von der relativen Machtstellung des Systems. Diese wird – neben anderen Faktoren – besonders vom Grad der (externen) Ressourcenabhängigkeit bzw. -unabhängigkeit beeinflußt.[48] Mit wachsender Autonomie (im Extremfall: Monopol) kann das System selbst die Ausprägung der Inputs und Outputs bestimmten, d. h. es wird tendenziell «unabhängig» von seiner Umwelt, kann sich ähnlich wie ein relativ geschlossenes System verhalten und braucht nicht mehr auf seine Umwelt «einzugehen».[49] Es versucht die Heterogenität der Inputs und Outputs zu reduzieren und ihre Entwicklung in der Zeit zu stabilisieren. Damit ist zu erwarten, daß bei steigender Autonomie des Systems das Routinisierungspotential bei der Aufgabenerfüllung tendenziell zunimmt. Umgekehrt muß das System bei geringer Autonomie (starker Ressourcendependenz) intensive Beziehungen zur Umwelt aufnehmen, um sich den – unbeeinflußbaren – Anforde-

---

48 Die Autonomie eines Systems gegenüber einem bestimmten Teil seiner Umwelt, ist um so geringer
    – je stärker das System die Ressource, die ihm dieser Umweltteil verschafft, benötigt, und
    – je weniger andere Umweltteile dieselbe Ressource ebenfalls verschaffen könnten.
    Vgl. dazu Thompson (1967: 30) sowie speziell Pfeffer/Salancik (1978).
49 Vgl. dazu Thompson (1967: 4ff.).

rungen der Umwelt anpassen zu können; mit sinkender Autonomie ist damit auch ein abnehmendes Routinisierungspotential bei der Aufgabenerfüllung zu erwarten.

Die Autonomie des Systems gegenüber seiner Umwelt hängt von den *Konstellationen in der Umwelt* selbst ab:

- Soziale Systeme stehen in einem «Netzwerk» von Beziehungen zu andern sozialen Systemen. Vielfach werden sie weder auf die Inputseite mit einer großen Zahl von Zulieferern, noch auf der Outputseite mit einer großen Zahl von Abnehmern konfrontiert, sondern stehen lediglich in Verbindung mit einigen wenigen, größeren sozialen Systemen; sie sind somit Teil eines *«organization set».*[50]

- In solchen «organization sets» gewinnt der Einfluß der Umwelt auf das System eine neue Dimension. Emery/Trist (1965) und daran anschließend Terreberry (1968) stellen fest, daß die Intensität der Verknüpfung zwischen verschiedenen Systemen in der Umwelt («the causal texture of environment») tendenziell zunimmt: die Systemleitungen sind gezwungen, bei der Wahl ihrer Maßnahmen nicht nur auf die unmittelbaren Austauschbeziehungen, die das System mit seiner Umwelt unterhält, abzustellen («Primäreffekte»), sondern auch auf sämtliche Vorgänge innerhalb der Umwelt, von denen diese Austauschbeziehungen – tatsächlich oder potentiell – betroffen werden (Sekundäreffekte). Die Entwicklungen in der Umwelt verlaufen jedoch vermehrt *»turbulent«*, d. h. die Interaktionen zwischen den sozialen Systemen im «organization set» sind so komplex und ändern sich so rasch, daß das einzelne System ihre «Logik» nicht durchschauen kann; eine antizipierende Anpassung an solche turbulenten Entwicklungen wird damit unmöglich.

- In turbulenten «organization sets» verlieren die einzelnen Systeme also tendenziell an Autonomie. Mit (sozial-)ökologischen Strategien versuchen die Systemleitungen jedoch, der «Bedrohung» durch turbulente Umwelten zu entgehen. Da die

---

50 Vgl. zum Konzept des «organization set» vor allem Evan (1966); Evan stellt auch eine Reihe von Hypothesen über die Beziehungen zwischen den Systemen in solchen «sets» auf. Das Verhalten der Systeme in «organization sets» kann mittels spieltheoretischer Ansätze untersucht werden; vgl. dazu Morgenstern (1972).

Möglichkeit, die Reaktionen der Umwelt auf das System vorauszusagen, beschränkt ist, wird versucht, mit Teilen der Umwelt *kooperative, bzw. symbiotische Beziehungen* einzugehen, um damit eine günstige und voraussagbare Reaktion dieser Umweltteile auf das System zu gewährleisten.[51] Die Strategien können sich von vertraglichen Abmachungen bis zu Fusionen mit Umweltteilen erstrecken[52]; durch sie wird zwar nicht unbedingt die Autonomie des Systems gegenüber seiner Umwelt erhöht, aber die Heterogenität und/oder die Dynamik dieser Umwelt wird tendenziell reduziert.

Empirische Untersuchungen
Die meisten Autoren, die sich mit der Umwelt als Komponente der Organisationssituation beschäftigen, betonten die *Dynamik der Beziehungen* zwischen Umwelt und System:
- Burns/Stalker (1961) führten Unterschiede in der Organisation der von ihnen untersuchten sozialen Systeme zurück auf *unterschiedliche Änderungsraten*
  - *im wissenschaftlich-technischen Know How* und
  - *in den Absatzmärkten*
  dieser Systeme. Sie stellten fest, daß «*mechanistische*» Organisationsformen für relativ stabile wissenschaftliche und marktansässige Bedingungen und «*organismische*» Organisationsformen für sich ändernde wissenschaftliche und marktmäßige Bedingungen geeignet sind.[53]
- Lawrence/Lorsch (1967) postulieren, daß die rationale Organisation von Subsystemen innerhalb sozialer Systeme vom *Ausmaß an Unsicherheit in der «Sub»-Umwelt* abhängt, mit der sich das jeweilige Subsytem auseinanderzusetzen hat. Diese Unsicherheit – operationalisiert durch Größen wie «Klarheit» der zur Verfügung stehenden Informationen, Bestimmtheit der kausalen Beziehungen und Feedbackzeit für die eigenen Aktivitäten – ist in Forschungsabteilungen am größten, geringer in

---

51 Nach Cyert/March (1963: 119f.) streben Firmen nach «negotiated environments».
52 Vgl. zu solchen Kooperationsstrategien Thompson/McEven (1958). Zu Fusionen im besonderen vgl. Pfeffer (1972).
53 Vgl. dazu Abschn. III/1.

Verkaufsabteilungen und am kleinsten in Produktionsabteilungen.

Beachtung wurde auch einer besonderen Art von Umweltbeziehung, den *Eigentumsverhältnissen*, geschenkt. So fanden z. B. Pugh et al. (1969), daß zwischen Systemen in öffentlichem und privatem Eigentum signifikante Organisationsunterschiede bestehen, und daß unter den Systemen in privatem Eigentum jene eine besondere Ausprägung der organisatorischen Instrumentalvariablen zeigen, die durch Präsenz an den Aktienbörsen einer Art öffentlichen Kontrollen unterworfen sind.

332   Technologie

Unter *Technologie* wird im Anschluß an Perrow (1965: 915 und 1967: 195) der *Komplex von Verfahren verstanden, den ein System bei der Verarbeitung der Inputs zu Outputs verwendet.* Mit der Art der Inputs (Material, Information, Menschen) und der Art der Leistung (also der Art der verlangten «Änderung» der Inputs) ändert sich auch die verwendete Technologie; daraus läßt sich auf die Schwierigkeiten schließen, eine Klassifikation der Technologie aufzustellen, die auf soziale Systeme mit so verschiedenartigen Inputs und Outputs wie etwa industrielle Unternehmungen und psychiatrische Kliniken anwendbar ist.

Um diese Allgemeinheit zu erreichen, wird hier zunächst nicht auf die konkreten Manifestationen der Technologie eingegangen, wie sie z. B. in den verwendeten mechanischen Hilfsmitteln oder in speziellen Verfahren ihren Ausdruck finden,[54] sondern auf die Voraussetzungen der Mechanisierung, bzw. der Entwicklung solcher spezieller Verfahren.[55] Im Hinblick auf die Ausprägung der Aufgabenconstraints (Komplexität, Dynamik, Spezifität) kann die Technologie durch folgende Dimensionen charakterisiert werden:

54 Vgl. dazu etwa Woodwards (1965) weiter unten behandelte Technologieklassifikation oder Thompsons (1967: 15ff.) Einteilung in «long-linked» (Bsp. Fließband), «mediating» (Bsp. Banken) und «intensive technology» (Bsp. therapeutische Institutionen).
55 Nach der Klassifikation von Hickson et al. (1969) bezieht sich dieses Technologiekonzept eher auf die «knowledge technology» als auf die «operations technology» oder «materials technology».

1. *Ausmaß an Kenntnissen über Ursache/Wirkungs-Beziehungen*[56]

Die Entwicklung von Verfahren zur Transformation von Inputs zu Outputs setzt voraus, daß Kenntnisse darüber bestehen, mit welchen Ursachen welche Wirkungen erzeugt werden können. Diese Kenntnisse können unterschiedlich *präzise* sein.

Beispiel: bei Unternehmungen, die Massenkonsumgüter herstellen, sind die Kenntnisse über die Ursache/Wirkungs-Beziehungen praktisch vollständig, dagegen liegen solche Kenntnisse bei sozialen Systemen, die sich mit psychiatrischer Behandlung, mit Werbung, aber z. B. auch mit der Synthese von Insulin beschäftigen, nur sehr beschränkt vor.

2. *Ausmaß der Kontrolle über die verursachenden Faktoren*

Kenntnisse über Ursache/Wirkungs-Beziehungen reichen noch nicht aus: die Ursachen müssen auch «beherrscht» werden können, damit das erwünschte Resultat erzeugt wird. Die Kontrolle über die Ursachen kann unterschiedlich *vollständig* sein.

Beispiel: bei automatisierter Fertigung werden praktisch alle Faktoren, die zur Veränderung der Inputs führen, total kontrolliert, dagegen ist diese Kontrolle bei sozialen Systemen, die Veränderungen an Menschen vornehmen (also etwa: Schulen, Spitäler) oder z. B. bei Firmen, die die Gewinnung von Kernenergie durch Fusion erforschen, begrenzt, denn in diesen Fällen tendieren die Systeminputs dazu, auf die an ihnen vorgenommenen Veränderungen zu «reagieren».[57]

Die unterschiedlichen Technologiedimensionen lassen sich einander gemäß Abb. II/3–6 gegenüberstellen.[58] Die in der Abbildung eingetragene Ellipse soll andeuten, daß die gleichzeitige extreme Ausprägung der beiden Technologiedimensionen als eher unwahrscheinlich erachtet wird. Dies gilt insbesondere für die Kom-

---

56 Vgl. dazu Perrow (1967).
57 Vgl. Thompson (1967: 17).
58 Die beiden Dimensionen sind nicht unbedingt unabhängig voneinander: Kontrolle über Ursachen setzt oft Kenntnisse über Ursache/Wirkungs-Beziehungen voraus. Allerdings sind – ähnlich Black-Box-Konzepten – auch Situationen möglich, in denen Wirkungen ohne genaue Kenntnisse dieser Beziehungen erzeugt werden können.

Abb. II/3-6: Technologie

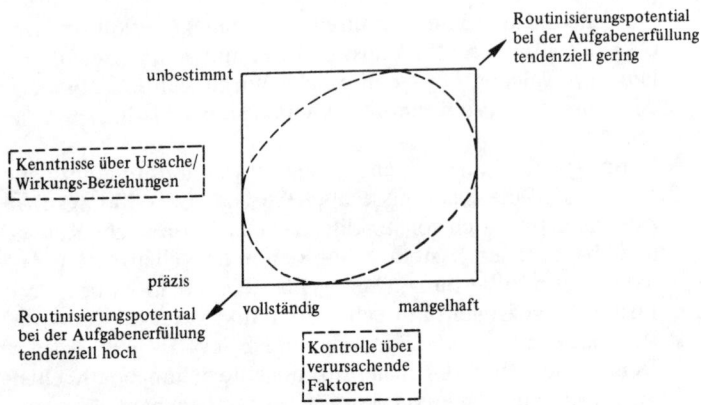

binationen «unbestimmte Kenntnisse über Ursache/Wirkungs-Beziehungen» und «vollständige Kontrolle der verursachenden Faktoren» sowie «präzise Kenntnisse über Ursache/Wirkungs-Beziehungen» und sehr «mangelhafte Kontrolle über die verursachenden Faktoren». In der Abbildung wird auch auf den mutmaßlichen Zusammenhang zwischen den Charakteristika der verwendeten Technologie einerseits und der *Ausprägung der Aufgabenconstraints* andererseits verwiesen. Es wird angenommen, daß mit zunehmenden Kenntnissen über Ursache/Wirkungs-Beziehungen und zunehmender Kontrolle über verursachende Faktoren die Spezifität der Verarbeitung eintreffender Stimuli durch die Systemmitglieder steigt. Mit zunehmender Verarbeitungsspezifität sinkt aber die Ungewißheit, und damit steigt das Routinisierungspotential bei der Aufgabenerfüllung; und vice versa.

Die Auswirkungen der Technologie auf die Aufgabenconstraints dürfen jedoch nicht unabhängig von der *Umwelt* betrachtet werden: die Umwelt bildet den Rahmen, in dem die Technologie zum Einsatz kommt. Durch technologische Maßnahmen wird versucht, die Heterogenität der Umwelt zu reduzieren (Beispiel: der Differenziertheit von Abnehmerwünschen wird durch «Baukastensysteme» Rechnung getragen) und/oder die Dynamik der Umwelt zu absorbieren (Beispiel: durch Bildung von Lägern wer-

344

den Inputschwankungen ausgeglichen)[60]. Stark heterogene und interdependente Teilumwelten verhindern jedoch – besonders bei rascher und abrupter zeitlicher Entwicklung – eine präzise Analyse der Ursache/Wirkungs-Beziehungen und die Einführung von aufwendigen Systemen zur Kontrolle der verursachenden Faktoren. Die verwendete Technologie ist somit weitgehend durch die Anforderungen, die die Umwelt an das System stellt, beeinflußt.[61]

Die Charakteristika der Technologie sind vielfach das Resultat der im sozialen System verwendeten *technischen Apparatur*, d. h. also der maschinellen Ausrüstung (‹hardware›).[62] Mit zunehmender Mechanisierung der im System ablaufenden Prozesse (im Extremfall: Automatisierung) werden Produktionsrate, -methode und -sequenzen immer stärker durch den technischen Apparat selbst bestimmt.[63] Dies führt zunächst tendenziell zu einer Reduktion der Ungewißheit und damit zu einem erhöhten Routinisierungspotential bei den operativen Aufgaben, soweit sie nicht gänzlich «wegrationalisiert» werden;[64] denn verursachende Faktoren können besser kontrolliert werden, wodurch das gewünschte Resultat «unvermeidlich» produziert wird.[65] Bei *Unzuverlässigkeiten dieses technischen Apparats* ändern sich die Technologiecharakteristika jedoch vollständig: einerseits müssen solche Unzulänglichkeiten wegen ihrer hohen Kosten (etwa Ausfall ganzer Produktionsstraßen) rasch behoben werden, andererseits sind jedoch in solchen Ausnahmefällen oft weder präzise Kenntnisse über Ursache/Wirkungs-Beziehungen noch eine hohe Kontrollierbarkeit der verursachenden Faktoren gegeben. Bei solchen Abweichungen ändert sich damit auch die Ausprägung der Aufgabenconstraints: die Verarbeitungsspezifität sinkt u. U. abrupt, und mit ihr auch das Routinisierungspotential bei der Auf-

---

60 Vgl. zu einzelnen Maßnahmen Thompson (1967: 19ff.).
61 Vgl. dazu z. B. Hunt (1972: 106f.).
62 Thompson (1967) unterscheidet in diesem Zusammenhang zwischen «technology represented in human resources» und «technology represented in non-human resources».
63 Vgl. dazu Hunt (1972: 107).
64 Vgl. dazu Hunt (1972: 105f.). – Gegenläufig wirkt sich das weiter oben dargestellte Phänomen der *Arbeitsverschiebung* durch Automation aus; vgl. den Schluß von Abschn. II/272.
65 Vgl. dazu Thompson (1967: 15).

gabenerfüllung. Dementsprechend muß der technische Apparat von Systemmitgliedern überwacht werden, die bei Abweichungen sofort adäquate Maßnahmen ergreifen («Monitoring»-Funktionen) und deshalb auch über einen hohen Ermessensspielraum verfügen müssen.

Damit läßt sich folgender Zusammenhang zwischen der Mechanisierung des technischen Apparats und der Ausprägung der Aufgabenconstraints formulieren: eine starke Mechanisierung des Produktionsapparates eines sozialen Systems führt nur dann zu einem hohen Routinisierungspotential der Aufgaben, wenn nicht nur im Normalfall, sondern auch im allfälligen Ausnahmefall (Störfall) präzise Kenntnisse über Ursache/Wirkungs-Beziehungen vorliegen und die Kontrolle über die verursachenden Faktoren praktisch vollständig ist.[66]

Empirische Untersuchungen
Die meisten Autoren stellen bei der Erfassung der Technologie in industriellen Unternehmungen auf die konkrete Ausprägung der verwendeten mechanischen «Technik» bzw. der sich daraus ergebenden Charakteristika des Produktionsprozesses ab. Hickson et al. (1969) unterscheiden auf dieser Grundlage folgende Technologiedimensionen:
– *Automatisierung*, d. h. Ausmaß, in dem Aktivitäten von Maschinen vollzogen werden.
  Unterschiedliche Automatisierungsgrade liegen etwa Blauners (1964) Unterscheidung zwischen
  – handwerklichem Produktionsapparat,
  – mechanisiertem Produktionsapparat und
  – automatisiertem Produktionsapparat
  zugrunde.
– *Kontinuität des Produktionsprozesses*, d. h. Ausmaß, in dem die Transformation von Inputs in Outputs fließend erfolgt. Auf unterschiedlicher Kontinuität des Produktionsprozesses beruht etwa Woodwards (1965) Klassifikation:
  – Einzel- und Kleinserienfertigung
  – Großserien- und Massenfertigung
  – Prozeßfertigung.

66 Vgl. zur Überprüfung dieser Hypothese auch die folgenden Kommentare zu empirischen Untersuchungen.

– *Rigidität der Produktionssequenzen*, d. h. Ausmaß, in dem einzelne Teiloperationen an eine bestimmte Reihenfolge gebunden sind.

Hickson et al. stellen eine starke Parallelität zwischen diesen Dimensionen fest und fassen sie deshalb unter dem Begriff *Integration des Produktionsflusses* («workflow integration») zusammen. Empirische Untersuchungen über den Zusammenhang zwischen der Integration des Produktionsflusses (bzw. einzelnen ihr zugrundeliegenden Subdimensionen) und der Ausprägung einzelner organisatorischer Variablen, die sich aus dem Einsatz der Instrumentalvariablen ergeben (etwa Anzahl hierarchischer Ebenen, Kontrollspannen, usw.), lassen jedoch an der organisatorischen Relevanz dieser Technologiedimensionen zweifeln. So findet etwa Woodward (1965: 68ff.), daß Kontrollspannen sich nicht parallel zur zunehmenden Kontinuität des Produktionsprozesses entwickeln, sondern «U-förmig»: bei Einzel- und Kleinserienfertigung (geringe Kontinuität) und bei Prozeßfertigung (große Kontinuität) sind sie tendenziell klein, dagegen bei Groß- serien- und Massenfertigung (mittlere Kontinuität) tendenziell groß.[67]

Diese Resultate lassen sich mit dem oben angedeuteten Zusammenhang zwischen der Mechanisierung des technischen Apparats und der Ausprägung der Aufgabenconstraints erklären: nicht die technische Kompliziertheit des Produktionsapparates ist für organisatorische Fragestellungen entscheidend, sondern die Art der Aktivitäten, die von Menschen erfüllt werden müssen. Bei geringer Kontinuität des Produktionsprozesses sind diese Aktivitäten anspruchsvoll (jedes Produkt oder jeder Auftrag wird als Sonderfall behandelt), bei mittlerer Kontinuität anspruchslos (die Quantität und Gleichartigkeit des Outputs läßt eine stärkere Aufgliederung in einzelne repetitive Teilschnitte zu), bei hoher Kontinuität wiederum anspruchsvoll (die Ausführungsaktivitäten werden ganz von Maschinen übernommen, die Überwachungsaufgaben («Monitoring») stellen hohe Anforderungen). Mit zunehmender Kontinuität ist demnach eine «U-förmige» Entwicklung der Aufgabenconstraints zu erwarten (niedriges – hohes – niedriges Routinisierungspotential).

---

67 Zu ähnlichen Resultaten mit «U-förmigen» Beziehungen vgl. etwa Blauner (1964) und Fullan (1970).

Diesen Überlegungen entsprechend charakterisieren Hage/Aiken (1969) die Technologie direkt nach dem Kriterium der «Routiniertheit der Arbeitsabläufe» und finden signifikante lineare Beziehungen zu organisatorischen Variablen wie Zentralisierung, Standardisierung, usw. Ähnlich konzipiert Mohr (1971) die Technologie nach dem Grad ihrer Beherrschbarkeit («Manageability»); er findet jedoch bei dieser Konzeption der Technologie keinen signifikanten Zusammenhang zur organisatorischen Instrumentalvariablen Partizipation. Ebenso findet Hickson et al. (1969) auch nicht die zu erwartenden «U-förmigen» Beziehungen zwischen der Integration des Produktionsprozesses und organisatorischen Variablen, die u. a. den Standardisierungs- und Zentralisationsgrad wiedergeben.

Eine Analyse dieser gegensätzlichen Forschungsresultate zeigt, daß der Zusammenhang zwischen Technologie und organisatorischen Variablen sich bei Untersuchungen, denen (gemessen an der Beschäftigtenzahl) kleine Systeme zugrunde liegen, als enger erweist als bei jenen, denen große Systeme zugrunde liegen.[68]

Dieser Zusammenhang weist auf drei Schwierigkeiten bei der Erfassung der Technologie hin, die zumindest teilweise die nichtsignifikanten Ergebnisse einzelner Untersuchungen erklären:[69]

1. Die Konzeption der Technologie ist bei den meisten Autoren auf die unmittelbaren Produktionsprozesse abgestimmt, nicht dagegen auf die ergänzenden Hilfsprozesse (etwa Administration, Marketing, Forschung, usw.). Die erfaßte Technologie wirkt sich organisatorisch deshalb auch vor allem auf jenen Ebenen aus, die in unmittelbarer Berührung mit den im System ablaufenden Produktionsprozessen stehen. Je größer aber ein System, desto geringer das Gewicht jener Bereiche, die unmittelbar mit der Produktion beschäftigt sind (cet. par.),[70] und damit: desto geringer der Bezug zwischen Technologie und Gesamtorganisation des Systems.

2. Wenn nicht nur die Technologie im Rahmen der unmittelbaren Produktionsprozesse berücksichtigt wird, so ergeben sich

---

68 Vgl. Hickson et al. (1969) und Mohr (1971).
69 Zu anderen möglichen Erklärungen vgl. Mohr (1971).
70 Diese Ansicht ist allerdings umstritten: vgl. dazu Blau (1970). Das Gewicht der unmittelbar mit der Produktion Beschäftigten variiert stark mit dem Systemzweck.

Schwierigkeiten bei der einheitlichen Erfassung der Gesamt-
technologie eines Systems, da einzelne Teilbereiche i. d. R.
mit stark differenzierten Technologien arbeiten. Da die Wahrscheinlichkeit einer solchen Differenzierung mit zunehmender Systemgröße steigt (vgl. unten), ist wiederum bei großen
Systemen ein schwächerer Zusammenhang zwischen Technologie und Organisation zu erwarten. Bei subsystemspezifi-
scher Erfassung der Technologie wären dagegen auch in großen Systemen signifikantere Beziehungen zwischen technologischen Charakteristika und rationaler Organisation dieser
Subsysteme zu erwarten.

3. Empirische Untersuchungen, die einseitig nach den Auswirkungen der Technologie auf die Organisation fragen, unterstellen einen technologischen Determinismus, der immer weniger gegeben ist. Die neuen (insbesondere die mikroelektro-
nischen) Technologien sind nahezu universal nutzbar; ihre
Einsatzformen sind dementsprechend nicht nur *gestaltungsof-
fen,* sondern *gestaltungsbedürftig*: Der sinnvolle Einsatz des
verfügbaren technologischen Potentials setzt immer schon ein
rahmenorganisatorisches Anwendungskonzept voraus.[71] Mit
den daraus erwachsenden strategischen Gestaltungsoptionen
geht der Datencharakter der Technologie als eines organisatorischen Constraints weitgehend verloren.

333 Systemgröße

Der Systemgröße wurde in der Organisationsliteratur mehr und
früher Beachtung geschenkt als irgendeiner anderen Situationskomponente. Im Unterschied zu diesen anderen Situationskomponenten läßt sie sich sehr einfach durch die Zahl der Systemmitglieder konzipieren, bzw. operationalisieren.[72]

---

71 Vgl. dazu Rock/Ulrich/Witt (1990:33ff.).
72 Pugh et al. (1969) verwenden auch das Eigenkapital als Größenindikator.
    Ebenso wie Umsatz, Marktanteil, Kapazität, usw. ist jedoch das Eigen-
    kapital nur im Vergleich von Systemen mit ähnlicher Zweckbestimmung
    ein aussagefähiger Größenindikator; zudem ist die Relevanz dieser Indi-
    katoren für organisatorische Fragestellungen weniger unmittelbar ein-
    sichtig als diejenige der Anzahl der Systemmitglieder.

Trotz dieser einfachen Operationalisierbarkeit läßt sich jedoch a priori kein plausibler Zusammenhang zwischen der Größe sozialer Systeme und der Ausprägung ihrer Aufgabenconstraints und damit dem Routinisierungspotential bei der Aufgabenerfüllung postulieren. Nimmt man nämlich an, daß eine Änderung der Systemgröße isoliert erfolgt (also ohne gleichzeitige Änderung anderer Komponenten der Organisationssituation), so schlägt sie sich allenfalls in eine Änderung des Koordinationsaufwands nieder, d.h. zwar ändert sich u.U. die Anzahl Personen, die mit solchen Koordinationsaufgaben betraut ist, aber es ändern sich nicht die Komplexität, die Dynamik und die Spezifität der Stimuli bei der Erfüllung der anfallenden Aufgaben. Nimmt man andererseits an, daß mit der Änderung der Systemgröße auch eine Änderung der übrigen Situationskomponenten (z.B. der Umwelt oder der Technologie) einhergeht, so lassen sich die Auswirkungen aller beteiligten Situationskomponenten kaum mehr trennen.

Auch in der empirischen Organisationsforschung haben sich weder die relative Bedeutung der Systemgröße für die Gestaltung der Organisation klären noch überhaupt konsistente Zusammenhänge zwischen Größe und Organisation nachweisen lassen.[73;74] Dies trifft nicht nur auf den häufig untersuchten Zusammenhang zwischen Größe und der «administrativen Intensität», d.h. der L/A-Relation, also dem Verhältnis von Leitungsstellen (inkl. Leitungshilfsstellen) zu Ausführungsstellen, zu,[75] sondern auch

73 Nach einer eingehenden Untersuchung von empirischen Studien kommt R.H. Hall (1972) zum Schluß: «there are no ‹laws› regarding size and other organizational characteristics» (S. 139); und: «One would need to know quite a bit about an organization's technology and environment before one would be able to predict intelligently its structural characteristics. Size would be included in any predictive equation, but as a secondary factor.» (S. 128).

74 Vgl. zum folgenden auch Kieser (1971) sowie Kieser/Kubicek (1983: 222 ff.).

75 Eine Reihe von Untersuchungen (z.B. Terrien/Mills (1955)) fand eine zunehmende L/A-Relation mit zunehmender Größe, was sich nach Caplow (1964: 29 ff.) mit dem progressiv ansteigenden Koordinationsaufwand bei linear zunehmender Anzahl Systemmitglieder (organisatorische «diseconomies of scale») begründen läßt und indirekt «Parkinsons Gesetz» (Parkinson (1957: 2 ff.)) bestätigt. Dagegen kommen andere Untersuchungen (z.B. Anderson/Warkow (1961)) zum entgegengesetzten Resultat: die administrative Intensität nimmt mit steigender Größe ab.

auf den Zusammenhang zwischen Größe und einer Reihe von anderen organisatorischen Variablen, denen – im Gegensatz zum Symptomcharakter[76] der administrativen Intensität – mehr instrumentale Bedeutung zukommt.[77]

Zwar zeichnet sich in einer Reihe neuerer Studien eine gewisse Konvergenz in den Ergebnissen über den Einfluß der Systemgröße auf die Organisation ab[78], aber auch sie können die Zweifel an der Bedeutung der Größe für die rationale Organisation sozialer Systeme nicht ausräumen.

Die Diskussion um den Zusammenhang zwischen Größe und Organisation läßt sich in zwei Argumenten zusammenfassen:

1. *Der Zusammenhang zwischen Größe und Organisation ist in verschiedenen Größenbereichen und zudem bei wachsenden und bei schrumpfenden Systemen unterschiedlich ausgeprägt.* Caplow (1964: 25f.) stellt die Hypothese auf, daß zunehmende Größe einen um so größeren Einfluß auf die Organisationsstruktur ausübt, je kleiner das System ist.[79]

Die Ergebnisse von Untersuchungen mit Hilfe von formalen Modellen (etwa Starbuck (1965) und Pondy (1969)) haben die Art der Zusammenhänge nicht entscheidend geklärt.

76 «Symptomvariablen» werden als Resultat aus dem Einsatz einer bestimmten Kombination von Instrumentalvariablen betrachtet. Vgl. dazu Abschn. II/234, S. 224.

77 So finden etwa Pugh et al. (1969) einen positiven Zusammenhang zwischen Größe und der schriftlichen Festlegung von organisatorischen Regelungen («Formalisierung»), während Hall et al. (1967) keinen Zusammenhang zwischen diesen Variablen feststellen können.

78 Child (1973) stellt Daten seiner eigenen Untersuchung denen der Untersuchungen von Pugh et al. (1968 und 1969) und Blau/Schoenherr (1971) gegenüber und kommt zu bemerkenswert konsistenten Zusammenhängen: so scheinen mit zunehmender Größe z. B. die Spezialisierung von Tätigkeitsbereichen («functional specialization»), die Spezialisierung von Rollen in diesen Tätigkeitsbereichen («role specialization») und die Anzahl hierarchischer Ebenen («vertical span») zuzunehmen. Ganz abgesehen davon, daß Erkenntnisse von der Art, daß die Zahl hierarchischer Ebenen bei zunehmender Größe durchwegs mit rasch abnehmender Rate wächst, niemanden überraschen dürften, dem der hierarchische Aufbau der Organisation sozialer Systeme nicht verborgen geblieben ist, geben auch diese Arbeiten keinen befriedigenden Aufschluß über die relative Bedeutung der Größe.

79 Caplows Beispiel: ein 4-Personen-Kollegium unterscheidet sich von einem 3-Personen-Kollegium stärker als ein 10-Personen- von einem 9-Per-

Andere Autoren nehmen an, daß zwischen Systemgröße und Organisationsgestaltung möglicherweise «U-förmige» Beziehungen herrschen:[80] extrem kleine und extrem große Systeme würden demnach ähnliche Charakteristika der Organisationsgestaltung aufweisen, während die Organisation mittelgroßer Systeme von diesen Charakteristika abweicht.[81]

Schließlich weisen Inkson et al. (1970) auf möglicherweise irreversible Wirkungen der Größe auf die Organisation hin. Sie können einen von Pugh et al. (1969) in Querschnittsstudien gefundenen Zusammenhang nicht bestätigen[82] und schließen daraus auf eine Art «ratchet»-Effekt (Sperre): wachsende Größe führt zu Veränderungen in der Organisation, die aber bei sinkender Größe nicht, oder nur langfristig, rückgängig gemacht werden.

2. *Die Auswirkungen der Größe auf die Ausprägung der Organisation findet im Rahmen einer komplexen Interaktion zwischen Größe und anderen Situationskomponenten statt.*[83]

Die Auswirkungen der Systemgröße auf die Organisation hängen von der Ausprägung der übrigen Situationskomponenten ab.[84] So wird etwa in einer Unternehmung ein Wachstum in-

sonen-Kollegium. Blau/Scott (1963: 226) behaupten z. B., daß die L/A-Relation nur in frühen Wachstumsstadien zunimmt.

80   So stellt etwa Klatzky (1970) fest, daß zunehmende Größe bei extrem niedriger und bei extrem hoher organisatorischer Differenzierung zu abnehmender, dagegen bei mittlerer Differenzierung zu steigender L/A-Relation führt.

81   Diese Hypothese läßt sich mit dem «control loss phenomenon» plausibel begründen (vgl. Williamson (1970: 26)): in großen Systemen erweisen sich durch die Vielzahl hierarchischer Ebenen unpersönliche Kontrollmechanismen als ineffitient. Sie werden durch ähnliche Kontrollmechanismen ersetzt, wie sie in kleinen Systemen wirksam sind (etwa Gruppenmechanismen), u. U. jedoch ergänzt durch den Einsatz fortgeschrittener Informationsverarbeitungstechnologien, der erst von einer bestimmten Größe an möglich ist.

82   Zu einem ähnlichen Ergebnis kommt Holdaway (1971).

83   Thompson (1967: 74) faßt dieses Argument mit dem Satz «Size alone does not result in complexity» zusammen.

84   Vgl. dazu Rushing (1967: 291), Klatzky (1970: 428), Hickson et al. (1969) und Child (1973).

folge Diversifikation und/oder vertikaler Integration (also bei tendenziell sich verändernder Umwelt) durch andere organisatorische Maßnahmen bewältigt als ein Wachstum infolge der Eroberung eines immer größeren Marktanteils bei demselben Produkt (also bei tendenziell gleichbleibender Umwelt).[85] Dasselbe trifft für den Zusammenhang zwischen Größe und Organisation bei unterschiedlicher Technologie, Berufscharakteristika der Systemmitglieder (insbesondere Professionalisierung), usw. zu.[86]

Eine Reihe von Untersuchungen versuchte deshalb eine Trennung der Effekte der Systemgröße, der Umwelt, der Technologie, usw. zu vollziehen.[87] Abgesehen davon, daß die statistischen Methoden zur Trennung der Einflüsse umstritten sind[88], sind die Resultate dieser Untersuchungen oft auch aufgrund der inadäquaten Konzeptionen der übrigen Situationskomponenten fragwürdig: so verwenden etwa Hickson et al. (1969) für die Trennung der Einflüsse von Technologie und Größe ein einseitig auf die Produktionsprozesse ausgerichtetes Technologiekonzept, wogegen für die Beurteilung des Einflusses der Größe vor allem auch die für die Bewältigung der wachsenden Koordinationsprobleme entscheidende Technologie der Informationsverarbeitung relevant wäre.

Die widersprüchlichen Forschungsergebnisse und die ungeklärte relative Bedeutung der Systemgröße für die Organisationsgestaltung verhindern eine eindeutige Zuordnung der Situationskomponente «Größe» zur Ausprägung der Aufgabenconstraints, wie dies bei «Umwelt» und «Technologie» versucht wurde.[89]

---

85 Vgl. dazu Chandler (1962), der zeigt, wie sich die Organisation von Großkonzernen in den USA mit zunehmender Größe je nach unterschiedlicher Wachstumsstrategie verschieden entwickelt hat.
86 Vgl. dazu Hall (1972: 112ff.).
87 Vgl. dazu vor allem Hickson et al. (1969).
88 Vgl. dazu die Kontroverse um die Interpretation der Resultate von Pugh et al. (1969) und Hickson et al. (1969) bei Aldrich (1972) und Hilton (1972).
89 Denkbar, aber hier vernachlässigt, sind auch Auswirkungen der Größe auf die Personenconstraints, bzw. direkt auf das Organisationsziel «sozioemotionale Rationalität»; vgl. dazu z. B. Indik (1963) und Cummings/El Salmi (1970), die den Zusammenhang zwischen Systemgröße und der

Ebensowenig wird deshalb der Einfluß der Systemgröße auf die Organisationsgestaltung bei der Konstruktion des axiomatischen Ansatzes in Abschnitt III/1 berücksichtigt.

334 Berufscharakteristika

Organisierte soziale Systeme sind ohne soziale Arbeitsteilung – repräsentiert durch die *Berufsdifferenzierung* – undenkbar[90]: die spezialisierten, d. h. hier berufsspezifischen, Kenntnisse und Fähigkeiten der Systemmitglieder ermöglichen einen Leistungsvorteil gegenüber isoliert arbeitenden, und deshalb unspezialisierten, Individuen. Der Bedarf eines sozialen Systems an Mitgliedern mit spezifischen Kenntnissen und Fähigkeiten leitet sich aus den Systemzwecken ab. Er wird gedeckt, indem:
- Personen mit einer bestimmten beruflichen Ausbildung angestellt werden (Rekrutierungsstrategien);
- indem die spezifischen Kenntnisse und Fähigkeiten der Systemmitglieder durch systeminterne Maßnahmen erweitert werden (Ausbildungsstrategien);
- indem die Systemmitglieder durch praktische Erfahrungen im Rahmen ihrer Arbeit im System ihre Kenntnisse und Fähigkeiten ergänzen.

Berufliche Ausbildung und ergänzende Erfahrungen in der Berufspraxis stellen Lernprozesse dar; als eigentliche Sozialisationsprozesse, also Prozesse, durch die das Individuum lernt, sich in einer sozialen Umgebung zu verhalten, ändern sie nicht nur die Kenntnisse und Fähigkeiten, sondern auch die Einstellungen und Erwartungen.[91]

Im Hinblick auf die Ausprägung der Personenconstraints (Umfang an Kenntnissen und Fähigkeiten, Einstellungen gegenüber neuen Erfahrungen und Denkansatz) können als berufsbedingte Charakteristika folgende Dimensionen genannt werden:

Motivation von Systemmitgliedern untersuchen, und vor allem auch Presthus (1966).

90 Zu verschiedenen Formen der Arbeitsteilung vgl. Abschn. II/2711.

91 Vgl. zur beruflichen und systeminternen Sozialisation als zwei Formen der Erwachsenensozialisation Miller/Wagner (1971).

1. *Ausmaß, in dem die Systemmitglieder über Expertise verfügen*
Systemmitglieder mit Expertise üben ihren Beruf aufgrund einer intensiven Verknüpfung von spezialisierten Kenntnissen einerseits und sachkompetenten Ermessensurteilen andererseits aus.
Beispiel: Ein Arzt verfügt über mehr Expertise als ein kaufmännischer Angestellter.
Das einen bestimmten Beruf kennzeichnende Ausmaß an Expertise hängt stark von der Ausbildungsdauer ab. Expertise als Dimension verstanden, ist jedoch nicht nur etwa für Hochschulabsolventen charakteristisch, sondern auch – wenn auch entsprechend modifiziert – für andere Berufe (Beispiel: EDV-Programmierer, Sozialarbeiter).

2. *Ausmaß, in dem die Berufsausübung aufgrund interpersoneller Kontakte (sozialer Interaktion) erfolgt*[92]
Die Ausübung eines Berufs kann relativ isoliert erfolgen, oder sie kann mit einem intensiven persönlichen Kontakt zu Menschen innerhalb und außerhalb des Systems verbunden sein.
Beispiel: Ein Vertreter ist bei der Ausübung seines Berufs stärker auf interpersonelle Kontakte angewiesen als ein EDV-Operator.
Die Anknüpfung interpersoneller Kontakte kann selbst den Berufsinhalt darstellen (Beispiel: Sozialarbeiter), sie kann aber auch ein Hilfsmittel darstellen (Beispiel: spezialisierter Forscher, der seinen «Horizont» durch Kontakte zu Forschern mit anderer Spezialisierung erweitert[93]).

Die unterschiedlichen Berufscharakteristika lassen sich einander so gegenüberstellen[94]:

92 Litwak (1961: 179) trifft eine ähnliche Unterscheidung, indem er gegenüberstellt «occupations stressing traditional areas of knowledge as compared to social skills».
93 Hier wird deutlich, daß das Ausmaß, in dem die Systemmitglieder ihre Aufgaben mittels interpersoneller Kontakte erfüllen, nicht nur durch charakteristische Eigenschaften ihres Berufes bestimmt, sondern darüber hinaus von ihrer «Soziabilität» beeinflußt wird. (Vgl. dazu Abschn. II/335).
94 Die unterschiedlichen Dimensionen sind nicht unbedingt voneinander unabhängig: die mit zunehmender Expertise oft verbundene Einengung des beherrschten Sachgebiets erhöht die Notwendigkeit der Kontaktaufnahme zu Spezialisten in anderen Sachgebieten (Bsp. medizinische Diagnosezentren).

Abb. II/3–7: Berufscharakteristika

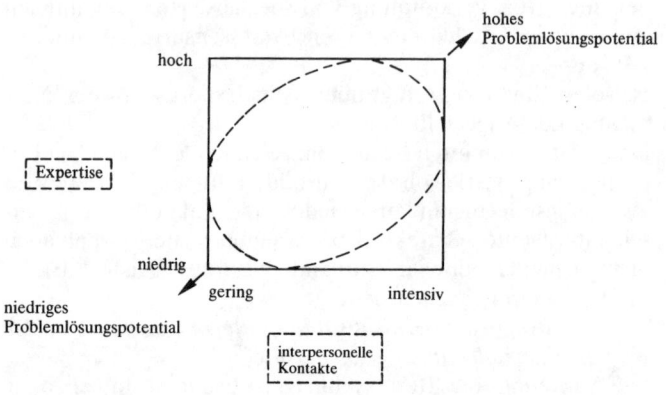

Die in Abb. II/3–7 eingetragene Ellipse soll andeuten, daß die gleichzeitige extreme Ausprägung der beiden Berufsdimensionen als eher unwahrscheinlich erachtet wird; dies gilt insbesondere für die Kombination «hohe Expertise» und «geringe Interaktion» sowie «niedrige Expertise» und «intensive Interaktion». In der Abbildung wird auch auf einen Zusammenhang zwischen den unterschiedlichen Berufscharakteristika und der *Ausprägung des Personenconstraints* verwiesen[95]; es wird angenommen, daß sowohl zunehmende Expertise wie steigende Intensität interpersoneller Kontakte bei der Berufsausübung das Problemlösungspotential der Systemmitglieder positiv beeinflussen. Denn:
– interpersonelle Kontakte fördern durch die Konfrontation mit anderen Ideen und Betrachtungsperspektiven die Toleranz

95 Dieser Zusammenhang unterliegt jedoch einer wesentlichen Einschränkung: insbesondere bei der Dimension «interpersonelle Kontakte» erscheint oft weniger eine Auswirkung auf das Problemlösungspotential gegeben, als vielmehr eine *direkte* Auswirkung auf den Einsatz der organisatorischen Instrumentalvariablen (Beispiel: Funktionalisierung, Partizipation).

(Offenheit gegenüber neuen Erfahrungen) und die Anwendung eines systemischen Denkansatzes[96];

– Expertise impliziert ein hohes Niveau an Kenntnissen und Fähigkeiten und führt – zumindest in Verbindung mit interpersonellen Kontakten – zu erhöhter Offenheit gegenüber neuen Erfahrungen und der Anwendung eines tendenziell systematischen Denkansatzes.

Die Auswirkungen dieser Berufscharakteristika auf die Personenconstraints und ihre organisatorische Relevanz lassen sich deutlich erkennen, wenn berücksichtigt wird, daß – wie oben erwähnt – durch die berufliche Ausbildung nicht nur spezialisierte Kenntnisse und Fähigkeiten, sondern auch spezifische Einstellungen und Erwartungen erworben werden. So ist insbesondere mit der Zunahme an Expertise der Systemmitglieder auch häufig eine Tendenz zur *Professionalisierung* verbunden.[97] Unter Professionalisierung wird hier ein Set von Einstellungen, bzw. Erwartungen verstanden,[98] das die Mitglieder bestimmter Berufsgruppen in mehr oder weniger starkem Ausmaß aufweisen; es setzt sich etwa aus folgenden *Komponenten* zusammen:[99]

– Berufsvereinigung als zentrale Referenzgruppe (statt: System, in dem der Professionelle arbeitet);

– Selbstverpflichtung gegenüber der Gesellschaft (statt: Selbstinteresse, bzw. Interesse des Systems, in dem der Professionelle arbeitet), i. d. R. schriftlich niedergelegt in einem Berufs- oder Standeskodex (professionelles Ethos);

96 Allerdings trifft die behauptete positive Beziehung zwischen interpersonellen Kontakten und Problemlösungspotential der Systemmitglieder nicht für jeden Problemtyp zu: Probleme, deren Lösung durch das Durchdenken einer Reihe interdependenter Schritte zustandekommt, werden durch isoliert arbeitende Individuen oft besser gelöst (vgl. Abschn. I/322).

97 Zur Professionalisierung von Berufen vgl. Blau/Scott (1963: 60 ff.) und Vollmer/Mills (1966).

98 Andere Aspekte der Professionalisierung von Berufen, etwa Zulassungsbedingungen und Ausbildungsnachweise, usw. werden hier nicht betrachtet. Vgl. dazu Wilensky (1964).

99 Vgl. zu diesen Komponenten professioneller Einstellungen Hall (1968a).

- «Selbstregulierung» bzw. Kontrolle durch Berufskollegen und/
  oder verbandseigene Instanzen (statt: Kontrolle durch in der
  Organisationshierarchie höher stehende Systemmitglieder);
- Identifikation mit dem Arbeitsinhalt (statt: Arbeit als Mittel
  zum Geldverdienen);
- Autonomie gegenüber dem sozialen System, in dem der Professionelle arbeitet (statt: Entscheidungen aufgrund von Kriterien, die von der Systemleitung vorgegeben werden).

Das Ausmaß, in dem Mitglieder einer Berufsgruppe diese oder
ähnliche Einstellungen aufweisen, also der Professionalisierungs-
grad, steigt tendenziell mit der Ausbildungsdauer[100], hängt aber
vor allem auch von der Art des Berufes ab: nach den Untersuchungen von Friedlander (1971b) steigt der Professionalisie-
rungsgrad von Forschern von Ingenieuren über Mathematiker,
Psychologen, Physiker und Chemiker zu Ärzten an.[101]
Organisatorisch relevant an der Professionalisierung von Experten erscheint vor allem die *kosmopolitische*, d. h. auf die Systemumwelt ausgerichtete, Tendenz in ihren Orientierungen, von der
vermutet wurde, daß sie in einem fundamentalen Konflikt zum
Verlangen des Systems bzw. der Systemleitung nach Loyalität der
Systemmitglieder, also nach einer *lokalen*, auf das System selbst
ausgerichteten, Orientierung steht.[102] Eine große Anzahl von empirischen Untersuchungen beschäftigt sich entsprechend mit den
Arbeitsbedingungen von Professionellen in sozialen Systemen,[103]
und insbesondere mit den möglichen Konflikten zwischen der

100 Vgl. dazu Miller/Wagner (1971).
101 Vgl. zu einem ähnlichen Ergebnis Miller/Wagner (1971). Für Manager
war lange Zeit – trotz ihrer z. T. relativ langen Ausbildungsdauer – eine
sehr schwache Professionalisierung charakteristisch; im Zuge zunehmender Forderungen nach Übernahme sozialer Verantwortung durch
Unternehmungen steigt jedoch auch die Professionalisierungstendenz
bei Managern (vgl. dazu Andrews (1969)).
102 Vgl. zur Unterscheidung von «cosmopolitans» und «locals» Gouldner
(1957/8); das Gegensatzpaar erfaßt im Prinzip einen Teil des Professio-
nalisierungsgrads im oben definierten Sinn. Zum Konflikt zwischen kos-
mopolitischer Orientierung und verlangter Loyalität vgl. Gouldner
(1957/8) und Scott (1966).
103 Vgl. zum Beispiel Glaser (1965) und Freidson/Rhea (1965).

Loyalitätserwartung der Systemleitung und der kosmopolitischen Orientierung der Professionellen.[104] Die vermutete Diskrepanz zwischen diesen beiden Wertsystemen zeigte sich nicht im erwarteten Ausmaß: durch organisatorische Maßnahmen – etwa Funktionalisierung, Delegation und Partizipation[105] – können für den Professionellen Arbeitsbedingungen geschaffen werden, die seine kosmopolitische Orientierung mit den Anforderungen des sozialen Systems kompatibel machen.[106]

Parallel zu diesen Untersuchungen wurden Zweifel angemeldet, ob kosmopolitische und lokale Orientierung wirklich gegensätzliche und nicht vielmehr voneinander unabhängige, also orthogonale, Orientierungen darstellen;[107] dabei zeigt sich, daß kosmopolitische und lokale Orientierung sich nicht ausschließen: vielmehr können Systemmitglieder sowohl kosmopolitisch wie lokal, wie auch weder kosmopolitisch noch lokal, also indifferent orientiert sein.

Eine Reihe von Untersuchungen beschäftigt sich auch mit der Bedeutung von *interpersonellen Kontakten* für die Berufsausübung. Pelz (1956)[108] untersucht z. B. die Leistungen von Forschern in Abhängigkeit der Kontakte, die sie mit Berufskollegen aufnehmen, und stellt fest:

- interpersonelle Kontakte fördern die Leistungen von Forschern, indem sie Anregungen mit neuen Ideen einerseits und Unterstützung der eigenen Ideen andererseits liefern;
- Anregung mit neuen Ideen erfolgt durch Kontakte zu Personen mit verschiedenen Auffassungen, dagegen Unterstützung der eigenen Ideen durch Personen mit ähnlichen Auffassungen.

104 Vgl. zum Beispiel La Porte (1965), Scott (1965) und Tagiuri (1965).
105 Vgl. dazu im einzelnen Abschn. III/113.
106 Vgl. dazu auch Engel (1970), wo festgestellt wird, daß professionelle in einer gemäßigt «bürokratischen» Organisation höhere Autonomie empfinden, als in einer völlig ungeregelten Umgebung.
107 Vgl. dazu Glaser (1963), Goldberg et al. (1965), Grimes/Berger (1970), Friedlander (1971b) und Miller/Wagner (1971).
108 Erwähnt in Blau/Scott (1963: 138 f.).

Soziale Systeme sind eingebettet in eine – nach Raum und Zeit verschiedene – sozio-kulturelle *Umgebung* («social setting»[109]), die sich durch spezifische soziale Strukturen, gewohnte Verhaltenscodes, Wertsysteme, usw. von anderen Umgebungen abhebt. Von dieser Umgebung gehen umfassende Wirkungen auf das System aus: sie beeinflußt (über die Ansprüche der Koalitionsmitglieder) die Ziele und Zwecke des sozialen Systems[110], sie beschränkt (über den Stand der Technologie) die anwendbaren Verfahren zur Transformation von Inputs zu Outputs, usw.

Hier wird jedoch lediglich der Einfluß der Umgebung auf das Verhalten der Systemmitglieder erfaßt: diese werden (bzw. wurden vor ihrem Eintritt ins System) in dieser Umgebung Sozialisationsprozessen unterworfen, in deren Verlauf sie spezifische Einstellungen und Erwartungen aufnehmen, die ihr Verhalten im System prägen. Dieser *sozio-kulturelle Hintergrund* der Systemmitglieder begrenzt damit den Spielraum, in dem durch organisatorische Maßnahmen Verhaltenserwartungen formalisiert werden können.[111]

Aus den vielfältigen Persönlichkeitscharakteristika der Systemmitglieder, die sich – zumindest teilweise – aus ihrem sozio-kulturellen Hintergrund erklären lassen, werden hier willkürlich zwei ausgewählt[112], von denen vermutet wird, daß sie sich vor allem

---

109 Vgl. Udy (1965: 688 ff.).

110 Vgl. dazu Stinchcombe (1965: 153 ff.).

111 Vgl. dazu Udy (1965: 688 ff.). – In jüngster Zeit ist das Bewußtsein für den grundlegenden Einfluß soziokultureller Faktoren auf das Verhalten der Mitglieder in organisierten sozialen Systemen vor allem im Vergleich zwischen westlichen und japanischen Management- und Organisationsphilosophien gestiegen; vgl. dazu Ouchi (1981) und Pascale/Athos (1981). Siehe dazu Abschn. III/271.

112 Eine ausführlichere Klassifikation der sozio-kulturellen Variablen – allerdings unter etwas anderem Blickwinkel – findet sich in Farmer/Richman (1965: 28 ff.). – Die wohl umfangreichste interkulturell vergleichende Studie bei Führungskräften (schriftliche Befragung von mehr als 100000 Mitarbeitern der Firma IBM in 40 Ländern in den Jahren 1968 und 1972) stammt von Hofstede, G.: Culture's Consequences: International Differences in Work-related Values, Beverly Hills 1980.

auf den «Stil» der interpersonellen Beziehungen zwischen den Systemmitglieder auswirken.[113]

1. *Wahrgenommene Statusdifferenzierung in der organisatorischen Hierarchie* (Autoritätskonzeption)[114]
    Die Statusdifferenzierung zwischen Systemmitgliedern auf verschiedenen Ebenen der organisatorischen Hierarchie kann als unterschiedlich *ausgeprägt und starr* wahrgenommen werden:[115]

    – Die Statusunterschiede sind ausgeprägt und stabil: Die Legitimation der Einflußnahme durch Mitglieder auf höherer hierarchischer Ebene erfolgt vorwiegend aufgrund ihrer Position, u. U. auch aufgrund ihrer Persönlichkeit[116], und der Legitimierungsbereich ist relativ breit.[117] Einer solchen Autoritätskonzeption können zum Beispiel folgende soziokulturelle Charakteristika zugrundeliegen:
        – monokratische gesellschaftliche Machtstruktur mit starker Schichtung und geringer Mobilität zwischen den Schichten;
        – Besetzung von Stellen auf höheren Ebenen der organisatorischen Hierarchie aufgrund schichtspezifischer Merkmale (Schwergewicht auf zugeschriebenem Status);
        – Akzeptierung dieses Sachverhaltes durch die Systemmitglieder.

    – Die Statusunterschiede sind schwach ausgeprägt und flexibel: Die Legitimation der Einflußnahme durch Mitglieder auf höheren hierarchischen Ebenen erfolgt vorwiegend aufgrund ihrer fachlichen Kompetenz, u. U. jedoch auch aufgrund besonderer sozio-emotionaler Fähigkeiten, und der Legitimierungsbereich ist tendenziell eng begrenzt (Gefolg-

---

113 Von den beiden folgenden Dimensionen zielt die erste eher auf vertikale Beziehungen und die zweite eher auf horizontale Beziehungen in der organisatorischen Hierarchie.
114 Vgl. zu dieser Dimension z. B. Thompson (1965: 3).
115 Vgl. zum folgenden Abschn. I/321 über Einflußprozesse.
116 Etwa dann wenn Vorgesetzte als «Vaterfiguren» wahrgenommen werden (vgl. Ruedi/Lawrence (1970: 72)).
117 In japanischen Firmen kümmert sich die Systemleitung auch um die persönlichen Finanzen der Systemmitglieder, um die Erziehung ihrer Kinder, um religiöse Aktivitäten, usw. (Vgl. Abegglen (1958) zitiert in Blau/Scott (1963: 202 f.)).

schaft aufgrund von Argumentation). Einer solchen Autoritätskonzeption können dann etwa folgende sozio-kulturelle Charakteristika zugrundeliegen:

- pluralistische gesellschaftliche Machtstruktur mit schwacher Schichtung und hoher Mobilität zwischen den Schichten;
- Besetzung von Stellen auf höheren Ebenen der organisatorischen Hierarchie ausschließlich aufgrund leistungsbezogener Merkmale (Schwergewicht auf erworbenem Status).

Beispiel: in den USA sind die wahrgenommenen Statusunterschiede tendenziell weniger ausgeprägt und flexibler als etwa in Frankreich oder Deutschland.[118]

2. *Kooperationsbereitschaft* (Soziabilität)
Die Bereitschaft der Systemmitglieder, in Gruppen mit anderen Systemmitgliedern (auf der gleichen oder verschiedenen Ebenen der organisatorischen Hierarchie) zusammenzuarbeiten und in gegenseitiger Abhängigkeit Aufgaben zu erfüllen, kann unterschiedlich groß sein[119]:

- Die Systemmitglieder meiden «face-to-face»-Kontakte und streben klar geregelte Beziehungen an: individuelle Aktivitäten werden Gruppenaktivitäten vorgezogen. Die soziokulturellen Voraussetzungen einer solchen geringen Kooperationsbereitschaft können zum Beispiel in einem starken Mißtrauen gegenüber Mitbürgern und einer daraus folgenden Isolation des Individuums gesucht werden.
- Die Systemmitglieder suchen «face-to-face»-Kontakte und meiden klare, starre Regelungen von Beziehungen: Gruppenaktivitäten werden individuellen Aktivitäten vorgezogen. Eine solche starke Kooperationsbereitschaft kann ihren Ursprung in einer gesellschaftlichen Begünstigung extrovertierter, gruppenorientierter Aktivitäten haben.

Beispiel: in den USA ist die Kooperationsbereitschaft tendenziell höher als in Frankreich oder Deutschland.[120]

---

118 Vgl. Crozier (1964: 232ff.) und Ruedi/Lawrence (1970).
119 Vgl. zu dieser Dimension zum Beispiel McClelland et al. (1958) zitiert in Ruedi/Lawrence (1970: 69f.).
120 Vgl. dazu McClelland et al. (1958) und Crozier (1964: 216ff. und 232ff.).

Eine Gegenüberstellung der beiden durch den sozio-kulturellen Hintergrund geprägten Einstellungsmerkmale ergibt folgendes Bild[121]:

Abb. II/3–8: Sozio-kultureller Hintergrund

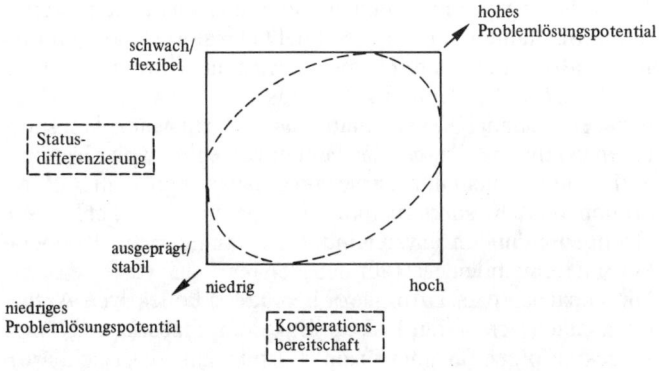

Die in Abb. II/3–8 eingetragene Ellipse soll wieder andeuten, daß insbesondere die Kombination der Extreme «schwache, flexible Statusdifferenzierung» und «niedrige Kooperationsbereitschaft» als eher unwahrscheinlich erachtet wird. Die in der Abbildung angedeuteten Auswirkungen auf die *Personenconstraints*, nämlich wachsendes Problemlösungspotential mit steigender Kooperationsbereitschaft und sinkender Statusdifferenzierung, ergeben sich aus folgender Überlegung: mit zunehmender Statusdifferenzierung und abnehmender Kooperationsbereitschaft sinkt die Kommunikationsintensität zwischen den Systemmitgliedern; als Folge sinkt das Ausmaß der für Problemlösungen zur Verfügung stehenden Kenntnisse und Fähigkeiten, die Offenheit gegenüber neuen Erfahrungen nimmt ab, und die Systemmitglieder neigen zur Anwendung eines partiellen Denkansatzes.

---

121 Die unterschiedlichen Dimensionen brauchen nicht unbedingt unabhängig voneinander zu sein: eine niedrige Kooperationsbereitschaft kann auch die Folge starker Isolation zwischen den sozialen Schichten sein.

Eine umsichtige Analyse der sozio-kulturellen Gebundenheit organisatorischer Maßnahmen bietet Crozier (1964), indem er insbesondere den in französischen Bürokratien auftretenden Circulus vitiosus[122] (also dysfunktionale gegenseitige Steigerungen von unpersönlichen Regelungen und Konzentration der Entscheidungsgewalt an der Spitze der organisatorischen Hierarchie) als kulturell bedingtes Phänomen zu verstehen sucht. Seine Argumentationen lauten am Beispiel der Dimension «Kooperationsbereitschaft» – stark vereinfacht – etwa folgendermaßen:

– Der französischen Kultur ist eine ausgeprägte Angst vor «face-to-face»-Abhängigkeitsverhältnissen und ein Mangel an spontanen Aktivitäten eigen: das Fehlen von spontanen Gruppenaktivitäten ist nicht nur für die von Crozier untersuchten Bürokratien typisch, sondern findet sein Pendant im Fehlen von Gruppenbildungen unter Kindern, in mangelnder Kooperation in Gemeinden, usw.

– Die Ursachen dieser Angst vor spontanen kollektiven Aktivitäten lassen sich bis zur Fiskalpolitik der französischen Könige zurückverfolgen (Grundprinzip: Bespitzelung der Nachbarn); sie wurde im 19. Jahrhundert verstärkt durch die Bourgeoisie (Ablehnung aller spontanen Aktionen, die das Gleichgewicht innerhalb der Bourgeoisie stören könnten).

– Das Fehlen von spontanen Aktivitäten und die daraus resultierende Teilnahmslosigkeit der Systemmitglieder fördert die Zentralisation der Entscheidungsgewalt in sozialen Systemen. Die Angst vor «face-to-face»-Kontakten führt zu einer extensiven Anwendung formaler, d. h. unpersönlicher, Regelungen.

Wie oben schon erwähnt, sollen die hier dargestellten Dimensionen lediglich als Beispiel den Einfluß des sozio-kulturellen Hintergrunds auf das Verhalten der Systemmitglieder verdeutlichen. Andere Faktoren sind ebenso bedeutsam, wenn sich auch oft kein unmittelbar plausibler Bezug zum rationalen Einsatz organisatorischer Instrumente herstellen läßt; Beispiele:

– *Einstellungen zur Arbeit und Leistung*
  – In manchen östlichen Kulturen tritt anstelle der – für die westliche Leistungsorientierung typischen – Befriedigung

---

122 Vgl. auch die Ausführungen über diesen Circulus vitiosus in Abschn. II/262.

durch das Resultat der Arbeit die Befriedigung durch die Arbeit selbst.[123]

- Auch unter den westlichen Kulturen lassen sich signifikante Unterschiede zwischen den Leistungsorientierungen in verschiedenen Ländern feststellen[124] (Beispiel: Weber (1904/05) hat einen Zusammenhang zwischen protestantischer Ethik und kapitalistischem Arbeitsethos (Leistungsorientierung) nachgewiesen).
- Auch innerhalb stark leistungsorientierter Kulturen zeichnen sich Minoritäten oft durch eine strikte Ablehnung dieser Leistungsorientierung aus.[125]
- *Art der Bindungen der Systemmitglieder an das System* Die Bindungen der Systemmitglieder an das System können über rein utilitaristische Grundlagen hinausreichen: so zeigt etwa Abegglen (1958)[126], daß die Systemmitgliedschaft in japanischen Unternehmungen sowohl von der Systemleitung wie vom einzelnen Systemmitglied als eine von Traditionen geheiligte persönliche Bindung betrachtet wird (bzw. wurde) und Auflösungen von Anstellungsverhältnissen deshalb äußerst selten sind.

34 Zusammenfassung: Der Bedingungsrahmen der Organisation

In Abb. II/3–9 werden die Aufgaben- und Personenconstraints sowie die sie determinierenden Situationskomponenten zu einem Bedingungsrahmen der Organisation zusammengestellt, indem den beiden – in Abschn. II/323 unterschiedenen – extremen Constraintskonstellationen Typ A und Typ B die zugrundeliegende Ausprägung der Situationskomponenten Umwelt, Technologie, Berufscharakteristika und sozio-kultureller Hintergrund zugeordnet wird. Dabei soll jedoch noch einmal festgehalten werden:

---

123 Vgl. dazu zum Beispiel Suzuki (1971: 9ff.).
124 Vgl. dazu McClelland et al. (1958) sowie Ruedi/Lawrence (1970).
125 Vgl. dazu zum Beispiel Fitzgerald (1971: 40).
126 Zitiert in Blau/Scott (1963: 202f.).

- Typ A- und Typ B-Constraintskonstellationen und die ihnen entsprechenden extremen Ausprägungen der Situationskomponenten stellen lediglich *idealtypische Konstruktionen* dar, die die Untersuchung der Beziehungen zwischen Zielen und Instrumenten in Teil III vereinfachen sollen.
- Bei der Organisation eines sozialen Systems ist normalerweise auf eine Constraintskonstellation abzustellen, die irgendwo *zwischen* den beiden Idealtypen A und B liegt. Selbst wenn einzelne Situationskomponenten extrem ausgeprägt sein sollten (z. B. stark heterogene oder turbulente Umwelt), können deren Auswirkungen auf die organisatorische Constraintskonstellation i. d. R. durch die strategische Einflußnahme auf andere Situationsfaktoren (z. B. die Verwendung einer klaren und kontrollierbaren Technologie) reduziert werden.
- Ein bestimmtes Ausmaß an *Kongruenz* zwischen den Aufgabenconstraints einerseits und den Personenconstraints andererseits (bzw. den ihnen zugrundeliegenden Situationskomponenten) muß jedoch vorhanden sein, damit instrumentale und sozio-emotionale Rationalität durch den Einsatz organisatorischer Instrumente erreicht werden können (die schraffierte Fläche im Quadrat in Abb. II/3–9 soll diese «annähernde» Kongruenz andeuten). Klaffen Problemlösungspotential und Routinisierungspotential allzu weit auseinander, so müssen durch nicht-organisatorische Maßnahmen die Situationskomponenten so geändert werden, daß eine annähernde Kongruenz erreicht wird.
- Schließlich bestimmen die unterschiedlichen Situationskomponenten die Constraints keineswegs vollständig. Insbesondere die Personenconstraints werden von einer Reihe *anderer Faktoren*, z. B. der individuellen Persönlichkeit[127] der Systemmitglieder beeinflußt, die in dem hier dargestellten Bedingungsrahmen nicht erfaßt werden. Diese zusätzlichen – u. U. entscheidenden Restgrößen – wurden in Abb. II/3–9 mit der Variablen «andere Faktoren» angedeutet.

---

127 Immerhin werden einige bedeutsame Aspekte der individuellen Persönlichkeit berücksichtigt, wenn angenommen wird, daß diese Persönlichkeit wesentlich durch primäre (hier erfaßt durch den sozio-kulturellen Hintergrund) und sekundäre (hier erfaßt durch die Berufscharakteristika) Sozialisationsprozesse zustande kommt.

Hinweis

Teil III und IV dieser «Organisationslehre» finden Sie im UTB-Band 365:
Organisationslehre 2: Theoretische Ansätze und praktische Methoden der Organisation sozialer Systeme

In Band 2 finden Sie auch das ausführliche Literaturverzeichnis sowie das Sachregister für das gesamte Werk.

Abb. II/3—9: Der Bedingungsrahmen der Organisation

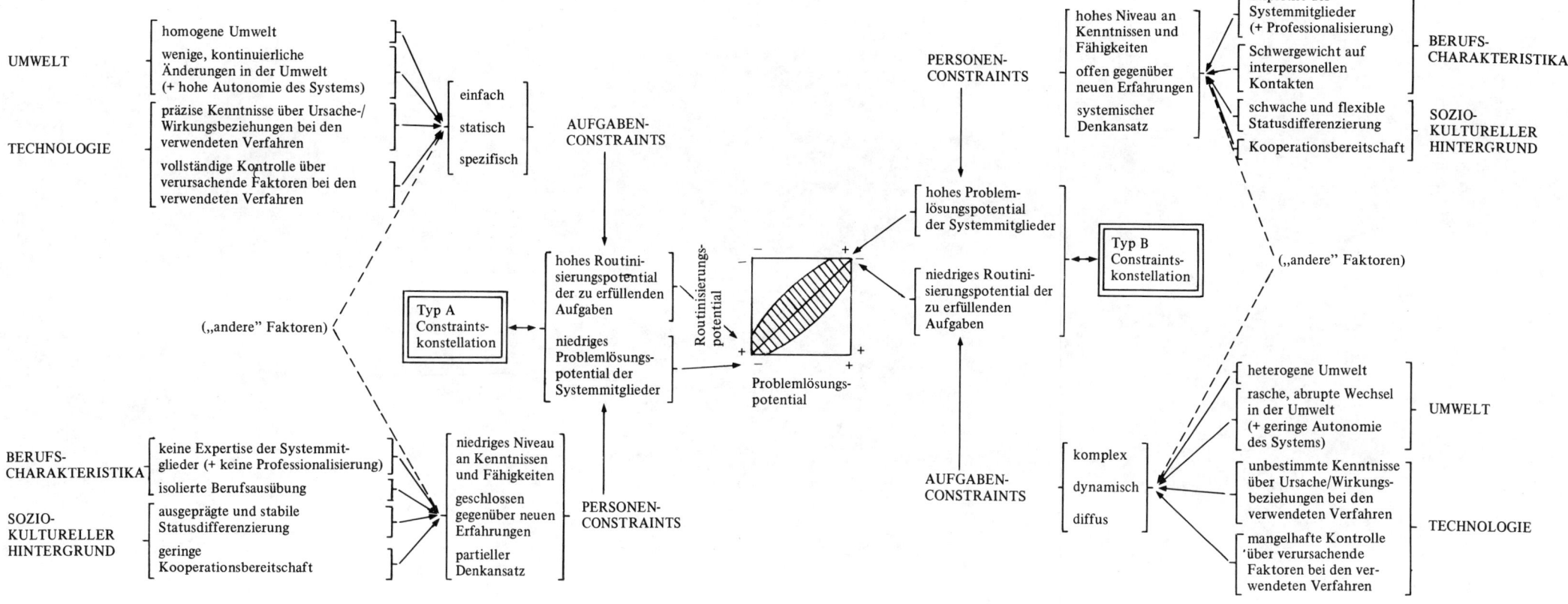